出土文獻研究

中國文化遺產研究院 編

第十八輯

中西書局

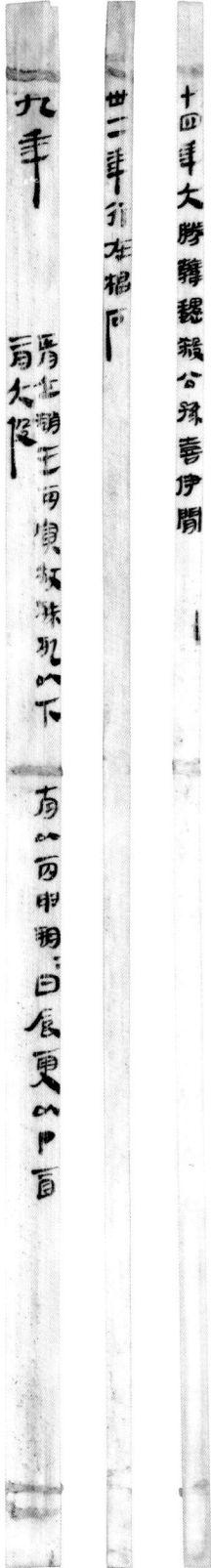

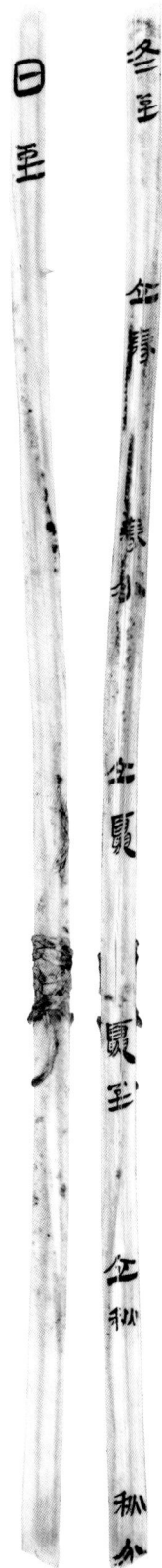

圖版壹 荆州胡家草場西漢墓M12歲紀簡
（窄簡長27.5釐米、寬0.6釐米，寬簡長27.5釐米、寬1釐米）

圖版貳 荆州胡家草場西漢墓M12日至簡篇題與簡文
（簡長約46釐米、寬0.7釐米）

圖版叁 荆州胡家草場西漢墓M12律類簡目録與篇題

（簡長約30釐米、寬約0.5釐米）

圖版肆 荆州胡家草場西漢墓M12令類簡目錄與篇題

（簡長約30釐米、寬約0.5釐米）

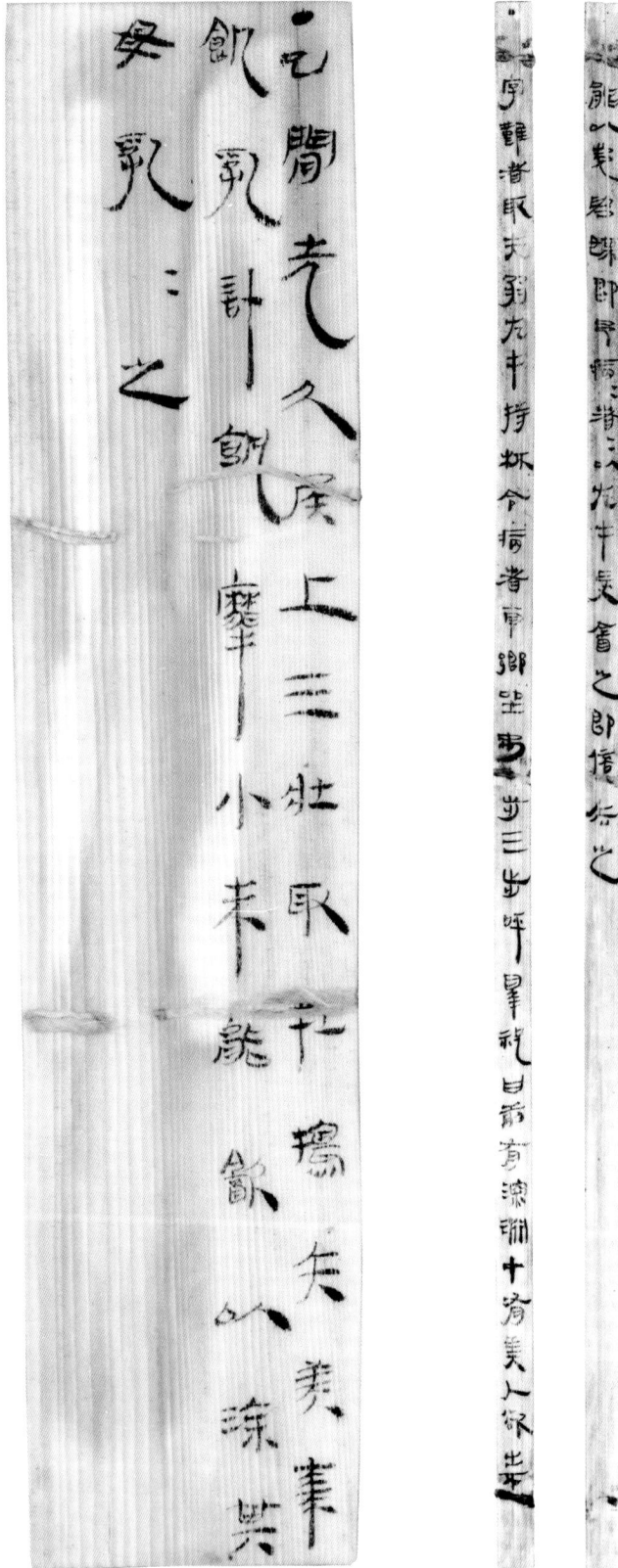

圖版伍　荊州胡家草場西漢墓M12醫藥簡

（簡長29.2釐米、寬0.6釐米；牘長23.2釐米，上端寬5.6釐米、下端寬5.2釐米）

1082　1631　1626　1624　1625　1623　　1831　1834　1867　1877

圖版陸　荆州胡家草場西漢墓M12五行日書簡
（簡長27.5釐米、寬0.5釐米）

圖版柒　荆州胡家草場西漢墓M12詰咎簡
（簡長27.5釐米、寬0.5釐米）

1702 1706   3551 3559

圖版捌 荆州胡家草場西漢墓M12建除簡
（簡長27.5釐米、寬0.5釐米）

圖版玖 荆州胡家草場西漢墓M12遣册
（簡長約23釐米、寬0.6釐米）

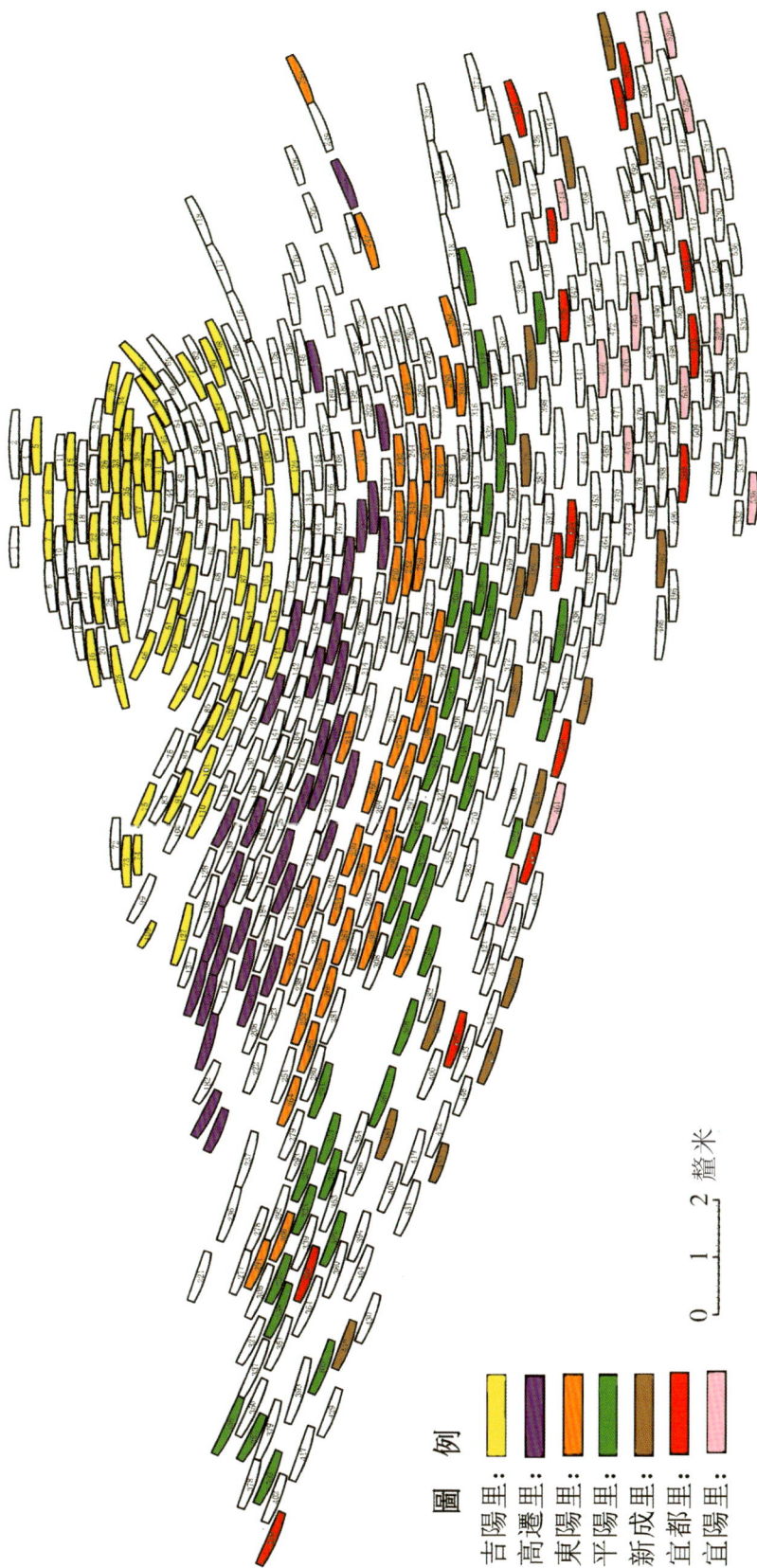

圖　例

吉陽里：
高遷里：
東陽里：
平陽里：
新成里：
宜都里：
宜陽里：

0　1　2　釐米

圖版拾　《長沙走馬樓三國吳簡・竹簡（柒）》圖32中各里內外次序示意圖

（塗色部分爲寫有里名的簡及相關成組簡）

目　録

關於疾病、夢幻類卜辭的幾點思考

趙　鵬(中國社會科學院古代史研究所)

殷墟甲骨文中關於疾病內容的卜辭有多位學者進行過整理研究。[①]本文就以下幾個問題進行討論。

一、症病描述的具體還是籠統因人而異

殷墟甲骨文中占卜疾病內容的卜辭主要涉及患病部位、某人患病或病情好轉、病症的來源與處理以及病患的後續發展等。有些卜辭對患病部位以及病情的描述比較具體,有些卜辭只是籠統地占卜某人生病或病情好轉。考察相關內容的卜辭會發現王卜辭中對於商王患病的占卜、非王卜辭對於所隸屬家族族長患病的占卜一般會有比較具體的患病部位及病症的描述,而對於其他人的病患大多只是籠統地占卜某人生病或病情有起色。

> 庚辰[卜],王:弗疾朕天[②]。　　　　　(《合集》20975[師肥])
> 貞:王其疾目。　　　　　　　　　(《合集》456[典賓])
> 六月戊戌卜,貞:丁母疾目,不喪明(明)。
> 　　　　　　　　　　　　　(《合集》21037+[③][師小字])
> 戊寅卜,允,貞:王弗疾凷(右)厹(肩)[④]。　(《合集》6[賓三])
> 庚戌卜,亘,貞:王其疾厹(肩)。
> 庚戌卜,亘,貞:王弗疾厹(肩)。王占曰:勿疾。
> 　　　　　　　　　　　　　　(《合集》709[典賓])

以上師組、賓組王卜辭占卜商王患病,具體到商王的頭部、眼睛、肩膀。其中《合集》21037占卜眼疾後,還進一步占卜失明的可能性。

貞：疾耳，唯虫蛊(害)⑤。　　　　　　　　(《合集》13630[典賓])

貞：虫疾自，唯虫蛊(害)。　　　　　　　(《合集》11506[典賓])

貞：疾口，钔(禦)于妣甲。　　　　　　　(《合集》11460+⑥[典賓])

甲辰卜，古，貞：疾舌，唯虫蛊(害)。　　(《合集》13634[典賓])

貞：虫疾言(音)⑦，唯蛊(害)。　　　　　　(《合集》440[典賓])

疾身，唯虫蛊(害)。　　　　　　　　　　(《合集》13666[典賓])

貞：钔(禦)疾黄？于妣癸。　　　　　　　(《合集》13675[典賓])

貞：疾厷(肱)，羸⑧。　　　　　　　　　(《合集》13677+⑨[典賓])

貞：勿于父乙告疾膝。　　　　　　　　　(《合集》13670[典賓])

丁巳卜，爭：疾疋，钔(禦)于父庚。　　(《合集》775 反[典賓])

勿禦疾止。　　　　　　　　　　　　　　(《合集》6529[典賓])

甲辰卜，亘，貞：疾齒，唯□甲。　　　　(《合集》591[典賓])

以上典賓類王卜辭占卜較爲具體的患病部位，如耳、自(鼻)、口、舌、言(音)、身、肱、膝、疋、止等。卜辭雖然沒有提及患病者，但是王卜辭中未提及的動作發出者是商王的可能性是很大的。

甲卜：子疾首，亡延。　　　　　　　　　　(《花東》304)

癸卜貞：子耳鳴，亡蛊(害)。　　　　　　　(《花東》53)

庚卜：子心疾，亡延。　　　　　　　　　　(《花東》181)

唯之疾子腹。　　　　　　　　　　　　　　(《花東》241)

以上花東子卜辭占卜該家族的家族長"子"患病，具體到頭部、耳部、心臟、腹部等部位，其中《花東》53 對病症"耳鳴"有稍具體的描述。

當然，殷墟甲骨文王卜辭與非王卜辭中也有對其他人患病部位的占卜，如：

貞：勿于甲钔(禦)婦好齲。　　　　　　　(《合集》13663+⑩[典賓])

癸巳卜，殻，貞：子漁疾目，裸告于父乙。

　　　　　　　　　　　　　　　　　　　(《合集》13619+⑪[典賓])

壬子卜，貞：雍目虫彗⑫。　　　　　　　(《合集》13422[賓三])

己酉卜，貞：亞从止虫彗。三月。　　　　(《合集》13426[賓三])

乙巳卜，貞：石疾首，不延。　　　　　　(《合集》22092[午組])

以上賓組王卜辭中對婦好、子漁、雍、亞从的患病部位有交代，非王卜辭中對石的患病部位有交代。一方面，這類內容的卜辭比例非常低。另一方面，婦好、子漁是已知的當時王室非常重要的人物，對其患病部位進行占卜，也是可以理解的。

從殷墟甲骨文疾病類卜辭可以看出，殷商時期人們對於身體部位有較爲具體的認知，尤其是"心"疾的占卜，説明當時對人體已有解剖學的認知。當然，這種認知更多地是來源於祭祀與戰爭。對於病症有一定程度的描述，如失明、耳鳴、齲齒、心蕩等。王卜辭中爲時王占卜病患、非王卜辭爲該家族的家族長占卜病患多會指明具體的患病部位，對病情有一些描述。

殷墟甲骨文中也會爲當時一些重要的人物或商王關心的人物占卜病患情況。如：

> 貞：婦妍疾唯出蠱（害）。　　　　　　（《合集》13718[典賓]）
>
> 丁巳卜，宁，貞：婦㜈不汰*疾。　　　　（《合集》13716[典賓]）
>
> □丑卜，王：子（?）鼠……出疾。　　　（《合集》13715[賓-]）
>
> 貞：靳丁人妫出疾。　　　　　　　　　（《合集》13720[典賓]）
>
> 己酉卜，宁，貞：姞丩（肩）同（興）[13] 出疾。
>
> 　　　　　　　（《合集》13868+《合補》5066[14] [典賓]）
>
> ……[嬳]丩（肩）同（興）出疾。　　　（《合集》13866[典賓]）
>
> 己未卜，□，貞：嫛[丩（肩）]同（興）[出]疾。
>
> 　　　　　　　　　　　　　　　（《合集》13867[典賓]）
>
> 辛酉卜，亘，貞：[子]昌[亡]疾。　　（《合集》1248+[15] [典賓]）

以上賓組王卜辭爲商王的配偶婦妍、婦㜈以及當時的一些女性靳丁人妫、姞、嬳、嫛、子昌等進行患病或病情好轉的占卜。

> 子商出疾。　　　　　　　　　　　　　（《合集》914 反[賓一]）
>
> 丁亥卜，殼，貞：子漁其出疾。
>
> 　　　　　　　（《合補》3985[《合集》13722+[16]] [典賓]）
>
> 癸未卜，爭，貞：子央唯其出疾。三月。（《合集》10067[賓三]）
>
> 貞：子畫□疾。　　　　　　　　　　　（《合集》03033[典賓]）

貞：子不其虫疾。　　　　　　　　　　　（《合集》14007［典賓］）

貞：子蝠亡疾。　　　　　　　　　　　　（《合集》3224［典賓］）

子求殳（肩）同（興）。

子𰻝弗其同（興）。　　　　　　　　　（《合集》811+⑰［賓一］）

己酉卜，王：子𰻝殟⑱，殳（肩）虫疾。　（《合集》13724［典賓］）

貞：子利亡疾。　　　　　　　　　　　　（《懷特》965［典賓］）

貞：子束亡疾。　　　　　　　　　　　　（《合集》13726［典賓］）

貞：子狀殳（肩）同（興）虫疾。　　　　（《合集》13874+⑲［典賓］）

子陷⑳肩興虫疾。　　　　　　　　　　　（《合集》13875［典賓］）

貞：子窒不延虫疾。　　　　　　　　　　（《合集》13890［典賓］）

丙子卜，宂，貞：子蚩（害）亡疾。　　　（《英藏》1105［典賓］）

癸亥卜，出，貞：子强㉑弗疾。虫疾。　　（《合集》23532［出一］）

□寅卜，㞢，貞：尻其虫疾。　　　　　　（《合集》13750+㉒［典賓］）

以上賓組王卜辭爲子某進行患病或病情好轉的占卜。

乙丑卜，㞢，貞：皋殳（肩）同（興）虫疾。

　　　　　　　　　　　　　　　　　　　（《合集》13878［賓三］）

戊申卜，貞：雀殳（肩）同（興）虫疾。六月。

　　　　　　　　　　　　　　　　　　　（《合集》13869［賓一］）

乙卯卜，争，貞：兴殳（肩）同（興）虫疾。五月。

　　　　　　　　　　　　　　　　　　　（《合集》13876+㉓［典賓］）

……何虫疾。　　　　　　　　　　　　　（《合集》13763［賓一］）

西爯其虫疾。　　　　　　　　　　　　　（《合集》13742［典賓］）

貞：爯亡疾。　　　　　　　　　　　　　（《合集》13743［典賓］）

貞：蠱殳（肩）［同（興）］虫疾。旬虫二日□未蠱允囚（憂）㉔。
百日虫七旬𡆥（向）㉕□寅蠱殳（肩）同（興）虫疾……夕𡆥（向）丙
申……殟。　　　　　　　　　　　　　　（《合集》13753［典賓］）

貞：罗虫疾。　　　　　　　　　　　　　（《合集》13741［典賓］）

貞：傋其虫疾。

貞：亯其虫疾。　　　　　　　　　　　　（《合集》13757［典賓］）

以上賓組王卜辭爲當時重要的人物皋、雀、兴、何、爯、蠱、罗、傋、亯等進行患病或病情好轉的占卜。

　　□□[卜],□,[貞]:爭弗其𠂤(肩)同(興)㞢疾。

(《合集》13893[賓三])

　　戊午卜,殻,貞:夨𠂤(肩)同(興)㞢疾。

(《合集》13886+㉖[典賓])

　　貞:則疾。　　　　　　　　(《合集》13746[賓三])

　　以上賓組三類王卜辭爲當時占卜集團的人物爭、夨、則等進行患病或病情好轉的占卜。

　　丁卯卜,王,貞:賈壴肩興㞢疾。十二月。　　(《合集》9650[賓三])

　　□□卜,出,[貞]……般……疾。　　　　(《合集》24959[出一])

　　貞:籫𓏺𠂤(肩)同(興)㞢疾。十二月。

(《合集》13884[典賓])

　　一月辛亥卜,貞:犬𠂤(肩)同(興)疾印(抑)。

(《醉》266[《合集》21053+《合補》10362][師小字])

　　六月㞢來曰:史㞢疾。　　　(《合集》13759[賓一])

　　壬子卜,貞:亞克興㞢疾。

　　弗其克。

(《合集》13754[典賓])

　　奠弗其同(興)㞢疾。　　(《醉》250[《合集》13881+][典賓])

　　以上師組、賓組、出組王卜辭爲當時一些重要的職官賈壴、師般、籫𓏺、犬、史以及某種身份的人亞、奠等進行患病或病情好轉的占卜。

　　癸未卜,貞:委弗疾。㞢疾,𠂤(肩)同(興)。

(《合集》21050[師小字])

　　□丑卜:屎其𠂤(肩)同(興)㞢疾。允不。

(《合集》21035[師小字])

　　戊寅卜,殻,貞:雷其來。{王占曰:鳳*其出,叀丁。丁不出,鳳其㞢疾,弗其同(興)}。　　(《合集》3946[典賓])

　　貞:鑊其㞢疾。　　　　(《合集》5477+㉗[典賓])

　　貞:兔弗其𠂤(肩)同(興)㞢疾。　　(《合集》14199+㉘[典賓])

　　貞:言其㞢疾。　　　　(《合集》13637[典賓])

貞：郭亡疾。　　　　　　　　　　　　　（《合集》13731［典賓］）

甲辰卜，宕，貞：集其疾罙。　　　　　　（《合集》15664+㉙［賓出］）

癸丑卜，争，貞：旬亡囚（憂）。三日乙卯允业娸。單丁人豐彡㉚于录……丁巳兔子豐彡……鬼亦得疾。　　（《合集》137+㉛［典賓］）

……𦲷㘓（肩）同（興）［业疾］。　　　（《合集》13882［典賓］）

貞：𦥔㘓（肩）同（興）业疾。　　　　　（《合集》13885［典賓］）

貞：彡弗其㘓（肩）同（興）业疾。　　　（《合集》13887［典賓］）

辛卯卜，殼，貞：𦣞弗其㘓（肩）同（興）业疾。

　　　　　　　　　　　　　　　　　　　（《合集》13888［典賓］）

己巳卜，殼，貞：𢾭亡疾。　　　　　　　（《合集》13758［典賓］）

貞：罙其业疾。　　　　　　　　　　　　（《合集》13747［賓出］）

貞：甫其业疾。　　　　　　　　　　　　（《合集》13762［賓三］）

　　以上師組、賓組王卜辭爲商王關心的一些人如委、屎、雷鳳*、鑊、兔、言、郭、集、鬼、𦲷、𦥔、彡、𦣞、𢾭、罙、甫等進行患病或病情好轉的占卜。

丁酉卜，殼，貞：杞侯夙弗其㘓（肩）同（興）业疾。

　　　　　　　　　　　　　　　　　　　（《合集》13890［典賓］）

庚辰卜，内，貞：侯專㘓（肩）同（興）业疾。

　　　　　　　　　　　　　　　　　　　（《合集》13883［典賓］）

壬子卜，貞：髟伯蒒亡疾。　　　　　　　（《合集》20084［師小字］）

……沚□㘓（肩）［同（興）］业疾。　　　（《合集》13891［典賓］）

己未卜：禽子厵亡疾。　　　　　　　　　（《合集》13727［師賓］）

乙未卜，貞：陕亡疾。　　　　　　　　　（《合集》13748［師賓］）

　　以上師組、賓組王卜辭爲當時的侯、伯以及家族長如杞侯夙、侯專、髟伯蒒、沚［馘］、禽子厵、［呈㉜子］陕等進行患病或病情好轉的占卜。

……貞：中子肱疾，同（興）。　　　　　　（《合集》21565［子組］）

丁亥卜，貞：汝业疾，其川（災）。　　　　（《合集》22098［午組］）

癸巳卜，貞：婦𡥇亡疾。　　　　　　　　（《合集》22249［婦女］）

婦姼子疾，不延。　　　　　　　　　　　（《合集》22246［婦女］）

丁卯貞：婦同子不疾□。　　　　　　　　（《合集》22395［婦女］）

乙丑卜，貞：婦爵多子亡疾。　　　　　　（《合集》22323［婦女］）

乙卯卜，貞：子啓亡疾㉝。　　　　　　（《合集》22282+［婦女］）

丙午貞：多臣亡疾。

丙午貞：多婦亡疾。　　　　　　　　　（《合集》22258［婦女］）

戊子卜，在🐾，貞：不子曲又疾，亡延，不死。　（《花東》351）

庚卜：子興又疾。　　　　　　　　　　（《花東》113）

以上非王子組、午組、婦女、花東卜辭爲家族中的中子、汝、婦🐾、婦娊子、婦同子、子啓、多臣、多婦、不子曲、子興等進行患病或病情好轉的占卜。

殷墟師組、賓組、出組王卜辭與子組、午組、婦女、花東等子卜辭會爲當時王朝或家族比較重要的人物或商王、子家族族長比較關心的人物進行病患的占卜，但通常是比較籠統地占卜這些人物患病或病情好轉，很少會占卜到具體的患病部位。

二、報告與禦除疾病的對象基本爲祖乙至小乙間的近世先祖先妣

殷商時期通常認爲疾病是神靈降下的災禍，因此患病後要向神靈，尤其是祖先神報告疾病或舉行禦除疾病的祭祀。賓組王卜辭祭祀的對象通常爲祖乙至小乙的近世先王。

貞：王疾身，唯妣己害（害）。

貞：唯妣庚。　　　　　　　　　　　　（《合集》822［典賓］）

貞：唯多妣肇㉞王疾。

貞：唯下上肇王疾。　　　　　　　　（《合集》2521+㉟［典賓］）

貞：唯帝肇王疾。　　　　　　　　　（《合集》14222 正乙［典賓］）

貞：王疾，唯大示。　　　　　　　（《合集》13697+㊱［典賓］）

□午卜，㱿，貞：𡆥疾止，唯黃尹害（害）。　（《合集》13682［典賓］）

貞：疾人，唯父甲害（害）。　　　　　（《合集》2123［典賓］）

貞：疾齒，唯父乙害（害）。

勿告于中丁。

勿于大甲告。　　　　　　　　　　（《合集》13649+㊲［典賓］）

以上卜辭占卜商王的疾病是由妣己、妣庚、多妣、上下神祇、帝、大示、黃尹、父甲、父乙降下的。

貞：告疾于祖乙。 （《合集》13849［典賓］）

貞：乍告疾于祖辛，正。 （《合集》13852［典賓］）

貞：㞢疾，告羌甲。 （《合集》869［典賓］）

貞：告疾于祖丁。 （《合集》13853［典賓］）

貞：疾齒，告于丁。 （《英藏》1122［典賓］）

辛亥卜：子告又口疾妣庚，亡𡆥。 （《花東》149）

壬申卜：祼于母戊，告子齒疾。 （《花東》395+548）^㊳

以上賓組王卜辭占卜向祖乙、祖辛、羌甲、祖丁、丁等近世的先王報告疾病。花東非王卜辭通常向女性祖先報告病患。

貞：钔（禦）疾身于父乙。

于祖辛钔（禦）疾。 （《醉》380〔《合集》13668 正+〕^㊴［典賓］）

貞：于羌甲钔（禦），克逸疾。 （《合集》641 正+^㊵［典賓］）

貞：㞢疾身，钔（禦）于祖丁。 （《合集》13713+^㊶［典賓］）

丁酉卜，宁，貞：疾身，于南庚钔（禦）。（《合集》13669+^㊷［典賓］）

以上典賓類王卜辭占卜向祖辛、羌甲、祖丁、父乙等近世的先王舉行禦除疾病的祭祀。

貞：勿钔（禦），亡疾。

貞：钔（禦）于㞢妣。 （《合集》10407［典賓］）

貞：疾止，于妣庚钔（禦）。 （《合集》13689［典賓］）

貞：疾止，钔（禦）于妣己。 （《英藏》1124［典賓］）

钔（禦）疾黃于妣癸。 （《合集》13675［典賓］）

貞：疾口，钔（禦）于妣甲。 （《合集》11460［典賓］）

以上典賓類王卜辭占卜向妣庚、妣己、妣癸、妣甲等先妣舉行禦除疾病的祭祀。

乙未卜，㱿，貞：妣庚贏王疾。 （《合集》13707［典賓］）

貞：高［妣］己贏王疾。 （《合集》13708［典賓］）

以上典賓類王卜辭占卜先妣可以使商王的病情好轉。

由於禦除疾病的男性祭祀對象通常爲祖乙至小乙之間的近世先祖,推測其祭祀的先妣很可能也是這幾代近世先王的配偶。這種現象可能説明即使是祖先神,也會有不同的職能,祖乙至小乙的諸先祖先妣的職能之一就是掌控着商王武丁、或與武丁有血親關係、或王朝重要人物的疾患。

```
                                                              ┌陽甲23
                                                              ├般庚24
                                 ┌戔甲(河亶甲)17              ├小辛25
        ┌中丁15        祖乙18 ┤祖辛19     祖丁21            ├小乙26
                                 │
姄己姄癸     姄己姄庚        姄甲     姄己姄辛     姄庚
        └外壬16                   └羌甲20 ── 南庚22
```

商王也向上甲、大乙(唐)、大甲祖乙等先祖舉行禦祭。

> 丁亥卜,殼,貞:昔日乙酉箙奔[43]钔(禦)[自唐]、大甲、祖乙百雹百羌卯三百[宰]。
>
> (《合集》301[典賓][蔡綴續444,《合集》302+1477同文])
>
> 癸巳卜,穷,貞:乍大钔(禦)自上甲。　(《合集》1220[賓三])
>
> 己巳卜,出,貞:钔(禦)王于上甲。十二月。
>
> (《合集》22620[出一])
>
> 其大钔(禦)王自上甲,盂用白犬九三示汎(皆)[44]牛,在大乙宗卜。
>
> □卯貞:其大钔(禦)王自上甲,盂用白犬九三示汎(皆)牛,在祖乙宗卜。　(《屯南》2707[歷二])

以上賓組、歷組王卜辭占卜向上甲以降的先王舉行大規模的禦祭。一方面禦祭的對象爲上甲以下先王的占卜並不多,而且集中在賓出類與歷組二類,即祖庚這一時期。另一方面,禦祭也沒有明確是爲疾病還是其他災禍而舉行的。所以,不影響典賓類卜辭向祖乙至小乙諸先王及其配偶舉行禦除疾病祭祀的常態。

殷墟甲骨文中有一條寧疾的卜辭:

> 壬辰卜:其寧疾于四方三羌又九犬。　(《屯南》1059[歷二])

甲骨文中被"寧"的一般是範圍比較廣、規模比較大、具有一定破壞性的自然災害。祭祀的對象通常爲帝、方、土（社）等自然神。祭牲通常會有犬。如：

丁亥卜：其寧風方，叀······　　　　　　　（《合補》10290［無名］）

乙丑貞：其寧雨于方。　　　　　　　　　（《合集》32992［歷二］）

己未卜：寧雨于土。

　　　　　（《合補》10442〔《合集》34088+《明後》2563〕［歷二］）

庚午貞：螽大雋于帝五介臣寧，在祖乙宗卜。

　　　　　　　　　　　　　　　　　　（《合集》34148［歷二］）

以上卜辭占卜向方、土、帝舉行祭祀以寧息風災、雨災及蟲災等自然災害。

貞：于𤔲寧馭。　　　　　　　　　　　　（《合集》1314［典賓］）

丁巳貞：其寧𣂪⑮于四方，其三犬。　　　（《村中南》363［歷二］）

以上兩條卜辭中的"馭"和"𣂪"是分別見於典賓類與歷組二類的兩個字形。兩字形出現的語境基本相同，可以確定是同一時期在不同組類甲骨中使用不同字形的兩個義項所指相同的詞，也或者就是一個詞。從其動詞爲"寧"來看，所指應該也是一種規模較大的自然災害。

由此，《屯南》1059 中的"寧疾于四方"，很可能也是一場規模比較大、範圍比較廣的疾病，所以需要向四方神舉行祭祀以寧息這樣一場災害。這裏的"寧疾"所指很可能是要寧息一場瘟疫。

三、從疾病、夢幻類卜辭看占卜視野下的商代歷史

殷墟甲骨文王卜辭占卜商王的病患、非王卜辭占卜所隸屬家族族長的病患會稍微具體，其他人的病患一般只占卜患病或病情好轉，相對要籠統一些。究其原因，主要是因爲甲骨是占卜的遺物，是占卜集團以占卜主體爲核心，爲其服務所進行的活動。王的占卜集團直接爲商王服務，爲商王進行各種事務的占卜，會對商王的身體狀況及具體病患了解得比較細緻。同理，子家族的占卜集團爲所隸屬的家族長服務，對其身體病患相對知曉的要多一些，占卜內容也會相對具體。

　　王朝與子家族中有一些重要的人物擔任重要職事,負責當時政治、經濟、軍事、使節、農業、田獵、占卜等各方面的事務。這些人的身體狀況在一定程度上會影響到相關事務的執行與管理。還有一些貴族雖然在卜辭中出現的頻率不高,但也在商王的關懷範圍之內,其身體的病患也在占卜範圍內。一方面對這些人的身體狀況比較關心,另一方面又不了解具體病情,所以,更多的關注點在於其患病或病愈,相關占卜也就相對籠統。

　　殷墟王卜辭夢幻内容的占卜基本爲商王武丁的夢幻。商王武丁的夢很豐富,有神靈(《合集》8984)、祭祀(《合集》905)、人物(《合集》17380)、動物(《合集》17393)、物件(《合集》6033)、戰事(《合集》17375)、天氣(《合集》122)、疾病(《合集》17385)、災禍(《合集》17386)、吉凶(《合集》14128)、鬼(《合集》17451)等。[46]非王卜辭也爲所隸屬子家族族長的夢幻進行占卜,夢的場景與商王武丁多有相同,對於夢境的描述更加具體,如發報告事情(《花東》5)、進獻玉器(《花東》149)、丁裸子瓚的祭祀場景(《花東》493)、鬼神(《花東》352)等。隸屬於商王及子家族的占卜集團直接爲商王及家族長服務,所以對其夢幻也相對了解,所卜多爲時王或家族長的夢。

　　所以,通過卜辭看到的商代歷史,是占卜視野下的商代史。其反映出的内容更多地受到占卜主體、占卜性質、占卜視野的影響。

　　殷墟甲骨文中疾病與夢幻類卜辭多出現於師組、賓組及非王卜辭,少量見於歷組、出組卜辭,即比較集中地出現在武丁至祖庚時期。這説明殷墟甲骨出組二類(即祖甲)以後,疾病夢幻一類的事情基本不再進入占卜的範圍。[47]這反映出時王或占卜機構對於包括占卜内容在内的一系列占卜事宜進行了深入改革,也映射出當時的商代社會進行了一次深刻的社會變革。當然,這也從一個側面反映出作爲占卜遺物的甲骨卜辭對於研究商代史產生的影響:一方面,反映了當時的社會發展狀況;另一方面,對於商代社會發展狀況的認知又受到占卜活動或占卜視野本身的限制。

2019 年 2 月 14 日一稿

2019 年 3 月 13 日二稿

2019 年 3 月 25 日定稿

注　釋

① 胡厚宣:《殷人疾病考》,《甲骨學商史論叢初集》,齊魯大學國學研究所,1944 年,第 417—446 頁;陳世輝:《殷人疾病補考》,《中華文史論叢》第四輯,上海古籍出版社,1963 年;胡厚宣:《論殷人治療疾病之方法》,《中原文物》1984 年第 4 期,第 27—30 頁;徐錫臺:《殷墟出土的一些病類卜辭考釋》,《殷都學刊》1985 年第 1 期,第 8—9 頁;范毓周:《〈殷人疾病補考〉辨正》,《東南文化》1998 年第 3 期,第 98—99 頁;李宗焜:《從甲骨文看商代的疾病與醫療》,《"中研院"歷史語言研究所集刊》,第 72 本第 2 分,2001 年;宋鎮豪:《商代的疾患醫療與衛生保健》,《歷史研究》2004 年第 2 期,第 3—26 頁;宋鎮豪:《夏商社會生活史(增訂本)》第八章,中國社會科學出版社,2005 年。

② 冀小軍:《"刑天"補釋——兼談殷墟卜辭中的首、面、天三字》,《中國人民大學學報》1994 年第 5 期,第 101—105 頁。

③《醉》261(《合集》19863+20476+《乙編》8497)+《合集》21037,蔣玉斌:《殷墟 B119、YH006、YH044 三坑甲骨新綴》,《中國文字研究》2007 年第 1 期。

④ 蔡哲茂:《殷卜辭"肩凡有疾"解》,第十六屆中國文字學國際學術研討會論文,高雄師範大學國文系,2005 年 4 月;裘錫圭:《説"彳凡有疾"》,《故宮博物院院刊》2000 年第 1 期,第 1—7 頁,後收入《裘錫圭學術文集》第一卷,復旦大學出版社,2012 年,第 473—484 頁。

⑤ 裘錫圭:《釋"蛊"》,《古文字論集》,中華書局,1992 年,第 11—16 頁;後收入《裘錫圭學術文集》第一卷,第 206—211 頁。

⑥《合集》454 正+1694 正+3540+7849+11460+《合補》5128+《乙補》280+342+711+無號甲+R37978,林宏明:《甲骨新綴第 790 及 796—802 例》,先秦史研究室網,2018 年 2 月 4 日。

⑦ 黄天樹:《〈説文解字〉部首與甲骨文》,《語言》第三輯,首都師範大學出版社,2002 年,第 237 頁;後收入《黄天樹古文字論集》,學苑出版社,2006 年,第 324—340 頁。

⑧ 王藴智:《贏字探源》,《追尋中華古代文明的蹤迹——李學勤先生學術活動五十年紀念文集》,復旦大學出版社,2002 年,第 7—13 頁。

⑨《合集》7587 正+13677 正+《乙補》7257+《乙編》6606,林宏明:《甲骨新綴第 818—820 例》,先秦史研究室網,2018 年 12 月 10 日。

⑩《合集》13663+14002 正+R037265,林宏明:《甲骨新綴第 826—829 例》,先秦史研究室網,2018 年 12 月 12 日。

⑪《合集》13619+40379,蔡哲茂:《殷墟甲骨文字新綴五十一則》,《古籍整理研究學

刊》2003 年第 4 期,第 5 頁。

⑫ 病除。裘錫圭:《殷墟甲骨文"彗"字補説》,《華學》第二輯,第 33—38 頁,中山大學出版社,1996 年;後收入《裘錫圭學術文集》第一卷,第 422—430 頁。

⑬ 王子楊:《甲骨文字形類組差異現象研究》,中西書局,2013 年,第 198—229 頁。

⑭ 何會:《賓組三類龜腹甲新綴一則》,先秦史研究室網,2010 年 3 月 8 日;黄天樹主編:《甲骨拼合集》第 254 組,學苑出版社,2010 年。

⑮《合集》1248+13642+《乙編》3367+2934+1617+《乙補》2582,蔡哲茂:《〈殷虚文字丙編〉新綴第七則》,先秦史研究室網,2008 年 4 月 4 日。

⑯《合集》13722+13723,曾毅公綴合。

⑰《合集》811+《乙編》7103+7102,林宏明:《甲骨新綴第 761—767 例》,先秦史研究室網,2017 年 12 月 24 日。

⑱ 陳劍:《殷墟卜辭的分期分類對於甲骨文字考釋的重要性》,北京大學博士學位論文,2001 年;又收入《甲骨金文考釋論集》,綫裝書局,2007 年,第 427—436 頁。

⑲《合集》717+770+13874+《乙編》1251 -《合集》13864+14061,蔣玉斌:《甲骨新綴 35 組》,先秦史研究室網,2012 年 2 月 20 日。

⑳ 王子楊:《甲骨文字形類組差異現象研究》,第 138—139 頁;趙鵬:《釋"陷"及其相關問題》,《甲骨文與殷商史》第六輯,上海古籍出版社,2016 年,第 82—93 頁。

㉑ 裘錫圭:《釋"弘""强"》,《古文字論集》,第 53—58 頁;後收入《裘錫圭學術文集》第一卷,第 184—188 頁。

㉒《醉》248(《合集》13750+《乙補》0617)+《乙補》166+532+5410,楊熠:《甲骨試綴第 10—30 則》,先秦史研究室網,2018 年 8 月 20 日。

㉓《合集》13876+13877,蔡哲茂:《〈甲骨文合集〉新綴第十四例》,先秦史研究室網,2009 年 11 月 19 日。

㉔ 裘錫圭:《説"囧"》,《古文字論集》,第 105 頁;《從殷墟卜辭的"王占曰"説到上古漢語的宵談對轉》,《中國語文》2002 年第 1 期,第 70—76 頁;後收入《裘錫圭學術文集》第一卷,第 377、485—494 頁。

㉕ 裘錫圭:《釋殷虚卜辭中的"𡚬""𡚬"等字》,第二屆國際中國古文字學研討會論文,香港中文大學中文系編集,1993 年 10 月;後收入《裘錫圭學術文集》第一卷,第 391—403 頁。

㉖《合集》13886+《善齋》2.52.11,林宏明:《甲骨新綴第 108—110 例》,先秦史研究室網,2010 年 8 月 31 日;林宏明:《契合集》第 109 組,臺北萬卷樓,2013 年。

㉗《合集》5477+R37330+《乙補》2373,林宏明:《甲骨新綴第 790 及 796—802 例》,先秦史研究室網,2018 年 2 月 4 日。

㉘《合集》14199+《乙補》5016,林宏明:《甲骨新綴第 634—637 例》,先秦史研究室網,

2016 年 5 月 3 日。

㉙《合集》15664+13692,黄天樹:《甲骨綴合六例及其考釋》,先秦史研究室網,2007 年 10 月 17 日;黄天樹主編:《甲骨拼合集》第 50 組。

㉚ 唐蘭釋尿,胡厚宣《殷人疾病考》引唐蘭《殷虚文字記》北京大學講義本,今本未見;楊樹達疑爲㚸字,楊樹達:《積微居甲文説·讀胡厚宣君殷人疾病考》,上海古籍出版社,1954 年,第 58—60 頁;饒宗頤讀爲戾,訓至、止,饒宗頤:《殷代貞卜人物通考》,香港中文大學,1959 年,第 357 頁;劉桓:《殷契新釋·釋㚸疫》,河北教育出版社,1989 年,第 101—114 頁。

㉛《合集》137+16890+7990,肖良瓊:《卜辭文例與卜辭的整理和研究》,《甲骨文與殷商史》第二輯,上海古籍出版社,1986 年。

㉜ 林澐:《釋史墻盤銘中的"逖虘彤"》,《陝西歷史博物館館刊》第一輯,三秦出版社,1994 年,第 22—30 頁;後收入《林澐學術文集》,中國大百科全書出版社,1998 年,第 174—183 頁。

㉝ 蔡哲茂:《卜辭同文例研究舉例》,《徐中舒先生百年誕辰紀念文集》,巴蜀書社,1998 年,第 48 頁。

㉞ 方稚松:《談談甲骨金文中的"肇"字》,《中原文物》2012 年第 6 期,第 52—59 頁。

㉟《醉》305(《合集》2521 正+《乙補》5656+《合補》4703+《合集》14222 正甲+13702)+《合集》13679,林宏明:《甲骨新綴第 821—823 例》,先秦史研究室網,2018 年 12 月 12 日。

㊱《合集》13697+《乙編》4597+《乙補》3459+6353+6476,"中研院"歷史語言研究所庫房記録。

㊲《乙編》3348+《合集》13649+13646+《乙編》6805+《乙補》7274,"中研院"歷史語言研究所庫房記録。

㊳ 黄天樹、方稚松:《甲骨綴合九例》,《漢字研究》第一輯,學苑出版社,2005 年,第 324—330 頁。

㊴《合集》1720+13668+《乙編》4877+《乙補》5463+《合集》13667+《合補》217+《合集》1757+13858+《乙補》2564。

㊵《醉》27(《合集》641+《乙編》7681+《乙補》1447+1557)+《乙補》440+444,林宏明:《甲骨新綴第 818—820 例》,先秦史研究室網,2018 年 12 月 10 日。

㊶《合集》13713+《乙編》6599 -《合集》6649+《乙補》0641+R37783,林宏明:《甲骨新綴第 688—693》,先秦史研究室網,2016 年 7 月 27 日。

㊷《醉》255(《合集》13669+《乙補》296+315+293)+《乙補》295+297,林宏明:《甲骨新綴第一〇六例》,先秦史研究室網,2010 年 8 月 18 日;林宏明:《契合集》第 106 組。

㊸ 姚萱:《殷墟花園莊東地甲骨卜辭的初步研究》,綫裝書局,2006 年。

㊹ 陳劍：《甲骨文舊釋"智"和"盤"的兩個字及金文"覭"字新釋》，《出土文獻與古文字研究》第一輯，復旦大學出版社，2006 年，第 101—154 頁；又收入《甲骨金文考釋論集》，第 177—233 頁。

㊺ 孫亞冰釋衍，見《"衍"字補釋》，《古文字研究》第二十八輯，中華書局，2010 年，第 77—84 頁；劉釗釋役，見《釋甲骨文中的"役"字》，《出土文獻與古文字研究》第六輯，上海古籍出版社，2015 年，第 33—67 頁；陳劍釋永，讀虞，見《據〈清華簡（伍）〉的"古文虞"字説毛公鼎和殷墟甲骨文的有關諸字》，《古文字與古代史》第五輯，"中研院"歷史語言研究所，2017 年，第 261—286 頁。

㊻ 胡厚宣：《殷人占夢考》，《甲骨學商史論叢初集》，第 447—466 頁；宋鎮豪：《甲骨文中的夢與占夢》，《文物》2006 年第 6 期，第 61—71 頁；張秋芳：《甲骨卜辭中夢研究》，河北師範大學碩士學位論文，2010 年。

㊼ 祖甲時則多創新而捨棄多種事類。許進雄：《卜骨上的鑽鑿形態》，臺北藝文印書館，1973 年，第 2 頁。

一則甲骨新綴與"子母子屮子"之探討[*]

劉　影(首都師範大學甲骨文研究中心)

筆者在整理出組卜辭材料的過程中,有一組新綴"A.《合補》8587(《合補》13196、《柏俗》270、《蘇德美日》176)+B.《合集》23430(歷拓10593)",綴合圖版如下:

A.《合補》8587　(《合補》13196)

A 版以照片形式著録於《合補》8587,又以摹本形式著録於《合補》13196,未見拓本。從照片來看,A、B 兩版可補合"图"、"屮"二字,且辭例貫通,綴合後釋文如下:

---

* 本文是國家語委"十三五"科研規劃 2017 年度重點項目"甲骨卜辭精粹選本編纂"(ZD1135－44)、國家社會科學基金重大項目"殷墟甲骨拓本大系資料庫建設"(15ZDB094)的階段性成果。

1. ☐鼎（貞）：曹母辛［用］☐。
2. □□卜，祝鼎（貞）：子母子屮子。
3. □［酉］卜，大鼎（貞）：今早令☐。
4. □□卜，祝鼎（貞）：□巳祼于☐。

關於這版綴合，有以下幾個需要説明的問題：

第一，最右側一條卜辭，"母辛"下面的字，從殘畫來看，應當是"用"字。

第二，最左側卜辭"祼"上一字，《合補》13196 摹作"ᒮ"，即"巳"字，"巳"上一字不明。但是由於卜辭中的"巳"與"子"常常有相混的情況，如謝明文先生提出的《合集》2784、《合集》33278、《合集》4430 以及《合集》31804、《合集》31805、《合集》14856、《合集》6412 中以子爲構字部件之字，[①] 因此本組綴合中"祼"上一字也不排除釋爲"子"字的可能。

第三，左側第二辭中的"ᗊ"，陳劍先生讀作時間詞"早"，並認爲這種字形只見於典賓類和賓出類卜辭。[②] "ᗊ" 出現在出組一類卜辭中，目前僅此一見，出組一類卜辭中用作時間詞"早"的字形多作"ᗊ"，如《合集》25370、《合集》25371 等，可見出組一類卜辭中，用作時間詞"早"的字形是"ᗊ"、"ᗊ"並用的。

第四，左側第三辭中的"子母子屮子"應該如何釋讀，以下本文重點討論這個問題。

出組卜辭的"女"字、"女"字中間加兩點的"母"字以及"女"字上加一橫的"母"字，混而不分，有時讀作"母"，有時讀作"毋"。如《合集》24221、《合集》23605＋《合集》22583＋《合集》23282＋《合集》25944 中的"母"即讀作"毋"。[③]《合集》26765（《懷特》1268）骨首有一條卜辭，作"甲子卜，大鼎（貞）：作ᗊ子母廩弈多母，若"。"ᗊ子母"與"多母"並列，本辭中"子"後的"母"字，不能讀爲"毋"，而應讀爲"母"。《合集》26765 亦可證明《合集》26010 的"ᗊ子母"也應當連讀，卜辭作"〔丙午卜〕，出〔鼎（貞）：翼（翌）〕丁未其奏ᗊ子母于屮（有）方（賓），若"，而非"〔丙午卜〕，出〔鼎（貞）：翼（翌）〕丁未其奏ᗊ子，毋于屮（有）方（賓），若"，從辭末的"若"字來看，"母"讀爲"毋"於文意也不相合，讀爲"母"更恰當。

本文新綴中加兩點的"母"到底讀作"母"，抑或"毋"，可以從一條相關卜辭中得到答案。《合集》14125 骨扇中部有一條卜辭作：

5. ☑鼎（貞）：子母其毓，不𣪊（殞）。

卜辭不見貞人名，《合集》將其歸入賓組卜辭，實際上，《合集》14125 與《合補》8587+《合集》23430 字體很像，很可能也是出組一類卜辭。《合集》14125 中的“子母其毓”與《合補》8587+《合集》23430 中的“子母子㞢子”在內容上也有相關之處。《合集》14125 之“母”一定不能讀作“毋”——如果讀作“毋”，則主語爲“子”，謂語爲“毓”，“子”實不能“毓”，真正的主語應當是“子母”。由此可見，《合補》8587+《合集》23430 這組綴合中的“母”亦不能讀爲“毋”，“子母”即“子婦”，是句子的真正主語。事實上，出組卜辭讀作“毋”的，經常是“女”字，其次才是“女”字上加一橫的“母”字與“女”字中間加兩點的“母”字。

搞清了這個問題，再來解決本文新綴卜辭的斷句問題。“子母子㞢子”可以有兩種斷句方式：第一種，“子母”後面的“子”用爲動詞，斷句爲“子母/子/㞢子”；第二種，“子母”後面的“子”用爲名詞，斷句爲“子母子/㞢子”。先看第二種斷句形式，甲骨卜辭中可見“婦某㞢子”之例，故“子母子/㞢子”中的“㞢子”與“婦某㞢子”同例，這樣“子母子”作主語。上文已提到“子母”即子婦，“子母子”就只能理解爲子婦之子，一來卜辭實在沒有必要如此曲折稱作“子母子”，二來“子母子/㞢子”與“子毓”的意思相當，“子”不能“毓”，所以這也是不合邏輯的。因此，斷句以“子母/子/㞢子”爲宜，第二個“子”作動詞，不作名詞。

另外提一點，卜辭中動賓結構的“㞢（有）子”，彭邦炯先生認爲與“有孕”同義，都是在孕中期進行的占卜。④甲骨文有這樣的卜辭：

6. □□〔卜〕，爭鼎（貞）：〔帚（婦）〕□娩，𣪊（殞），㞢（有）子。

（《合集》10047+《合集》9644⑤〔賓三〕）

由上辭可見，“㞢（有）子”在“娩”之後，不應當是孕中期的占卜，因此彭說不確，動賓結構的“㞢（有）子”還應理解爲胎兒産出。

“子母子㞢（有）子”中的“㞢（有）子”即“㞢子”，“子㞢（有）子”的結構形式與“疾㞢（有）疾”（《英藏》1948）相同，前面的“子”作動詞，後面的“子”爲名詞。

　　饒宗頤先生曾認爲用作動詞的"子"訓作"名子",意思是爲兒子命名,原文如下:

　　　《尚書·皋陶謨》:"啓呱呱而泣。予弗子,惟荒度土功。"僞孔傳以"不暇子名之"解説"予弗子"一句。《史記·夏本紀》正義云:"禹辛日娶,至甲四日,往理(此避唐諱"治")水,及生啓,不入門,我不得名子,以故能成水土之功。"蓋參用孔傳説,視子爲動詞,訓作"名子",意思是爲兒子命名。⑥

"《尚書》這部我國最古的史書,是保存下來的商代和周代最早的文獻史料",⑦其中的文字往往保留了最古的含義。饒文已論"予弗子"的辭例又見於甲骨卜辭,《尚書》中的"予弗子"即甲骨卜辭中的"余弗子"。黄天樹先生在《殷墟甲骨文中所見的"名動相因"現象》一文中指出以下幾例"子"用爲動詞之例:⑧

　　7. 戊辰卜,王鼎(貞):婦鼠娩,余子。
　　8. 鼎(貞):婦鼠娩,余弗其子。四月。
　　　　　　　　　　　　　(《合集》14115+《合集》14116⑨[自小])
　　9. 己亥卜王:余弗其子婦佢子。　　　(《合集》21065[自小])
　　10. 戊辰卜,争鼎(貞):弓(勿)侄婦娩子子。
　　　　　　　　　　　　　　　　　　　(《合集》2783[賓三])

甲骨卜辭還可見其否定句式"余弗其子",如:

　　11. 乙子(巳)卜,自鼎(貞):王弗其子辟。(《合集》20608[自小])
　　12. 戊午卜,王鼎(貞):弓(勿)钏(禦)子辟,余弗其子。
　　　　　　　　　　　　　　　　　　　(《英藏》1767[自小])

以上兩版自組卜辭同文,《合集》20608之"弗其子辟"的完整形式應當是"弗其子子辟",前一"子"用爲動詞,後一"子"爲人名"子辟"之子。爲了避免重複,省略一個"子"字。這兩版卜辭給我們一個重要的提示信息——動詞"子"不能解釋爲"爲兒子命名","子辟"即子之名。事實上,綜觀甲骨卜辭,很難找到確定無疑的訓作"名子"的動詞"子",相應地,《尚書》中的"予弗子"也就不能作爲"殷代爲婦子卜命名之禮俗"的證據。《禮記正義》:"按'《尚書》云啓呱呱而泣予弗子',是子愛之義,而此經‘子’亦是慈愛,故讀如‘不子之子’。"⑩由此可見,《禮記正義》孔疏中保留的才是動詞"子"的真正含義。

以上辭例與本組綴合中"子母子屮子"的第二個"子"作爲動詞,正是"子愛"之義。卜辭中的名詞"子",活用爲動詞,即"以之爲子",是意動用法,"以之爲子"可引申爲"撫養、養育"義。王蘊智先生也認爲動詞"子"有哺育、撫養的意思,這種用法孳乳爲"字"字。⑪

綜上觀之,"子母子屮子"意爲"子婦是否撫養、養育這個孩子"。卜辭中動詞"子"的主語可以是商王(如上引"余子"諸辭),可以是"子婦",還可以是年長的女性,如"司(姒)⑫娥子余子"(《合集》21067),這可能是商王室的三大撫養主體,她們不一定執行具體的撫育任務。我們從一組新綴出發,嘗試從一些細節入手,延伸思維的觸角,或可進一步探究商王室的撫育制度。

注 釋

① 謝明文:《説抱、包》,《"鼎甲杯"甲骨文字有獎辨識大賽論文集》,中州古籍出版社,2015 年,第 33 頁。

② 陳劍:《釋造》,《甲骨金文考釋論集》,綫裝書局,2007 年,第 127—176 頁。

③《合集》23605+《合集》22583 爲劉影綴合,見黃天樹主編:《甲骨拼合集》第 158 組,學苑出版社,2010 年;《合集》23282+《合集》25944 爲林宏明先生綴合,見林宏明:《契合集》第 128 組,臺北萬卷樓,2013 年;張宇衛先生將《甲骨拼合集》第 158 組與《契合集》第 128 組綴合到一起,見張宇衛:《甲骨綴合第四三~四四則》,先秦史研究室網,2012 年 3 月 1 日。

④ 彭邦炯:《甲骨文中的生育問題再探索》,《殷都學刊》2006 年第 1 期,第 5—9 頁。

⑤ 蔡哲茂:《甲骨綴合集》第 33 組,臺北樂學書局,1999 年。兩版之綴合即《合補》2511。

⑥ 饒宗頤:《由〈尚書〉"余弗子"論殷代爲婦子卜命名之禮俗》,《古文字研究》第十六輯,中華書局,1989 年,第 157 頁。

⑦ 劉起釪:《甲骨文與〈尚書〉研究》,《甲骨文與殷商史》第三輯,上海古籍出版社,2013 年,第 262 頁。

⑧ 黃天樹:《殷墟甲骨文中所見的"名動相因"現象》,《首都師範大學學報(哲學社會科學版)》,2013 年第 3 期,第 87 頁;後收入黃天樹:《黃天樹甲骨金文論集》,學苑

出版社,2014年,第286頁。以下所引卜辭均出自此文,釋文格式稍有改動,並重新編號。

⑨ 黄天樹主編:《甲骨拼合集》第44組。

⑩ 《禮記正義》卷三九,《十三經注疏》,上海古籍出版社,1997年,第1544頁。

⑪ 王蘊智:《古文字中的"子"和閩方言中的"囝"》,《吉林大學學報》1993年第1期。

⑫ 裘錫圭:《説"姛"(提綱)》,《裘錫圭學術文集》第一卷,復旦大學出版社,2012年,第523頁。

甲骨文煮字補釋

王子楊（首都師範大學甲骨文研究中心）

黄組卜辭習見下揭之字：

《合集》38703　　《合集》38704

《合集》38705　　《合集》38706

《合集》38707　　《合集》38708

《合集》38709　　《合集》38711

《合集》38710　　《合集》18529

羅振玉、王襄釋"羹"，陳直、李孝定等先生從之。余永梁先生懷疑當與"鬶"爲同字。金祥恒、陳漢平先生釋"醢"，謂醢祭。[1]姚孝遂先生按語云："諸家所釋皆與形體不符，且於辭例無徵，難以爲據。在卜辭當爲祭名。"[2]持論甚爲公允。劉桓先生曾經把這種形體釋作"煮"。[3]李旼姈女士同意前引余説，從辭例和字形變化兩個方面論證"🔹"與下文將要引出的"🔹"當爲一字之異體，進而把它們跟"鬶"字相認同。[4]顯然，李女士是把它釋爲"鬶"的。陳劍先生同意把"🔹"、"🔹"看作一字異體，但不同意舊釋"鬶"，主張改釋爲"肆解牲體"之"肆"。[5]劉釗先生主編的《新甲骨文編》吸收了這個意見，把黄組卜辭的"🔹"、"🔹"類形體全部置於"肆"字頭下。[6]筆者先前接受了陳劍先生的意見，把本文討論的這個形體也認同爲"肆"字。[7]李宗焜先生的《甲骨文字編》則采取保留意見，仍將之作爲未釋字,編爲 3327 號。⑧可見,對於這個字的釋讀,仍沒有達成一致意見,仍有繼續討論的必要。

此字字形並不難辨認,從"肉"、從"匕"、從"皿",過去將之隸寫爲"盥"是比較合適的,本文暫用"盥"來指稱這個字。關於"盥",下部"皿"以及右上之"匕"的形體並無太大的變化,只是《合集》38709 的"匕"方向反置而已,變化比較多樣的是所從的"肉"旁。這個"肉"旁刻寫比較標準的是《合集》38705,作"𠂤";刻寫類"口"者如《合集》38703,作"𠃬";更多則刻寫類"月",如《合集》38706—38711 等。甲骨文字系統中,用爲偏旁的"肉"經常刻寫得跟"口"、"月"近同,如甲骨文"祭",既可以寫作"𥄉",又可以寫作"𤔥",還可以寫作"𥄉",就是顯例。李旼姈女士曾經枚舉甲骨文"口"、"肉"、"月"三個偏旁訛混之用例,讀者可以參看。⑨值得注意的是,"盥"字所從"肉"旁周邊(主要是下側)皆有多寡不等的點畫,跟甲骨文"祭"字所從"肉"旁完全相同,可能表示血點或肉汁之形。

筆者認爲,前引劉桓先生釋作"煮"的意見值得重視。由於劉文行文簡略,並沒有引起學界的注意。本文詳細討論這個形體的字釋,同時還把甲骨金文隸定作"𩰿"、"鼎"等形的字也釋作"煮"。下面略作討論。"盥"字很可能跟商末四祀邲其卣銘文中的"煮"字有關。銘文云:"乙巳,王口(曰)⑩尊文武帝乙宜,在召大庭,遘乙翼日,丙午𨐅,丁未煮。己酉王在榆,邲其賜貝。在四月唯王四祀翼日。"⑪其中,"煮"字寫作 A 形:

A. 𤏳 《集成》5413　　　　B. 𤏳 A 所從的左上偏旁

字形顯然當分析爲從"火"、從"鬲"、從"肉"、從"匕"會意,"者"省聲,過去不少學者將之釋爲"煮"。⑫當然也有學者懷疑其正確性,以摹録原形稱之。其實大家對"火"、"鬲"、"肉"、"匕"等偏旁沒有異議,只是對 A 所從的偏旁 B 是否爲"者"之省形持保留意見。因此,討論 B 旁是否爲"者"之省形顯然十分必要,下面就作一簡單討論。

商周金文"者"以及從"者"得聲的字十分常見,從矢令方尊、彝"諸侯"、"諸尹"之"諸"寫作"𤽡",伯公父簠"諸老、諸兄"之"諸"寫作"𤽡"等情形看,過去把"𤽡"、"𤽡"諸形釋作"者"讀爲"諸"肯定是沒有問題的。更詳盡的字形可以集中參看《新金文編》第 359、425、497 等頁。這種"者"字形體,商代銘文有時寫作""、""等形,頗疑"者"字上部所從來源於甲骨文的""(《合集》12436)、""(《合集》6578)之字,""、""上部左右歧出的兩筆如果上下錯開並打穿豎筆延長,就會寫作""的上部之形。四祀邲其卣的 B 形跟上述"者"字除去"口"旁的部分應該是同一個構件,只是 B 形中豎右側本該下曳的筆畫寫得有些上揚而已。書寫這個構件時,應該先寫中間豎筆,然後是自右上至左下的斜筆,再是自左上至右下的斜筆,再是左下歧出的短筆,最後於空白處施加點畫。從書法角度上看,左右兩個斜筆的彎曲程度決定這個構件的整體形態。如果曲度較小,就會寫成""、""等形;如果曲度較大,就會寫成四祀邲其卣的 B 類形體。下面再以者姒大子諸器銘文爲例,看看這類"者"字寫法的特點。目前見到的者姒大子諸器有近十器,銘文一律作"亞醜,者姒大子尊彝"。謝明文先生對這組器的銘文有很好的討論,[13]我們認爲所作評議都是十分中肯的。不管大家對"者"下面的"姒"字理解有多大的分歧,對"者"字的釋讀似乎未見有異議者,下面就引出這些"者"字形體如下:

M 組: 者姒大子罍(《集成》9818)

者姒大子觚(《集成》9295)

者姒大子觚(《集成》9294)

者姒大子爵(《集成》9090)

N 組: 者姒大子尊(《集成》5935)

者姒大子尊(《集成》5936)

上引兩組"者"字形體由於有伯公父簠"諸老、諸兄"之"諸"的寫法作參照而得到確認,釋作"者"一點問題都沒有。M 組筆畫比較平直;N 組筆畫相對柔曲,尤其是中豎左側自左上至右下的曲筆"",較 M 組彎曲,且筆畫末端略有上揚,這種寫法的"者"(除去口旁),筆勢稍作調整就會變成前引四祀邲其卣的 B 旁,試比較:

B 旁亦見於散氏盤銘，形體作"🗡"，从"刀"从"者"，用爲地名。這個"者"旁由於省去了中竪下部歧出的斜筆以及相應的點畫，變得有些怪異，但從其與下部的"口"旁結合起來看，還是能夠與"者"相認同的。有學者礙於本銘一般釋作"楮"的形體作"🌿"[14]而與"剬"所从似有差異，拒絕承認"剬"从"者"，實可不必。我們知道，一篇青銅器銘文中出現的相同偏旁，由於跟不同特點的部件結合而在筆勢上有所不同，是常有的事，有時相同偏旁呈現的面貌差異還相當大。即使是相同的字，有時前後寫法也不盡相同，一般認爲這種現象是書手刻意追求書法變化的結果。[15]就拿散氏盤銘本身來説，反復出現的字前後筆勢往往不同。比如"司"前後出現 8 次，没有兩個筆勢是完全一致的，其中一個寫作"🏵"，跟其他幾個寫法差異很大；又如"履"，多作"🐾"，但也寫作"🐾"，筆勢明顯不同，甚至筆畫都改變了。就連筆畫極爲簡單的"于"、"人"，筆勢也是多種多樣。有學者驚呼散氏盤銘書法奇逸多變，堪比王羲之的《蘭亭序》，不無道理。結合前引"者"字形體，再考慮到筆勢不同往往影響文字面貌這一事實，把散氏盤銘這個"剬"字左側認定爲"者"，當没有多大問題。

由於四祀𠨘其卣這個字形體狹長，因而省去"口"旁。也可能如前所述，B 這個構件本身就是可以獨立的構件。不管什麼情形，按照古文字構形的一般規律，B 充當整個字的聲符是比較合適的。除去 B 後的其他構件，會意昭著，象以火炊鬲、烹煮肉塊之形，應該就是"烹煮"之"煮"的表意初文。《合集》4760 有字作"🔥"，从"火"从"鬲"从"匕"，跟四祀𠨘其卣此字形體很相似，只是省去"肉"旁以及表示聲音的"者"旁，似也應該釋爲"煮"。卣銘大意是講乙巳日商王在召大庭祭祀文武帝乙，把用於祭祀的宜肉升獻，次日丙午"🦴"（雖然我們不能確知當爲何字，但應該表示對宜肉的處置方式，如切割、陳列等），再次日烹煮。由於𠨘其在整個祭祀過程中表現良好，商王賜給他貝。𠨘其感到無上榮光，因而作器以資紀念。"尊"、"🦴"、"煮"都是對"宜"的處置，而且連續三日，前後相貫，把 A 理解作"煮"，文意十分合適。東京國立博物館藏一版人頭骨刻辭，曾著録於《日本散見甲骨文字蒐彙（二）》中 180 號，後來收入《合集》

40701 號。上面有一殘字作“”，似也應該是“煮”字，可能是處置敵對方國首領的一種方式。安陽殷墟博物苑藏有一個小型青銅鼎，鼎中尚有蒸煮過的人頭骨。

綜合上述，過去把四祀𡥝其卣的這個字釋爲“煮”是比較合適的。與此字構形理據相類者，可以舉出“齍”、“煋”等。“齍”字，殷器戌求鼎作“”，從“火”從“鬲”從“匕”，“（齊）”聲。西周時期“齍”或寫作從“齊”從“鼎”，或寫作從“妻”從“鼎”（或皿）。⑯從“妻”乃更換聲旁，從“鼎”、從“皿”乃表意形旁互換。又如“煋”字，殷器一般寫作“”，從“火”從“鬲”從“匕”，“量”聲。以“煋”、“齍”例之，學界對四祀𡥝其卣的“煮”字之釋也是合理的。《說文解字繫傳》“鬻，烹也。從弼者聲。，鬻或從火。鬻或從水”，⑰《玉篇》或體作“䰞”。⑱殷末“煮”字形體與《說文》大篆大體相合。

春秋晚期所謂子湯鼎亦有“煮”字作：

《南方文物》1997 年第 4 期

從“火”、從“鬲”，“都”聲，“都”從“者”得聲，因此這個“煮”字當從四祀𡥝其卣的“煮”字演進而來，又將聲符“者”替換爲“都”。過去學者多認爲這個形體從“邾”得聲，⑲實非。“邑”右部之偏旁跟“朱”字形體不合，乃“者”之省，故當從“都”得聲。這種小口鼎自名爲“煮”，乃以其功用爲名，這種命名方式在青銅器中並不罕見。

叔夜鼎銘文中説到該鼎的用途時説“以征以行，用煮用烹”，“煮”、“烹”分別寫作：

《集成》2646

從“烹”字下部從“火”從“鬲”看，“煮”下部極有可能是誤摹，否則“皿”上部左右不會出現象炊氣的“弜”旁。如此，“煮”可分析爲從“火”從“鬲”從“米”會意，“祝”聲，讀爲“煮”。《史記·曆書》“祝犂”，《索隱》説“祝犂，《爾雅》作著雍”。《爾雅·釋天》：“在戊曰著雍。”《釋文》曰：“著本作祝，本又作屠維。”可見，以“祝”爲聲之字跟“者”聲之字可以相通。同爲春秋時期的夫欧申鼎銘文也有類似的話：“余台（以）鑄（煮）台（以）烹，以伐四方。”⑳“烹”字形體與叔夜鼎相近，只是沒有“米”旁。這裏的“煮”以

"鑄"字爲之。我們知道,古文字"鑄"、"祝"屬舌音、幽覺部,二字可通。[21]可見,過去釋叔夜鼎的"煮"大概是可信的。無論是從"者"、"都"得聲,還是以"祝"爲聲,其造字意圖都是一致的,即在表意字的基礎上添加聲旁。

戰國楚系文字"煮"字寫作"🀄"(《包山》147)、"🀄"(《容成》3),似直接拈取意符"火"和聲符"者"而成,造字成本最爲經濟,符合文字演進的習慣,後世"煑/煮"字即由這種形體演進而來。

我們要討論的"🀄",與四祀卬其卣之"煮"字除去聲符後的形體十分近似,只是形符"皿"跟"鬲"的不同。我們知道,在表意字中,作爲形符的"火",常常可以添加,也可以不添加,並不是必備的構字部件。如"寮",既可以寫作"🀄",也可以寫作"🀄";[22]又如"鬻",既可以寫作"🀄",又可以寫作"🀄",[23]等等。尤其是在跟蒸煮器"鬲"組合時,"火"往往可以省去,並不影響構意。因此,作爲構意偏旁,"皿"與"鬲"並無實質的不同。實際上,"皿"、"鼎"、"鬲"作爲構意偏旁時經常可以互換。前面提到的"盉"字就有從"鬲"、從"皿"、從"鼎"三種不同的寫法,是其顯例。另外,謝明文先生曾經詳細列舉出不少"鬲"、"皿"互相通用之例,[24]請參看。筆者認爲,四祀卬其卣的"煮"字就是在"🀄"形表意字基礎上添加聲旁"者"(省體)而成。裘錫圭先生曾經指出:

> 在古文字裏,形聲字一般由一個意符(形)和一個音符(聲)組成。凡是形旁包含兩個以上意符,可以當作會意字來看的形聲字,其聲旁絕大多數是追加的。也就是説,這種形聲字的形旁通常是形聲字的初文。[25]

裘先生這段總結非常精闢。本文所論之"煮",又是一個例子。如此,則前引甲骨文"🀄"可以釋作"煮",象以器皿烹煮肉塊之形,"肉"旁下部的點畫可能表示湯汁。釋作"煮",同樣用作祭名,以前各家對其他釋法的解釋,同樣適用於"煮"。

黃組卜辭又有可以隸寫爲"鼏"的字,此字寫作:

🀄《合集》38243　　🀄《合集》37549　　🀄《合集》38712

🀄《合集》35350

論者多把這種寫法的字與所謂的"鱻"字相認同，㉖現在看來存在困難。從辭例上說，"鼒"跟前面討論之"盄"用法完全相同。陳劍先生爬梳相關辭例指出，"鼒"字有兩種用例，一個是"遘祖辛鼒"，一個是"王賓鼒"。㉗非常正確。而"盄"字也用在"王賓盄"辭例中，可見兩者可以通用。從字形上看，"鼒"與"盄"構意相同，僅僅是意符"鼎"與"皿"的不同。前面反復提到，在甲骨文系統中，"鼎"跟"皿"作爲表意構件經常可以互換，因此"鼒"與"盄"爲一字的可能性是很大的。綜合辭例和字形兩方面看，"鼒"也應該釋"煮"之異體，正象以鼎烹煮肉塊之形，與文獻記載頗合。

必須説明，筆者釋黃組卜辭"鼒"、"盄"爲"煮"（下文簡稱"煮系字"），跟陳劍先生釋甲骨金文"𣪊"、"𣪊"、"𣪊"、"𣪊"、"𣪊"等形爲"肆"（下文稱爲"肆系字"）的意見並不矛盾。事實上，"肆"系形體跟"煮"系形體有顯著的不同。肆解牲體之"肆"，字形結構中，用於承載牲體的"爿"、分割牲體的"刀"、承載刀俎之"鼎"以及牲體"肉"，四個構件可以全部出現，也可以任意三個構件自由組合，甚至可以僅存兩個構件，如"𣪊"。歸納這些部件組合，"刀"、"爿"兩個部件相對比較重要，因爲這是"肆解牲體"這個行爲區別於其他行爲的突出特點。肆解牲體需要刀具，肆解後的牲體需要俎來承載，所以"刀"跟"爿"是"肆"字構形必不可少的特徵（只存其一即可）。而我們釋作"煮"的形體，"匕"乃其典型構件，這跟青銅器"匕"的功能有關係。"匕"是一種挹取食物的匙子。《儀禮·士昏禮》云："匕俎從設。"鄭玄注："匕所以別出牲體也。"《易·震》："不喪匕鬯。"注："匕所以載鼎實。"可見，匕是從鼎、鬲裏挹取食物和牲體的勺子。朱鳳瀚先生對"匕"的功用有比較翔實的論述，他説：

> 匕的此種用途已爲考古發掘證實，如上述永壽好時河村發現的銅匕，出土時即在鼎内；安徽壽縣蔡侯墓出土的七件升鼎，各附有一銅匕，此外同墓出土的八件鬲，每鬲亦各附一匕；湖北隨縣擂鼓墩曾侯墓出土的諸升鼎一小鬲，皆配置銅匕一，這些放在鼎、鬲内的匕皆當是用以取鼎中的牲體的。㉘

這種"匕"呈桃葉形，經常與鼎、鬲同出，匙子前端略尖，估計是便於叉取鼎、鬲中煮熟的肉塊或牲體。"鼒"、"盄"以及四祀𡚸其卣之 A 形，恰是"匕"跟"鼎"、"鬲"配合使用，這也是"鼒"、"盄"當釋"煮"的一個旁證。

《詩經·小雅·楚茨》:"濟濟蹌蹌,絜爾牛羊,以往烝嘗。或剝或享(烹),或肆或將。"毛傳:"濟濟蹌蹌,言有容也。享,飪之也。肆,陳。將,齊也。或陳于牙,或齊其肉。"鄭箋云:"'有容',言威儀敬慎也。……祭祀之禮,各有其事。有解剝其皮者,有煮孰之者,有肆其骨體於俎者,或奉持而進之者。"㉙據鄭注,"剝"、"享(烹)"、"肆"、"將"乃祭祀活動中先後的四個環節,即剝皮、烹煮、肆解和薦孰。由於肆解牲體和烹煮前後相貫,用匕叉取出的牲體可以直接在鼎口架俎進行肆解,因此古文字"肆"的形體中亦包含"鼎"、"肉"等表意偏旁,這樣就跟"煮"之形體容易相混。但"匕"經常跟"鼎"、"鬲"等蒸煮器相伴而出,而且有不少出土時就放置在鼎、鬲之中,顯然是作爲鼎、鬲的附屬物而存在的,就好比今天的湯鍋和湯匙,想來古代的匕可能不僅僅有挹取的功能,可能還在蒸煮過程中充當翻轉牲體使之均匀受熱的功能。因此,畫出鼎匕(或鬲匕)和肉,突出烹煮之"煮"是很好理解的。

　　理解了"肆系字"與"煮系字"構形的區別特徵,對於我們重新認識黄組卜辭"𪔴"、"𪔂"之字的形體是有幫助的。同時,筆者懷疑甲骨金文中常見的"𩱴"形之字可能也是"煮"字。過去,學者多以甲骨"刀"、"匕"二旁易混來理解這個形體,認爲"𩱴"上部所從"匕"乃"刀"之訛混,如此則"𩱴"就可以理解爲"𩰬"、"𩰬"之省體了。這樣理解有合理的成分,但存在如下問題:第一,本文討論的"𪔴"、"𪔂"以及"鼎"沒有一例訛混爲"刀"者,可見從"匕"可能是其本來寫法,並非由"刀"訛混而來。第二,在所見"𩰬"之衆形之中,絕少見有從"匕"者,㉚可見,從"匕"之字跟"肆"可能不是一个字。第三,徧觀"𩱴"之辭例,沒有確鑿的跟"𩰬"、"𩰬"、"𩰬"、"𩰬"等用法完全一致的用例。㉛綜上,並無積極的證據表明"𩱴"就是"肆"字。既然如此,我們可以把它放在"煮"系形體之列,由"𪔴"而"𪔂",簡省軌迹十分自然。我們把前引黄組、無名組卜辭中的字釋作"煮"還基於西周金文寓鼎、段簋中的相關形體,尤其是寓鼎銘文中的"𪔂",釋作"煮"十分合適。寓鼎、段簋銘文中的"𪔂"字,形體作:

寓鼎　段簋

二者的辭例是:

(1) 唯二月既生霸丁丑,王在莽京,鼏囗。戊寅,王蔑寓厤,使屬大人
   易(賜)作册寓囗羹,寓……   (寓鼎,《集成》2756)

(2) 唯王十又四祀十又一月丁卯,王鼏,畢,登(烝)。戊辰,曾(贈),
   王蔑段厤,念畢仲孫子,……   (段簋,《集成》4208)

關於上引兩段銘文中的"鼏",學者多有釋讀,陳劍先生已經辯其非,
認爲"鼏"當釋作"肆",並且對這兩段銘文進行了很好的疏通,㉜很有啓
發性。按照筆者的理解,"鼏"也有可能爲"煮"字,陳先生以"肆"爲出發
點所作的説解也同樣適用"煮"字,因爲"肆"、"煮"用作祭祀動詞,並無
嚴格的排他性。值得注意的是寓鼎銘文,過去由於關鍵字詞未能釋出,銘
文的重大意義並沒有被揭示出來。郭永秉先生著《上博藏西周寓鼎銘文
新釋——兼爲春秋金文、戰國楚簡中的"羹"字祛疑》一文(下面簡稱"郭
文"),㉝釋出了銘文中的"羹"以及"羹"前面的字,使得該銘反映的史事
豁然開朗。郭文指出:第一,"鼏"後面的囗跟"羹"前面的囗當是同一個
字,此字以"魚"爲偏旁,可能表示一種魚類的名詞。用魚作羹,屢見於古
書和出土文獻,王賜寓魚羹,應該就是古書中常見的賜胾。第二,"屬
(鬲)大人"大概是掌管鬲的職官,也就是掌管烹調的人,他受王命轉賜胾
羹。郭文這些結論都是合理的,當可信從。反觀銘文開頭的"鼏囗",必
然跟"鬲大人"賜寓魚羹有關係,聯繫魚羹的製作工藝以及鬲大人的職
掌,把"鼏"釋爲"煮"再合適不過了。《詩經·召南·采蘋》:"于以采蘋,
南澗之濱。于以采藻,于彼行潦。于以盛之,維筐及筥。于以湘之,維錡
及釜。"孔穎達疏曰:"既得此菜,往何器盛之? 維筐及筥盛之。既盛此
菜,而還往何器烹煮之? 維錡及釜之中煮之也。既煮之爲羹,往何處置設
之? 於宗子之室戶外牖下設之。"㉞可見,野菜經過熬煮才能叫做羹,是爲
菜羹,肉羹亦然。《楚辭·大招》曰:"煎鰿,臛雀,遽爽存只。"王逸注:"言
乃復煎鮒魚,臛黃雀,勑趣宰人,差次衆味,持之而前也。"臛,即純肉無菜
之羹,"臛黃雀"即製作純黃雀肉之羹。清華簡《赤鵠之集湯之屋》、《楚
辭·天問》都有小臣伊尹爲商湯製作鵠羹的記載。黃金貴先生指出:"古
代製羹比現代'考究',要用熬煮法,無論有否調和物,而且是在沸水中熬
煮,……先將食物置於較多的水中,將水燒沸;然後再用中火或文火在沸
水中熬煮多時,直至食物酥爛羹熟。有些羹加調和物,而調和物也是與食

物一起熬煮,最後達到食物與湯汁糅合一體的境界。"㉟可見,古代製作羹需要高超的技藝,而且必須經過長時間的烹煮。而銘文中的"屬(鬲)大人"很可能就是幫助周王熬煮魚羹的人。當然,這裏的"煮"已經由普通的烹煮環節上升到了專門的祭祀活動。

甲骨文"鬲(煮)"字用法跟西周金文大體相同。如下引諸辭:

(3)丙辰卜,大?□:其鬲(煮)兕三□。　　(《合集》30995〔何二〕)

(4)于祖丁□用鬲(煮)。大吉。

　其鬲(煮)兕祖丁。

　其二兕。

　其鬲(煮)兕父丁。

　其二兕。　　(《合集》32603〔無名〕)

(5)于旦。

　于南門。

　父丁鬲(煮)三兕。

　其五兕。　　(《合集》32718〔無名〕)

上引(3)—(5)辭"鬲(煮)兕"跟寓鼎用法完全相同,這是烹煮用於祭祀使用的兕牛。下引之辭"鬲(煮)"字用法也應該是一路:

(6)甲子卜:祭祖乙,又鬲(煮),王受又。

　弜又鬲(煮)。　　(《合集》27226〔無名〕)

(7)祭于☒鬲(煮)☒。　　(《合集》30994〔何二〕)

(8)弜☒

　惠鬲(煮)。　　(《合集》27523〔無名〕)

(9a)其作鬲(煮)在二裸,王受又。

(9b)于宗,有正,王受又。

(9c)惠鬲(煮)用祝,有正,王受又。

(9d)弜鬲(煮)用祝。　　(《屯南》2345〔《輯佚》328同文〕〔無名〕)

(10)鬲(煮),惠穌用。

　弜用。　　(《合集》30693〔無名〕)

(11)旦其殺㊱,鬲(煮)乃各日,又正。　　(《合集》31116〔無名〕)

《大戴禮記·夏小正》説:"初俊羔,助厥母粥。"傳曰:"俊也者,大也。粥也者,養也。言大羔能食草木而不食其母也。羊羔非其子而後養之。善養而記之也。或曰:夏有煮祭,祭也者用羔。是時也不足喜樂,喜羔之爲生也而記之。與羊牛腹時也。"關於"夏有煮祭",本又作"憂有煮祭"、"夏有暑祭"等,解釋也甚爲紛紜。^{③⑦}孔廣森曰:"煮祭,饋熟之祭也。禮,牲未成羊曰羔,……"王聘珍曰:"云'或曰夏有煮祭,祭者用羔'者,《爾雅》曰:'夏,大也。'《説文》云:'煮,亯也。'謂大烹而祭也。《詩》曰:'四之日其蚤,獻羔祭韭。'《月令》曰:'仲春之月,天子乃鮮羔開冰,先薦寢廟。'是也。"^{③⑧}結合上面所引青銅器銘文以及甲骨卜辭的情形看,孔、王之説似有理,煮祭確實是饋熟之祭。現在我們知道,用於祭祀的熟品,祭祀完成以後還可以把剩餘的部分賜給臣下。李學勤先生引四祀𠁥其卣銘,認爲卣銘"丁未煮"可以跟《夏小正》相印證,李先生説:

> 王聘珍説《夏小正》傳文"夏"訓爲"大",那麼"夏有煮祭"便是大有煮祭,這是不夠通順的。"夏"還是作夏季解,傳文是説到了夏季要舉行煮祭,要用羔羊。二月羔羊剛剛離乳,可以幫助母羊飼養,所以傳云"善羔之爲生也而記之"。這種羔羊,是爲夏天的煮祭準備的。^{③⑨}

李説有理。如果我們釋"煮"可信,或可以略爲之申説。(6)辭明言祭祖乙,是否采用"煮"祭,也可以跟《夏小正》相印證。(9a)、(9b)占問進行煮祭的地點,是在"二裸"好還是在"宗"好。(9c)、(9d)卜問煮祭是否采用祝辭。(10)辭占問煮祭是否用"𪎭"樂器奏樂。這些簡短的占問向我們提供了非常寶貴的關於商代煮祭的信息:第一,煮祭有固定的場所,除了四祀𠁥其卣銘的"召大庭",還有宗廟和"二裸"。第二,煮祭過程可以有專門的祝禱之辭。第三,煮祭一般還配有演奏的樂曲。這些信息是以前我們不了解的。

2014 年 10 月改定

注　釋

① 于省吾主編,姚孝遂按語編撰:《甲骨文字詁林》,中華書局,1996 年,第 2643—

2645 頁。

② 同上書,第 2645 頁。

③ 劉桓:《古代文字研究(續篇)》,《内蒙古大學學報》1980 年第 4 期,第 67 頁。

④ 李旼姈:《甲骨文字構形研究》,臺灣政治大學博士學位論文,2005 年,第 117—118 頁。

⑤ 陳劍:《甲骨金文舊釋"𩰊"之字及相關諸字新釋》,《出土文獻與古文字研究》第二輯,復旦大學出版社,2008 年,第 13—47 頁。

⑥ 劉釗、洪颺、張新俊編纂:《新甲骨文編》,福建人民出版社,2009 年,第 178 頁;又《新甲骨文編(增訂本)》,福建人民出版社,2014 年,第 548—549 頁。

⑦ 王子楊:《甲骨文字形類組差異現象研究》,中西書局,2013 年,第 56 頁。

⑧ 李宗焜:《甲骨文字編》,中華書局,2012 年,第 1013 頁。

⑨ 李旼姈:《甲骨文字構形研究》,臺灣政治大學博士學位論文,2005 年,第 157—158 頁。

⑩ 裘錫圭:《關於殷墟卜辭中的所謂"廿祀"和"廿司"》,《裘錫圭學術文集》第一卷,復旦大學出版社,2012 年,第 470 頁。

⑪ 釋文參謝明文:《商代金文的整理與研究》,復旦大學博士學位論文,2012 年,第 288 頁。過去張政烺先生曾經力主四祀卯其卣銘乃偽作,陸續得到一些學者的贊同。張說請參《卯其卣的真偽問題》一文,1987 年山東長島古文字學術研討會會議論文,後刊於《故宫博物院院刊》1998 年第 4 期,第 1—5 頁。經過近三十多年的討論,現在學界多認爲此卣銘文當爲真銘,並且舉出了不少積極證據。從卣銘銘文看,從文字形體到蘊含的豐富信息,20 世紀 40 年代的作偽水平絶對造不出這樣的銘文來,卣銘乃真銘無疑,可以放心使用。詳參朱鳳瀚:《有關卯其卣的幾個問題》,《故宫博物院院刊》1998 年第 4 期,第 13—16 頁。

⑫ 朱芳圃:《殷周文字釋叢》,中華書局,1962 年,第 192 頁;詹鄞鑫:《釋甲骨文"者"字——兼考殷代者國及其地理位置》,《華夏考——詹鄞鑫文字訓詁論集》,中華書局,2007 年,第 282—299 頁。

⑬ 謝明文:《商代金文的整理與研究》,復旦大學博士學位論文,2012 年,第 625—631 頁。

⑭ 此字釋作"楮"應該是正確的。《銘續》0381公布的仲𪍙父簋銘之"𪍙"作"🀙"、"🀙",所從"者"旁跟"楮"所從之"者"字上部形體相同。

⑮ 徐寶貴:《商周青銅器銘文避複研究》,《考古學報》2002 年第 3 期,第 261—276 頁。

⑯ 董蓮池編著:《新金文編》,作家出版社,2011 年,第 595—596 頁。

⑰ 徐鍇:《説文解字繫傳》,中華書局,1987 年,第 55 頁。

⑱ 顧野王:《大廣益會玉篇》,中華書局,1987 年,第 79 頁。

⑲ 范毓周：《關於子湯鼎的幾個問題》，《南方文物》1997 年第 4 期，第 54 頁；鍾柏生、陳昭容、黃銘崇、袁國華編：《新收青銅器銘文暨器影彙編》，臺北藝文印書館，2006 年，第 906 頁；吳鎮烽：《商周青銅器銘文暨圖像集成》第 2039 號，上海古籍出版社，2012 年。

⑳ 楊正宏、肖夢龍：《鎮江出土吳國青銅器》，文物出版社，2008 年，第 134—135 頁。

㉑ 徐在國：《金文考釋拾遺》之"釋'鑄'"，《中國文字研究》第三輯，廣西教育出版社，2002 年，第 159—160 頁。

㉒ 劉釗、洪颺、張新俊編纂：《新甲骨文編》，第 560—561 頁。

㉓ 李宗焜：《甲骨文字編》，第 1068 頁。

㉔ 謝明文：《商周文字論集》，上海古籍出版社，2017 年，第 304 頁。

㉕ 裘錫圭：《釋殷墟甲骨文裏的"遠""㹁"（邇）及有關諸字》，《古文字論集》，中華書局，1992 年，第 3 頁；又《裘錫圭學術文集》第一卷，第 170 頁。

㉖ 諸家意見請集中參看陳劍：《甲骨金文舊釋"鸞"之字及相關諸字新釋》，《出土文獻與古文字研究》第二輯，第 13—47 頁。

㉗ 同上文，第 36 頁。

㉘ 朱鳳瀚：《中國青銅器綜論》，上海古籍出版社，2009 年，第 153 頁。

㉙《十三經古注·毛詩》，中華書局，2014 年，第 265 頁。

㉚ "肆"字形體詳參陳劍《甲骨金文舊釋"鸞"之字及相關諸字新釋》一文。

㉛ 陳劍先生把甲骨文"鼏"跟"鸞（肆）"繫聯，主要根據兩方面證據：第一，《合集》9419 正"唐升"與"鼏"連用，與《合集》1306 的"唐升歲，不我㹁"相似，而"唐升"連言的辭例很少見，因此"鼏"當跟"㹁"爲一字；第二，"鼏"跟"㹁"都有與"舌"、"裸"有關的辭例。今按：《合集》9419 正的形體作"𩰲"，背甲盾紋自上向下打破該字，如果去掉盾紋，似與"匕"形不類。屈萬里先生應該目測過該版，以他隸寫的"鼏"最有可能。蒙"中研院"王瑜楨女士惠賜該版照片，"肉"旁中間的斜筆清晰可見，"鼏"上部的偏旁當是"肉"。因此第一條證據不能成立。又所舉無名組卜辭中的"鼏"跟"裸"、"舌"的辭例，跟"㹁"、"鼏"的辭例只是相關，並沒有完全一致的辭例，因此也不能看作是強證。

㉜ 陳劍：《甲骨金文舊釋"鸞"之字及相關諸字新釋》，《出土文獻與古文字研究》第二輯，第 31—33 頁。

㉝ 郭永秉：《上博藏西周寓鼎銘文新釋——兼爲春秋金文、戰國楚簡中的"羹"字祛疑》，《出土文獻與傳世典籍的詮釋——紀念譚樸森先生逝世兩周年國際學術研討會論文集》，上海古籍出版社，2010 年，第 81—97 頁。

㉞《十三經注疏》，上海古籍出版社，1997 年，第 286 頁。

㉟ 黃金貴：《古代文化詞義集類辨考》，商務印書館，2016 年，第 577 頁。

㊱ 從陳劍先生釋,參《試說甲骨文的"殺"字》,《古文字研究》第二十九輯,中華書局,2012 年,第 9—19 頁。

㊲ 黃懷信主撰:《大戴禮記彙校集注》,三秦出版社,2005 年,第 191—193 頁。

㊳ 同上書,第 193 頁。

㊴ 李學勤:《〈夏小正〉新證》,《李學勤文集》,上海辭書出版社,2005 年,第 90—91 頁。

釋甲骨文中的"柬"字[*]

程 浩(清華大學出土文獻研究與保護中心、
出土文獻與中國古代文明研究協同創新中心)

甲骨文中以往隸定爲"柬"的字,有如下辭例:

(1) □酉卜:其柬盂☒   (《合集》31796)

(2) 其柬于盂☒   (《合集》31201)

(3) □戌柬于盂☒遘大雨。   (《合集》31198)

(4) 惠庚午柬于喪田,不遘大雨。
    弜庚午,其雨。   (《屯南》335)

(5) 翌日庚其柬乃靁,比至來庚有大雨。
    翌日庚其柬乃靁,比至來庚亡大雨。
    來庚剢柬乃靁,亡大雨。   (《合集》31199)

(6) 王其觀。
    弜觀柬。   (《合集》28201)

(7) 庚子卜:子告其柬于婦。
    子弜告其柬。   (《花東》371)

(8) 乙未卜:今日乙其屯用林于淫田,有[正]。
    弜屯,其■新柬,有正。
    惠新柬,屯用上田,有正。   (《屯南》3004)

(9) 庚申卜,我[貞]:今柬有事。   (《合集》21673)

---

    * 本文爲國家社科基金重大項目"先秦兩漢訛字綜合整理與研究"(15ZDB095)、國家社科基金重大項目"楚文字綜合整理與楚文字學的構建"(18ZDA304)的階段性研究成果。

（10）庚申，[子卜貞]：今柬月[有]事。　　　　　　　（《合集》21674）

（11）□午，子……今柬月[有]事。　　　　　　　　　（《合集》21675）

（12）庚申，子卜，貞：今柬月亡□有事。　　　　　　（《合集》21676）

此形過去未能得到很好的辨識，直到于省吾先生的《釋柬》①一文，才準確地認出其爲金文"刺"字左邊所從。但是于先生没有進一步分析"柬"究竟應釋爲何字，而且認爲卜辭中的"柬"與"刺"同音，當讀爲"獵"、"臘"等，驗諸辭例也稍有捍格。此後，裘錫圭先生在此基礎上把"柬"與《説文》中的"梨"字聯繫起來。②"梨"與"柬"雖然形音上皆可説通，但"柬"在卜辭中多用爲動詞，而"梨"義爲穀物莖秆，將其解釋爲處理禾秆的動作稍嫌跳躍。"柬"字的釋讀，雖然受到了前輩學者的持續關注，但似乎仍未徹底得到解決。

在我們看來，甲骨文裏這個所謂的"柬"，從字形上看（詳下文）當是《説文》中與"刺"同部的"柬"字。《説文》解説"柬"字云"分別簡之也。從束，從八。八，分別也"，對形體的分析殊不可信。雖然既往的研究對此字已有很多説解，但"柬"字的構形理據目前仍不是很明確。我們知道，"柬"的基本字義是揀選，《爾雅·釋詁》"柬，擇也"，《荀子·修身》有"柬理也"，楊倞注云："柬，與簡同，言柬擇其事理所宜。""柬"字雖可以理解爲揀取穀穗的農事活動，但將此義置於上述辭例中並非暢通無阻，因而我們更傾向於將其讀爲"翦"。"翦"有芟除草木之義，《詩經·甘棠》有"蔽芾甘棠，勿翦勿伐"，正是這類用法。安大簡《詩經》對應此句中"翦"的字寫作"戔"，二者均可視作"柬"的借字。此外，古文字資料中常用爲"芟除草木"義的字還有"㪚（散）"，③而清華簡《良臣》中"散宜生"的"散"就是寫作"柬"的。

"柬"與"翦"、"戔"、"散"等除了音近假借的關係之外，基於甲骨文中"柬"的構形與"禾"有關這點進行考慮，此形甚至有可能就是芟翦禾木之"翦"字的表意初文。④"柬"字構形主體部分從"禾"或"木"，中部早期從口形或圈形，後期又有訛變爲手形的寫法。在"禾"的中間加口形、圈形、手形等，大概就是拔除禾草的會意。如果上述猜想可以成立，則"柬"便是"翦"的早期會意字，而戰國之後行用的"翦"形則爲後起的形聲字。

把"秉"的字義理解爲"藭"，驗諸上述甲骨辭例均可通暢。我們知道，芟除農田上叢生的草木或收穫過的禾秆，是早期農業生産中極其重要的一項流程，上引各辭所反映的基本都是這類情況。在（1）（2）（3）（4）等辭中，"秉盂"、"秉于盂"、"秉于喪田"可以理解爲在盂、喪等地的田中芟藭草木。根據（5）中的三條卜辭所載，芟藭禾木後一般還要進行"霝"，也就是求雨的儀式。上述（3）（4）也曾卜問是否會有大雨，裘錫圭先生分析其目的是將藭除後的禾木"以水火變之"，⑤也就是漚肥，當是正確的意見。而（6）所卜的"王觀秉"，聯繫到卜辭中有卜問"王觀耤"的記載，所指的應該是王親自觀看芟除活動。至於（7）的"子告其秉于婦"，卜問的則是子是否要向婦報告芟除草木的結果。在這些卜辭中，把"秉"作爲芟藭禾木的農事進行理解都是較爲暢達的。需要特別注意的是（8），其中兩次出現的"秉"用作名詞。此版整體上難以準確理解，大致意思應是卜問：在"涇田"純用林，是否得當；由於"涇田"剛剛藭完草，不純用林，是否得當；由於"涇田"剛剛藭完草，改在"上田"純用林，是否得當。在（9）（10）（11）（12）等四條卜辭中，"秉"的用法則與其他辭例判然有别，此中的"秉月"應該是某一月份的專名。前揭于省吾先生文曾指出卜辭中的"秉月"即後世的"臘月"，⑥應當説是很好的想法。雖然對"秉"字的理解與于先生有所不同，但我們所説的"秉月"却也是可以讀爲"臘月"的，"秉"字屬元部，假爲葉部的"臘"在音理上没有太大障礙。但是出於審慎考慮，我們更傾向於陳夢家先生的説法，即此月名乃是與農事有關。⑦所謂"秉月"，蓋即穀物收穫後芟藭草禾之月。

之所以把甲骨文中的"秉"與"朿"字聯繫起來，除了意義上的關聯，最主要還是基於字形與字音方面的考慮。按照于省吾先生的觀點，甲骨文"秉"字即爲"剌"左部所從。商周金文中的"剌"主要有以下幾類形體：

A1. 剌鼎（《集成》02776）　　師虎簋（《集成》04316）

班簋（《集成》04341）

A2. ![图]刺鼎(《集成》02776)　　![图]克鐘左鼓(《集成》00208)

A3. ![图]六年琱生簋(《集成》04293)

B. ![图]刺鼎(《集成》02776)　　![图]克鐘鉦部(《集成》00206)

C1. ![图]烖簋(《集成》04322)

C2. ![图]癲鐘(《集成》00251)　　![图]史墻盤(《集成》10175)

D1. ![图]大鼎(《集成》02807)

D2. ![图]刺卣(《集成》05338)

D3. ![图]大簋(《集成》04298)

E1. ![图]刺作父庚鼎(《集成》02127)

E2. ![图]師虤鼎(《集成》02830)　　![图]胡簋(《集成》04317)

金文中的"朿"獨體時作,以"朿"爲偏旁的字有、等。稍加比對就可以發現,上舉 A1 形左部所從顯然就是這類"朿"字。與 A1 相比,A2"朿"旁形體中的"木"易爲"禾",A3 中的"禾"上部則多出一筆。古文字中"禾"與"木"經常互用,于省吾先生分析此形時即云:"其从禾與从木一也。"⑧更何況 A1 與 A2 兩種均見於刺鼎,同爲器主人名,可證"刺"字左部從"禾"與從"木"無別。B 形所從的"朿"没有加點爲飾,很容易被誤認爲"束"。然而金文中寫作"朿"形與寫作"束"形的偏旁,有時並没有區别,也常可通用。⑨更直接的一條證據是,B 形所在的刺鼎與克鐘兩器又都同時鑄有 A 形的"刺"字,足見是否加點都不會影響"朿"作爲"刺"的偏旁進行使用。

通過對 A、B 二形的分析,我們明確了金文中的"刺"字確是從"朿"

的。接下來,我們再來看"刺"字的 C 形。細心的讀者一定會發現,C 形左部的形體與我們討論的甲骨文中的"朿"字幾近全同。既然"刺"字 A、B 兩形左部從"朿",那麼 C 形的"刺"字所從的"朿"也就必然是"朿"了。需要稍作解釋的是,與 A、B 兩形相比,C、D、E 最主要差別在於前二者左部中間作圈形而後三者均作口形。于省吾先生指出作圈等形爲口形之訛變,[⑩]何琳儀先生也認同此字異體中間所從都是由口形演化。[⑪]構形部件由"口"變爲"圈"的例子還可舉出"寅"字。"寅"字歷組卜辭中有一類形體作 ,[⑫]在商代金文寅觚(《集成》06598)中,中間就變成圈作 形了。

我們認爲,左部"朿"旁從禾,中間作不加點之口形的寫法,即 C 形是"刺"字的最初形體。卜辭中有一個用作人名的"刺"字,便是與 C 同構,寫作 (《合集》27884)。在 C 形的基礎上,D 形乃加點爲飾;後來 D 形中間的點寫成了連貫的短橫,便有了 E 形;而 C、D 的口形訛爲圈形之後,就分别變作了 B 與 A。總而言之,商周金文"刺"字所從,無論"朿"、"朿"等形,皆是甲骨文"朿"(即"朿")的變體。

認爲"刺"字從"朿",不僅在字形方面可以得到驗證,還有音理上的證據。"刺"字《説文》云"戾也。從束從刀。刀者,刺之也",認爲是以刀破束的會意字,並未有太多依據。于省吾先生指出"刺"是形聲字,並認爲應從刀"朿"聲,[⑬]此後的論者又有"利"聲、"列"聲等意見。[⑭]在我們看來,"刺"字實際上是一個從刀"朿"聲的形聲字。"朿"在元部,"刺"在月部,月元陽入對轉,"朿"用作"刺"的聲符還是比較直接的。

在文章的最末,再附帶討論一下"朿"與"刺"在商周之後的發展演變。爲便於觀覽,兹列表如下:

表一 "朿"與"刺"在商周之後的發展演變表

	商代	西周春秋	戰國金文	戰國簡
朿(朿)	《合集》28201	《集成》02682	《集成》09720	清華簡《楚居》15

續 表

	商代	西周春秋			戰國金文	戰國簡
朿	《合集》27884	C 《集成》10175	A 《集成》04341	E 《集成》02830	《集成》00323 封子楚簠	清華簡《祭公》8 上博簡《性情論》18

由表一可見,"秉(朿)"字在由甲骨文的 (《合集》28201)演變爲西周金文的 (《集成》02682)後,一直到戰國時期形體都没有發生大的改變。而"朿"字在西周時期左部所從的"朿"有多種形體,其中 C 形承襲甲骨文,A 形則與"朿"字在西周的變體相同。到了春秋以後,作 (《集成》02830)的 E 形逐漸成爲主流,所從"朿"的中部也由"曰"形演變爲兩手,如 (清華簡《祭公》8)作。何琳儀先生分析説"戰國文字承襲兩周金文,口旁或作 ,則由兩周金文 脱筆所致",⑮ 大致勾勒出了"朿"字的演化路徑。

值得一提的是,在戰國時期還出現了一類省去刀旁的"朿"字,見於上博簡《性情論》及新出的封子楚簠。由於"朿"字本就從"朿",因而這種獨體的"朿",單從字形方面分析應看作"朿"的異寫。由於戰國時人已不甚明晰"朿"的造字理據,這種用作"朿"的"朿"字異體"朿"便與用作"簡"的"朿"字原形通行並用了。

注 釋

① 于省吾:《釋秉》,《双劍誃殷契駢枝 双劍誃殷契駢枝續編 双劍誃殷契駢枝三編》,中華書局,2009 年,第 27—34 頁。

② 裘錫圭:《甲骨文中所見的商代農業》,《裘錫圭學術文集》第一卷,復旦大學出版社,2012 年,第 256 頁。

③ 詳上文,第 251—254 頁。

④ "蕺"字的來源目前尚無定説,陳劍先生認爲甲骨文中的"戠"字爲"蕺"的表意初文,與我們的看法不同。見陳劍:《甲骨金文"戠"字補釋》,《甲骨金文考釋論集》,

綫裝書局,2007年,第104頁。

⑤ 裘錫圭:《甲骨文中所見的商代農業》,《裘錫圭學術文集》第一卷,第256頁。

⑥ 于省吾:《釋秉》,《双劍誃殷契駢枝 双劍誃殷契駢枝續編 双劍誃殷契駢枝三編》,第34頁。

⑦ 陳夢家:《殷虛卜辭綜述》,中華書局,1988年,第228頁。

⑧ 于省吾:《釋秉》,《双劍誃殷契駢枝 双劍誃殷契駢枝續編 双劍誃殷契駢枝三編》,第27頁。

⑨ 張富海先生曾撰文論證金文中大部分的"諫"字應釋"敕",若此説成立,即是"束"、"柬"混同之證。見張富海:《"敕"字補説》,先秦兩漢訛字學術研討會論文,清華大學,2018年7月。

⑩ 于省吾:《釋秉》,《双劍誃殷契駢枝 双劍誃殷契駢枝續編 双劍誃殷契駢枝三編》,第28頁。

⑪ 何琳儀:《戰國古文字典: 戰國文字聲系》,中華書局,1998年,第915頁。

⑫ 蒙王子楊先生提示,此爲陳劍先生釋出。

⑬ 于省吾:《釋秉》,《双劍誃殷契駢枝 双劍誃殷契駢枝續編 双劍誃殷契駢枝三編》,第28頁。

⑭ 並見李圃主編:《古文字詁林》第6冊,上海教育出版社,2003年,第120—121頁。

⑮ 何琳儀:《戰國古文字典: 戰國文字聲系》,第915頁。

曾伯克父諸器析論

黃錦前(蘭州大學歷史文化學院)

新近出版的吳鎮烽《商周青銅器銘文暨圖像集成續編》(下文簡稱"《續編》")著録了一組曾伯克父甘婁銅器,本文擬對其進行討論。

一

先將有關銘文釋寫如下:

(1) 伯克父鼎①:唯伯克父甘婁迺自得吉叙鎣金,用自作寶鼎,用追孝十我大丕顯,甘婁其用害(匄)眉壽,其霝終萬年,子孫永寶用之。

(2) 曾伯克父簋②:唯曾伯克父甘婁自作大寶簋,用追孝于我皇祖文考,曾伯克父其用受多福無疆,眉壽永命,黄耇令終,其萬年子子孫孫永寶用。

(3) 伯克父盨③:唯伯克父甘婁自作捧硒,用盛黍稷稻粱,用之征行,用其及百君子宴饗。

(4) 曾伯克父簠④:唯曾伯克父甘婁迺用吉父鏐叔鎣金,用自作旅祜(簠),用征用行,走追四方,用齋用爵/臦,用盛黍稷稻粱,用饗百君子、辟王,伯克父其眉壽無疆,采夫無若,雍人孔臭,用享于我皇考,子孫永寶,錫匄眉壽,曾邦氏保。

(5) 曾伯克父盨⑤:唯曾伯克父甘婁迺用作旅盨,子孫永寶。

諸器皆係私人收藏,其中(3)伯克父盨新近入藏中國國家博物館,田率曾有介紹和討論,⑥我也曾有小文加以補充。⑦(4)曾伯克父簠藏於香港中華古美術公司。

先看該組器物的年代：

（1）伯克父鼎口微斂，窄沿方脣，雙立耳，深腹圜底，三蹄足較細，足内面呈弧形凹陷。頸飾無目竊曲紋，腹飾環帶紋，均不施地紋。形制、紋飾與 1972 年湖北棗陽曹門灣墓地所出龍紋銅鼎⑧接近，年代爲春秋早期前段。

（2）曾伯克父簋圖像未著録，器形未知。

（3）伯克父盨爲橢方形，子母口，斂口鼓腹，一對附耳，與器身之間有短梁銜接，圈足有長方形缺，下有四獸首圓柱形矮足，蓋扉作曲尺形，可却置。蓋面、器腹均飾直棱紋，附耳外側飾重環紋。我曾據其形制及銘文有關辭例，推定其年代應爲春秋早期前段，地域不出漢、淮流域及今魯西南一帶，⑨今幸得驗證。

（4）曾伯克父簠長方體，敞口平底，窄沿方脣，斜壁，一對獸首半環形耳，長方形圈足，每邊有一個長方形缺口，口沿下和圈足 S 形變形獸紋，腹壁飾夔龍紋。蓋與器形制、紋飾、大小相同，唯蓋頂增飾一個大夔龍紋，每邊口沿各有一卡扣。與棗陽郭家廟曾國墓地出土的曾孟嬴剈簠（M1：6）、⑩曹門灣 M22 出土的龍紋銅簠⑪及山東曲阜魯國故城春秋墓葬出土的（M48：28）娸仲簠⑫形制、紋飾接近，年代爲春秋早期前段。

（5）曾伯克父盨據云同出一對，形制、紋飾、銘文相同，大小相若。器形未著録，另一件銘文圖像亦未公布。形制爲橢長方形，口稍斂，鼓腹圈足，一對獸首半環形雙耳，圈足正中有弧形缺，蓋面隆起，上有四曲尺形扉，可却置，蓋沿呈坡狀向下延伸。蓋沿和器口沿均飾竊曲紋，蓋面和器腹飾瓦溝紋。爲春秋早期器。

綜上，這組器物據器形、紋飾可定其年代爲春秋早期前段，應無疑問。

二

再看銘文及有關問題：

（2）曾伯克父簋與（5）曾伯克父盨，銘文簡單易懂，不贅述。

（1）伯克父鼎“唯伯克父甘婁迺自得吉叚鎜金”，“得”字原篆作 ，《續編》釋作“遣”，⑬不確。該字从鼎（貝）从又，當釋作“得”。“得……金”，金文屢見，如伯戔父簋⑭“得俘金五十鈞”、僕兒鐘⑮“得吉金鐈鋁”、攻吳王光鐸⑯“攻敔王光初得其壽金”及吳王光帶鈎⑰“工吾王光初得其壽金"等,均可證。其中伯𢼸父簋的"得"字分別作▨、▨,寫法與本銘可對照。

"叡"字原篆作▨,《續編》釋作"取",不確。該字從𠯋從又,與曾仲大父螽簋[18]"曾仲大父螽迺用吉鑒叡鏐金"的"叡"字分別作▨、▨、▨等形可對照,辭例亦相類,因此該字當釋作"叡"。

"鏊"字[19]原篆作▨,《續編》視爲二字,釋作"休吉",於字形、辭例均不合。"吉"、"叡"、"鏊"均爲金文中常見的用來形容"金"即銅者,其中"叡"與"鏊"皆用來表示不同顏色的銅合金,學者有專門研究,不贅述。

"用自作寶鼎,用追孝于我大丕顯",家伯束邘簋[20]"用享用孝于其丕顯皇祖文太子、皇妣太師氏姜、皇考武公、皇母武姜",與本銘後一句可比照。金文中類似的表達很多,如"丕顯文考/皇祖"之類。文獻中也有很多例子,如《書·康誥》:"惟乃丕顯考文王,克明德慎罰。""丕顯"一般用作定語,用來形容"皇祖/文考/考"等。本銘則用作賓語,用以指代祖、考,而"大"則用來修飾"丕顯",(2)曾伯克父簋"用追孝于我皇祖文考"可證。

"甘婁其用匄眉壽,其霝終萬年,子孫永寶用之",係金文中常見套語,不贅述。

傳世的伯家父邿簋蓋[21]銘曰:

> 唯伯家父邿迺用吉金,自作寶簋,用享于其皇祖文考,用錫匄眉壽、黃耇、令終、萬年,子孫永寶用享。

伯克父鼎銘與其立意與措辭皆基本相似,部分文字如"眉"字(分別作▨、▨)寫法也相類。

又(2)曾伯克父簋銘立意、措辭與上述二銘亦似。"眉"字分別作▨、▨,寫法也與上述二器相類。伯家父邿簋蓋我曾從文字、文例等角度,佐以器物形態學方面的證據,論證其爲春秋早期曾國銅器,作器者"伯家父邿","伯家父"係其字,"邿"爲其名。[22]今曾器伯克父鼎、簋銘,又可提供新的佐證。

(3)伯克父盨我曾有小文討論,指出"䰞"與金文中屢見的"䀇"字應係一字之異構,在此應讀作"盨";"盤"係"盛"字之異構,其所從之"西"爲聲符,字或係"盛"字之會意。"稻"字作"𥞤",寫法係首見,據其構形,

“禾”當爲義符，該字係會意字。㉓（4）曾伯克父簋“用盛黍稷稻粱”，可證
“盇”字當釋作“盛”。

伯克父盨“唯伯克父甘婁自作撲盉，用盛黍稷稻粱，用之征行，用其
及百君子宴饗”，與（4）曾伯克父簋“唯曾伯克父甘婁……用自作旅簋，
用征用行……用盛黍稷稻粱，用饗百君子、辟王……”等有關文字可對
照，或可視作係簋銘之减省形式。

三

（4）曾伯克父簋銘內容較爲豐富，值得細加探討。

“唯曾伯克父甘婁迺用吉父鏐叔鑒金，用自作旅簋”，“鏐”字原篆分
別作■、■、■、■等形，《續編》隸定作“雉”，不確。該字與曾仲大父
螽簋的■、■、■應係一字，過去將曾仲大父螽簋該字視爲二字即“乃鷯”，
將此句讀作“叝（搗）乃鷯（醨）金”等，㉔不確。該字从石、从翏，應即“磟”
字。㉕所从之“石”爲義符，“翏”爲聲符。在銘文中應讀作“鏐”，指精純的
銅。《説文》：“鏐，弩眉也。一曰黃金之美者。从金翏聲。”開始我們將該
字分析爲从石从雋，釋作“磟”，讀作“鐫”，從字形角度看似優於釋“鏐”，
但據上下文看似以前説爲優。

“叔”字原篆作■、■，从夫、从又，“夫”爲聲符，“又”爲義符。在銘
文中應讀作“鏽”，表示黑中帶有赤黃色的銅合金。㉖該字與（1）伯克父鼎
“唯伯克父甘婁迺自得吉叝鑒金”的“叝”字或即一字之異構，待考。

銘文曰“唯曾伯克父甘婁迺用吉父鏐叔鑒金”，對照（1）伯克父鼎“唯
伯克父甘婁迺自得吉叝鑒金”及曾仲大父螽簋“曾仲大父螽迺用吉鑒叝
鏐金”等，“父”或亦應讀作“鏽”，用來修飾“金”。

“用征用行，走追四方”，“用征用行”，類似辭例東周金文屢見，我曾
有小文加以歸納分析，指出“用征用行”、“以征以行”這種文例有明顯的
年代和地域特色，主要流行於春秋早期的漢、淮流域及魯西南一帶。㉗

“走追四方”，“方”寫作“旁”。此句與夫跂申鼎（甚六鼎）㉘“余以煮
以烹，以伐四方，以撻攻吳王”、作司■匜㉙“作司■彝，用率用〔征〕，唯
之百〔蠻〕㉚，雩之四方”、伯有父劍㉛“用狄伐四方”、虢季子白盤㉜“壯武
于戎功，經維四方”、晉公墓㉝“教畏百蠻，廣闢四方……揉燮萬邦”及梁伯
戈㉞“教畏方蠻，廣闢四方”㉟等，均可對讀。“四方”，指四方諸侯之國。

《詩·大雅·下武》:"受天之祜,四方來賀。"孔穎達疏:"武王既受得天之祜福,故四方諸侯之國皆貢獻慶之。"《左傳》襄公二十六年:"今楚多淫刑,其大夫逃死于四方,而爲之謀主,以害楚國,不可救療。"《論語·子路》:"子曰:'誦詩三百,授之以政,不達;使於四方,不能專對,雖多,亦奚以爲!'""走"係去義。《左傳》定公十年:"魋懼,將走,公閉門而泣之,目盡腫。"《儀禮·士相見禮》"將走"注:"走,猶去也。"《孟子·梁惠王上》:"王好戰,請以戰喻:填然鼓之,兵刃既接,棄甲曳兵而走。"《史記·伍子胥列傳》:"昭王出亡,入雲夢;盜擊王,王走鄖。"引申爲"驅逐"義。《史記·穰侯列傳》:"秦使穰侯伐魏,斬首四萬,走魏將暴鳶,得魏三縣。""追"亦有"驅除"義。《文選·左思〈蜀都賦〉》:"神農是嘗,盧跗是料;芳追氣邪,味蠲癘痟。"劉良注:"此藥芬芬,能退去氣病與邪病。"因此,所謂"走追四方",亦即上揭"狄伐四方"、"廣闢四方"等撻伐四方諸侯國之義。

又"走"可訓爲趨向,歸附。《左傳》昭公十八年:"鄭有他竟,望走在晉。既事晉矣,其敢有二心?"杜預注:"言鄭雖與他國爲竟,每瞻望晉歸赴之。"《呂氏春秋·蕩兵》:"兵誠義,以誅暴君而振苦民……民之號呼而走之,若彊弩之射於深谿也,若積大水而失其壅隄也。"高誘注:"走,歸。"《史記·穰侯列傳》:"秦少出兵,則晉楚不信也;多出兵,則晉楚爲制於秦。齊恐,不走秦,必走晉楚。""追"可訓作召。《管子·七臣七主》:"馳車充國者,追寇之馬也。"尹知章注:"追,猶召也。言馳車所以召寇。"因此,所謂"走追四方",或亦可理解爲使四方諸侯來歸附之義。但細審之,似以第一種理解較契合文意。

"用薦用爵/瓚",末字蓋銘作 、 ,即"爵"字;㊱器銘則作 、 ,即"瓚"。《續編》將蓋銘釋讀作"雀(稱)",將器銘釋作"瓚",後者明顯不確。要準確把握該句的含義,需結合上下文有關文句、文意及金文有關文例。

1976年陝西扶風縣雲塘出土兩件伯公父爵(H1:8、9,或稱作勺、斗),㊲銘作:

伯公父作金爵㊳,用獻用酌,用享用孝,于朕皇考,用祈眉壽,子孫永寶用考。

與簋銘有關文句如"唯曾伯克父甘婁……用自作旅簋……用齍用爵/瓚（用盛黍稷稻粱,用饗百君子、辟王）……用享于我皇考,子孫永寶,錫匃眉壽"多可對照。兩相比照,簋銘"用齍用爵/瓚"與爵銘"用獻用酌"語位相當,語義亦應相仿。

"獻"謂進酒。《詩·大雅·行葦》:"或獻或酢,洗爵奠斝。"鄭箋:"進酒於客曰獻。"《儀禮·鄉飲酒禮》:"主人坐取爵實之,賓之席前西北面,獻賓。"鄭玄注:"獻,進也,進酒於賓。"《漢書·五行志上》:"田狩有三驅之制,飲食有享獻之禮。"顏師古注:"以禮飲食謂之享,進爵於前謂之獻。""酌"謂斟酒。《說文》:"酌,盛酒行觴也。"《詩·周南·卷耳》:"我姑酌彼金罍,維以不永懷。"《禮記·郊特牲》:"縮酌用茅,明酌也。"鄭注:"酌猶斟也。酒已泲,則斟之以實尊彝。"《儀禮·有司徹》:"尸升坐,取爵酌。"鄭玄注:"酌者,將酢主人。"因此,所謂"用獻用酌",是指宴饗時進酒斟酒等活動,與上引《詩·大雅·行葦》所云表宴饗時賓主之間進獻酬答的"或獻或酢"句式相類,語義相關。《漢書·五行志上》顏注所謂"進爵於前謂之獻",與爵銘"用獻用酌"對照來看,也相契合,與該器器形爲爵亦吻合無間。

又"獻"可訓爲勺或勺形物。《集韻·平支》:"桸,勺也。或作獻。"《漢書·王莽傳下》:"建華蓋,立斗獻。"顏師古注:"獻音犧。謂斗魁及杓末,如勺之形也。""酌"亦可訓爲酒杯。《儀禮·有司徹》:"宰夫洗觶以升,主人受酌降。"鄭玄注:"古文'酌'爲'爵'。"《楚辭·招魂》:"華酌既陳,有瓊漿些。"王逸注:"酌,酒斗也。"曹丕《與吳質書》:"每至觴酌流行,絲竹並奏,酒酣耳熱,仰而賦詩。"

"齍"在金文中屢見,字或作"齊"、"齎"等。所見用法主要有三類:第一類一般用作器名,如"齍"、"寶齍"、"饎齍"、"䰨齍"、"行齍"、"尊齍"、"寶尊齍"、"寶齍鼎"、"寶尊齍鼎"等,其中後兩種或理解爲器之專名,如"齍";或理解爲器之共名,如"寶尊齍鼎"、"尊齍"及"寶尊齍"之"尊"。第二類用例如"齍鼎"、"齍鬲"等之"齍"或係器之專名,或爲器之共名,或係表示器之用途。第三類用法如"齍從鼎"則明顯表示器之用途。總之,其用法主要有表示器名或表示器用兩種。

其部分文例爲:

（a）榮有司再鼎[39]：榮有司再作齋鼎，用媵嬴女嬭母。

（b）榮有司再鬲[40]：榮有司再作齋鼎，用媵嬴女嬭母。

（c）方妖各鼎[41]：方妖各自作齋從鼎，其永用。

（d）作文祖考鼎[42]：□□□肇諆作□穆穆文祖考齋鼎。

據上揭諸例來看，"齋"若表用途，諸器或爲生人所用，或用於死者，換言之，即用作宴饗或祭祀。

準以上揭伯公父爵"用獻用酌"之例，"爵/瓹"亦當與"齋"義相關，或表器名，或指器用。揆之文義，"齋"與"爵/瓹"在簠銘中的含義應與器用相關。"爵/瓹"當讀作"鬺"，即金文中常見的"鬺彝"之"鬺"。《玉篇》："鬺，煑也。亦作鬺。"在本銘中應表祭祀。冶仲考父壺[43]、鄝君季總孟[44]"用祀用饗"及姬鼎[45]"用烝用嘗，用孝用享"等，與之相類。"瓹"與"鬺"皆係精母陽部字，二者古音近同。河南上蔡郭莊楚墓出土的競之渔鼎[46]"唯王八月丁丑，競之渔自作瓹（鬺）彝鬳霝（鐈），用供盟祀"，鼎銘的"鬺"即寫作"瓹"，與簠銘同。"爵"爲精母沃部字，與"瓹"、"鬺"聲部相同，韻部爲旁對轉，古音也較近。換言之，無論是蓋銘的"爵"，還是器名的"瓹"，其所表達的皆係"鬺"這個詞，而非"爵"或"瓹"，二者皆非本字。所謂"用齋用爵/瓹"，亦即用於宴饗和祭祀，與伯公父爵"用獻用酌"相類。

初讀此銘時，我很自然就想到"爵/瓹"當讀作"鬺"或"祼"、"觴"之類。《説文》："觴，籀文觴从爵省。"從文字學角度來看，"觴"與"爵"關係密切，這一點當無疑問。或認爲所謂的"爵"其實就是"觴"字[47]。"爵"是否即係"觴"字，這個問題暫不論。但無論是宴饗還是祭祀，觴皆與祼饗或祼祭有關，簡言之，皆當與酒有關。而此器器形爲簠，爲盛食器，例以上揭伯公父爵"用獻用酌"的器形爲爵係酒器來看，將簠銘的"爵/瓹"釋作或讀作"觴"，則於情理、文例等皆不合。縣改簋銘曰[48]"錫汝婦爵，祼之，戈珋玉，[49]黃🖐"，可見爵的功能也與祼祭或祼饗有關，所以上文指出"爵"非本字，它所表達的詞也與爵器名與器用皆無關，而應與"齋"義相類。時代相當、文例相仿的金文材料如：

（a）叔原父甗[50]：陳公子子叔原父作旅甗，用征用行，用鬻（煮）稻粱。　春秋早期

（b）王孫叔謹鬲[51]：王孫叔謹擇其吉金，作鑄鎰鬲，以征以行，以盬（煮）稻粱，以飤父兄。　春秋早期

（c）叔夜鼎[52]：叔夜鑄其饈鼎，以征以行，用煮用烹。　春秋早期

（d）夫欧申鼎[53]：甫遽昧甚六之妻夫欧申擇厥吉金作鑄飤鼎，余以煮以鬺（享－烹），以伐四方，以擁攻吴王。　春秋晚期

（e）庚兒鼎[54]：徐王之子庚兒自作飤鎷，用征用行，用龢用煮。　春秋中期

此組銘文云“用／以煮稻粱”“用／以煮用／以烹”“用龢用煮”等，其器形皆係鼎、鬲等烹飪器；同樣，云“用盛黍稷稻粱”類者，其器形皆爲簋、簠及盨類器，多無例外，可謂名實相符。[55]另外，上揭諸例與簠銘文句多相類而可對照，對正確理解簠銘亦有參考作用。

總之，單從此句看，讀作“祼”“觴”皆文從字順，但細究之，於上下文義並不契合，於器形則更有悖，故不取。

《續編》將“爵”字釋作“雀”，讀作“穱”，穱爲早熟的稻麥等穀物。《文選·南都賦》：“冬稌夏穱，隨時代熟。”劉良注：“穱，麥也。”顯然與文義不合。

“用盛黍稷稻粱，用饗百君子、辟王”，在《讀伯克父甘婁盨銘瑣記》小文中，我曾對銅器銘文中“用盛黍稷稻粱”等有關辭例進行了歸納，結合器物形制等方面作細致分析，從文字、文義及文例等方面釐清了過去一些錯誤的認識，[56]不贅述。“用饗百君子、辟王”，與（3）伯克父盨“用其及百君子宴饗”可對讀。金文中類似文例很多，如：

（a）伯碩父鼎[57]：伯碩父作尊鼎，用道用行，用孝用享于卿事、辟王、庶弟、元兄。

（b）伯公父簠[58]：我用紹卿事、辟王，用紹諸考、諸兄。

（c）叔多父盤[59]：能多父眉壽考事，利于辟王、卿事、師尹，朋友、兄弟、諸子婚媾。

我曾有分析，[60]不贅述。

“伯克父其眉壽無疆，采夫無若，雍人孔臭”，“雍人”爲掌宰殺烹飪者。《儀禮·少牢饋食禮》：“雍人概鼎、匕、俎於雍爨。”鄭玄注：“雍人，掌割亨之事者。”對照可知，上文“采夫”亦應係官名。“采”或可讀作“宰”，

“采夫”即“宰夫”。“采”爲清母之部字,“宰”爲精母之部字,二者聲紐同屬齒頭,韻部相同,或可通。“宰夫”或稱“宰人”,爲掌膳食者。《左傳》宣公二年:“晉靈公不君……宰夫胹熊蹯不熟,殺之,寘諸畚,使婦人載以過朝。”《韓非子·内儲説下》:“宰人上食而羹中有生肝焉。”《漢書·五行志中之上》:“(賀)聞天子不豫,弋獵馳騁如故,與騶奴宰人游居娱戲,驕嫚不敬。”顔師古注:“宰人,主膳者也。”[61]“無若”,中山王兆域圖銅版[62]“進退兆窆者,死亡(無)若(赦),不行王命者,殃及子孫”,簠銘的“無若”顯然不相類。據上下文,當係“無不若”之義,相當於金文中常見的“無斁”、“無尤”及叔尊[63]、叔卣[64]的“亡不好”等。另“若”可訓“擇”。《國語·晉語二》:“夫晉國之亂,吾誰使先若二公子而立之,以爲朝夕之急。”俞樾《群經平議·國語二》:“若者,擇也。”東周金文中“斁”與“擇”多有相通之例,如緐書缶[65]“擇其吉金”及中山王譽壺[66]“中山王譽命相邦賈擇燕吉金”等的“擇”即寫作“斁”。因此,“無若”或可讀作“無擇”,即“無斁”。

“孔臭”,“臭”《續編》讀爲“澤”。“臭”或應讀作“懌”。《説文》:“懌,説也。从心睪聲。經典通用釋。”《詩·小雅·頍弁》:“未見君子,憂心奕奕。既見君子,庶幾悦懌。”或可讀作“斁”,中山王譽壺“天不臭(斁)其有願”可證。“斁”謂盛貌。《詩·商頌·那》:“庸鼓有斁,萬舞有奕。”毛傳:“斁,斁然,盛也。”

據上文有關分析來看,不排除“若”與“臭”二字位置互倒的可能,即此句本應作“采夫無臭,雍人孔若”,待考。

“伯克父其眉壽無疆,采夫無若,雍人孔臭”,據上下文及有關金文材料,“采夫無若,雍人孔臭”句或係承上一句“用盛黍稷稻粱,用饗百君子、辟王”而言,采夫和雍人或係伯克父的僚友。上揭叔多父盤“能多父眉壽考事,利于辟王、卿事、師尹,朋友、兄弟、諸子婚媾”可佐證,其中“卿事、師尹”等,即相當於簠銘的采夫和雍人等。又弭仲簠[67]:

> 弭仲作寶簠,擇之金,礦銑鏷鋁,其僉其玄其黄,用盛秌稻糯粱,用饗大正,歔王賓,饎俱旨飤,弭仲受無疆福,諸友飪飤俱飽,弭仲畀壽。

與簠銘文句多可對照,其中“用盛秌稻糯粱,用饗大正,歔王賓,饎俱旨飤,彌仲受無疆福,諸友飪飤俱飽,彌仲眉壽"與簠銘"用盛黍稷稻粱,用饗百君子、辟王,伯克父其眉壽無疆,采夫無若,雍人孔臭……錫勾眉壽"等内容基本能一一對應,而與"采夫無若,雍人孔臭"句所對應者爲"諸友飪飤俱飽",可佐證上述采夫和雍人或係伯克父僚友的推斷。然則器主伯克父的身份也就大致清楚了。

"用享于我皇考",該句與上文"用征用行,走追四方,用鷺用爵/瓚,用盛黍稷稻粱,用饗百君子、辟王"等遥相呼應。

"子孫永寶,錫勾眉壽,曾邦氏保","邦"字原篆分别作▨、▨、▨、▨,《續編》釋作"郢",顯非。"氏"當讀作"是"。郑公華鐘[68]"郑邦是保"及諲旟缶[69]"緟土是保"等,均可證。《漢書·地理志下》:"秦之先曰柏益……至玄孫,氏爲莊公,破西戎,有其地。"顏師古注:"氏與是同,古通用字。""保"謂居有。《詩·唐風·山有樞》:"子有鍾鼓,弗鼓弗考。宛其死矣,他人是保。"鄭箋:"保,居也。"朱熹集傳:"保,居有也。"該句與上文"伯克父其眉壽無疆,采夫無若,雍人孔臭"等句文義銜接,皆係祈福類文辭。

四

下面討論器主的身份問題:

據銘文,器主的全稱是"曾伯克父甘婁","曾"係國名,"伯克父"乃排行加字,"甘婁"爲其名。可見器主乃曾國貴族。其具體身份,可由銘文本身及該組器物的組合情況作進一步推定。

上述據銘文可以推斷,宰夫和雍人係伯克父的僚友。宰夫爲掌膳食者,雍人爲掌宰殺烹飪者。然則器主伯克父所任,或係太宰、膳夫類掌饌之官。"太宰"文獻或作"大宰",《大戴禮記·保傅》:"青史氏之記曰:'古者胎教……太宰持斗而御户右。'"盧辨注:"太宰,膳夫也,冢宰之屬。"《儀禮·公食大夫禮》:"宰右執鐙,左執蓋。"鄭玄注:"宰謂太宰,宰夫之長也。"《左傳》隱公十一年:"羽父請殺桓公,將以求大宰。"孔穎達疏:"《周禮》:天子六卿,天官爲大宰。諸侯則并六爲三而兼職焉。""膳夫"掌宫廷飲食。《周禮·天官·膳夫》:"膳夫掌王之食飲膳羞,以養王及后、世子。"《詩·小雅·十月之交》:"家伯維宰,仲允膳夫。"鄭箋:"膳夫,上士也,掌王之飲食膳羞。"伯克父或係大夫一級官員,不過作爲曾侯之近臣,其地位應較高。簠銘云“用征用行,走追四方……曾邦氏保”,參照東周時期同類銘文來看,器主很可能係姬姓曾人貴族。⑦

再看器物的組合,先談銘文方面提供的信息。

從器主的稱謂看,稱“曾伯克父甘婁”者有(2)曾伯克父簠、(4)曾伯克父簠及(5)曾伯克父盨;稱“伯克父甘婁”者有(1)伯克父鼎與(3)伯克父盨。從銘文的部分用語來看,稱“旅簠”、“旅盨”,云“征行”、“宴饗”者如(3)伯克父盨、(4)曾伯克父簠及(5)曾伯克父盨;言“追孝”者有(1)伯克父鼎、(2)曾伯克父簠及(4)曾伯克父簠。再從內容相關性角度來看,(1)伯克父鼎、(2)曾伯克父簠、(3)伯克父盨及(4)曾伯克父簠關聯皆較大,關係應較爲密切。所以單從銘文來看,雖有一些細微的差異,但並不能就此判定其原非同組器物。

(3)伯克父盨和(5)曾伯克父盨器形、銘文皆明顯有別,稱謂也略異。一般來講,盨作爲隨葬品一般爲兩件,但也有例外,尤其是下文將要談到的曾國墓葬中,常有像80劉家崖“鼎2、鬲4、簋2”和桃花坡M1“鼎2、鬲4、簋4”這種某類器物的數量超過常規的現象(或用以代替另一種同類禮器),這種現象在東周時期南土地區也屢見不鮮,所以也沒有什麼明確的根據斷定這四件盨原非同組。

關於此組器物的組合,《續編》云同坑出土有鼎、鬲、簠、盨、簋、鋪、盤、盂等同一人所作之器數十件,香港某收藏家藏有鬲2件、簋2件、盨2件、鋪1件、盤1件、盂1件。⑦加上《續編》所著錄而此未述及的鼎1、簠1、盨1,該組器物已知有鼎1、簠1、鬲2、簋2、盨甲2、盨乙1、鋪1、盤1、盂1,共12器,對照同時期曾國墓葬的銅器組合情況來看,鼎、簠、盨、鋪一般皆爲兩件,酒器中缺壺,壺通常也爲兩件,因此,至少還有鼎、簠、盨、鋪各一件及兩件壺流散,該組器物原始組合至少爲18件容器。不過這也只是根據東周時期曾國墓葬中銅器的一般組合規律所作推斷,現實中往往會有一些反常規的現象,是否如此,還有待進一步驗證。

若按上述組合情況最全的可能計,即該組器物有:鼎2、簠2、鬲2、簋2、盨甲2、盨乙2、鋪2、壺2、盤1、盂1。即使按最少的可能,即已知的12件計,與其年代接近可資比照者有下列幾批比較完整的曾國銅器群材料:

(a) 蘇家壠,33 件[72]:鼎 9、鬲 9、甗 1、簋 7、鋪 2、方壺 2、盉 1、盤 1、匜 1,車馬器。

(b) 72 熊家老灣,9 件[73]:鼎 3、甗 1、簋 2、罐 1、盤 1、匜 1。

(c) 80 劉家崖,12 件[74]:鼎 2、鬲 4、簋 2、壺 2、勺 2,編鈴及車馬器。

(d) 何家臺,13 件[75]:鼎 2、甗 1、鬲 4、簋 2、壺 2、盤 1、匜 1,車馬器。

(e) 桃花坡 M1,13 件[76]:鼎 2、鬲 4、簋 4、壺 1、盤 1、匜 1,車馬器。

(f) 周家崗,10 件[77]:鼎 2、鬲 2、簋 2、壺 2、盤 1、匜 1,車馬器。

比照可知,就數量和器類而言,(b) 72 熊家老灣、(f) 周家崗明顯較少。(a) 蘇家壠的數量遠遠超出伯克父銅器群,但器類和器種則近似。其他如(b) 72 熊家老灣、(c) 80 劉家崖、(d) 何家臺及(e) 桃花坡 M1 器物數量皆較伯克父銅器群少,器種和器類也不如後者豐富和多樣。可見伯克父銅器群的等級當介於(a) 蘇家壠與(b) 72 熊家老灣—(f) 周家崗之間。需要指出者,以上各組除(b) 72 熊家老灣外,其他皆有車馬器等出土,推測伯克父銅器群原來也應有車馬器等,因盜掘而流散。

據以上分析可知,伯克父的地位當處於蘇家壠與劉家崖等銅器群器主之間。蘇家壠爲 9 鼎 7 簋,據該墓所出曾侯仲子斿父鼎[78]銘可知,其墓主可能爲曾侯一級。(b)72 熊家老灣—(f)周家崗一般皆爲 2 鼎 2 簋(72 熊家老灣 3 鼎、桃花坡 M1 爲 4 簋),據所出銅器銘文可知,72 熊家老灣、80 劉家崖、桃花坡 M1 及周家崗的墓主分別爲曾仲大父螽、泠叔、𣂏右及伯歸墊,其中周家崗墓葬還出土有兩件曾大保嬭簋,[79]據各墓隨葬品數量和等級來看,墓主或係卿大夫一級。

因此,從器物群的組合情況來看,器主伯克父當位於曾侯與卿大夫之間;據器類和器種皆與蘇家壠曾侯墓所出者相類而較一般卿大夫墓所出者豐富和多樣,數量也較多等現象來看,伯克父的身份當非一般的卿大夫,或與曾侯關係密切,這與上文據銘文推定其或爲姬姓曾人,係曾侯之近臣,地位較高等結論相符。

或以爲器主係曾侯一級,但從銘文來看,"用饗百君子、辟王"及"采夫無若,雍人孔臭"等句所表達的器主身份信息明顯與曾侯不合,口氣也完全不若曾侯;就器物等級、數量及組合情況來看,也明顯不夠侯器的規格,所以曾侯一級當可排除。結合其稱謂來看,器主很可能係曾侯之子。

總之,據該銅器群的器物組合情况和銘文内容,器主伯克父或爲曾侯之子,其所任或係太宰、膳夫類掌饌之官,大夫級,作爲曾侯之近臣,其地位頗高。

綜上,本文對新著録的一組曾伯克父甘婁銅器進行了討論。對銘文有關文字如"得"、"叙"、"鎣"、"鏐"、"叔"等重加釋讀,對一些關鍵文句如"走追四方"、"用甭用爵/罈"、"采夫無若,雍人孔臭"等的理解提出了一些新的看法,藉此糾正了過去對有關銘文中相關文字的誤釋和文句的誤讀。據銘文内容和該銅器群的器物組合情况,推定器主伯克父甘婁爲春秋初年的曾侯之子,所任或係太宰、膳夫類掌饌之官,大夫級,作爲曾侯之近臣,其地位頗高。

附記:小文草成後,見謝明文《曾伯克父甘婁簋銘文小考》(復旦大學出土文獻與古文字研究中心網,2016 年 10 月 30 日)及石小力《〈商周青銅器銘文暨圖像集成續編〉釋文校訂》(清華大學出土文獻研究與保護中心網,2016 年 11 月 6 日)對曾伯克父簋銘皆有討論,謝文關於"邦"字的改釋、讀"爵/罈"爲"甗"、"采夫"爲"宰夫"、"臭"爲"懌",以及石文對"雍人"的看法等,與本文近同,餘則多異。

2016 年 11 月 17 日

再記:近日於新浪微博及微信平臺(東京中央春季拍賣|赫赫宗周郁郁周文——西周晚期曾伯克父青銅組器)見有網友發布未著録之曾伯克父諸器一組(附圖一),曾伯克父甘婁鼎及銘文 1(附圖二,伯克父甘婁迺執干戈,用伐我仇敵。迺得吉金,用自作寶鼎,用享于其皇考,用受眉壽、黄耇,其萬年子孫永寶用享),甗及銘文 1(附圖三,唯曾伯克父甘婁迺用作旅甗,子孫永寶),盨及銘文 2(甲盨蓋銘見於《續編》,器銘未公布,附圖五),鎛及銘 1(附圖六,曾伯克父自作用鎛),壺及銘文 2(附圖七,唯曾伯克父自作寶飲壺,用害[匃]眉壽、黄耇,其萬年子孫永寶用),另一簋銘(蓋銘,附圖四)較《續編》著録者清晰,器形亦係新公布。據介紹此組器係民國時期收藏家所藏,當係故弄玄虛以隱匿真像,據器物看應係近年出土。目前所知該批器物有鼎 2、甗 1、簋 2、鬲 2、簠 2、盨甲 2、盨乙 2、鋪

2、鱸 1、壺 2、盤 1、盃 1 等,共 20 器(其中鬲及鋪未見),與《續編》云同坑出土有同人所作之器數十件尚有出入。略記於此。

2019 年 2 月 25 日

再記:小文據不太完整的器物羣將器主身份定爲曾侯子太宰職,現在據鼎銘看,器主或還領軍作戰,西周銅器銘文中膳夫兼任武職有先例,如小克鼎的膳夫克即是。另文峰塔墓地出土有一件未發表的曾太宰鼎,應該也是曾侯子孫器。是爲記。

2019 年 5 月 3 日

説明:小文寫成於 2016 年 10 月初,後見網絡及刊物上不斷有對該組器物討論的文章,如上揭謝明文《曾伯克父甘婁簠銘文小考》及石小力《〈商周青銅器銘文暨圖像集成續編〉釋文校訂》等,謝文關於"邦"字的改釋、石文對"雍人"的看法等等,與本文多近同,不一一出注,不敢掠美,故説明於此。

2019 年 6 月 27 日

附圖一　曾伯克父諸器

附圖二　伯克父甘婁鼎及銘文

附圖三　曾伯克父甘婁甗及銘文

附圖四　曾伯克父甘婁簋及銘文

附圖五　曾伯克父甘婁盨及銘文

附圖六　曾伯克父罐及銘文

附圖七　曾伯克父壺及銘文

注　釋

① 吳鎮烽編著：《商周青銅器銘文暨圖像集成續編》，上海古籍出版社，2016 年，第 1 卷，第 279、280 頁，第 0223 號。

② 同上書，第 2 卷，第 125、126 頁，第 0445 號。

③ 田率：《内史匜與伯克父甘婁盨》，“青銅器與金文”學術研討會論文，北京大學出土文獻與中國古代文明研究協同創新中心，2016 年 5 月，後載北京大學出土文獻研究所編：《青銅器與金文》第一輯，上海古籍出版社，2017 年，第 418—432 頁；吳鎮烽編著：《商周青銅器銘文暨圖像集成續編》，第 2 卷，第 192—197 頁，第 0474、0475 號。

④ 吳鎮烽編著：《商周青銅器銘文暨圖像集成續編》，第 2 卷，第 281—286 頁，第 0518、0519 號。

⑤ 同上書，第 2 卷，第 181 頁，第 0467 號。

⑥ 田率：《内史匜與伯克父甘婁盨》，“青銅器與金文”學術研討會論文，北京大學出土文獻與中國古代文明研究協同創新中心，2016 年 5 月，後載北京大學出土文獻研究所編：《青銅器與金文》第一輯，第 418—432 頁。

⑦ 拙文《讀伯克父甘婁盨銘瑣記》，《中國國家博物館館刊》2019 年第 4 期，第 64—71 頁。

⑧ 湖北省文物考古研究所：《曾國青銅器》，文物出版社，2007 年，第 64—66 頁。

⑨ 拙文《讀伯克父甘婁盨銘瑣記》，《中國國家博物館館刊》2019 年第 4 期，第 64—71 頁。

⑩ 湖北省文物考古研究所：《曾國青銅器》，第 82、83 頁。

⑪ 長江文明館、湖北省博物館、湖北省文物考古研究所、襄陽博物館：《穆穆曾侯：棗陽郭家廟曾國墓地》，文物出版社，2015 年，第 146、147 頁。

⑫ 山東省文物考古研究所等編：《曲阜魯國故城》，齊魯書社，1982 年，圖版柒柒：4。

⑬ “遣”字的有關形體可參見董蓮池編著：《新金文編》，作家出版社，2011 年，第 184、185 頁。

⑭ 首陽齋、上海博物館、香港中文大學文物館：《首陽吉金：胡盈瑩、范季融藏中國古代青銅器》，上海古籍出版社，2008 年，第 106、107 頁，36；朱鳳瀚：《由伯戔父簋銘再論周厲王征淮夷》，載《古文字研究》第二十七輯，中華書局，2008 年，第 192—199 頁、第 198 頁圖三。

⑮《殷周金文集成》（中國社會科學院考古研究所：《殷周金文集成》，中華書局，1984—1994 年。以下簡稱“《集成》”）1.183、184。

⑯ 曹錦炎：《吳越雙鐸銘文小考》，中國考古學會第十六次年會論文，陝西西安，

2013 年 10 月 23—25 日;吳鎮烽編著:《商周青銅器銘文暨圖像集成續編》,第 3 卷,第 495、496 頁,第 1047 號。

⑰ 曹錦炎:《吳王光銅帶鉤小考》,《東南文化》2013 年第 2 期,第 90—93 頁,第 90 頁圖一,第 91 頁圖二、圖三。

⑱《集成》8.4203、4204。

⑲ "鑒"字的有關形體可參見董蓮池編著:《新金文編》,第 1926 頁。

⑳ 吳鎮烽編著:《商周青銅器銘文暨圖像集成續編》,第 2 卷,第 142—145 頁,第 0451、0452 號。

㉑《集成》8.4156。

㉒ 拙文《伯家父鄁簋國別析論——兼談曾子仲宣喪鼎與番君嬴匜》,紀念于省吾先生誕辰 120 周年姚孝遂先生誕辰 90 周年學術研討會論文,待刊。

㉓ 拙文《讀伯克父甘婁盨銘瑣記》,《中國國家博物館館刊》2019 年第 4 期,第 64—71 頁。

㉔ 如張亞初:《殷周金文集成引得》,中華書局,2001 年,第 77 頁。

㉕ 謝明文將該字釋讀作"雛(雞,錯?)",參見謝明文:《曾伯克父甘婁簋銘文小考》,復旦大學出土文獻與古文字研究中心網,2016 年 10 月 30 日。

㉖ 王輝:《古文字通假字典》,中華書局,2008 年,第 119、120、299 頁。

㉗ 拙文《伯碩父鼎的年代與國別》,載《西部考古》第十五輯,科學出版社,2018 年,第 37—49 頁。

㉘ 楊正宏、肖夢龍主編:《鎮江出土吳國青銅器》,文物出版社,2008 年,第 135、136 頁,122。

㉙《集成》16.10260。

㉚ 過去將此字補作"姓",參見張亞初:《殷周金文集成引得》,第 157 頁;吳鎮烽編著:《商周青銅器銘文暨圖像集成》,上海古籍出版社,2012 年,第 26 卷,第 334 頁,第 14956 號。參照晉公盆(晉公盞,《集成》16.10342)"龢燮百蠻,廣司四方"句改。

㉛ 吳鎮烽編著:《商周青銅器銘文暨圖像集成續編》,第 4 卷,第 324 頁,第 1351 號。

㉜《集成》16.10173。

㉝《集成》16.10342。

㉞ 故宮博物院:《故宮青銅器》,紫禁城出版社,1999 年,第 233 頁,227;《集成》17.11346。

㉟ 該句舊釋作"抑鬼方蠻,抑攻方",此據上揭晉公盞銘文改釋,詳另文。

㊱ 詳參拙文《說瓚——從出土資料談觚形器之名稱、功用及相關問題》,待刊。

㊲《集成》16.9935、9936。

㊳ "爵"字的釋讀及此類器物的定名學界有不同意見,詳參拙文《說瓚——從出土資料

談觚形器之名稱、功用及相關問題》,待刊。

㊳《集成》4.2470。

㊵《集成》3.679。

㊶ 張光裕:《雪齋學術論文二集》,臺北藝文印書館,2004 年,第 204—210 頁。

㊷《保利藏金》編輯委員會:《保利藏金(續)——保利藝術博物館精品選》,嶺南美術出版社,2001 年,第 102—105 頁。

㊸《集成》15.9708。

㊹ 山東省文物考古研究所等編:《沂水紀王崮春秋墓出土文物集萃》,文物出版社,2016 年,第 86 頁。

㊺《集成》5.2681。

㊻ 曹瑋主編:《南國楚寶 驚采絕艷:楚文物珍品展》,三秦出版社,2013 年,第 4、5 頁;河南博物院編:《鼎盛中華:中國鼎文化》,大象出版社,2013 年,第 122 頁;拙文《鑐鼎小議》,輯入拙作《楚系銅器銘文新研》,吉林大學博士後出站報告,2012 年,第 178—186 頁。

㊼ 李春桃:《從斗形爵的稱謂談到三足爵的命名》,出土文獻與中國古代文明再認識青年學術論壇論文,河南大學歷史文化學院,2016 年 10 月 28—30 日。

㊽《集成》8.4269。

㊾ 該句的重新斷句詳參拙文《縣改簋新讀》,待刊。

㊿《集成》3.947。

51 吴鎮烽編著:《商周青銅器銘文暨圖像集成》,第 7 卷,第 248、249 頁,第 03362 號。

52《集成》5.2646。

53 楊正宏、肖夢龍主編:《鎮江出土吳國青銅器》,第 135、136 頁,122。

54《集成》5.2715、2716。

55 拙文《讀伯克父甘婁盨銘瑣記》,《中國國家博物館館刊》2019 年第 4 期,第 64—71 頁。

56 同上。

57 吴鎮烽編著:《商周青銅器銘文暨圖像集成》,第 5 卷,第 267、268 頁,第 02438 號。

58《集成》9.4628。

59 吴鎮烽編著:《商周青銅器銘文暨圖像集成》,第 25 卷,第 581—583 頁,第 14532、14533 號。

60 拙文《伯碩父鼎的年代與國別》,載《西部考古》第十五輯,第 37—49 頁。

61 謝明文引《禮記·雜記下》"成廟則釁之,其禮:祝、宗人、宰夫、雍人皆爵弁、純衣……","宰夫"、"雍人"連言,與簋銘同。參見謝明文:《曾伯克父甘婁簋銘文小考》,復旦大學出土文獻與古文字研究中心網,2016 年 10 月 30 日。

㉒ 《集成》16.10478。

㉓ 中國國家博物館、中國書法家協會:《中國國家博物館典藏甲骨文金文集粹》,安徽美術出版社,2015 年,第 136—138 頁,35。

㉔ 吳鎮烽編著:《商周青銅器銘文暨圖像集成》,第 24 卷,第 324—326 頁,第 13347 號。

㉕ 《集成》16.10008。

㉖ 《集成》15.9735。

㉗ 《集成》9.4627。

㉘ 《集成》1.245。

㉙ 吳鎮烽編著:《商周青銅器銘文暨圖像集成續編》,第 3 卷,第 244—247 頁,第 0910、0911 號。

⑰ 吳鎮烽也認爲該組器屬曾國公室之器,參見吳鎮烽編著:《商周青銅器銘文暨圖像集成續編》,第 1 卷,"前言",第 1 頁。隨州文峰塔墓地出土有"曾太宰"銘文青銅器,據發掘可知,該墓地係曾國公室墓地,"曾太宰"的身份也因此可以確定應係曾侯公室成員,可以佐證小文的有關推論。

⑪ 吳鎮烽編著:《商周青銅器銘文暨圖像集成續編》,第 2 卷,第 281 頁。

⑫ 湖北省文物考古研究所:《曾國青銅器》,第 11—47 頁。

⑬ 同上書,第 158—179 頁。

⑭ 同上書,第 195—208 頁。

⑮ 同上書,第 209—229 頁。

⑯ 同上書,第 231—251 頁。

⑰ 同上書,第 271—292 頁。

⑱ 同上書,第 11—17 頁。

⑲ 同上書,第 279—283 頁。

談十三年編鐘銘文中的祕府

董　珊(北京大學考古文博學院)

　　吳鎮烽先生《金文通鑒》著録五件名爲"十三年編鐘"的銅甬鐘(圖一,十三年編鐘五件合影),有刻銘在鐘于部的口沿,有陽文編號在舞部內腔中。吳先生認爲編鐘的年代是戰國晚期秦。本文打算先考釋銘文中的"祕府",再討論其年代和工官等相關問題。

　　五件鐘銘可按著録順序開列如下(圖二,十三年編鐘五件銘文摹本):

　　　十三年,右工室兼,祕府守入,工□造。•七。　　　(31009)

　　　十三年,右工室尊,丞固,祕府守訢,工買之造。•十。(31010)

　　　十三年,右工室尊,丞固,祕府守□,工雓造。　　(31011)

　　　十三年,右工室尊,丞固,祕府守[訢],工□造。•六。(31012)

　　　十三年,詔事或,丞賢,祕府雜,工訢造,莿(第)。•八。

　　　　　　　　　　　　　　　　　　　　　　　　　(31013)

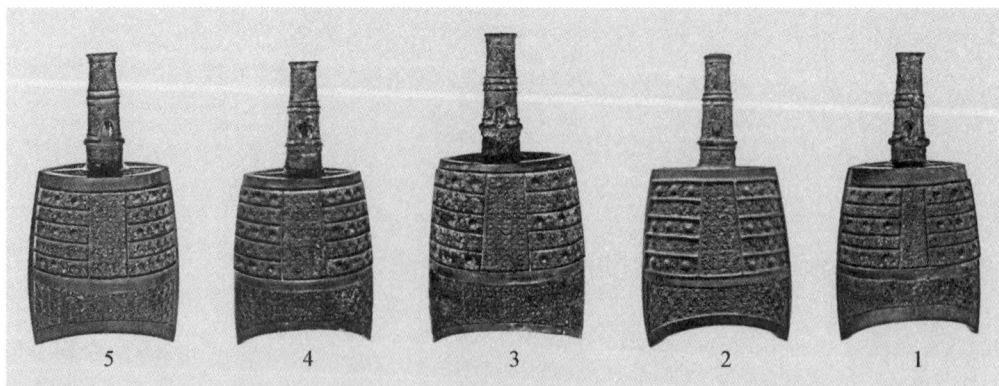

圖一　十三年編鐘五件合影

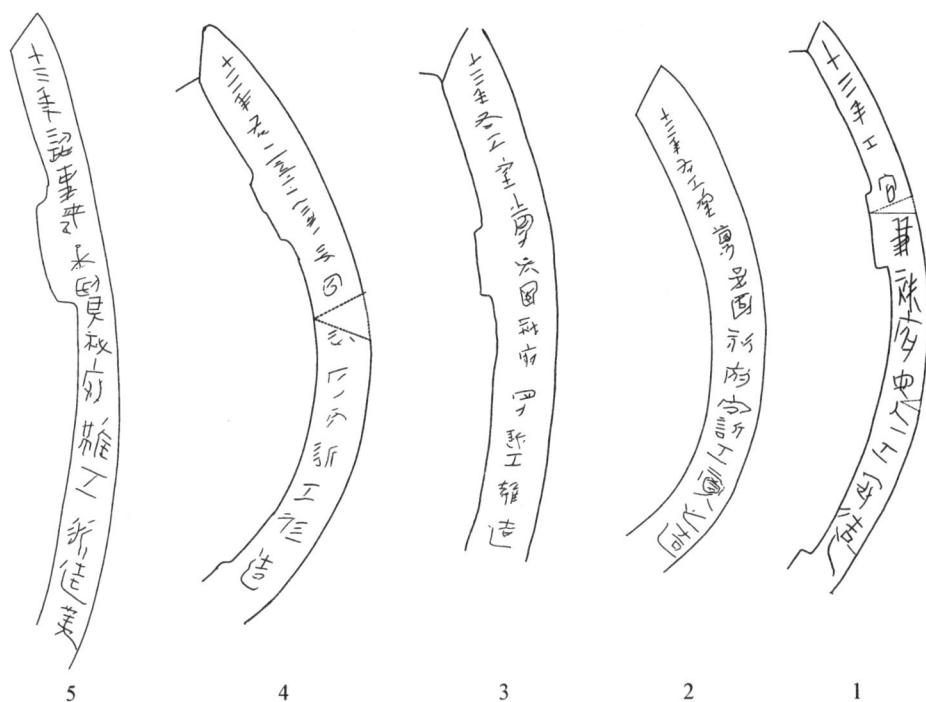

圖二　十三年編鐘五件銘文摹本

一、釋"祕府"

釋文中寫作"祕"的字,吳鎮烽先生舊釋爲"衭"。此字原寫法如下:

31009	31013	31011	31010	31012

其中 31009 號編鐘銘文中,該字就寫作从"必",可見位於"柲"兩旁的"八"形。見於 31013 號編鐘的該字,可分析爲从示、从"柲"之初文爲聲。其餘的三例,有兩例比較潦草,都可以看作是从"柲"的初文,31012 號的一例,照片不完整,從殘畫可以推定也是从"柲"的。

《説文解字》:"必,分極也。从八、弋,弋亦聲。"段玉裁《注》認爲,各本作"弋亦聲"之"弋"是誤字,應改爲"八亦聲"。此爲段注誤改。郭沫若曾據金文"必"字形指出,"必"字所从"弋"形是"柲"的象形本字。[①]後

來，裘錫圭先生又釋出甲骨金文中不從“八”的“柲”字初文獨體以及從
“柲”之字，並指出“柲”與“弋”寫法雖相近但不同。②目前古文字學界已
認識到，《説文》“必”字應分析爲從八、從柲聲。至於“八”是否可以理解
爲加注聲符，尚待研究。

十三年編鐘銘文的“祕”字，有從“必”與“柲”兩種寫法。據我們過
去的認識，秦漢文字中“必”字多見，但尚未見到獨體或作偏旁用的“柲”。
作偏旁用的“柲”形，還見於上海博物館新入藏的齊復封壺（《金文通鑒》
12447、12448）銘文。復封壺的年代爲春秋中期，銘文中“畢恭畏忌”句中
的“畢”字，原字形寫作從言、“柲”聲。③“柲”的寫法在兩壺銘中還有些不
同，分別寫作：

1、2、3 見於齊復封壺甲壺；4、5 見於復封壺乙壺

甲壺從“柲”，乙壺之“柲”寫得似“弋”。作偏旁的“柲”形，又見於“宓”或
“密”字的古文字字形，常寫作從二“柲”，此爲常識，毋需舉例。由這些例
子可見，“柲”之初文寫法一直都存在，並沒有被後起的“必”形完全取代。
上述編鐘銘文中，“祕”字也有兩類寫法，並不奇怪。

還需要指出，由於五件十三年編鐘的銘文是刻劃的，筆畫很淺，且照
片的質量不高，所以，原字形也許都是從“必”的。以上只是就目前所見
情況來論證。

“祕府”是古代宮廷内藏圖書之所在，或稱“祕室”、“中祕”，其藏書
也稱“中祕書”、“祕書”，新莽封泥有“祕書藏府印”。④《説文》“祕，神
也”，徐鍇《繫傳》：“祕，祕不可宣也。祕之言閉也。”段注：“魯頌閟宮有
侐箋曰：閟，神也。此謂假借閟爲祕也。”隸楷階段的“示”、“禾”常相混，
所以“祕”之訛體或作“秘”，以下不復作分別。十三年鐘銘“祕府”或“祕
府守”後加私名，這説明祕府的官長是祕府令。

藏書的祕府，在傳世文獻中最早見於《漢書·藝文志》的叙録：

> 昔仲尼没而微言絶，七十子喪而大義乖。故《春秋》分爲五，
> 《詩》分爲四，《易》有數家之傳。戰國從衡，真僞分争，諸子之言紛然

殽亂。至秦患之,乃燔滅文章,以愚黔首。漢興,改秦之敗,大收篇籍,廣開獻書之路。迄孝武世,書缺簡脱,禮壞樂崩,聖上喟然而稱曰:"朕甚閔焉。"於是建藏書之策,置寫書之官,下及諸子傳説,皆充祕府。(如淳曰:"劉歆《七略》曰:'外則有太常、太史、博士之藏,内則有延閣、廣内、祕室之府。'")

這是説漢武帝時藏書於祕府。但祕府並不是漢武帝時才設立的。《漢書·百官公卿表上》御史大夫,秦官,掌副丞相,有兩丞,"一曰中丞,在殿中蘭臺,掌圖籍祕書"。可見祕書曾屬御史中丞。《史記·蕭相國世家》講蕭何"先入收秦丞相、御史圖書藏之",所收應即屬秦丞相和御史大夫管轄的中祕圖書。1995年,在徐州東郊東甸子發現的西漢一號墓中,北龕西部發現一枚封泥(M1N:37),半通印文爲"祕府"二字(圖三,徐州東甸子出土祕府封泥)。⑤

圖三　徐州東甸子出土祕府封泥

東甸子漢墓的年代,發掘報告指出:"約在西漢早期偏晚,即漢景帝末年至武帝初年。"由於徐州在當時屬於西漢楚國,所以報告説:"該墓主人可能是西漢楚國掌管機要文書之官。"後來,發掘者中的劉尊志、梁勇兩位先生又就此封泥合寫文章,認爲墓主身份應是高級官僚貴族,所以死後能得到禁中祕府之書陪葬。⑥這個意見與發掘報告結語相比,已有改變。

徐州出土的這件祕府封泥,用於封緘簡册,其年代在景、武之際。這説明祕府藏書也並非從漢武帝開始,武帝只是擴充和完善了中祕的收藏。

二、編鐘的年代

據目前發現的這五件編鐘銘文"祕府","祕府"是否可以上溯至秦代? 這需要考察這套編鐘所見的其他因素。

首先,從紀年來看。"十三年"之前無限定詞,應屬於中央王朝紀年。

考察秦漢帝王的在位年數長短和紀年方式,"十三年"大概只有屬於秦王政或漢文帝前元這兩種可能。[7]

其次,從工官來看。題銘中的"右工室"與"詔事"是製造編鐘的機構。右工室見於《漢書·貢禹傳》"三工官官費五千萬",師古注:"三工官,謂少府之屬官,考工室也,右工室也,東園匠也。"三工官的名目雖未必如師古所說,但師古注仍可說明漢代少府屬官有右工室。在秦銘刻中,常見屬於秦中央宮廷的"左工"即左工室,例如 1992 年山東淄博市臨淄區稷下街道商王村田齊墓地出土的左工銀耳杯(《金文通鑒》19607)、山東臨淄窩托村西漢齊王墓隨葬坑出土的三件戰國秦銀盤(《金文通鑒》19608、19609、19010),皆爲秦昭襄王時"左工"所造。既有左工,按理說應有右工,但目前尚未見到屬於秦中央"右工"或"右工室"。[8]

詔事之爲工官,不見於傳世文獻。但據出土題銘所見,詔事是秦官,有鑄造器物的職能,其設置不晚於秦昭襄王五十年。黃盛璋先生認爲,秦官"詔事"應該相當於《漢書·百官公卿表》所見的少府屬官"若盧"。這是因爲,《漢書·百官公卿表》"若盧"下原注引服虔曰:"若盧,詔獄也。"鄧展曰:"舊洛陽兩獄,一名若盧,主受親戚婦女。"如淳曰:"若盧,官名也,藏兵器。《品令》曰若盧郎中二十人,主弩射。《漢儀注》有若盧獄令,主治庫兵、[鞠]將相大臣。"[9]顏師古判斷以上三說曰:"若盧,如說是也。"詔獄或若盧在漢代文獻中極爲常見,是囚禁大臣的監獄。作爲監獄的詔獄或若盧機構因有罪犯作爲勞動力,因此可能會有手工業生產。[10]黃先生關於詔事的看法,雖未必是定論,但可以參考。

"右工室"與"詔事"這兩個工官機構名稱,都見於張家山漢簡《二年律令》的《秩律》簡 461—464,秩皆六百石。所以秦官詔事與右工室都沿用到了漢初。可見,僅憑工官的沿革,尚不足以在兩種斷代方案中作出選擇。

第三,從組合、編號關係來看,這五件編鐘似非同組。目前考古發現成套的西漢編鐘有三組,分別出土於山東章丘洛莊漢墓 14 號陪葬坑、[11]廣州象崗山西漢南越王墓的東室,[12]大雲山漢墓 M1 西回廊南部。[13]這三組編鐘都是實用器,都以 5 件甬鐘和 14 件鈕鐘相配,甬鐘替代了早期充當低音部的鎛鐘。這種組合,應是西漢早中期編鐘的定制。[14]以此規律來看這五件十三年編鐘,其編號有"六"、"七"、"八"、"十",没有編號(或未發表)的一件似乎是第九件。但是，眾所周知，成套的編鐘在編組上應該按序號呈現大小相次的關係。根據發表的數據（見下表），這五件編鐘在大小、重量等方面却看不出有明顯的規律。所以，同時製作的編鐘可能不止一套，現在看到的五件，並非原屬同組。不過，即便是拼湊成組，十三年甬鐘同時出現五件，這也可能不是偶然的情況。當然，由於没看到原器，或有可能是數據有誤，以上只是暫時的看法。

表一　十三年編鐘的相關信息

著録號	31012	31009	31013	31011	31010
通　　高	10.9 釐米	10.1 釐米	11.8 釐米	12.6 釐米	10 釐米
銑間距	5.5 釐米	5 釐米	6 釐米	6.4 釐米	5.1 釐米
鼓間距	4.7 釐米	4.3 釐米	5 釐米	5.4 釐米	4.2 釐米
重　　量	440 克	280 克	620 克	640 克	280 克
編　　號	六	七	八	（無編號?）	十

第四，從器形、紋飾與調音手法來看。秦漢編鐘，無論甬鐘或鈕鐘，均爲兩弧曲明顯的合瓦形鐘體。秦代的編鐘資料，目前僅有一件"樂府"銅鈕鐘（15107），其主要紋飾爲錯金的菱形紋、蟠螭紋和雲紋，與十三年編鐘迥異。就目前資料來説，在形制紋飾方面看，十三年編鐘與已發現的三套西漢銅編鐘都較爲接近。十三年編鐘的形制，整體上更接近於南越王墓出土的甬鐘，而與洛莊漢墓甬鐘的甬部形態不同。不過，十三年甬鐘裝飾有細密的斜方格雷紋，又與洛莊甬鐘接近。

王子初先生指出，目前所見秦漢編鐘，爲了調音，其于口內唇多有刻鑿，在鐘腔內部形成對應鼓部的四個音梁，這可以説是秦漢編鐘的一個典型特徵。[15]洛莊漢墓的年代是西漢初期（前 186 年），洛莊編鐘兼具楔形音梁和刻鑿調音手法，可作西漢編鐘斷代的標準器。[16]十三年鐘的于口內唇也有這類鑿刻形成的楔形音梁。結合形制、紋飾以及調音方法等多方面的特徵來看，將十三年編鐘置於漢初，介於洛莊漢墓與南越王墓甬鐘之間，這在類型學上是説得過去的。

最後，可從刻劃現象與字體方面作些討論。以利器刻劃疾淺的銘文，多見於秦銅器銘刻，而少見於漢代銅器。十三年編鐘的字體比較近似秦隸，有些字顯得比較早，例如用作人名的"雓"字，之前僅見於春秋吳國兵器銘文，⑰該字寫法似屬於東方文字系統，而非秦文字。這似乎説明刻寫題銘者有來自東方的專業人士。但也有些字的寫法顯得很晚，例如"年"字寫法，極爲草率，恐不能早至秦代。斷代應以最晚的因素來確定其年代上限，從字體上，我更傾向將編鐘的時代定得稍晚一些。

總之，綜合形制、紋飾、調音手法、字體、工官等多方面的因素，十三年鐘更可能爲漢文帝十三年的製品，而不是秦王政的十三年。

三、祕府的職能

鐘銘"造"或"之造"位於祕府工名之後，説明祕府參與了編鐘的製造。祕府同時也可能是編鐘的收藏機構，而且這兩種情況並不矛盾，可以兼而有之。祕府在收藏圖書之外，也很有可能保管一些器物，這一點容易理解。

作爲參與製造的工官，祕府應是負責編鐘的設計以及音律的調整。祕府收藏各類圖書，也兼有研究人才，其中應有通曉音律的專業人士，此即銘文中所見的"工"。《考工記》鳧氏爲鐘，鐘律調和的職責在《周禮·春官》的屬官"典同"，其職云："典同掌六律、六同之和，以辨天地、四方、陰陽之聲，以爲樂器。……凡爲樂器，以十有二律爲之數度，以十有二聲爲之齊量。凡和樂，亦如之。"音律與度量衡的標準皆屬典同所職掌。戰國秦漢時代，度量衡的製作，常有御史一類的職官參與，這同樣是標準化的需要。⑱所以，祕府參與右工室主導的編鐘製造，是正常的官聯合作情況。

徐州出土的"祕府"封泥，印式爲半通，使用半通印的官秩爲比兩百石，可見其品秩不高。而漢代右工室秩六百石。在鑄鐘的工作裏，祕府令的作用雖然重要，但署名在右工室丞和詔事丞的後面，就反映了祕府令比右工室、詔事的品秩低。

在這五件編鐘題名的祕府人員，有祕府令和工。詔事所做的那一件甬鐘，"祕府離"是正職，其餘右工室負責的四件，職官都是"祕府守"，是暫時假守、代理的祕府令。祕府離所領的工訴，同名者又見於另外兩件右工室所作的甬鐘題銘中，但職務是"祕府守"。頗疑工訴就是祕府守訴，他曾暫時代理祕府令的工作。此人應有辨音和調音的專業技術，是一名知音者。

結　語

作爲皇家圖書館的祕府,是古代非常重要的文化機構。根據這五件十三年編鐘的考證,繼徐州出土景、武之際的"祕府"封泥,祕府的出現時間又可提前至漢文帝十三年。漢代編鐘主要用於宗廟祭祀,漢文帝比較具有宗教感,在位期間曾就宗廟禮儀多次下詔,《漢書·文帝紀》記載,文帝十三年春二月甲寅,下詔曰:"朕親率天下農耕以供粢盛,皇后親率桑以奉祭服,其具禮儀。"這套十三年編鐘也許就是奉承當年詔書所作的宗廟樂器。漢文帝葬於霸陵,十三年編鐘是否與霸陵有關,有待考古工作的進一步展開。[19]

《漢書·禮樂志》:"漢興,樂家有制氏,以雅樂聲律世世在大樂官,但能紀其鏗鏘鼓舞,而不能言其意。高祖時,叔孫通因秦樂人制宗廟樂。"十三年鐘銘説明祕府有設計製作編鐘以及調音的職能,可見祕府藏書及所聚的人才在漢初文化傳承中也曾發揮重要作用。

2019 年 4 月 6 日

附記:關於海昏侯墓出土編鐘的組合關係,以及漢代編鐘的楔形音梁及調音手法,拙文有幸獲得中國藝術研究院音樂研究所王清雷先生的指教,敬致謝忱。

注　釋

① 郭沫若:《戈琱威鄂𢀛必彤沙説》,《殷周青銅器銘文研究》卷二,科學出版社,1961 年,第 177 頁。

② 裘錫圭:《釋"柲"——附:釋"弋"》,《裘錫圭學術文集》第一卷,復旦大學出版社,2012 年,第 51—67 頁。

③ 葛亮:《復丰壺探研》,《傳承與創新:考古學視野下的齊文化學術研討會論文集》,上海古籍出版社,2019 年,第 503—527 頁。

④ 任紅雨編著:《中國封泥大系》,西泠印社出版社,2018 年,下册第 1192 頁,第 14265、14266 號。

⑤ 徐州博物館編:《徐州東甸子西漢墓》,《文物》1999 年第 12 期,第 4—18 頁、第 17 頁圖四四。

⑥ 劉尊志、梁勇：《徐州出土"祕府"封泥的封緘方法淺析》，《華夏考古》2003 年第 3 期，第 96—97 轉第 108 頁、第 97 頁圖一·1、2。

⑦ 參看辛德勇：《建元與改元：西漢新莽年號研究》，中華書局，2013 年。秦惠文王前元、秦昭襄王也有十三年，但都嫌太早，不必考慮。

⑧ 秦邵宮鼎（《金文通鑒》02099）"廿一年内官右工，邵宮私官，一斗九升，止"。其"右工"屬於内官，而非少府屬官。

⑨ 據《後漢書·孝和帝紀》"（九年十二月）己丑，復置若廬獄官"李賢注引《漢舊儀》"主鞫將相大臣"，補"鞫"字。

⑩ 黄盛璋：《秦兵器制度及其發展、變遷新考（提要）》，《秦文化論叢》第三輯，西北大學出版社，1994 年，第 428 頁。

⑪ 濟南市考古研究所等編：《山東章丘市洛莊漢墓陪葬坑的清理》，《考古》2004 年第 8 期，第 3—16 頁，圖版叁、圖版肆。

⑫ 廣州市文物管理委員會等編：《西漢南越王墓》，文物出版社，1991 年。

⑬ 南京博物院、盱眙縣文廣新局：《江蘇盱眙縣大雲山漢墓》，《考古》2012 年第 7 期，第 55 頁，又圖版拾·3。

⑭ 方建軍、鄭中：《洛莊漢墓 14 號陪葬坑編鐘研究》，《音樂研究》2007 年第 2 期，第 39 頁。最近發表的海昏侯劉賀墓考古資料，有 14 件甬鐘與 14 件鈕鐘，參看曹斌等：《江西南昌西漢海昏侯劉賀墓出土銅器》，《文物》2018 年第 11 期，第 12 頁。王清雷、徐長青撰寫《海昏侯墓音樂文物首次考察述要》，指出海昏侯墓的樂懸規格是兩堵，一堵爲 14 件編鈕鐘，另一堵爲 10 件編甬鐘，詳見《人民音樂》2017 年第 8 期，第 68 頁。此外，還有 4 件甬鐘不知出土時如何放置，有待報導。

⑮ 王子初：《中國青銅樂鐘的音樂學斷代——鐘磬的音樂考古學斷代之二》，載《中國音樂學（季刊）》2007 年第 1 期，第 17 頁；朱國偉：《雙音樂鐘轉型之路——從戰國中期到西漢早期》，《音樂藝術》2016 年第 2 期，第 84—94 頁。

⑯ 王清雷：《章丘洛莊編鐘的音樂學研究》，《黄鐘（武漢音樂學院學報）》2011 年第 4 期，第 248 頁。

⑰ 董珊：《新見吳王餘眛劍銘考證》，《故宮博物院院刊》2015 年第 5 期；又收入蘇州博物館編：《兵與禮——蘇州博物館新入藏吳王餘眛劍研討會文集》，文物出版社，2015 年，第 27—39 頁。

⑱ 董珊：《内蒙古卓資縣城卜子古城遺址出土陶文考》，《古代文明研究通訊》總第 39 期，2008 年 12 月；又刊於《卓資縣文物志》，内蒙古人民出版社，2018 年。

⑲ 考古陝西：《霸上無高丘 鹿原有遺珍——漢文帝霸陵考古新發現》，搜狐網，2018 年 10 月 12 日。

西周金文中女性稱名原則研究

董笛音（吉林大學考古學院古籍研究所）

金文中的女性稱名一直是學界比較關注的問題，以前有不少學者做過相關研究。近年來，李峰、吳鎮烽兩位學者相繼發表文章進行討論。李峰認爲西周時期女性的稱名存在原則，由於所處立場不同，對於同一女子的稱名則不同。吳鎮烽提出反駁意見，認爲周代女性的稱名很是複雜，並不具備稱名的原則問題。本文則全面搜集、整理西周金文中的女性稱名資料，運用統計學的知識就西周時期女性稱名是否存在原則問題進行分析與討論。

一、李、吳關於原則的討論

2016 年李峰發表《西周宗族社會下的"稱名區別原則"》[①]一文，主要是對西周時期女性稱名原則以及"珥生"這類的"某生"的稱名原則進行討論。李氏認爲西周時期女性的稱名是有原則的，其關鍵點在於從哪個立場來稱呼女性，也就是説由於所處立場不同，對於同一女子的稱名則不同。總的來説就是父母稱女兒是"夫家氏名＋自家的姓"，子女稱母親、女子自稱名也是如此。丈夫稱妻子是"父家氏名＋自家的姓"，與父母稱女兒所冠氏名相反。

吳鎮烽在《也談周代女性稱名的方式》[②]一文中提出反駁意見。吳氏認爲周代女性的稱名很是複雜，並不具備稱名的原則問題。他將金文所見女性稱名從自稱和他稱兩方面進行分類，詳細地總結並舉例説明周代女性稱名的各種方式。

2017 年李峰在簡帛網發文《再論周代女性的稱名原則：答吳鎮烽先生質疑》，[③]針對吳鎮烽的質疑作出解答。李氏認爲吳文中提出一種不符合邏輯的比較,即列舉"婿家族氏"和不列舉"婿家族氏"的金文數量作比較。檢查吳氏文後注[5]所列的比率可知,列舉"婿家族氏"所真正比較的對象是不列舉"宗族氏名"的金文數量,其比較範圍變大。由於邏輯的錯誤,得出的結果相差很大,用這樣的結果來否定稱名原則並不準確。另外,李氏還認爲女性稱名是有繁簡變化的,那些稱姓、私名、排行、身份或以成份組合的稱名形式都是在可允許的範圍之内,對於一些反證,如"齊姜"、"魯姬"、"祭姬"只占少數,不能否定金文稱名的常見規律和原則。

吳鎮烽在《再談所謂的"周代女性稱名原則"》④一文中認爲李峰的"女性稱名原則"和自己所講的"女性稱名方式"是有本質區别的。吳氏指出:"原則只有一個,而且必須遵守,但是方式可以有多種。"吳氏認爲李峰的女性稱名原則實際上只是女性稱名的一種方式。

綜上,兩位學者對周代女性稱名的討論各有意見,李峰認爲周代女性的稱名是有原則的,丈夫對妻子的稱名原則是女子"父家氏名+自家的姓",而父母對女兒、子女對母親和女性自稱的原則是"夫家氏名+自家的姓"。雖然有例外情況,但是由於數量較少不影響原則問題。吳鎮烽認爲周代女性稱名是没有原則的,只是存在多種稱名方式。二者的根本分歧在於周代女性稱名是否存在原則問題。李氏認爲是存在稱名原則的,對於一些例外或者省略的稱名都是可以包容的。吳氏認爲原則具有惟一性、排他性,既然是原則就不能存在例外的情況,所以認爲西周時期女性稱名没有固定原則,只有不同的稱名方式,因爲原則是惟一的,方式可以有多種。

二、西周金文中女性稱名方式舉例

爲了更好地解決是否存在原則問題,本文將以吳鎮烽的分類方式爲基礎進行分類和統計。

第一類是女性的自稱方式,⑤分類與吳氏同,分别是:

1. 女性自作器的自稱名

(1) 夫家國(族)氏+父家國(族)氏+排行+父家的姓(表五第 12類),如異孟姜匜"王婦異孟姜作旅匜"(《銘圖》14929)。"王"在金文中一般指周王室,爲王族之氏名。"婦"指周天子之婦,表示一種親屬稱謂。"異孟姜"中"異"就是"己",文獻作"紀",姜姓。此爲紀國姜姓女子嫁於周王者。"王婦異孟姜"則是"夫家國(族)氏+父家國(族)氏+排行+父家的姓"的稱名方式。

(2)職官+名或女字(表五第13類),如保侃母簋蓋"保侃母賜貝于南宫,作寶簋"(《銘圖》04625)。在古代"保"是後宫女官名,《禮記·内則》注:"保,保母也。"侃母是作器婦女的私名。⑥"保侃母"是"職官+名或女字"的稱名方式。

(3)尊稱+姓(表五第14類),如公姞鼎"唯十又二月既生霸,子仲漁復池。天君蔑公姞曆,使錫公姞魚三百,拜稽首,對揚天君休,用作齋鼎"(《銘圖》03035)。陳夢家認爲"公姞"是身份地位稱號與姓的結合,"天君"與"君"同爲一人,指的是周王之后。⑦陳絜認爲"公姞"是穆公之妻,"公姞"之稱也是由尊號"公"加父家族姓構成,其尊號"公"之功能亦同於一般使用的夫家氏名。⑧我們直接稱"公"爲尊稱,並不把其看作夫家氏名。"公姞"是"尊稱+姓"的稱名方式。

(4)夫家國(族)氏+尊稱(表五第17類),如蘇夫人盤"蘇夫人作姪改襄媵盤"(《銘圖》14405)。此器是嫁入蘇國的女子爲其女姪改襄所作的媵器,其自稱爲蘇夫人,稱其姪爲改襄。"蘇"爲女子夫家國氏,"夫人"是表示身份尊稱。"蘇夫人"是"夫家國(族)氏+尊稱"的稱名方式。"改襄"是"姓+女名"的稱名方式。

(5)夫家國(族)氏+父家國(族)氏+父家的姓+名或女字(表五第18類),如中姬皇母鼎"辛中姬皇母作尊鼎"(《銘圖》02173)。汪中文⑨、陳絜⑩認爲辛中姬皇母鼎的釋文爲"辛仲姬皇母作尊鼎","辛"應當是該女子的夫家氏名,姒姓,"仲"爲排行,"姬皇母"爲女子的姓和字,是"夫家氏名+排行+父家族姓+女字"的構成方式。吳鎮烽將鼎銘釋作"辛中姬皇母作尊鼎",從中伯壺的銘文"中伯作辛姬變人媵壺"(《銘圖》12361)可知"中"氏宗族爲姬姓,"中"是該婦女的父家氏名,"姬"是其姓,"皇母"是其字,"辛"則是夫家的氏名。⑪今從吳氏之説。"辛中姬皇母"是"夫家國(族)氏+父家國(族)氏+父家的姓+名或女字"的稱名方式。

2. 女性爲丈夫作器的自稱名

夫家國(族)氏+父家國(族)氏+父家的姓(表五第16類),如胡應姬鼎"唯昭王伐楚荆,胡應姬見于王,辭皇,錫貝十朋,玄布二匹,對揚王休,用乍(作)氒(厥)嫡君、公叔乙尊鼎"(《銘圖續》0221)。金文中有"胡叔胡姬作伯媿媵簋"(胡叔簋《銘圖》05057),此爲胡叔胡姬爲伯媿所作之媵器,可知胡國爲媿姓。李學勤認爲"嫡君"爲已故的胡國正夫人、"公叔乙"爲其一子。[12]黄錦前認爲"嫡君公叔乙"爲一人,是胡應姬的丈夫。[13]吴鎮烽將"嫡君"、"公叔乙"分開斷句。[14]我們認爲嫡君和公叔乙爲二人,嫡君是胡國的正夫人,公叔乙爲她們的丈夫。此鼎是"胡應姬"爲嫡夫人和丈夫所作之器,其自稱名是"夫家國(族)氏+父家國(族)氏+父家的姓"的稱名方式。

3. 女性爲他人作器的自稱名[15]

(1) 夫家國(族)氏+排行+父家的姓(表五第 7 類),如許姬鬲"許姬作姜虎旅鬲"(《銘圖》02778)。"許姬"當是嫁入許國的姬姓女子,姜虎當是許國宗室之女,許姬可能是姜虎的長輩,此則疑爲没有"媵"字的媵器,"姜虎"是"父家的姓+女名"的稱名方式。

(2) 夫家國(族)氏+父家國(族)氏+父家的姓(表五第 16 類),如辛王姬簋"辛王姬作叔西父姬西母媵簋"(《銘圖》05017)。"王"指周王室,姬姓,"辛王姬"是周王室之女嫁到辛氏者,根據同姓不婚的原則,辛氏非姬姓,不可能是爲其女兒作器。姬西母與辛王姬同姓,可能是父家兄弟之女。其自稱"辛王姬",這是"夫家國(族)氏+父家國(族)氏+父家的姓"的稱名方式。

第二類是女性他稱方式。吴鎮烽對他稱的分類稍顯繁瑣,不利於相關的統計分析,故而將數目相對較少的君臣、姑侄、兄妹等相關器物類稱名合爲一類,分别是:

1. 父母爲女兒作器對女兒的稱名

夫家國(族)氏+父家的姓+名或女字(表五第 8 類),如許男鼎"許男作成姜桓母媵尊鼎"(《銘圖》02076)。許國爲姜姓國,成國爲姬姓後裔。故此器爲許男爲嫁入成國的女兒所作之器,許男稱其女兒爲"成姜桓母",這是"夫家國(族)氏+父家的姓+名或女字"的稱名方式。

2. 丈夫爲妻子作器(或丈夫自作器)對妻子的稱名

(1) 父家國(族)氏+排行+父家的姓(表五第 11 類),如善夫旅伯鼎"善夫旅伯作毛仲姬尊鼎"(《銘圖》02210)。毛氏姬姓,此器是毛氏姬姓的女子嫁予旅伯者。善夫旅伯稱其妻子爲"毛仲姬",這是"父家國(族)氏+排行+父家的姓"的稱名方式。

（2）夫家國（族）氏+區別字⑯+父家的姓（表五第 23 類），如芮公叔盤"唯十又一月，王至於祈，芮公錫貝百朋，芮妸錫貝卅朋。芮公叔用作芮少妸，孫子永寶"（《銘圖》14514）。吳鎮烽認爲銘文中芮公與芮公叔是兄弟倆，其夫人皆是來自妸姓的女子，稱芮公夫人爲"芮妸"，而稱芮公叔夫人爲"芮少妸"，二者在同一家族中的同姓妯娌要用長幼來區別。⑰其中"芮妸"是"夫家國（族）氏+父家的姓"的稱名方式，"芮少妸"則是"夫家國（族）氏+區別字+父家的姓"的稱名方式，"芮少妸"即是在"芮妸"之間添加"少"字以示二位夫人的區別。

3. 子女爲父母作器對母親的稱名

（1）謚號+父家的姓（表五第 19 類），如頌鼎"頌敢對揚天子丕顯魯休，用作朕皇考恭叔、皇母恭妸寶尊鼎"（《銘圖》02492）。其中"恭"是謚號，"妸"爲女子父家的姓。"恭妸"是"謚號+父家的姓"的稱名方式。

（2）稱宗廟名（表五第 20 類），如王鬲"王作王母獸宫尊彝"（《銘圖》02792）。吳鎮烽指出"獸宫"爲女性的宗廟名。⑱

4. 其他（君臣、姑侄、兄妹等）爲女性作器對女性的稱名

（1）姓+名或女字（表五第 3 類），如應侯視工簋"應侯作姬原母尊簋，其萬年永寶用。（器銘）……余用作朕王（皇）姑單姬尊簋，姑氏用賜眉壽永命，子子孫孫永寶用享"（蓋銘，《銘圖》05311）。結合銘文的前後内容來看，這是應侯視工爲其姑姑所作的器物。其中"姬原母"、"單姬"、"姑氏"當是一人，即應侯視工的姑姑。"姬原母"是"姓+女字"的稱名方式，"單姬"則是由夫家國（族）氏和父家的姓組合而成。

（2）夫家國（族）氏+父家的姓（表五第 6 類），如小臣伯鼎"唯二月辛酉，王姜錫小臣伯貝二朋，揚王休，用作寶鼎"（《銘圖》02205）。此器是小臣伯受到王姜的賞賜所作之器。王姜是周王的配偶，小臣伯稱其爲"王姜"，是臣子對君夫人的稱名，是"夫家國（族）氏+父家的姓"稱名方式。

三、西周金文中女性稱名原則問題

以上是對西周金文中女性稱名方式的舉例介紹，除此之外，當然還有很多其他的稱名方式（見表五）。在這些稱名方式的背後是否存在原則，是我們接下來要討論的問題。我們從自稱方式和他稱方式兩方面對各類稱名進行統計，用數據的形式來解答是否存在女性稱名原則的問題。

1. 女性自稱方式

西周金文中女性所有稱名共計454例，[19]自稱名總計142例，他稱名312例（見表五）。其中自作器自稱名有115例（詳見表一），爲丈夫作器自稱名3例，爲他人作器的自稱名24例。由於女性爲丈夫和他人作器的數量相對較少，此處不作單獨討論。

表一　女性自作器中的自稱名方式

稱名方式	出現次數	所占比例（%）
稱姓	13	11.30
稱名或女字	4	3.48
姓+名或女字	21	18.26
排行+父家的姓	23	20.00
排行+父家的姓+名或女字	5	4.35
夫家國（族）氏+父家的姓	24	20.87
夫家國（族）氏+排行+父家的姓	3	2.61
夫家國（族）氏+父家的姓+名或女字	1	0.87
父家國（族）氏+父家的姓	12	10.43
父家國（族）氏+名或女字+父家的姓	1	0.87
父家國（族）氏+排行+父家的姓	2	1.74
夫家國（族）氏+父家國（族）氏+排行+父家的姓	1	0.87
職官+名字	2	1.74
尊稱+姓	1	0.87
父家國（族）氏+夫家國（族）氏+父家的姓	1	0.87
夫家國（族）氏+父家國（族）氏+父家的姓+名或女字	1	0.87
總　　計	115	100

從表一我們能直觀地看出在西周金文中，女性自作器的自稱名方式共有16種。使用頻率較高的三種稱名方式是“夫家國（族）氏+父家的姓”（即李峰認爲的“夫家氏名+自家的姓”，下同）、“排行+父家的姓”和“姓+名或女字”，分別約占21%、20%、18%。如果將“夫家國（族）氏+父家的姓”類稱名範圍擴大，即含有“夫家國（族）氏、父家的姓”成份的其他稱名都

包含在内,共計31例,約占女性自作器自稱名總數的27%,相比較其他的自稱名方式,已然是主要稱名方式。李峰認爲女性自作器的自稱名原則是"夫家氏名+自家的姓",即女子自稱名要在女子本姓前加注夫家的氏名,其説有很大的合理性。但是"排行+父家的姓"和"姓+名或女字"兩種稱名方式的使用頻率也很高,這是不容忽視的。所以筆者認爲女性自作器的自稱名原則是"夫家氏名+自家的姓"並不完全合理。

2. 女性他稱方式

他稱名總計312例,其中父母爲女兒作器對女兒的稱名有64例,子女爲父母作器對母親的稱名有32例,丈夫爲妻子作器對妻子的稱名有170例,剩餘其他類(如君臣、姑姪、兄妹)等有46例(見表五)。雖然其他類有46例,但是包含很多小的類別,每種類別文例不多,所以不作單獨討論。

(1) 父母爲女兒作器對女兒的稱名

在西周金文中,父母爲女兒鑄造的器物主要是媵器,總計64例,共有9種稱名方式(詳見表二)。

表二　父母爲女兒作器對女兒的稱名方式

稱名方式	出現次數	所占比例(%)
稱名或女字	1	1.56
姓+名或女字	14	21.88
排行+父家的姓	15	23.44
排行+父家的姓+名或女字	4	6.25
夫家國(族)氏+父家的姓	14	21.88
夫家國(族)氏+排行+父家的姓	6	9.38
夫家國(族)氏+父家的姓+名或女字	7	10.94
父家國(族)氏+父家的姓	2	3.12
夫家國(族)氏+父家國(族)氏+父家的姓+名或女字	1	1.56
總　　　計	64	100

從表二我們能夠看出,在父母對出嫁女兒的9種稱名方式中,使用頻率較高的是"排行+父家的姓"、"夫家國(族)氏+父家的姓"和"姓+名或女

字", 分別約占 23%、22% 和 22%。李峰認爲父母爲女兒作媵器對女兒的稱名原則是"夫家氏名+自家的姓", 但是從表二我們能夠看出父母對出嫁女兒的稱名不僅存在"夫家國(族)氏+父家的姓"的方式, 還存在很多其他方式。其中"排行+父家的姓"所占比例最大,"姓+名或女字"與"夫家國(族)氏+父家的姓"所占比例相同。所以筆者認爲李峰所説的父母爲女兒作媵器對女兒的稱名原則是有問題的。

（2）子女爲父母作器對母親的稱名

子女爲父母作器對母親的稱名總計 32 例, 共有 10 種稱名方式(詳見表三)。

表三　子女爲父母作器對母親的稱名方式

稱名方式	出現次數	所占比例(%)
稱姓	3	9.38
稱名或女字	5	15.62
姓+名或女字	1	3.12
排行+父家的姓	3	9.38
夫家國(族)氏+父家的姓	3	9.38
夫家國(族)氏+排行+父家的姓	1	3.12
父家國(族)氏+父家的姓	5	15.62
父家國(族)氏+排行+父家的姓	1	3.12
謚號+父家的姓	9	28.12
宗廟名	1	3.12
總　　計	32	100

李峰認爲子女對母親的稱名原則是"夫家氏名+自家的姓"。從表三我們能看出子女對母親的稱名的主要方式是"謚號+父家的姓", 約占 28%, 這應該是因爲子女爲母親作器基本上是爲祭祀亡者, 所以使用謚號的成份相對較多。其次是"父家國(族)氏+父家的姓"(即李峰認爲的"父家氏名+自家的姓", 下同)和"稱名或女字"的稱名方式, 各約占 16%。"夫家國(族)氏+父家的姓"的稱名方式約占 9%, 即使加上"夫家國(族)氏+排行+父家的姓", 也只有約 12%, 並不能得出子女對母親的稱名原則是"夫家氏名+自家的姓"。

（3）丈夫爲妻子作器（或丈夫自作器）對妻子的稱名

丈夫爲妻子作器（或自作器）對妻子的稱名總計170例，共有14種稱名方式（詳見表四）。

表四　丈夫爲妻子作器（或丈夫自作器）對妻子的稱名方式

稱名方式	出現次數	所占比例(%)
稱姓	24	14.11
稱名或女字	7	3.12
姓+名或女字	24	14.11
排行+父家的姓	54	31.76
排行+父家的姓+名或女字	3	1.76
夫家國(族)氏+父家的姓	12	7.06
夫家國(族)氏+父家的姓+名或女字	1	0.59
父家國(族)氏+父家的姓	31	18.24
父家國(族)氏+名或女字+父家的姓	3	1.76
父家國(族)氏+排行+父家的姓	6	3.53
夫家國(族)氏+父家國(族)氏+父家的姓	1	0.59
父家國(族)氏+排行+父家的姓+名或女字	1	0.59
區別字+父家的姓	2	1.18
夫家國(族)氏+區別字+父家的姓	1	0.59
總　計	170	100

從表四我們能看出，在丈夫爲妻子作器（或丈夫自作器）對妻子的稱名方式中，使用頻率較多的是“排行+父家的姓”、“父家國（族）氏+父家的姓”、“稱姓”和“姓+名或女字”，分別約占32%、18%、14%、14%。李峰認爲丈夫爲妻子作器對妻子的稱名原則是“父家氏名+自家的姓”，即從丈夫的角度對妻子的稱呼是稱妻子的本國本姓。在丈夫對妻子的稱名方式中，雖然“父家國（族）氏+父家的姓”約占18%，比例不小，但是“排行+父家的姓”却是使用最多的稱名方式，約占32%。再加上“稱姓”和“姓+名或女字”所占比例不小，故而筆者認爲丈夫對妻子的稱名原則是“父家氏名+自家的姓”並不準確。

結　論

結合上文的分析可知,女性自作器的自稱名共有 16 種稱名方式。其中有三種稱名方式所占比例較大,分别是"夫家國(族)氏+父家的姓"、"排行+父家的姓"、"稱姓+名或女字"。雖然"夫家國(族)氏+父家的姓"所占比例最大,約爲 21%,但是其他兩種稱名方式也有較高的比例,分别是 20%和 18%,亦不可忽視。因此,筆者認爲將"夫家氏名+自家的姓"作爲女性自作器的自稱名原則並不完全合理。

父母爲女兒作器中對女兒的稱名共有 9 種稱名方式。其中有三種稱名方式所占比例較大,分别是"排行+父家的姓"、"姓+名或女字"和"夫家國(族)氏+父家的姓"。其中"排行+父家的姓"所占比例最大,約爲 23%,"姓+名或女字"與"夫家國(族)氏+父家的姓"所占比例相同,約爲 22%。三種稱名方式所占比例相差不大,故而筆者認爲將"夫家氏名+自家的姓"作爲父母爲女兒作器對女兒的稱名原則是有問題的。

子女對母親的稱名共有 10 種。其中有三種稱名方式所占比例較大,分别是"謚號+父家的姓"、"父家國(族)氏+父家的姓"和"稱名或女字"。其中"謚號+父家的姓"的稱名方式所占比例最大,約占 28%,含有"夫家氏名、父家的姓"成份的稱名方式僅占 12%,相對較少,且不是主要稱名方式,故而筆者認爲子女對母親的稱名原則是"夫家氏名+自家的姓"並不合理。

丈夫稱呼妻子共有 14 種稱名方式。其中有四種主要稱名方式,分别是"排行+父家的姓"、"父家國(族)氏+父家的姓"、"稱名或女字"和"稱姓"。雖然"父家國(族)氏+父家的姓"的稱名方式所占比例不小,約爲 18%,但是"排行+父家的姓"所占比例最大,約占 32%。另外"稱名或女字"和"稱姓"亦占有較大比例,皆是 14%,故而筆者認爲丈夫對妻子的稱名原則是"父家氏名+自家的姓"並不準確。

總之,西周時期女性的稱名方式是多種多樣的,不能單一地説存在某種稱名原則。通過數據分析可知,不同的作器者對女性的稱名都有幾種比較流行的稱名方式,我們把這種使用相對較多的稱名方式稱爲稱名的"基本模式"。

表五是西周金文中女性稱名方式的彙總表。

表五　西周金文中女性稱名方式表

稱名方式	自稱			他稱				總計	比例(%)
	女性自作器	女性爲丈夫作器	女性爲他人作器	父母爲女兒作器中對女兒的稱名	子女爲父母作器中對母親的稱名	丈夫爲妻子作器(或自作器)對妻子的稱名	其他作器者對女性的稱名		
1. 稱姓	13	0	3	0	3	24	8	51	11.23
2. 稱名或女字	4	0	3	1	5	7	0	20	4.41
3. 姓+名或女字	21	0	3	14	1	24	6	69	15.20
4. 排行+父家的姓	23	1	0	15	3	54	3	99	21.81
5. 排行+父家的姓+名或女字	5	0	0	4	0	3	1	13	2.86
6. 夫家國(族)氏+父家的姓	24	1	8	14	3	12	19	81	17.84
7. 夫家國(族)氏+排行+父家的姓	3	0	3	6	1	0	2	15	3.30
8. 夫家國(族)氏+父家的姓+名或女字	1	0	0	7	0	1	0	9	1.98
9. 父家國(族)氏+父家的姓	12	0	2	2	5	31	2	54	11.90
10. 父家國(族)氏+名或女字+父家的姓	1	0	0	0	0	3	0	4	0.88
11. 父家國(族)氏+排行+父家的姓	2	0	0	0	1	6	0	9	1.98
12. 夫家國(族)氏＋父家國(族)氏+排行+父家的姓	1	0	0	0	0	0	0	1	0.22
13. 職官+名或女字	2	0	0	0	0	0	0	2	0.44
14. 尊稱+姓	1	0	0	0	0	0	2	3	0.66
15. 父家國(族)氏＋夫家國(族)氏+父家的姓	1	1	0	0	0	0	0	2	0.44
16. 夫家國(族)氏＋父家國(族)氏+父家的姓	0	0	1	0	0	1	1	3	0.66
17. 夫家國(族)氏+尊稱	0	0	1	0	0	0	0	1	0.22

續　表

稱名方式	自稱			他稱				總計	比例(%)
	女性自作器	女性爲丈夫作器	女性爲他人作器	父母爲女兒作器中對女兒的稱名	子女爲父母作器中對母親的稱名	丈夫爲妻子作器(或自作器)對妻子的稱名	其他作器者對女性的稱名		
18. 夫家國(族)氏+父家國(族)氏+父家的姓+名或女字	1	0	0	1	0	0	0	2	0.44
19. 謚號+父家的姓	0	0	0	0	9	0	1	10	2.20
20. 宗廟名	0	0	0	0	1	0	0	1	0.22
21. 父家國(族)氏+排行+父家的姓+名或女字	0	0	0	0	0	1	0	1	0.22
22. 區別字+父家的姓	0	0	0	0	0	2	0	2	0.44
23. 夫家國(族)氏+區別字+父家的姓	0	0	0	0	0	1	0	1	0.22
24. 謚號+父家的姓+"日"+天干	0	0	0	0	0	0	1	1	0.22
總　　計	115	3	24	64	32	170	46	454	100

從表五能夠看出,西周時期女性稱名使用頻率較大的五種方式是"排行+父家的姓"、"夫家國(族)氏+父家的姓"、"姓+名或女字"、"父家國(族)氏+父家的姓"、"稱姓"分別約占 22%、18%、15%、12%、11%。結合前文四小類的討論結果,我們基本可以認爲西周時期女性稱名的基本模式有五種,分別是"排行+父家的姓"、"夫家國(族)氏+父家的姓"、"姓+名或女字"、"父家國(族)氏+父家的姓"、"稱姓"。

注　釋

① 李峰:《西周宗族社會下的"稱名區別原則"》,《文匯報》2016 年 2 月 19 日。

② 吴鎮烽:《也談周代女性稱名的方式》,復旦大學出土文獻與古文字研究中心網,2016 年 6 月 7 日。

③ 李峰：《再論周代女性的稱名原則：答吳鎮烽先生質疑》，簡帛網，2017 年 10 月 6 日。

④ 吳鎮烽：《再談所謂的"周代女性稱名原則"——答李峰教授》，簡帛網，2017 年 10 月 21 日。

⑤ 女性的稱名方式中出現的組合成份有夫家國（族）氏、父家國（族）氏、父家的姓、排行、區別字、謚號、尊稱等。女性的稱名方式是各種成份的排列組合。每一小類在此僅列舉幾例含有較多成份以及特殊成份的稱名方式，其他一些稱名方式基本是在此基礎上省去、添加某種成份的組合，不一一舉例説明。他稱分類亦如此。

⑥ 吳鎮烽：《也談周代女性稱名的方式》，復旦大學出土文獻與古文字研究中心網，2016 年 6 月 7 日。

⑦ 陳夢家：《西周銅器斷代（上）》，中華書局，2004 年，第 135 頁。

⑧ 陳絜：《商周姓氏制度研究》，商務印書館，2007 年，第 327 頁。

⑨ 汪中文：《兩周金文所見周代女子名號條例（修訂稿）》，《古文字研究》第二十三輯，中華書局，2002 年，第 78—85 頁。

⑩ 陳絜：《商周姓氏制度研究》，第 300—301 頁。

⑪ 吳鎮烽：《也談周代女性稱名的方式》，復旦大學出土文獻與古文字研究中心網，2016 年 6 月 7 日。

⑫ 李學勤：《胡應姬試釋》，《出土文獻與古文字研究》第六輯，上海古籍出版社，2015 年，第 109—111 頁。

⑬ 黃錦前：《新刊兩件胡國銅鼎讀釋》，《出土文獻》第十輯，中西書局，2017 年，第 37—46 頁。

⑭ 吳鎮烽：《商周青銅器銘文暨圖像集成》，上海古籍出版社，2012 年。

⑮ 除女性的自作器以及爲丈夫作器的自稱名之外的其他自稱名，數目相對較少。如爲父母或祖先作器、爲子女作器、爲兄弟作器等的自稱名。

⑯ 區別字是由於有時兩個以上同姓女子共事一夫，或者類似的原因，女名前要加以"大"、"小"、"長"、"少"等表示區分的字。可參看李學勤：《先秦人名的幾個問題》，《歷史研究》1991 年第 5 期，第 105—111 頁。

⑰ 吳鎮烽：《也談周代女性稱名的方式》，復旦大學出土文獻與古文字研究中心網，2016 年 6 月 7 日。

⑱ 吳鎮烽：《金文人名彙編（修訂本）》，中華書局，2006 年，第 372 頁。

⑲ 本文在統計數據時，對於同一銘器中重複出現同一女性的稱名僅記一次；對於不同器物中稱名相同但無法判定爲同一女性的稱名則分別記錄。

釋上博簡五《競建內之》的"迡"字

王　磊(安徽大學漢字發展與應用研究中心)

《上海博物館藏戰國楚竹書(五)·競建內之》簡 2+簡 7+簡 4 有以下一段內容：

> ……昔高宗祭，又(有)䳑(雄)罜(雉)於䲩(彝)耑(前)。卲(召)祖乙而昏(問)安(焉)，曰："是可(何)也?"祖乙詥(答)曰："昔者君₂客(格)王，天不見夭(妖)，地不生䔾(孽)，則訢(祈)者(諸)䰟(鬼)神，曰：'天堕(地)盟(明)棄我矣！'△臣不訐(諫)，遠者不方(謗)，則攸(修)者(諸)向(鄉)₇里。……₄"①

其中用△所代表的字，原作如下之形：

關於這個字，主要有兩種釋讀意見：陳佩芬先生釋"從"，"從臣"表示侍從之臣；②何有祖先生改釋爲"近"，③"近臣"則指君主左右之臣。從文意來看，"△"與"遠"對舉，朱艷芬先生曾引《國語·楚語》"近臣諫，遠臣謗"④、劉樂賢先生舉《説苑·正諫》"近臣不敢諫，遠臣不敢達"等爲書證，⑤與簡文內容很密合。有古書的印證，可以進一步肯定△是表示與"近"意義相關的字，因此學者多從釋"近"之説。

△字從"辵"，右上的部分應爲聲符。聲符左側的墨迹略有殘損，根據殘存筆畫來看，其與"人"的寫法相近。本篇中，有"從"字寫作：

《競建》簡 1 　　　《競建》簡 8

在字形上,△字與"從"存在區別,因此釋"從"是不準確的,不過其殘筆則可與"從"字中"人"(、)的部件相比對。△字聲符右側的形體,爲一竪筆向右彎折,竪筆上端右側有一向左下書寫的短畫,與"斤"的寫法也存在明顯的差別。本篇中就有兩個從斤的字,作下列形體:

訢: 《競建》簡7

兵: 《競建》簡5

從上舉的兩字來看,"斤"右側的筆畫並没有寫作竪筆向右彎折的趨勢,並且這種寫法的"斤"在楚文字中也很少見,因此將△字釋"近"的依據,同樣也是不牢靠的。

我們認爲,△字當釋爲"迡"。在分析該字前,先來簡單梳理"尼"的相關形體。

《説文》尸部:"尼,從後近之。从尸,匕聲。"將"尼"視爲形聲字。林義光《文源》:"按匕、尼不同音,人之反文,亦人字,象二人相昵形,實昵之本字。"⑥結合古文字材料來看,"尼"當是會意字,林先生之説頗有思致。甲骨文中,有從"尼"的"秜"和"泥"字:

秜: 《合集》13505 正[賓組]

泥: 《合集》628 正[賓組]   《合集》4375[賓組]

于省吾先生考證出兩字,並認爲"尼字的構形既然象人坐於另一人的背上,故《爾雅·釋詁》訓'尼'爲'止'爲'定';人坐於另一人的背上,則上下二人相接近,故典籍多訓'尼'爲'近'"。⑦這一説法是合理的。

清華簡七《越公其事》中,有"泥"字凡兩見:

A. 《越公》簡35   《越公》簡44

辭例均爲"遠泥"。整理者認爲:"迡,《廣韻》:'近也。'迡、邇音義並近。遠迡,即遠邇。《書·盤庚上》:'乃不畏戎毒于遠邇。'"⑧從字形來看,其與甲骨文的"尼"字形體有緊密的承繼關係。石小力先生、程燕先生據這一形體,將三晉文字中的 （《集成》9683）、（《侯馬盟書》九八∶三）等形體確認爲"尼"字,⑨讀者可以參考。

楚文字中,"尼"字一般作如下字形∶

B. 上博五《君子》簡 11　　　上博三《仲弓》簡 10

對楚文字中的這一類字形,黃德寬先生分析説∶"我們認爲''很可能是'匿'的省寫（加點以標示）。"⑩寫法上,右側部件""的形體是一竪畫向右彎折,上部有一横畫,在横畫與竪畫交叉處往往填實。細審字迹,可知填實處常是由一向左下的短畫書寫而成的,因此與横筆間留有空隙。

梳理了"尼"字的相關形體,我們再來看△字。此字從"辵",其聲符與上舉 B 字形相比,區別只在於右側上部缺一横畫,其餘各筆均有對應。因省減筆畫而造成的形體訛變現象,在戰國文字當中是很普遍的。從各筆對應關係來看,我們傾向於將△看作 B 形缺筆而形成的訛體。另外,聲符右側末筆明顯高於左側,符合"尼"字左右部件不對稱的特點,可與 A 及 B 字形的第一字比較。因此,我們認爲△字應釋爲"迡"。

楚文字中有"迡"字,常表示"近"的意義∶

1. 　2. 　3.

1. 聞之曰∶"君子之相就也,不必在近迡。"　　　（上博三《仲弓》簡 8）
2. 芳涅訛迡而達聞于四方。　　　　　　　　　（上博八《蘭》簡 2）
3.子夏曰∶"'無聲之樂,無體之禮,無服之喪',何詩是迡?"

（上博二《民之父母》簡 7—8）

"尼"上古音屬泥紐、脂部,"邇"屬日紐、脂部,韻部相同,聲紐皆爲鼻音,在讀音上是很相近的。典籍中以"尼"、"爾"爲聲符的字,多有通假的關係。《史記·孔子世家》∶"將欲以尼谿田封孔子。"《晏子春秋·外篇》將地名"尼谿"寫作"爾稽"。《詩·邶風·泉水》∶"飲餞于禰。"《儀禮·士虞禮》鄭注引"禰"作"泥"。《説文》木部∶"檷讀若柅。"均是相關的例證。

此處的"迡臣"當讀爲"邇臣",《説文》辵部∶"邇,近也。""邇臣"義猶

"近臣",典籍中多見:

1. 吳子唁而送之,使其邇臣從之,遂奔楚。 (《左傳》昭公三十年)

2. 故君上者,民之儀也;有司執政者,民之表也;邇臣便僻者,群僕之倫也。 (《孔子家語·入官》)

3. 邇臣不可不慎也,是民之道也。 (《禮記·緇衣》)

4. 子曰:"邇臣守和,宰正百官,大臣慮四方。" (《禮記·表記》)

5. 任大無多責焉,使邇臣無求嬖焉,無以嗜欲貧其家,無親讒人傷其心,家不外求而足,事君不因人而進,則臣和矣。

(《晏子春秋·内篇問上》)

"近"、"邇"意義相近,因此有同義替換的現象。例如上博簡二《民之父母》"何詩是𨒰",《孔子家語·論禮》對應文字作"何詩近之",是相關的例子。

綜前所述,上博簡五《競建内之》的△字,其聲符與"斤"的寫法有別,舊釋爲"近"、"從"並不準確。從文意和字形來考慮,我們認爲此字當釋"𨒰",在簡文中讀爲"邇"。

附記:拙文蒙徐在國師、劉剛先生、劉建民先生審閲並提出寶貴的修改意見,謹致感謝!

注 釋

① 關於上博簡五《競建内之》2、7、4 三支簡的編聯次序,采用季旭昇先生的意見。季旭昇:《〈上博五·鮑叔牙與隰朋之諫〉試讀》,丁四新主編:《楚地簡帛思想研究(三)》,湖北教育出版社,2007 年,第 15 頁。

② 馬承源主編:《上海博物館藏戰國楚竹書(五)》,上海古籍出版社,2005 年,第 173 頁。

③ 何有祖:《上博五楚竹書〈競建内之〉札記五則》,簡帛網,2006 年 2 月 18 日。

④ 朱艷芬:《〈競建内之〉與〈鮑叔牙與隰朋之諫〉集釋》,吉林大學碩士學位論文,2008 年,第 31 頁。

⑤ 劉樂賢:《讀上博五〈競建内之〉札記》,簡帛網,2006 年 2 月 20 日。

⑥ 林義光:《文源》,中西書局,2012 年,第 180 頁。

⑦ 于省吾：《甲骨文字釋林》,中華書局,2009 年,第 326 頁。

⑧ 清華大學出土文獻研究與保護中心編,李學勤主編：《清華大學藏戰國竹簡（柒）》,中西書局,2017 年,下册第 132 頁。

⑨ 石小力：《據清華簡考證侯馬盟書的"趙尼"——兼説侯馬盟書的時代》,《中山大學學報（社會科學版）》2018 年第 1 期,第 59—64 頁;程燕：《清華七札記三則》,簡帛網,2017 年 4 月 26 日。

⑩ 黄德寬、何琳儀、徐在國：《新出楚簡文字考》,安徽大學出版社,2007 年,第 153 頁。

談清華簡中"執"字的一個異體*

徐在國(安徽大學漢字發展與應用研究中心)

引　言

清華壹《皇門》簡 10 有如下一字:

整理者隸作"黯",考釋如下:

> 黯,讀爲"梏"。梏,《爾雅·釋詁》:"直也。"郭璞注:"正直也。"
> "梏夫"猶今言堂堂正正大丈夫。悉,讀爲"媚",皆明母侯部字,妒
> 忌。《禮記·大學》:"人之有技,媚嫉以惡之。"媚妻,愛妒忌的妻子。
> 此句今本作"譬若匹夫之有婚妻","媚"與"婚"形近致誤。①

李雅萍對此字形體有更具體的分析:

> "黯"字左半从口从夆,"夆"爲"梏",即手銬,楚簡見《郭店·成之
> 聞之》簡 36、《上博五·鬼神之明　融師又成氏》簡 7、《上博五·姑成
> 家父》簡 9、《清華壹·祭公》簡 10。"黯"字去除左上"口"形與右下
> "古"形爲"執"字,"執"字从夆从人。此處暫依字形讀爲"梏"。②

學界其他學者意見大致有以下幾種:劉國忠、汪亞洲讀爲"梏",義爲正
直。復旦讀書會釋讀爲"覺",猶今言"明白人"。林文華讀爲"固(姻)",
孟蓬生、黃人二、趙思木讀爲"妒(妬)",義爲嫉妒。"鄭公渡"讀作"圉",

────────────
　　* 本文寫作得到 2018 年教育部、國家語委"甲骨文等古文字研究與應用專項"重
大項目《戰國文字譜系疏證》(YWZ‑J013)的資助。

"小狐"讀作"愚",意同"匹夫"。……劉雲讀爲"鞠","鞠夫"義爲窮困的人,用來比喻上文所説的無依無靠的君主。朱鳳瀚讀爲"苦",義爲勞作之夫。③

以上諸説從形體、文意方面都進行了很好的探討,給我們很大的啓發。我們試着提出另外一種説法,請方家指正。

一、"執"字梳理

"罷"左旁作"睪",見於如下古文字:

甲骨文: 《合》5936　　《合》5938　　《合》139 正

《合》13733　　《合》22065

戰國楚簡: 上博二《容》44　　上博五《鬼》7

清華壹《祭公》10　　清華伍《三壽》22

郭店《成之》36

趙平安先生認爲:"睪字象頸枷手銬之形,可能就是梏的本字。"④其説可從。戰國文字或加"木"旁作:

上博三《周》22　　　　上博五《姑》9

"睪",從"口"、從"羍"。"睪"所從"羍"亦見於甲骨文,作:

《合》20381　　《合》575　　《合》127

《合》5863 正　　《合》5845

"羍",象形字,本象施於手腕的械形。⑤《説文》羍部:"羍,所以驚人也。從大,從羊。一曰,大聲也。一曰,讀若瓠。一曰,俗語以盜不止爲羍。羍,讀若籲。"

有學者認爲"𡘊","讀若瓠",即"柙"之初文。《詩·衛風·碩人》"齒如瓠犀",阜陽簡"瓠"作"會"。"合"、"會"一字分化。《莊子·天運》"柙而藏之",《類篇》引"柙"作"柗"。故"𡘊"讀"柙"。《管子·小匡》:"遂生束縛而柙,以予齊。"甲骨文"𡘊",讀"執"。《説文》:"執,捕辠人也。"⑥

"𡪄"字右上作,可分析爲"丮"或"丮"之省,右下從"古",疑爲加注的聲符。古文字"丮"和從"丮"之字作:

丮: 《合》33413　　《合》734 正　　《合》1824 反

《集成》4330　　《集成》4341A

𫶏: 《集成》9595.1　　清華伍《封許》5

執: 《集成》02841B　　清華壹《皇門》10

清華伍《湯丘》8　　清華伍《厚父》5

巩: 上博三《周》47　　清華伍《厚父》2

由上舉"執"、"巩"之形,可證戰國文字"丮"可寫作形。

上引李雅萍先生的觀點"'𡪄'字去除左上'口'形與右下'古'形爲'執'字",頗具卓識。

總之,我們認爲此字所從的"𫵐"應分析爲從"丮"、從"羍",會雙手銬在梏内之意,爲"執"字異體。

蒙王磊博士指出,春秋晚期兵器戲鈹銘文中有""字,⑦去除""的飾件,下部爲"𫵐"字。曹錦炎先生將其釋爲"執",⑧從辭例"戲乍(作)𫵐(執)戠(鈹),永冬(終)自褽(襲)虘(吾)"來看,此字曹先生釋"執"是正確的。

戲鈹中的"𫵐(執)"字,爲我們釋清華壹《皇門》簡10"𡪄"所從的"𫵐"爲"執"添一佳證。

二、"古"、"埶"音理分析

"古"乃加注的聲符。楚文字"埶"字或作:

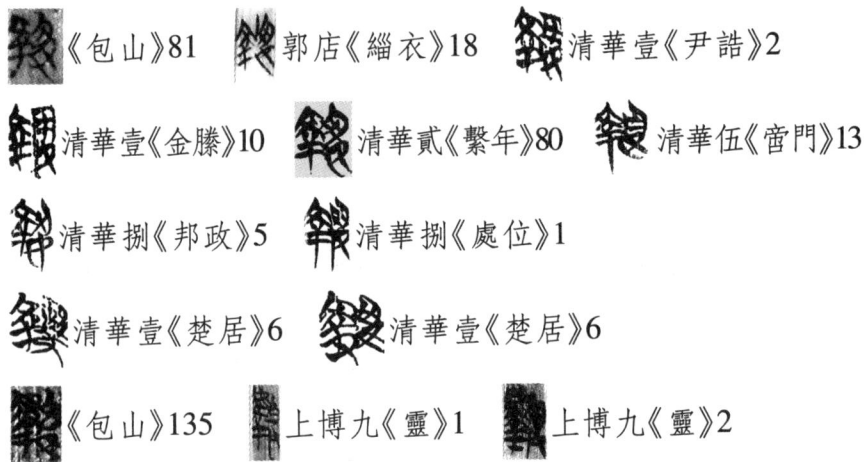

《包山》81　郭店《緇衣》18　清華壹《尹誥》2

清華壹《金縢》10　清華貳《繫年》80　清華伍《厚父》13

清華捌《邦政》5　清華捌《處位》1

清華壹《楚居》6　清華壹《楚居》6

《包山》135　上博九《靈》1　上博九《靈》2

上引"埶"多數从"丮"、从"坴","坴"亦聲;或贅加"又";或从"丮"、从"柙",亦是會意字。

由《說文》坴部"埶,捕罪人也。从丮从坴,坴亦聲"可知"埶"从"坴"聲。又《說文》"坴","讀若瓠"。《漢書·景武昭宣成功臣表》"瓠讘侯杆者",顏師古注:"瓠讀與狐同。"《漢書·地理志》"瓠",顏師古注:"瓠即埶字。"⑨"瓜"、"古"上古音均屬見紐魚部,所以"古"可看作"瓠"的疊加聲旁。郭店《語叢三》簡50"摭於德",《論語·述而》作"據於德"。"摭"、"據"對讀亦是"古"、"瓠"音近之力證。

三、"埶"之用法探究

"瓠(埶)"字,在簡文中疑讀爲"匹"。典籍"濞"、"埶"二字古通,如《史記·魯周公世家》"真公濞",《漢書·律曆志》作"真公埶"。典籍中"比"與"鼻"、"庇"與"祕"古通,⑩出土文獻中"必"與"匹"、"佖"與"匹"通假。⑪"濞"、"匹"上古音均爲滂紐質部。因此,"瓠(埶)"可讀爲"匹"。簡文"卑(譬)女(如)埶(匹)夫之又(有)忞(媚)妻",今本作"譬若匹夫之有婚妻"。將"埶"讀爲"匹",與今本合。"匹夫",古代指平民中的男子,亦泛指平民百姓。《左傳》昭公六年:"匹夫爲善,民猶則之,況國君乎?"《韓非子·有度》:"刑過不避大臣,賞善不遺匹夫。"班固《白虎通·

爵》:"庶人稱匹夫者,匹,偶也,與其妻爲偶,陰陽相成之義也。"

結　語

以上是我們對"羇"字的分析考證,認爲此字从"丮"、从"羍",會雙手銬在梏内之意,"執"字異體,右下"古"形乃加注的聲符。"羇(執)"字,在簡文中疑讀爲"匹"。"匹夫",古代指平民中的男子,亦泛指平民百姓。這僅僅是我們的一種看法,未必允當,還請專家指正。

注　釋

① 清華大學出土文獻研究與保護中心編,李學勤主編:《清華大學藏戰國竹簡(壹)》,中西書局,2010 年,第 169 頁。
② 季旭昇主編:《〈清華大學藏戰國竹簡(壹)〉讀本》,臺北藝文印書館,2013 年,第 225—226 頁。
③ 同上。
④ 趙平安:《釋"靮"及相關諸字》,《新出簡帛與古文字古文獻研究》,商務印務館,2009 年,第 119 頁。
⑤ 于省吾:《甲骨文字釋林》,中華書局,1979 年,第 292 頁。
⑥ 黃德寬主編:《古文字譜系疏證》,商務印書館,2007 年,第 3853 頁。
⑦ 曹錦炎:《鳥蟲書通考(增訂版)》,上海辭書出版社,2014 年,第 462 頁。
⑧ 同上書,第 461 頁。
⑨ 高亨纂著,董治安整理:《古字通假會典》,齊魯書社,1989 年,第 858 頁。
⑩ 同上書,第 589、590 頁。
⑪ 白於藍:《戰國秦漢簡帛古書通假字彙纂》,福建人民出版社,2012 年,第 818 頁。

清華簡《算表》字迹研究*

李松儒（吉林大學文學院）

　　清華大學藏戰國竹簡第四册中的《算表》一篇是戰國楚簡中首次出現的與算數相關的古書，各簡上均用墨綫事先畫好了界格，再用朱砂塗以"朱絲欄"，其内容是當時的數學運算工具書。該篇字迹爲一人書寫，從已公布的清華簡情况看，該抄手字迹僅此一篇，我們將該篇字迹情况進行了如下分析。

一、竹簡形制

　　《算表》全篇竹簡共 21 支，其中有 17 支完簡，簡 8、9 距簡首約 1.5 釐米處殘損，簡 16、17 距簡首約 6 釐米處及第三道朱色欄綫上部殘損。據整理者介紹該篇完簡長 43.5—43.7 釐米，簡寬約 1.2 釐米，厚約 0.13 釐米。三道編繩，上編痕距簡首約 2 釐米，中編痕居中，下編痕距簡尾約 2 釐米。①但是我們據圖版測量該篇除簡 13 長度約爲 43.5 釐米外，其他簡大多約長 43.3 釐米，各編痕間距參看下表。

表一　《算表》形制表

簡數	簡長	簡寬	簡首至一契	一契至二契	二契至三契	三契至簡尾	劃痕
21	43.3 釐米	1.2 釐米	2 釐米	19.8 釐米	19.5 釐米	2 釐米	有

　　《算表》簡背有劃痕，無次序編號，無篇題，正文無表示句讀及結尾的符號。

---

　　* 本文寫作得到 2017 年國家社科基金一般項目"戰國秦漢三國簡帛字迹研究"（17BYY210）的資助。

二、概貌特徵

《算表》的文字布局較爲特殊,其由朱色、黑色欄綫和三道編繩做成界格將數字進行分隔,據整理者介紹:

> 《算表》構成一表格形態,表格應有的行、列、單元格三要素皆具備。十八條朱色欄綫橫穿於二十一支竹簡之簡面,而三道編繩亦作爲欄綫使用,與朱色欄綫一起,構成表格之橫"列",全表凡二十列。按内容與功能劃分,其中首列據所見項目可分爲上半列與下半列兩部分。每一支竹簡自然構成爲表格縱向之豎"行",全表凡二十一行。行、列交叉組成四百二十個長方形,構成此表之"單元格",用於分隔構成項目的數字、引繩圓孔等。其中右起第一、第二行之首格上半空白,未設項目。②

所以從文字布局上看,《算表》這種表格形式的算數類文獻布局舒朗、清晰,界格内固定模式的排序,如同固定排版。

《算表》的抄寫者使用常用手寫書體,字迹格式工整,風格更加率意而爲。除第一簡外,其餘每簡文字大小小於竹簡寬度的二分之一,故字迹形體較小,筆畫也較短。該類字迹的橫向筆畫頓壓起筆,起筆處呈釘頭,如1~5,縱向筆畫順勢起筆,快速提筆,起收筆處呈尖頭,如1、6,左右斜畫也是簡尾收筆,如7。全篇下筆重壓輕提,書寫急促。

1(1)③	2(1)	3(1)	4(1)	5(9)	6(8)	7(19)

三、文字及數字寫法

《算表》中大都是數字,從{一}到{十}均有,其中{一}、{二}、{三}、{四}均有兩種寫法,表示{一}的寫作"式"與"一"兩形,表示{二}的寫作"式"與"二"兩形,表示{三}的寫作"弎"與"三"兩形,{四}寫作 ₁與 ₂₀ 兩形,這主要是簡1上表示{一}到{四}的這些數字寫法與其他簡不

同。由於《算表》整篇都是數字,所以我們選取一些單獨的個位數字,並且不再列出各簡所寫數字的具體位置:

弍	一	弍	二	弍	三	四
安₁	一₂₀	㵗₁	二₂₀	㣺₁	三₁₈	双₁

四	五	六	七	八	九	十
四₂₀	五₁₆	六₁	十₁₄	八₁	九₁	十₁₁

圖一

《算表》簡 10“千六百”中的“六”在《字形表》中摹寫作六形,該字形再仔細核對原簡應無污染,上面的兩個筆畫還是相交的,應與其他簡的“六”字寫法無別(圖一)。

《算表》中有“百”、“千”,還有讀爲“半”、表示“二分之一”之義的“剒”(或作“刖”),以及讀爲“鉇”、表示“四分之一”的“鈘”字。④

數字	百	千	剒	刖	鈘
寫法	百₁₁	千₁₀	剒₁	刖₂₀	鈘₂₁
位置	7、10、11、16、19	7、10	1	12、14、16、18、20、21(6例)	21

《算表》中一些數字稱法與常見的略有不同。如“十”這一數字計數時往往作“十”,不作“一十”,但《算表》簡 3 作“八百一十”,與簡 12 作“八百十”稱法不一,簡 5 作“二百一十”,與簡 9、14、18 作“二百十”稱法不一:

八百一十	八百十	二百一十	二百十		
(圖3)	(圖12)	(圖5)	(圖9)	(圖14)	(圖18)

"一百"這一數字計數時往往作"百",不作"一百",但在《算表》中若前面有"千"計數,則稱爲"一百",如簡3有"八千一百",簡5、9有"二千一百":

八千一百	二千一百	

《算表》中的兩位數字,存在合文與非合文形式兩種,合文形式也有不加合文符號的,詳見下文"標識符號"示例。

四、殘文

《算表》簡8簡首"四十"合文右側殘,其形作:

整理者給出釋文爲"罕﹦",⑤"四十"有合文符號,這應該是根據其他簡簡首合文均有合文符號而推測的,這裏我們按照整理者意見將"四十"計作有合文符號。

五、標識符號

《算表》全篇除合文符號外無其他符號。

《算表》中有合文共153處,其中131處有合文符號,我們將這些帶有合文符號的數字及其所在位置列舉如下:

數字	二十﹦	三十﹦	三十﹦	四十﹦
寫法				
位置	1、6、6、7、8、8、10(3例)、11、12、12、13(3例)、14、16、16、17、17、18(4例)、19、19、20、21、21	12	1、3、5、5、6、11、12、13、14、16、18(4例)、20、21、21	1

數字	四十〻	五十〻	六十〻
寫法	 4	 1	 1
位置	3、4、8、11、13、15	1、5、7（6例）、11、12、15、16、16、16、18、20	1、5、6（3例）、8、9、10、10、11、13、14、14、15、15、17、18、19、20
數字	七十〻	八十〻	九十〻
寫法	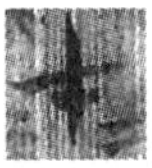 1	 1	 1
位置	1、5、5、9、11、13、20	1、3、4、4、5、6、6、8、8、9、10、10、11、12、12、13、14、15、17、17、18、19、19、20	1、3、3、9、11、12、14、18、20

簡文中的兩位數既有合文形式，也有非合文形式，還有一些合文下並不寫合文符號，這類情況共 22 例，我們將這些没有合文符號的合文列舉如下：

數字	十二	二十	二十	三十	四十
寫法	 17	 15	 4	 9	 15
位置	17	15	4、5	9	4、8、12、15、15
數字	五十	六十	七十	八十	九十	八千
寫法	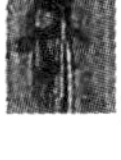 12	 4	 14	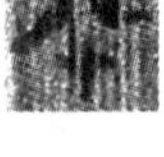 4	 5	 3
位置	12、16	4、12、13、13	12、14	4、13	5	3

六、脱文

《算表》中有脱文一處，簡 6 有"四千二[百]"，其中"百"字爲脱文（圖二），整理者已云："原簡脱'百'字，今據上下文補，供參考。"[⑥]

圖二

七、編聯與收卷

1. 編聯

《算表》各簡僅一處竹節，從各簡竹節位置看，全篇使用了兩種不同形制的竹簡，簡 1—10 爲一組，簡 11—21 爲另一組。但是簡 1、4—10 爲連續劃痕，簡 2 劃痕較連續劃痕位置低很多，簡 3 劃痕較連續劃痕位置高很多；簡 11—21 爲連續劃痕。

肖芸曉女士通過對簡背劃痕的觀察，認爲簡 2 與簡 3 間劃痕不連貫，而簡 1 與簡 3 間劃痕連貫，若將簡 1 與簡 2 調整順序，則不僅簡 1 與簡 3 背部劃痕連貫，"竹簡上部幾條絲綫痕迹也由混亂變得連貫"，再結合簡 2、1 與簡 5、6 反印文關係，確定簡 2 爲《算表》全篇的首簡。⑦

《算表》書寫格式與製作形式都較爲特別，據整理者介紹：

> 凡見十八條朱色欄綫橫穿於上述二十一支簡簡面，三道編繩亦作爲欄綫使用，與朱色欄綫一起，用以分隔數字等。除最上端及最下段的朱色欄綫外，其他欄綫者皆二次形成，即先畫墨色細綫，再在墨綫所在位置畫朱色綫或設編繩。本篇每簡上端第一欄下半位置皆設圓孔，孔内大多見殘存綫狀絲帶殘留（原當有二十一處，其中兩處已缺，今存十九處）。其中一簡無數字，但每一欄内皆有圓孔及絲帶殘留物，凡二十處。據觀察，絲帶必須捻成綫狀才能穿過所有小孔，其平展狀態約寬〇·三釐米。本篇第二〇簡背面上端至下端間附着有一條絲帶殘迹，則此絲帶之長度至少與簡的長度相當。據殘留物情況推測，其他簡原本都設有絲帶，但後已斷絕，故今僅見不連貫的殘迹。⑧

《算表》中共 21 道横向的欄綫，其中朱色欄綫 18 道，在各簡的上中下契口處僅有黑色欄綫，不畫朱色欄綫，而簡頂與簡尾處的朱色欄綫下又無黑色欄綫。從編痕覆蓋了欄綫的情況看，《算表》是先寫後編，契口在右側，爲一小缺口。現將被編痕覆蓋的黑色欄綫部分及契口形態舉例如下：

表二 《算表》墨綫被編痕遮蓋選例

1 上	2 上	21 上	12 中	15 中	16 中	5 下	8 下	18 下

表三 《算表》契口形態

由各個契口附近的編痕所分出的股數可知,編聯《算表》所用的絲綫較粗,我們將《算表》竹簡各段編痕能明顯看出是兩股或多股編繩的地方列出,如下:

2 上	3 上	12 上	13 上	14 上	1 中	10 中	12 中	13 中
15 中	3 下	8 下	12 下	14 下	15 下	18 下	19 下	20 下

《算表》是由紅色與黑色欄綫作界格分區,黑色欄綫共 19 道,隔出18 個單元,每兩道黑色欄綫距離約 2.2 釐米,而這 18 個單元格的上下距離都是一致的,這應該是在書寫前算好了格式,已經用測量工具測好了界格再畫上欄綫的。清華簡《筮法》中也有黑色欄綫,但是這些欄綫都是抄手親手畫出。⑨與《筮法》不同的是,《算表》中的黑色欄綫應該是用墨綫打上的,一是看綫條是否水平平直,朱色欄綫雖然算是較爲水平,但是由於毛筆所畫出的綫條,會有略微波動,導致綫條的粗細不均,並非絕對的

水平平直,而墨綫綫條均匀,無粗細變化,在各簡的相同位置上是水平平直的;另一個是綫條的粗細,朱色欄綫寬約 0.1 釐米,而墨綫很纖細,很難想象有人用毛筆可以畫出如此纖細均匀且水平的墨綫。所以,這些黑色欄綫應該是用有墨的細繩壓(或者説是沾)在竹簡上的,但是應該不是用墨繩將墨彈在竹簡上的,因爲彈這個動作會使墨繩上的墨飛濺到竹簡上,我們仔細觀察這些墨綫周圍,並未發現有飛濺的墨迹。

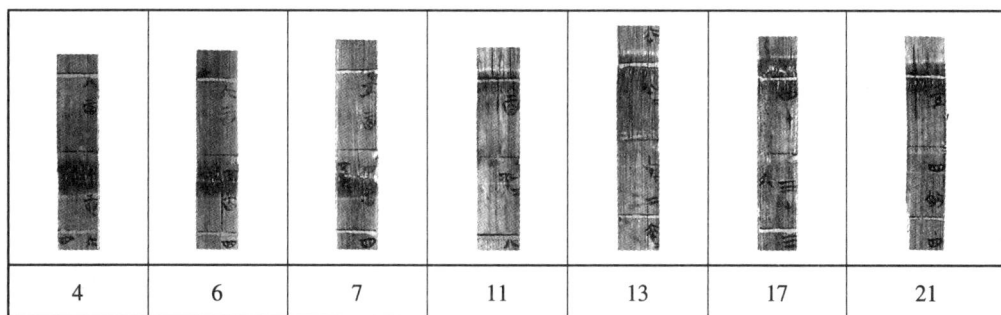

4	6	7	11	13	17	21

有關墨繩的記載,《孟子·盡心上》中有"大匠不爲拙工改廢繩墨",《潛夫論·贊學》中有"使巧倕加繩墨而制之以斤斧",這些證明先秦時期已經出現"繩墨"這一畫綫工具,而《算表》中的黑色欄綫就是借用了細墨繩一類的工具輔助畫出的。

《算表》的欄綫還使用朱色,這也是清華簡中首次公布朱砂的使用。在已公布的古書簡中僅上博三《周易》中發現了用朱砂書寫的符號。而朱砂用於先秦秦漢的簡帛材料中,一般多是用作界格,也有少量用朱砂書寫文字的情况,[⑩]清華簡《算表》中的朱色欄綫是用朱砂畫成,[⑪]這又是用朱砂作界格的一例。

《算表》中每簡簡首上皆有圓孔,簡 2 無字,但是每一欄內都有圓孔及絲帶殘留物,圓孔共 20 處,這些圓孔讓我們知道了 1957 年信陽長臺關楚墓出土工具箱中鑽的用途。

所以,《算表》的形制及書寫豐富了我們對先秦古書製作書寫的認識,加深了我們對先秦書寫工具及古書製作工具的了解。

2. 收卷

《算表》簡 1—6、簡 12—21 中存在大量的反印墨迹,肖芸曉女士根據這些反印墨迹與絲綫壓痕的位置關係,認爲《算表》的收卷方式是"首先

以簡 3、4 與簡 16、17 爲中軸分別從兩端向中間對折,再以簡 9、10 爲中軸
對折,成爲最終的收卷形態",由此總結出《算表》屬於"兩側先分別對折,
再向中間對折的收卷方式",稱這種收卷方式爲"對折頁型",並且,她還
做了壓痕、初次翻折、最終收卷等示意圖,這些示意圖更直觀地展示了
《算表》出土前的收卷方式,可參看。⑫

注　釋

① 清華大學出土文獻研究與保護中心編,李學勤主編:《清華大學藏戰國竹簡(肆)》,
中西書局,2013 年,第 135 頁。
② 同上。
③ 1(1)即該字編號 1,位於簡 1。
④ 參看清華大學出土文獻研究與保護中心編,李學勤主編:《清華大學藏戰國竹簡
(肆)》,第 142—143 頁。
⑤ 同上書,第 140 頁。
⑥ 同上書,第 142 頁。
⑦ 參看肖芸曉:《清華簡〈算表〉首簡簡序小議》,簡帛網,2014 年 4 月 21 日。
⑧ 清華大學出土文獻研究與保護中心編,李學勤主編:《清華大學藏戰國竹簡(肆)》,
第 135 頁。
⑨ 有關《筮法》的界格及格式參看《〈筮法〉〈子産〉字迹研究》(待刊)。
⑩ 參看李松儒:《戰國簡帛字迹研究——以上博簡爲中心》,上海古籍出版社,2015
年,第 57—58 頁。
⑪ 趙桂芳:《戰國飽水竹簡的搶救性保護》,《出土文獻》第一輯,中西書局,2010 年,第
238 頁。
⑫ 參看肖芸曉:《清華簡〈算表〉收卷方式小議》,簡帛網,2014 年 6 月 12 日;又肖芸
曉:《清華簡簡册制度考察》,武漢大學碩士學位論文,2015 年;又 Xiao Yunxiao,
"Restoring bamboo scrolls: Observations on the materiality of Warring States bamboo
manuscripts," *Chinese Studies in History*, vol50, 2017, ISS3, 235–254.

里耶秦簡篆書論

胡平生(中國文化遺産研究院)

　　學習《里耶秦簡(壹)》①時,我就想寫一篇討論里耶秦簡篆書的小稿,現在《里耶秦簡(貳)》②也已出版,材料更多了,便想了却夙願。里耶簡中的篆書和相關的隸書資料,非常豐富,非常珍貴。里耶秦簡時代清楚,作爲秦代遷陵縣官府文書的性質明確,從這樣一個角度觀察這批簡牘,分析文字書寫的特點,應該是最可靠的,據此得出的結論也該比較可靠。

　　秦始皇帝最爲人稱道的業績就是"統一"。除了"秦兼天下,海内并廁",就是《史記·秦始皇本紀》所説的"一法度衡石丈尺,車同軌,書同文字"。③我們要討論的里耶秦簡的篆書和相關的隸書,與"書同文字"關係密切。秦始皇統一文字,歷史文獻多有記載。《史記·李斯列傳》記,秦始皇三十四年,又從李斯之議,"明法度,定律令,皆以始皇起,同文書"。④《瑯琊刻石》記:"維二十八年,皇帝作始。端平法度,萬物之紀。……普天之下,摶心揖志。器械一量,同書文字。"⑤

　　許慎《説文解字·叙》云:"其後諸侯力政,不統於王,惡禮樂之害己,而皆去其典籍。分爲七國,田疇異畮,車涂異軌,律令異法,衣冠異制,言語異聲,文字異形。秦始皇帝初兼天下,丞相李斯乃奏同之,罷其不與秦文合者。斯作《倉頡篇》,中車府令趙高作《爰歷篇》,太史令胡母敬作《博學篇》,皆取史籀大篆,或頗省改,所謂小篆者也。是時,秦燒滅經書,滌除舊典,大發隸卒,興役戍。官獄職務繁,初有隸書,以趣約易,而古文由此絶矣。"⑥記述篆書與隸書的發端。

　　《法書要録》卷二後魏江式《論書表》説:"其後七國殊軌,文字乖別,暨秦兼天下,丞相李斯乃奏罷不合秦文者。斯作《倉頡篇》,中車府令趙高作《爰歷篇》,太史胡毋敬作《博學篇》,皆取史籀大篆,或頗省改,所謂小篆者也。”按照這些説法,秦之“書同文字”、“同書文字”,乃是廢止了形體各異的六國文字,用小篆統一了文字。除小篆之外,秦時因爲事務繁忙,爲書寫的簡便,也通行隸書。《論書表》説:“於是秦燒經書,滌除舊典,官獄繁多,以趨約易,始用隸書,古文繇此息矣。隸書者,始皇時衙吏下邽程邈附於小篆所作也。世人以邈徒隸,即謂之‘隸書’。”

《文物》1973年第11期刊載北文(朱德熙、裘錫圭兩先生筆名)的文章《秦始皇“書同文字”的歷史作用》説,“隸書是由秦國的草篆發展來的。這種新興的字體簡單實用,很快就取代了小篆的地位,成爲通行全國的主要字體,所以我們與其説秦始皇用小篆統一了文字,還不如説他用隸書統一了文字”。⑦自二十世紀七十年代發現了雲夢睡虎地秦簡後,學術界關於秦始皇用隸書“書同文字”的意見,更被看好。睡虎地秦簡之後,又出土了青川郝家坪秦牘、天水放馬灘秦簡、雲夢龍崗秦簡、江陵王家臺秦簡等簡牘資料,也都是用隸書(被稱爲“古隸”或“秦隸”)寫成的,這個意見獲得越來越多的支持。陳昭容先生曾發表《秦“書同文字”新探》⑧一文,將近些年來研究秦始皇“書同文字”的主要意見概括爲以下幾種:

1. 以小篆統一,《倉頡》《爰歷》《博學》爲統一教本,刻石文字爲同文字的標準。

2. 篆隸兼行,但實際上以隸書統一爲主。

3. 以秦篆爲主進行漢字形體結構的規範和整理。

4. 廢除大量區域性異體字。

5. “書同文”不是正字形,而是正用字,統一漢語的書面形態。

6. 以小篆爲書同文字的標準是文化政策上的失敗。

7. 戰國各國文字差異不大,説七國文字異形是誇大之詞。

8. 秦始皇的書同文指命令的格式、內容統一,不是指字體形狀的統一。

昭容先生自己的意見是,秦之“書同文字”,是“以小篆作爲同文字的樣板,以秦刻石爲同文字的代表作,從其中我們看到了形體規範、綫條婉轉的精美的篆體,却也可以感受到這種字體書寫上的繁難與不便,加上七十年代以來,戰國秦漢竹簡帛書陸續出土,大批簡牘資料顯現吏民日常通用的字體都是以綫條方折平直、形體趨於簡約的隸體爲主,這種字體,簡單實用",所以她也認同朱、裘二先生的意見,"秦官方正式的文書以篆爲主,實際運用較廣的是隸書"。

　　現在,里耶秦簡中的篆書資料衝擊了我們的觀念。里耶秦簡是我們目前所能見到的數量最大的篆書資料,是我們首次見到的大批量的直接用墨筆書寫的篆書資料。通過對里耶秦簡篆書的反復觀察和研究,聯繫過去曾多次發現的秦度量衡上的始皇詔版、二世詔版文字,我們認爲,秦篆書寫雖然確實繁難與不便,但仍不足以成爲日常通用的障礙。在秦始皇統一中國、頒布政令"書同文字"後的一段時間内,小篆定於一尊,普天之下的國人都必須使用秦篆,不論存在怎樣的麻煩,人民(特别是基層小吏)日常書寫廣泛應用的仍然還是篆書。

元摹繹山刻石碑

秦始皇二十六年詔版　　　　　　　　秦二世詔版

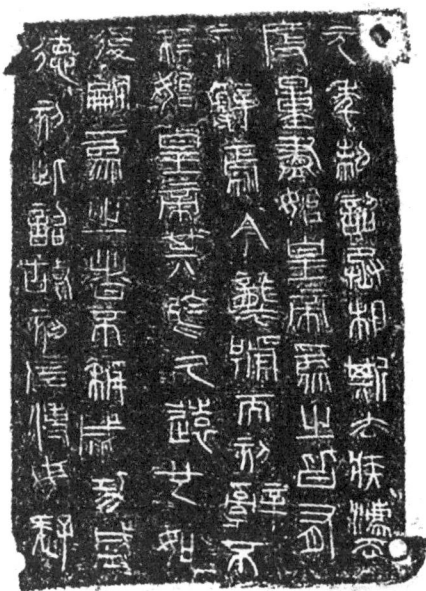

　　度量衡器上的秦始皇詔版、二世詔版的文字,雖然也是篆書,但由於是刻銘,因此與秦刻石所見小篆文字形態顯然是不同的。刻石文字形體圓潤,綫條柔美,筆畫粗細勻稱,而詔版文字形體粗獷,綫條方折,筆畫橫平豎直。過去,我們很少看到用墨筆書寫的篆書字,不了解毛筆書寫的篆書字與刻銘文字的篆書之異同。現在,我們從里耶秦簡的篆書看到了形態與秦始皇詔版、秦二世詔版文字很接近的書體,其代表作就是《里耶秦簡(壹)》8-455 的更名方。

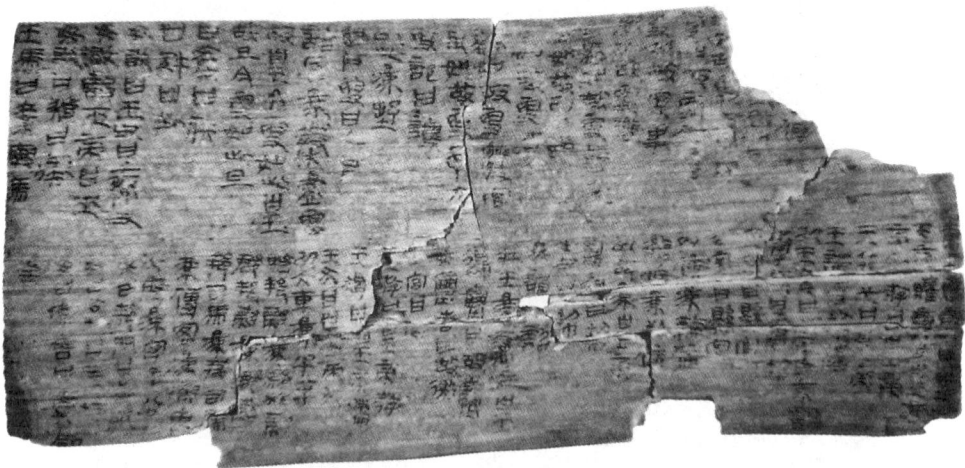

《里耶秦簡(壹)》8-455 更名方

　　更名方的篆書,雖以毛筆書寫,但文字形體較粗放,綫條並不婉轉,彎筆不作弧形而多呈折形,筆畫多橫平豎直。在里耶簡牘中,這種書體是廣泛應用的。下面所舉木簡、籤牌,也都是篆書,這樣的例子不勝枚舉。這種篆書,與李斯所書刻石所使用的"經典"小篆當然有別,以其草率隨意的風格,或可借用學界已在使用的名稱,稱之爲"草篆"。(學界對"草篆"有各種定義解説,本文只將篆書作草率隨意寫法者稱爲"草篆"。)

1115

1116

1118

1119

| 20正 | 20背 | 24 | 46 |

在里耶秦簡文字中,一種值得注意的現象是篆隸雜糅。下附簡7,前兩行隸書意味更多,後兩行篆書意味更多;簡2345,正面與背面一

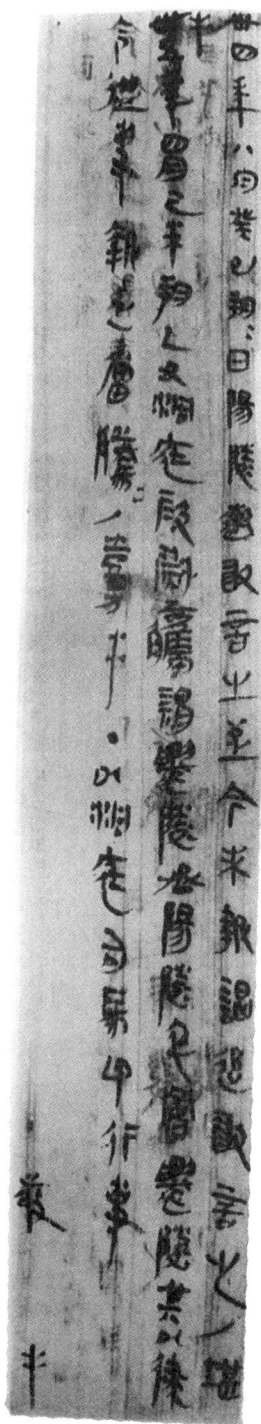  

7背 2345正 2345背

行,隸書意味更多,背面後一行,篆書意味更多。這種現象,講字體演變的學者用來説明篆隸演化的進程,寫篆體字采用了隸書字的寫法,或者説是寫隸書字采用了篆書字的寫法。如果我們據此來評議書手,可以説他們同時熟練掌握篆體字與隸體字的書寫。如果我們據此評説簡文的篆體字與隸體字本身,則應該説在公文書中用篆體字書寫與用隸體字書寫並無差别,兩種書體没有界限。這裏就涉及篆隸使用的規範問題。有研究者認爲,篆書施用於官家,隸書施用於徒隸,似乎篆字尊而隸體卑。郭沫若先生在《古代文字之辯證的發展》⑨一文中就説:"篆書之名始於漢代爲秦以前所未有,究竟因何而名爲篆書呢? 我認爲這是對隸書而言的。""《漢書·藝文志》説:'是時始建隸書矣,起於官獄多事,苟趨省易,施之於徒隸也。'施於徒隸的書謂之隸書,施於官掾的書便謂之篆書。篆者掾也,掾者官也。漢代官制,大抵沿襲秦制,内官有佐治之吏曰掾屬,外官有諸曹掾史,都是職司文書的下吏。"里耶秦簡及出土衆多的秦簡牘都證明,此説不能成立。上引北文也説過,"始皇命李斯制定篆書是爲了統一正規字體,命程邈制定隸書則是爲了統一日常通用的字體"。現在看來,在當時篆體隸體使用的場合或有不同,也許有正式非正式之區分,但並無尊卑之别。隨着嶽麓秦簡的整理出版,過去不爲人所知的秦律秦令,不斷披露出來,我們期待着有朝一日能發現秦王朝有"書同文字",使用篆書、隸書的律令。

附記:小文曾於 2018 年 10 月在長春古文字研究會年會上宣讀。承林澐先生關注支持,謹致謝忱。

注 釋

① 湖南省文物考古研究所:《里耶秦簡(壹)》,文物出版社,2012 年。

② 湖南省文物考古研究所:《里耶秦簡(貳)》,文物出版社,2017 年。

③《史記·秦始皇本紀》,中華書局,1959 年,第 239 頁。

④《史記·李斯列傳》,第 2546—2547 頁。

⑤《史記·秦始皇本紀》,第 245 頁。

⑥《注音版説文解字》,中華書局,2015 年,第 316 頁。

⑦ 北文：《秦始皇“書同文字”的歷史作用》，《文物》1973 年第 11 期，第 6 頁。

⑧ 陳昭容：《秦“書同文字”新探》，《“中研院”歷史語言研究所集刊》第 68 本第 3 分，1997 年。

⑨ 郭沫若：《古代文字之辯證的發展》，《考古》1972 年第 3 期；《考古學報》1972 年第 1 期轉載。

里耶秦方"叚如故更假人"新解

石　洋(中國社會科學院古代史研究所)

引　言

《説文》又部云"叚,借也",人部云"假,非真也",又云"借,假也"。①"叚"與"假"似乎都表示借,但又有區別。

這兩個字的關係,直到睡虎地、龍崗秦簡相繼公布後才變得明晰起來。趙平安曾注意到,睡虎地秦簡中只有"叚",未見"假"字,至統一後的龍崗秦簡只有一例有疑問的"叚"(1/1/1/278),其餘都作"假",如"黔首錢假其田已(?)□□□者"(155/165/166/161)、"諸以錢財它物假田"(178A/167A/168A/168A)等,作租賃解;同時指出,"叚"是古字,"假"是後起字,這種分化是秦統一後"書同文字"造成的。②本世紀初里耶秦簡出土,張春龍等披露了一塊專記統一後更改各類稱呼的木方8-461,③學界謂之"更名方",涉及了"假"字的行用問題。該木方殘泐較多,經陳侃理復原,遂得以略窺其面貌。今選引有關的部分:

　　☑假人。　　Ⅲ

　　大如故,更泰守。　　Ⅴ

　　賞如故,更償責。　　Ⅵ

　　吏如故,更事。　　Ⅶ

　　卿如故,更鄉。　　Ⅷ

　　者如故,更諸。　　Ⅹ

　　酉如故,更酒。　　Ⅺ

☒如故,更廢官。　　Ⅻ

☒如故,更予☒。　　ⅩⅢ

陳侃理指出,"A 如故,更 B"的意思是 A 在某些場合下保持不變,而在某些場合則變更爲 B。以Ⅵ爲例,統一前"賞"字可以表示"賞賜"、"償負"兩義,但此時要求"賞"表示"賞賜"義時用字如故,若表示"償負"之義,則改用"償"字;又如Ⅶ,統一前"吏"可以表示"官吏"、"事務"兩義,此後則保留"吏"的"官吏"之義,另用"事"來領屬"事務"的義項。"大"和"泰"、"卿"和"鄉"、"者"和"諸"、"酉"和"酒"、"☒"和"廢"、"鼠"和"予"都是這種關係。針對Ⅲ殘字"☒假☒",陳侃理談到,里耶秦簡壹中"叚"多用作暫攝某官之義、"假"多作"假借"之義,僅有一則二十六年六月的文書混用"叚"作"假借",故推測Ⅲ原句當爲"叚如故,更假人"。④這一研究,使秦代"書同文字"問題的認知長足推進,構築了探索"叚"、"假"關係的新基礎。近年,田煒吸收陳文的成果及新出史料,認爲"叚如故,更假人"是指保留"叚"字舊有的"借入"以外的諸義項,改用"假"字表示"借入"。⑤其說一定程度上觸及了授受方向與用字的關係,較陳文更具解釋力。

儘管如此,既往研究也存在疑點。若從陳侃理意見,認爲秦統一後"叚"只表示暫攝某官之義、改用"假"表示"假借",就會與新公布的一些材料相扞格,比如嶽麓秦簡肆載:

☒☒律曰:諸當叚官器者,必有令、丞致乃叚。毋致,官擅叚,⑥貲叚及假者各二甲。　　　　　　　　　　　　　　　　　(241)

"叚"、"假"二字同見一條律文中,都作"借"解;"叚及假者"的出現,表明各自用法是有差別的。又,里耶古井第 12 層的一枚秦簡云:

廿七年六月乙亥朔壬午,貳春鄉窯敢言之:貳春津當用船一艘。·今以上遣佐賴受,謁令官叚。謁報。敢言之。　　(12-849)⑦

"叚"作"借"解,並未用"假"字。若轉從田煒的意見,認爲統一後"叚"字保留"借入"之外諸義項、改用"假"字表示"借入",固然能講通大部分材料,卻又與更名方(8-461)的叙述格式不甚協調。更名方中"A 如故,更

B",往往是將統一前 A 的兩種用法析分開,用舊字表示一種,再用其他字表示另一種。前揭簡文的"大"和"泰"、"賞"和"償"、"吏"和"事"、"卿"和"鄉"、"者"和"諸"、"酉"和"酒"、"瀘"和"廢"、"鼠"和"予"等皆屬其例;⑧並無保留舊字的多種義項、僅拆分出一種義項的情況。而且,里耶秦簡中還明確出現了幾條用"假"表示"借予"的反例,也有必要細緻斟酌。⑨上述疑點外,既往研究都把"叚"字的"假借"、"借入"義孤立起來看待,未討論統一後"叚"字保留下來的義項與析分出去的義項之間有何關聯,這也不利於觀察秦王朝析分此字的動機。總之,統一後"叚"與"假"的分工問題還有繼續探討的空間。

筆者不惴淺陋,綜理已公布的秦簡牘和研究成果,嘗試重新解讀8-461的"叚如故,更假人",爲觀察統一前後"叚"、"假"的用法作參考,抛磚引玉,期待讀者的教正。

一、戰國秦文字中的"叚"

若要闡明統一後"叚"、"假"究竟如何分途,必須先釐清戰國秦文字的"叚"兼攝了幾種字義,以及各自的主要差別。

戰國秦文字裏涉及"叚"的材料,大多集中在睡虎地秦簡法律文獻,⑩還有一些鑄刻着"叚某官"的兵器銘文。關於"叚某官",以及簡牘散見的"叚父子"之"叚",學界分歧較大,⑪恐怕是從常用義中引申出了一些新義。爲討論方便,今暫且擱置"叚某官"、"叚父子"之"叚",單着眼於其他段落出現的"叚",列表如下:

表一　睡虎地秦簡中的"叚"(不含"叚某官"、"叚父子"之例)⑫

例號	文字段落	字義	授受方向
1	叚鐵器,銷敝不勝而毁者,爲用書,受勿責。(《十八種·廄苑律》15)	借	予
2	妾未使而衣食公,百姓有欲叚(A)者,叚(B)之,令就衣食焉,吏輒披事之。(《十八種·倉律》48)	借	A:求 B:予
3	都官有秩吏及離官嗇夫,養各一人,其佐、史與共養;十人,車牛一兩,見牛者一人。……犗生者,食其毋〈母〉日粟一斗,旬五日而止之,別繫⑬以叚之。(《十八種·金布律》72—75)	借	予
4	百姓叚公器及有責未賞,其日蹠以收責之。(《十八種·金布律》77)	借	求

續 表

例號	文字段落	字義	授受方向
5	縣及工室聽官爲正衡石贏、斗用、升,毋過歲壺〈壹〉。有工者勿爲正,叚試即正。⑭(《十八種·工律》100)	借	求/予
6	邦中之縣及公事官舍,其叚(A)公,叚(B)而有死亡者,亦令其徒、舍人任其叚(C),如從興戍然。(《十八種·工律》101)	A:借 B:借 C:債務	A:求 B:予 C:求
7	公甲兵各以其官名刻久之,其不可刻久者,以丹若纂書之。其叚(A)百姓甲兵,必書其久,受之以久。入叚(B)而毋久及非其官之久也,皆没入公,以齎律責之。(《十八種·工律》102—103)	A:借 B:所借物	A:予 B:予
8	公器官□久,久之。不可久者,以纂久之。其或叚(A)公器,歸之,久必乃受之。敝而糞者,靡蚩其久。官輒告叚(B)器者曰:器敝久恐靡者,遝其未靡,謁更其久。其久靡不可智者,令齎賞。叚(C)器者,其事已及免,官輒收其叚(D),弗亟收者有辠。·其叚(E)者死亡、有辠毋責也,吏代賞。毋擅叚(F)公器,者擅叚(G)公器者有辠,毀傷公器【及□者】令賞。(《十八種·工律》104—107)	A:借 B:借 C:借 D:所借物 E:借 F:借 G:借	A:求 B:求 C:求 D:所借物 E:予 F:予 G:予
9	官府叚(A)公車牛者□□□【叚】(B)人⑮所。或私用公車牛,及叚(C)人食牛不善,牛譬……其主車牛者及吏、官長皆有辠。(《十八種·司空律》126—127)	借	A:求 B:求 C:求
10	有實官縣料者,各有衡石贏、斗甬,期踐。計其官,毋叚百姓。(《十八種·内史雜》194)	借	予
11	·軍新論攻城,城陷,尚有棲未到戰所,告曰戰圍以折亡,叚者,耐。(《雜抄·敦表律》35—36)	虛假	——
12	把其叚以亡,得而自出,當爲盜不當?(《答問》131)	所借物	求
13	"舍公官,瘛火燔其舍,雖有公器,勿責。"·今舍公官,瘛火燔其叚乘車馬,當負不當出?(《答問》159)	所借的	求

表一除例11外,"叚"大致都能歸納到"借"的範疇中,關鍵的區別在於物品授受方向,是"出借"還是"求借"。絶大多數情況下,授受的一端是官廳,另一端是吏民,"叚"的結果是把財物車馬等從官廳暫時讓渡到吏民。例5稍顯特别,授受兩端都是官廳,但細加吟味,似乎更有助於把握"叚"的使用旨趣。例5"有工者勿爲正,叚試即正",戴世君解釋爲:縣及工室即使有校正的工匠,也無權校正前述"衡石贏、斗用、升"等衡量器具,只有在所轄校正工匠被"官"假用時,才有校正之權。⑯表面上,"叚"的對象是校正工匠,所以"叚"是借調之意,授受關係是"求";但事實上,校正工匠一直隸屬於"縣及工室",没有發生位置移動,所"叚"之物乃是"正衡石

贏、斗用、升"的權力,故"叚"是賦予其權之義,授受關係是"予"。這個"叚"是從王權的立場着眼的,"官"距離王權較近,故强勢,而"縣及工室"則去王權較遠,就顯得弱勢。由此來看,例5與絕大多數例子中"官府—吏民"的結構並無殊異。蔽言之,"叚"不論作"予"作"求",都是以握有權力、財物的一方爲軸向外互動的。

統一前律令之外的"叚"的用例,或能從嶽麓秦簡叁《爲獄等狀四種》及嶽麓秦簡貳《數》中求之。田煒指出,嶽麓秦簡叁秦王政時期案例以及嶽麓秦簡貳《數》中,存在多處統一前常用、但統一後更名方要求變更的用字和稱呼,因之推斷這批材料都是戰國時代抄寫的。[17]所説應可信。[18]今檢嶽麓秦簡叁,秦王政廿二年(前225年)八月"學爲僞書案"中有"顥丞主叚錢二萬"(216),即請求官府借給自己兒子錢。另,嶽麓秦簡貳《數》的一道"三室共叚田"的算題云:

> 田五十五畝,租四石三斗而三室共叚之,一室十七畝,一室十五畝,一室廿三畝,今欲分其租。　　　　　　　　　　　　　　　(47)

"叚"是求賃,將田地由他處借到己家耕種。前例作借出,後例作借入,正是睡虎地秦簡中"叚"的最常見的兩種授受關係。而且,《數》中"共叚"的耕地,不排除是官府所屬,[19]那麼這一出一入兩例,也能説是以官府爲軸展開的了。

戰國秦文字中,"假"甚罕見。内蒙古清水河縣拐子上古城曾出土一枚秦矛(G:5),有刻銘,黃盛璋釋爲"三年相邦呂【不韋,上】郡假守憲(?),高工、丞申、工地"。王輝從其説,但吳鎮烽改釋"假"爲"叚"。[20]今將該字摹本與秦簡、秦兵器銘的"假"、"叚"字略作對比,見表二:

表二　清水河出土秦矛的"假"與秦文字"假"、"叚"對比[21]

清水河秦矛 (G:5)	嶽麓肆241 肆放大本 J54	龍崗4	龍崗24	龍崗178	里耶6-4	里耶8-135
	上郡叚守暨戈 《集成》17291	上郡叚守黿戈 《集成》17299	相邦呂不韋矛 《集成》17683	睡虎地 《十八種》104	睡虎地 《十八種》105	睡虎地 《答問》131

觀察清水河秦矛(G:5)字形,似無"亻"旁,與秦文字中的"假"差別頗大,而與"叚"尤其是兵器銘文的"叚"很相近,遂知所謂的"假"應改釋爲"叚"。"上郡叚守"屬於"叚某官"範疇,這一問題容後文再談。除此疑例之外,戰國秦文字中便不聞釋作"假"的字了。目前至少能説,"假"在統一前還沒有大規模行用的迹象。

二、統一後簡牘中的"叚"與"假"

鑒於上節的討論結果,在觀察統一以後的用字情況時,重點討論授受方向和字形的關係。通常認爲,已公布的秦史料中,龍崗簡、嶽麓簡(肆、伍)和里耶簡大體是統一後抄寫的,能反映新的用字規範。而且前兩種是律令,後一種主要是行政文書,可以相互參看。今將有關材料製作爲表三。

表三 統一後秦律令及里耶簡中的"叚"與"假"(不含"叚某官"、"叚父子"之例)[22]

例號	用字	文字段落	授受方向
1	叚	諸叚兩雲夢池魚及有□雲夢禁中者,得取灌葦、茅☑(龍崗 1/1/1/278)	求
2		田律曰:……吏有縣官事使而無僕者,郵爲餉,有僕,叚之器,勿爲餉,皆給水醬。(嶽麓肆 109—110)	予
3		内史襍律曰:諸官縣料各有衡石贏、斗甬,期足,計其官,毋叚黔首。(嶽麓肆 171)	予
4		新地吏及其舍人敢受新黔首錢財酒肉它物,及有賣買叚賃貣於新黔首而故貴賦〈賤〉其買,皆坐其所受及故爲貴賦〈賤〉之臧、叚賃費、貣息,與盜同灋。(嶽麓伍 39—40)[23]	予
5		令曰:諸乘傳、乘馬、傳馬傳及覆獄行縣官,留過十日者,皆勿食縣官,以其傳稟米,叚鬻甑炊之,其【有】走、僕、司御偕者,令自炊。其毋走、僕、司御者,縣官叚人爲炊而皆勿給薪采。它如前令。•内史倉曹令(嶽麓伍 257—258)	予
6		遣瘳有書,非直叚之叚。(里耶 8-539)	予?
7		☑【八】年三月庚子朔丙寅,廄守信成敢言之:前日言啓陽丞歐叚啓陽傳車Ⅰ☑乘及具徒【洞庭郡,未智署縣。寫校券一牒,校□□□上,謁□洞庭。】Ⅱ(里耶 8-677)	予
8		廿六年十一月甲申朔戊子,鄢將奔命尉沮敢告貳春鄉主:移計Ⅰ二牒,署公叚于牒。Ⅱ(里耶 9-1114)	予
9		廿六年十一月甲申朔壬辰,遷陵邦候守建敢告遷陵主:令史下御Ⅰ史請書曰:自今以來,毋[24]傳叚馬以使若有吏縣中,及逆傳車馬而以載Ⅱ人,避見人若有所之,自一里以上,皆坐所乘車馬臧,與盜同灋。書到相報。Ⅲ(里耶 9-1874)	求

續　表

例號	用字	文字段落	授受方向
10	叚	卅二年七月乙亥朔丁丑,尉廣敢告庫主:疏書戍卒有☑ Ⅰ可以律令叚⑤,敢告【主】。Ⅱ(里耶 9-2209+9-2215)	予
11		廿七年六月乙亥朔壬午,貳春鄉窯敢言之:貳春Ⅰ津當用船一艘。·今以上遣佐頹受,謁令官叚。Ⅱ謁報。敢言之。Ⅲ(里耶 12-849)	予
12	假	詐僞假人符傳及襲人符傳者,皆與闌入門同罪。(龍崗 4/36/36/255)	求
13		☑□僞假人縣☑(龍崗 24/39/39/51)	予?㉖
14		没入其販假叚錢財它物于縣、道官。☑(龍崗 26/92/91/264)	求
15		黔首錢假其田已(?)□□□者,或□□☑(龍崗 155/165/166/161)	求
16		諸以錢財它物假田□☑(龍崗 178A/167A/168A/168A)	求
17		☑敢販假□贏☑(龍崗 180/168B/169B/169B)	求
18		復以給㉗假它人,取☑(龍崗 213/5/5/163)	予?
19		諸假弩矢以給事者乚,即有折傷□□□皋(?)(嶽麓肆 306)	求
20		□年四月□□朔己卯㉘,遷陵守丞敦狐告船官Ⅰ□:令史應讎律令沅陵,其假船二艘,勿Ⅱ留。Ⅲ(里耶 6-4)	予
21		卅一年後九月庚辰朔辛巳,遷陵丞昌謂倉嗇夫:令史言Ⅰ以辛巳視事,以律令假養,襲令史朝走啓。Ⅱ定其符。它如律令。Ⅲ……言手(里耶 8-1560 正、背)	予
22		卅一年後九月庚辰【朔乙巳,啓陵】鄉守㝡敢言之:佐㝡爲叚令史,以乙巳視事,Ⅰ謁令官假養、走。敢言之。Ⅱ……㝡手。(里耶 9-30 正、背)	予
23		卅一年後九月庚辰朔乙巳,啓陵鄉守㝡敢言之:Ⅰ佐㝡爲叚令史,以乙巳視事,謁令官假Ⅱ【養、走】。敢言之。Ⅲ(里耶 9-48)	予
24		☑□臨沅,與甲偕。乙節得責□……往假船,得與乙乘……□庸,往來十錢。甲往假船□□(里耶 9-454+9-1178+9-2194)	求
25	叚假同現	□□律曰:諸當叚官器者,必有令、丞致乃叚。毋致,官擅叚,貲叚及假者各二甲。(嶽麓肆 241)	叚:予 假:求
26		縣輸從反者、收人、材官,多毋衣履,毋以蔽。輸者或不遝冬夏賦㉙衣。議:□新□而後,冬若夏賦衣而聯寒者,冬袍裌綺履及它物可衣履者,盡四月收。其後賦夏衣者,假襌帬襦盡九月收乚。㉚叚裘者,勿假袍;叚㉛袍者,勿假裘。它有等比。(嶽麓肆 383—385)	叚:予 假:求

續　表

例號	用字	文字段落	授受方向
27	叚叚同現	廿六年八月庚戌朔丙子,司空守樛敢言:前日言競陵漢陰狼叚遷陵公船一,袤三丈三尺,名曰囗,Ⅰ以求故荆積瓦。未歸船。狼屬司馬昌官。謁告昌官,令狼歸船。報曰:狼有逮在覆獄己卒史Ⅱ衰、義所。今寫校券一牒上,謁言己卒史衰、義所,問狼船存所。其亡之,爲責券移遷陵,弗囗囗屬。Ⅲ謁報。敢言之。/【九】月庚辰,遷陵守丞敦狐却之:司空自以二月叚狼船,何故弗盡辟囗,今而Ⅳ誧曰謁問覆獄卒史衰、義。衰、義事已,不智所居,其聽書從事。Ⅴ(里耶 8-135)	叚:予叚:求

表三中,"叚"基本用作"予",例1、9是兩個例外。例1的"叚",屬於統一前用法,爲何出現在龍崗秦簡中,尚未找到妥善的解釋,只能擱置。例9明記"廿六年十一月",内容是傳達一份中央頒布的命令。秦以十月爲歲首,十一月正值年初,據《史記·秦始皇本紀》"二十六年,齊王建與其相后勝發兵守其西界,不通秦",㉜此時齊國還在作最後抵抗,宇内尚未統一。而且,簡文"毋傳叚馬以使若有吏縣中"的"吏"應讀作"事",係統一前睡虎地秦簡常見的用法,統一後更名方(8-461)Ⅶ規定"吏如故,更事","吏"已不再表示"事務",該義項由"事"字領屬。㉝因此,例9用"叚"表示"求借",仍屬戰國時代的延續。表三的"叚",多半表示"求",主要出現在律令;有六例表示"予",主要存在於行政文書。其中例13、18簡殘過甚,字義很難準確判斷,存疑爲妥。例20、21、22、23的"叚"是比較切實的,從簡文看,例20的時間可能是"廿八年四月",例21、22、23集中在"卅一年後九月",且例20、21、22的書手不同,用"叚"表示"予"應該不是個人隨意所致。此外,表三中還有"叚"、"叚"同出的例子,例25、26、27,都用"叚"表示"予","叚"表示"求",不相混淆。

表三收録的"叚"與"叚",可以從材料性質上分爲兩種,律令和行政文書。律令抄本中,統一後"叚"和"叚"的用法是有區別的,"叚"都作"借予","叚"都作"求借",各自獨占授受方向。尤其是文字較完整的嶽麓簡秦律令,如例25"叚及叚者",涇渭判然。例27是比例9晚八個多月的一份公文,簡中"叚"、"叚"同出而用法分明,應是遵循了更名方之類的規定。授受方向,取決於財物的初始所屬,絕大多數用例顯示,官府充當了這一角色,事實上成了"叚"與"叚"的交匯點。在這些認識引導下,再來看表一、三有意避開的數量極多的"叚某官",則不難理解,其原意乃是

“王朝將某種職權借予某人”。關於此點,表一例5的“有工者勿爲正,叚試即正”,頗有助於參考;又,高震寰純從官制的角度剖析後認爲,“叚某官”的“叚”係“權宜借號”之意,[34]也可視作一個佐證。同樣,“叚父”、“叚母”、“叚子”,原意就應是官府將“父”、“母”、“子”的名義借予某人。嶽麓簡伍載“廿六年十二月戊寅以來,禁毋敢謂母之後夫叚父”(1),便顯示了官府對“叚父”名義的予奪之權。歸結起來,里耶更名方(8-461)的“叚如故,更假人”恐怕不是説“叚”用於“暫攝某官”等義如故,改用“假”表示“假借”或“借入”;而當理解爲“叚”作“借予”如故,改用“假”來表示“求借於人”。“假人”之用例,可見例12龍崗秦簡的“假人符傳”。“叚如故,更假人”與同木方Ⅵ的“賞如故,更償責”形式相似,“叚”與“假”、“賞”與“償”在授受方向上都是相反的。

對比看,行政文書的情況複雜一些,“叚”的使用與律令全同,“假”則兼有“求借”和“借予”之例。例24是一則近於睡虎地秦簡《封診式》的虛擬文書程式:

⧄□臨沅,與甲偕。乙節得責□……往假船,得與乙乘……□庸,往來十錢。甲往假船□□　Ⅰ

⧄□船以流亡,甲死流,當負□……□□北。臨沅去遷……百里。　Ⅱ　(9-454+9-1178+9-2194正)

史横曰乙不當。　AⅠ　史□曰乙當。　AⅡ

史□曰乙當。　BⅠ……當。　BⅡ

……乙當。⧄　C　(9-454+9-1178+9-2194背)

簡中出現洞庭郡屬縣“臨沅”及“臨沅去遷……百里”字樣,又以“甲”、“乙”代稱人名,所抄底本應是郡或縣級官府製作的模板,用“假”表示“求借”,比較能反映律令的用法。與其相左,例20、21、22、23表明,至少在“廿八年四月”和“卅一年後九月”間,遷陵縣廷允許官吏將“假”用作“借予”。“假”的使用範圍似乎有所伸張。目前因材料不夠連續,還難以確切解答這個問題,若勉强臆測的話,容或是基層行政文書中“假”字的用法向簡化變異所致。我們注意到,例20、21、22、23的“假”雖在文脉裏表示“借予”,但這四例的主旨,都是縣屬吏向官府求借人員或物品,例20是令史向船官借船,例21、22、23是新任令史、叚令史向縣廷或倉官借養、走。而且四例中,例 21、22 的書手明確,前者係新"視事"的令史言,後者係剛升任叚令史的冣,例 23 也可能是冣所寫,㉟皆爲求借者本人以機構名義向官府的申請。如果跳出文脉字義,專從文書主旨着眼,四例的授受關係正是統一後"假"字所表達的含義。也就是説,四例中的"假",已擺脱更名規範的束縛,升華成表示"向官府求借"主旨的標識符了。這樣做,自然比逐個斟酌用字更加簡便。可與此相參看的是秦漢之交"叚"字的一些變化。前文已説過,統一後律令中"叚"主要指"借予"。而在張家山漢簡《奏讞書》所載案例一八秦始皇廿七年(前 220 年)二月"南郡卒史蓋廬、摯、朔、叚卒史鼂復攸庫等獄簿"中,兩處出現"新黔首恐,操其叚兵匿山中"(131、139)一句,直譯應作"新附百姓驚恐,拿着從官府借來的兵器匿藏到深山裏"。又,張家山漢簡《二年律令·盜律》云:

> 諸有叚於縣道官,事已,叚當歸。弗歸,盈廿日,以私自假㊱律論。其叚別在它所,有物故毋道歸叚者,自言在所縣道官,縣道官以書告叚在所縣道官收之。其不自言,盈廿日,亦以私自假律論。其叚已前入它官及在縣道官非　　　　　(78—79)

"叚"的字面意思,也是從官府借來的東西。若嚴格辨析,諸條引文中"叚"都專指"官府借給的",延續了秦律令用法,只是沒有充分照顧前後文脉,嵌入得很生硬,遂給人用法改變之感。這一現象同樣可視爲簡化,省略了換字的繁瑣。上述推測究竟能否接近真相,還有待日後更多資料驗證。

結　語

通過兩節的分析,大致可以認爲:秦統一前"叚"字主要表示"借",兼有"借予"、"求借"兩義;統一之後,"叚"保留了"借予"之義,另用"假"來表示"求借",分開使用。這種用字差別,至少在律令及官府頒發的文書程式中反映得比較清晰。職是故,里耶簡更名方所謂"叚如故,更假人",應理解爲"叚"作"借予"如故,改用"假"來表示"求借於人"。在此框架下,爭論紛繁的"叚某官"、"叚父母、子"的"叚"也可以得到解釋。秦簡中假借行爲的授受關係,是以權力、財物的初始持有者爲圓心定義的,官府因其財力富厚而常常充任這一角色,遂多見官府"叚"某物給吏民,吏民求"假"某物於官府。王朝使"叚"和"假"分途,大概是想在頻繁的官民假借中更直觀地呈現標的物的官屬特徵。

從“叚”分化出“叚”和“假”，是“書同文字”的一個例證，這提醒我們在整理統一後秦簡時，應慎重思考將“叚”字無差别地括注爲“叚（假）”的妥當性。此外，兩字的分化還有經濟層面的意義。秦簡所見的假借關係，主要在官民間展開，統一後“叚”、“假”分途，也是以此爲模型的。至若表三例 4 那種吏民之間的，抑或普通民衆間的假借，很少出現於律令，都不是定義之際考慮的重點。王權以自身爲中心，重塑了假借活動的“名”，今人可見的秦代記録，也都自覺或不自覺地從屬着這個“名”的規範。

二〇一九年八月卅一日寫畢
二〇一九年九月廿八日修訂

附記：小文承匿名審稿專家指正疏誤，深表感謝！

注　釋

① 許慎撰，徐鉉校定：《説文解字》卷三下、卷八上，中華書局影印清同治十二年陳昌治刻本，2011 年，第 64 頁下、第 165 頁上。

② 趙平安：《雲夢龍崗秦簡釋文注釋訂補——附論“書同文”的歷史作用》（初刊 2003 年）；收入所著《新出簡帛與古文字古文獻研究》，商務印書館，2009 年，第 375—377 頁。本文所引簡牘編號及釋文，睡虎地秦簡據陳偉主編，彭浩等撰著：《秦簡牘合集：釋文注釋修訂本（壹、貳）》，武漢大學出版社，2016 年；龍崗秦簡據陳偉主編，李天虹等撰著：《秦簡牘合集：釋文注釋修訂本（叁）》，武漢大學出版社，2016 年；里耶古井第 5、6、8 層和第 9 層秦簡分别據陳偉主編：《里耶秦簡牘校釋（第一卷）》《里耶秦簡牘校釋（第二卷）》，武漢大學出版社，2012、2018 年；嶽麓秦簡壹至叁據陳松長主編：《嶽麓書院藏秦簡：壹—叁（釋文修訂本）》，上海辭書出版社，2018 年；嶽麓秦簡肆、伍分别據陳松長主編：《嶽麓書院藏秦簡（肆）》《嶽麓書院藏秦簡（伍）》，上海辭書出版社，2015、2017 年；張家山漢簡據彭浩、陳偉、工藤元男主編：《二年律令與奏讞書：張家山二四七號漢墓出土法律文獻釋讀》，上海古籍出版社，2007 年。爲方便討論，引文皆將釋讀中的今字省略，如“叚（假）”省去“（假）”；其他部分若有改動，另作説明。

③ 張春龍、龍京沙：《湘西里耶秦簡 8-455 號》，《簡帛》第四輯，上海古籍出版社，

2009 年,第 11—15 頁。8-455 是出土登記號,該簡正式公布的整理編號爲 8-461,見
湖南省文物考古研究所編著:《里耶秦簡(壹)》,文物出版社,2012 年,圖版第 68—
69 頁,學界一般用整理編號稱之。

④ 陳侃理:《里耶秦方與“書同文字”》,《文物》2014 年第 9 期,第 77—80 頁。今按,陳
文所謂的唯一混用之例,或是“遷陵守丞敦狐却之:司空自以二月叚狼船”(8-135),
但該文書題署時間爲“廿六年八月”、“九月”。“九月”,出土簡報原釋作“六月”,陳
偉主編《里耶秦簡牘校釋(第一卷)》已據胡平生説改作“九月”。另,獨立引文中的
下劃綫爲筆者所加,下同。

⑤ 田煒:《論秦始皇“書同文字”政策的内涵及影響——兼論判斷出土秦文獻文本年
代的重要標尺》,《“中研院”歷史語言研究所集刊》第 89 本第 3 分,2018 年,第
416 頁。田文同頁注 48 言“具體討論詳另文”,似有更詳細分析,惜未之見。

⑥ 此句原作“必有令、丞致乃叚,毋致官擅叚”,今酌改。

⑦ 釋文據里耶秦簡牘校釋小組:《新見里耶秦簡牘資料選校(三)》,簡帛網,2015 年 8 月
7 日;圖版見鄭曙斌等編著:《湖南出土簡牘選編》,嶽麓書社,2013 年,第 122 頁。

⑧ 需要説明的是,“卿”與“鄉”字的關係稍複雜一些。田煒曾綜合觀察睡虎地、周家
臺、里耶秦簡及馬王堆漢墓帛書《天文氣象雜占》中出現的這兩個字,指出睡虎地秦
簡時代,“卿”、“鄉”都能表示朝向之“向”義,“卿”也用於表示鄉里之“鄉”義、公卿
之“卿”義和饗食之“饗”義,但到周家臺、里耶等統一以後的材料,則基本用“鄉”字
來表示鄉里之“鄉”、朝向之“向”和饗食之“饗”,“卿”字已退出這些義項。因之,田
氏認爲,里耶簡 8-461“卿如故,更鄉”的規定,目的可能是縮減“卿”字所承擔的功
能,即要求“卿”字只表示公卿之“卿”義,改用“鄉”字來表示“卿”此前具有的鄉里
之“鄉”、朝向之“向”等義。説見田煒:《談談馬王堆漢墓帛書〈天文氣象雜占〉的文
本年代》,《古文字研究》第三十一輯,中華書局,2016 年,第 468—470 頁。今按,觀
察田煒所謂“卿”字功能的縮減,其實具有明顯的規律性,即通過區分“卿”與“鄉”
字字形,來達到分開“卿”的公卿之義和因“鄉”聲所得的鄉里、朝向、饗食諸義項的
目的。從這一角度看,里耶簡 8-461“卿如故,更鄉”,雖然具體表現稍特殊,但本質
形態仍是將統一前的兩種用法析分開,用舊字表示一種,再用其他字表示另一種。

⑨ 或許因議題的限制,田煒的舉證並未列出簡文或編號,只以表格形式統計了字例數
目,他認爲龍崗秦簡中有 5 例殘損嚴重,有待進一步研究,里耶秦簡壹有 1 例用法不
明確,見《論秦始皇“書同文字”政策的内涵及影響——兼論判斷出土秦文獻文本年
代的重要標尺》,《“中研院”歷史語言研究所集刊》第 89 本第 3 分,2018 年,第
416 頁注 49、50。今按,由於田文未引具體材料,無法判斷其統計的準確性,管見中
里耶秦簡壹有 2 例“假”作“借出”解,新刊布的里耶秦簡貳也有 2 例相似的用法,詳
後文表三。

⑩ 陳偉認爲,睡虎地 M11 出土的律令和《爲吏之道》,很可能是墓主喜在秦王政三年
"揄史"以後收集或抄寫的,書寫於秦王政時期的可能性最大。見陳偉主編,彭浩等
撰著:《秦簡牘合集:釋文注釋修訂本(壹)》"序言",第 2 頁。

⑪ 關於"叚某官"之"叚",沈剛認爲是"下級代行上級官職",有秩級接近的限定,類似
漢簡中"以秩次行某事";陳侃理認爲是"暫攝";高震寰認爲是"權宜借號"。分別
見沈剛:《也談秦簡所見之守官》,"中古中國的政治與制度"學術研討會論文,首都
師範大學歷史學院,2014 年 5 月;陳侃理:《里耶秦方與"書同文字"》,《文物》
2014 年第 9 期,第 79 頁;高震寰:《試論秦漢簡牘中"守"、"假"、"行"》,王沛主編:
《出土文獻與法律史研究》第四輯,上海人民出版社,2015 年,第 67—73 頁。關於
"叚父"、"叚子",睡虎地秦簡整理小組認爲是"義父"、"義子",而嶽麓秦簡伍整理
小組則將"叚父"、"叚母"解釋爲"後父"、"父之後妻",分別見睡虎地秦墓竹簡整理
小組編:《睡虎地秦墓竹簡》,文物出版社,1990 年,第 98 頁;陳松長主編:《嶽麓書
院藏秦簡(伍)》,第 73、159 頁。

⑫ 睡虎地秦簡《爲吏之道》所附兩條魏律中有"叚門逆呂"(《魏户律》18 伍—19 伍)或
"叚門逆旅"(《魏奔命律》23 伍)。關於"叚門"有多種説法,如讀爲"賈門",指商賈
之家,或有市籍者;讀爲"監門",指守門之人;讀爲"假門",指寄居於別人家的流民。
見陳偉主編,彭浩等撰著:《秦簡牘合集:釋文注釋修訂本(壹)》,第 321—322 頁注釋
4。按,因此兩條"叚門"係魏律,非秦律令舊有的稱法,僅附志於此,本表亦不列入。

⑬ "尌",整理小組注"疑讀爲奉",即飼養,全句譯爲"分開喂養以備借出使用",見睡
虎地秦墓竹簡整理小組編:《睡虎地秦墓竹簡》,第 38 頁。

⑭ 此句意爲"當(校正工匠)被'官'借用時,便可以校正衡量器具"。"叚"的施動者是
"官",句中省略;受動者是"縣及工室";"叚"的對象是校正工匠,領屬於"縣及工
室"。詳戴世君:《〈睡虎地秦墓竹簡〉注譯商榷六則》,《江漢考古》2012 年第 4 期,
第 117 頁。"有工者勿爲正"與"叚試即正"之間原作句號,今從中國政法大學中國
法制史基礎史料研讀會意見改,見《睡虎地秦簡法律文書集釋(四):〈秦律十八種〉
(〈金布律〉—〈置吏律〉)》,中國政法大學法律古籍整理研究所編:《中國古代法律
文獻研究》第十輯,社會科學文獻出版社,2016 年,第 55 頁。

⑮ "叚人",整理小組注"此處應指按規定領用牛車的吏和官長",將全句譯爲"官府借
用官有牛車……借用者的地方",見睡虎地秦墓竹簡整理小組編:《睡虎地秦墓竹
簡》,第 49 頁。

⑯ 戴世君:《〈睡虎地秦墓竹簡〉注譯商榷六則》,《江漢考古》2012 年第 4 期,第
117 頁。

⑰ 田煒:《論秦始皇"書同文字"政策的内涵及影響——兼論判斷出土秦文獻文本年
代的重要標尺》,《"中研院"歷史語言研究所集刊》第 89 本第 3 分,2018 年,第

423—424、429—430、432 頁。

⑱ 關於嶽麓秦簡叄《爲獄等狀四種》,如整理小組復原,諸案例分屬於四卷册書,第一卷共 7 個案例,第二卷 6 個案例,第三卷和第四卷各 1 個案例。據水間大輔研究,包含多個案例的第一、第二兩卷,都是以卷册最末之簡的有字面爲軸收捲,年代明確的案例皆由近及遠排列,年代越新的越靠近卷首。這種編綴、收捲方法,是爲方便展卷閱讀時能快速看到最新案例,若之後又出現更新的案例,則仍將其添綴在卷册的最前端,逐步積累成今日的面貌。第一卷諸案例中,有不少没有寫入最終判决,是因爲這些案例在最終判决還未下達之際便已被綴入册書,之後又在卷首增添了其他新案例,待前案判决作出後,因簡册拆卸繁瑣,也就未將最終判决追加進去。見《張家山漢簡〈奏讞書〉與嶽麓書院藏秦簡〈爲獄等狀四種〉之形成過程》(日文版初刊 2017 年),中國政法大學法律古籍整理研究所編:《中國古代法律文獻研究》第十二輯,社會科學文獻出版社,2018 年,第 92—93、105—118 頁。該研究指出的《爲獄等狀四種》逐次編綴、形成時間跨度長等特點,爲秦王政時期案例抄寫於統一以前的判斷提供了可能性。關於《數》,翁明鵬別以其中所見"大半"等詞展開討論,進一步增添了《數》可能抄寫於統一之前的證據,見《嶽麓秦簡〈數〉的抄寫年代考辨》,《出土文獻》第十四輯,中西書局,2019 年,第 290—296 頁。

⑲ 如彭浩即曾將此簡與龍崗秦簡中黔首租借官田的條文相聯繫,見《談秦漢數書中的"輿田"及相關問題》,《簡帛》第 6 輯,上海古籍出版社,2011 年,第 24—25 頁。

⑳ 出土報告見烏蘭察布盟文物工作站:《内蒙古清水河縣拐子上古城發現秦兵器》,《文物》1987 年第 8 期,第 63—64、76 頁。黄盛璋釋讀,見《新出秦兵器銘刻新探》,《文博》1988 年第 6 期,第 41—42 頁,釋文排印時"韋"原誤作"書","高工"後又缺頓號,皆徑改。王輝著録,見王輝編著:《秦銅器銘文編年集釋》,三秦出版社,1990 年,第 84 頁;又王輝主編:《秦文字編》,中華書局,2015 年,第 1285 頁。吳鎮烽著録,編號爲 17684,見吳鎮烽編著:《商周青銅器銘文暨圖像集成》,上海古籍出版社,2012 年,第 33 卷,第 120 頁。

㉑ 兵器銘文圖版及編號,據吳鎮烽編著《商周青銅器銘文暨圖像集成》第 32、33 卷,簡稱"《集成》"。睡虎地、龍崗秦簡圖版,分別據陳偉主編:《秦簡牘合集(壹)》《秦簡牘合集(貳)》,武漢大學出版社,2014 年。里耶秦簡圖版,據湖南省文物考古研究所編著《里耶秦簡(壹)》。

㉒ 表中"叚"字用暗影標示,"假"用雙下劃線標示,以俾鮮明。在里耶秦簡中,有兩枚簡的"假"無法判斷是否與"借"有關:(1)"☒☒假追盜敦長更成☒"(8-349),(2)"☒☒假司馬☒行☒☒☒"(9-1686),姑附志於此,不列入本表。另,簡 8-2468 "☒人爲叚名☒"已由何有祖改釋爲"☒人須府外☒"(見《讀里耶秦簡札記〔五〕》,簡帛網,2015 年 7 月 15 日),則該簡與"叚"字無關。

㉓ 嶽麓伍第二組簡中,有被稱作"治獄受財枉事"之令的 22 枚簡,其中 230、231、233、234、235、246、248 反復出現"叚貣"、"叚賃費"等詞,"叚"的字形及用法與例 4 全同,故本表不再收錄。

㉔ "毋傳"之"毋",圖版字形難辨,里耶秦簡牘校釋小組認爲"或是'縣'",見《〈里耶秦簡(貳)〉校讀(一)》,簡帛網,2018 年 5 月 17 日。從殘存筆迹看,該字確與"縣"形近似,但釋作"縣"則文意欠通,故今暫從陳偉主編《里耶秦簡牘校釋(第二卷)》之説。

㉕ 據湖南省文物考古研究所編著《里耶秦簡(貳)》(文物出版社,2017 年)圖版第 235 頁,"叚"字形體爲"▨","叚"之左側似有墨迹,但也不能排除是污損。因無彩色或清晰圖版比對,暫從整理者及陳偉主編《里耶秦簡牘校釋(第二卷)》的釋讀。

㉖ 陳偉等認爲"本簡蓋云以詐僞方式把縣官器假予他人",見陳偉主編,李天虹等撰著:《秦簡牘合集: 釋文注釋修訂本(叁)》,第 26 頁。但參照本表例 12,似應理解爲求借,存疑。

㉗ 關於"詒"有多種主張,如認爲通"詒",相欺也;或通"詒",表示給予;或直接釋作"給",解爲給予。見陳偉主編,李天虹等撰著:《秦簡牘合集: 釋文注釋修訂本(叁)》,第 97 頁。

㉘ 據趙巖推考,該簡紀年應補爲"【廿八】年四月庚午朔己卯",見《里耶秦紀日簡牘札記》,簡帛網,2012 年 10 月 31 日。

㉙ "賦"原釋文作"賤",本例中其他處皆同,今據陳偉説改釋,見《嶽麓秦簡肆校商(三)》,簡帛網,2016 年 3 月 29 日。

㉚ 本例中的幾處"假",都表示"輸者"向官府求借的行爲,或求借的衣物。該句結尾原作逗號,今酌改。

㉛ 原釋文作"假",今據放大本圖版(此本中簡號爲 0588-1+0588-2),作"▨",無"亻",故改釋。

㉜ 《史記》卷六,中華書局,1963 年,第 235 頁。

㉝ 詳陳侃理:《里耶秦方與"書同文字"》,《文物》2014 年第 9 期,第 77—78 頁。

㉞ 高震寰談到,"叚"(案,在高文中原作"假",欠妥,秦簡幾乎不將"叚某官"寫作"假某官",故徑改)應理解爲"權宜借號",以方便執行任務,如果情况持續需要,則有機會成爲真官,但也有因任務結束而收回名號的例子。見《試論秦漢簡牘中"守"、"假"、"行"》,王沛主編:《出土文獻與法律史研究》第四輯,第 69—72 頁。

㉟ 例 22、23 中"啓陵鄉守冣"和"佐冣爲叚令史"的"冣"應係一人,詳陳偉主編:《里耶秦簡牘校釋(第二卷)》,第 42、53 頁。

㊱ "假"原作"叚",今參張家山二四七號漢墓竹簡整理小組編《張家山漢墓竹簡〔二四七號墓〕》(文物出版社,2001 年)圖版第 13 頁,"▨"有"亻",故改釋。

《里耶秦簡(貳)》綴合五則

楊先雲(湖南省文物考古研究所)

一、9-80+9-1335+9-145

我們曾將里耶 9-1335 與 9-145 綴合,其釋文作:

> ☒朔甲申,庫守信受倉守處,以督韋革　　　　(9-1335+9-145 正)
> ☒元年□月□子朔□□　　　　　　　　　　　(9-1335+9-145 背)[①]

原釋文"督",里耶秦簡牘校釋小組改釋作"督",並指出:

> 或讀爲"鞣",《説文》:"鞣,衺也。"桂馥《義證》:"《集韻》:'《説文》鞣,衺也。謂柔革。'《廣韻》:'鞣,熟皮。'"韋革,《秦律十八種·金布律》簡89:"傳車、大車輪,葆繕參邪,可殹。韋革、紅器相補繕。取不可葆繕者,乃糞之。"整理小組注釋:"韋革,生熟皮革。"[②]

近期在研讀《里耶秦簡(貳)》過程中,發現里耶 9-80 號簡或與里耶 9-1335+9-145 有關,其釋文作:

> 粟=一石　元年四月壬申☒

兩簡形制、字形及書寫風格一致,且紋路、色澤、茬口吻合,文意連貫,當可綴合(見附圖一)。"四月壬申朔甲申"是四月十三日,兩支殘簡拼合後爲校券文書,釋文作:

> 粟=一石,元年四月壬申朔甲申,庫守信受倉守處,以督韋革
> 　　　　　　　　　　　　　　　　　(9-80+9-1335+9-145 正)
> 元年□月□子朔□□　　　　　　　　(9-80+9-1335+9-145 背)[③]

二、9-745+9-1934+9-1933

我們將里耶 9-745 與 9-1934 綴合,釋文作:

卅四年九月癸亥朔己巳,少内守狐入佐書,收敝韋帶一、□一、敝
般杖𡜏一、敝革黑帶一☒　　　　　　　　　(9-745+9-1934)④

"收",應指没收。睡虎地秦簡《法律答問》簡 171:"妻有罪以收,妻媵
(媵)臣妾、衣器當收,且畀夫? 畀夫。"⑤張家山漢簡《二年律令》的《收
律》即是關於犯罪連坐收没罪人家屬和財産的法律,⑥可參看。"敝韋帶"
和"敝革黑帶"的"敝"應是破舊的意思,《玉篇》:"敝,壞也。""韋帶",《漢
書・賈山傳》"布衣韋帶之士",顔師古注:"韋帶,以單韋爲帶,無飾也。"
出土遣册常有"革帶"記載,如望山楚簡 2-49"三革帶・一緙帶",整理者
指出緙帶疑是縫製而成的帶。⑦朱德熙、裘錫圭先生云:"革帶,以皮革製
成,用以繫韠佩。"⑧《禮記・玉藻》:"韠下廣二尺,上廣一尺,長三尺,其
頸五寸,肩,革帶,博二寸。"鄭注:"肩與革帶廣同。凡佩繫於革帶。"《説
文》:"帶,紳也。"段玉裁注:"古有大帶,有革帶;革帶以繫佩韍,而後加之
大帶,則革帶統於大帶。""革黑帶",即黑色革帶,"黑帶"又見於張家山
247 號漢墓遣册簡 11"黑帶一,有鉤"。⑨在研讀《里耶秦簡(貳)》時,翻檢
一枚簡似與里耶 9-745+9-1934 相關,其釋文作:

☒　郤手　　　　　　　　　　　　　　　　　(9-1933)

里耶 9-1933 號簡與里耶 9-745+9-1934 在形制、字形及書寫風格一致,紋
路、茬口吻合,且里耶 9-1933 與 9-1934 色澤相同,文意連貫,當可綴合
(見附圖二)。三支殘簡拼合後爲完簡,釋文作:

卅四年九月癸亥朔己巳,少内守狐入佐書,收敝韋帶一、□一、敝
般杖𡜏一、敝革黑帶一
郤手　　　　　　　　　　　　　　(9-745+9-1934+9-1933)

三、9-1305+9-1739

里耶 9-1305 號簡釋文作:

都鄉黔首毋良藥、芳草□☒

説的是遷陵縣都鄉百姓没有良藥芳草等,有學者指出這當是遷陵縣對"求仙藥"詔令的回覆。⑩里耶 9-1739 號簡釋文作:

　　　☑及它奇物者—

兩簡形制、字形及書寫風格一致,且紋路、茬口吻合,文意連貫,當可綴合(見附圖三)。兩支殘簡拼合後,釋文作:

　　　都鄉黔首毋良藥、芳草及它奇物者。—

"奇物",《漢書·張騫李廣利傳》:"天子既聞大宛及大夏、安息之屬皆大國,多奇物,土著,頗與中國同俗。""都鄉黔首毋良藥、芳草及它奇物者",當是遷陵縣都鄉回覆上級的文書,秦代朝廷要求地方上報良藥、芳草或者其他稀有物,地方采集獻貢物産的相關記録,如里耶 8-837+8-1627"取菫芒群木實十三石"。⑪再如里耶 8-769 號簡"廷下令書曰取鮫魚與山今盧(鱸)魚獻之","鮫魚與山今盧(鱸)魚"也稀有罕見,甚至啓陵鄉民皆不知是何物,"取鮫魚"簡也被認爲與秦始皇入海求仙史事有密切關係。⑫

四、9-2215+9-2209+9-1544

整理者將里耶 9-2215 號簡與 9-2209 號簡綴合,其釋文作:

　　　卅二年七月乙亥朔丁丑,尉廣告庫主:疏書戍卒有☑
　　　☑以律令叚,敢告☑　　　　　　　　　　(9-2215+9-2209 正)
　　　更戍簪裛城父長利☑。☑
　　　更戍士五城父西章義。/七月丁酉日失時,更戍簪裛城父平☑
　　　　　　　　　　　　　　　　　　　　(9-2215+9-2209 背)⑬

整理者綴合可從。另里耶 9-1544 號簡釋文作:

　　　☑☑☑各三人牘北(背)☑　　　　　　　　(9-1544 正)
　　　☑☑讎以來。/駕發。賢手。　　　　　　　(9-1544 背)

兩簡形制、字形及書寫風格一致,且紋路、茬口吻合,文意連貫,當可綴合(見附圖四)。殘簡拼合後爲完簡,釋文作:

　　　卅二年七月乙亥朔丁丑,尉廣告庫主:疏書戍卒有□□各三人牘北(背)□

□以律令叚，敢告　　　　　　　　（9-2215+9-2209+9-1544 正）

更戌簪裹城父長利□。

更戌士五城父西章義。/七月丁酉日失時，更戌簪裹城父平□

讎⑭以來。/駕發。賢手。　　　　　　（9-2215+9-2209+9-1544 背）

五、9-2237+9-2045+9-1531

整理者將里耶 9-2237 號簡與 9-2045 號簡綴合，釋文作：

高里戶人小上造匡　　下妻曰嬰

弟小女子檢　　□　　　　　　　　　　（9-2237+9-2045）

整理者綴合意見可從。"小上造"，小爵，未成年人所得爵位。"小上造"
爲戶主，又見於里耶 8-19 號簡"小上造三戶、小公士一戶"，"下妻"又見
於張家山漢簡《置後律》"其毋適（嫡）子，以下妻子、偏妻子"，整理小組
注："下妻，《漢書·王莽傳》注：'下妻猶言小妻。'"⑮"下妻嬰"根據戶籍
格式，應是"戶人匡"的下妻，"嬰"爲大女，"匡"爲小男，爲研究秦代婚姻
年齡狀況提供了新材料。"弟小女子"，在秦代，"弟"無性別之分，男女皆
可指，即現代"弟"與"妹"的統稱。

里耶 9-2237+9-2045 爲戶籍簡内容，而里耶 9-1531 號簡文内容也爲
戶籍内容，疑與之相關，其釋文作：

□伍長（第一欄）

大女二人

小男一人

小女一人（第二欄）

四人（第三欄）

里耶 9-2237+9-2045 與里耶 9-1531 號簡在形制、字形及書寫風格上一致，
且紋路、色澤、茬口吻合，文意連貫，當可綴合（見附圖五）。拼合後釋
文作：

高里戶人小上造匡

弟小女子檢（第一欄）

下妻曰嬰（第二欄）

伍長（第三欄）

大女二人

小男一人

小女一人（第四欄）

四人（第五欄）　　　　　　　　　　　　　　（9-2237＋9-2045＋9-1531）

　　需要注意的是簡文統計"大女二人，小男一人，小女一人，四人"與簡文所記錄人數不太相符，這裏"下妻"或爲"大女"，僅一人，與"大女二人"不符，户籍所載僅"三人"，非統計的"四人"，有此偏差，還待考察。

　　待我們仔細觀察該簡，發現簡文"下妻曰嬰"左側隱約可見墨迹，字迹雖淡，依稀可知當爲四至五字，疑爲"隸大女子□"，並據簡文字迹走向可知，此處應非反印文。簡文"隸大女子□"的存在，正好可對應"大女二人"共計"四人"。而"隸大女子□"墨迹淡，或爲人爲操作使之淡去或者削去，這有可能是因爲該女子"隸"的身份，其依附於此户，隨後因某種原因而脱離此户，里耶8-1546 和8-863＋8-1504 載"南里小女子苗，卅五年徙爲陽里户人大女子嬰隸"，即爲當時"隸"遷徙的證明，甚至簡文還出現過"户隸計"（里耶8-1565），同時在里耶公布的户籍簡中將"隸"也記録其中，如里耶 K4 户籍所載：

南陽户人荆不更繺喜

子不更衍（第一欄）

妻大女子娃

隸大女子華（第二欄）

……

里耶 K4"隸大女子華"與 9-2237＋9-2045＋9-1531"隸大女子□"位置相同，爲第二欄，且皆在"妻"、"下妻"之側。隨着"隸大女子□"脱離，簡文"大女二人"、"四人"却未及時變更。户籍簡是比較特殊的木版，版完整長度爲 46 釐米，即秦代的二尺。據里耶 9-2237＋9-2045＋9-1531 綴合後簡牘總長約爲 46 釐米，形制與先前公布出土於里耶古城北護城壕内的户籍文書一致。

　　然里耶 9-2237＋9-2045＋9-1531 户籍簡格式與之前里耶護城壕出土的户籍簡又有所不同，完整的里耶户籍簡如：

南陽户人荆不更蠻强(第一欄)

妻曰嗛(第二欄)

子小上造□(第三欄)

子小女子駝(第四欄)

臣曰聚

伍長(第五欄)　　　　　　　　　　　　　　　　　　　　(K27)

南陽户人荆不更黄得(第一欄)

妻曰嗛(第二欄)

子小上造台

子小上造

子小上造\boxed{定}(第三欄)

子小女虖

子小女移

子小女\boxed{平}(第四欄)

五(伍)長(第五欄)　　　　　　　　　　　　(K1/25/50)[⑯]

　　里耶這批户籍簡的顯著特徵是一户所有家口皆寫在一枚版上,分欄書寫:第一欄爲大男(户主及其他成年男子),第二欄爲大女(户主妻、母等),第三欄爲小男(户主子及弟),第四欄爲小女(户主女),第五欄爲奴隸及伍長。有學者指出,里耶户籍簡的分欄原則不是以户主爲中心,以家庭血緣關係爲紐帶,而是以男女和丁壯老弱爲分欄的原則和依據,因而這批户籍簡是徭役兵役徵發的依據。[⑰]里耶 9-2237+9-2045+9-1531 分欄與里耶護城壕出土的户籍簡有所不同,其特殊之處是簡文還寫有統計人數"四人"。與之類似的還有:

不更輿里帠它☑

厚□夫　　☑

大女二人(第一欄)

·廿六年繇(徭)[⑱]☑(第二欄)　　　　　　　　　　(9-1667)

不更輿里□豕☑

厚大女三人。

小女二人。（第一欄）

……年絲□七日⑲……☑（第二欄）　　　　　　　　　（9-1707）

上述兩則簡文直接注明“大女二人”、“大女三人”、“小女二人”，同時明確載有徭役時間及期限等相關記録，故而這些文書當是地方户口簿籍關於徭役徵發的記録。里耶 9-2237＋9-2045＋9-1531 雖未載録徭役相關信息，却載有統計男女老壯人數，這也當是爲了徭役或賦税徵發。由此可知在秦代，户籍記録明確注明男女老壯人數是針對國家課役制度，這類户籍是國家徵發賦役的依據。

附記：本文第三則 9-1305＋9-1739 綴合草成之後，黄浩波先生就此條綴合與本人求證實物情況，其雖未成文發表，但也有相同綴合意見，特此説明。

附圖一　　附圖二　　附圖三　　附圖四　　附圖五

注　釋

① 楊先雲:《〈里耶秦簡(貳)〉簡牘綴合續表》,簡帛網,2018 年 5 月 13 日。

② 里耶秦簡牘校釋小組:《〈《里耶秦簡(貳)》簡牘綴合續表〉等文讀後記》,簡帛網,2018 年 5 月 15 日。

③ 根據秦曆和里耶 5-1"元年七月庚子朔"簡文可知,"元年□月□子朔"當是"元年七月庚子朔"。"朔"後未釋字或爲"丞",存疑。

④ 楊先雲:《〈里耶秦簡(貳)〉簡牘綴合續表》,簡帛網,2018 年 5 月 13 日。

⑤ 睡虎地秦墓竹簡整理小組:《睡虎地秦墓竹簡》,文物出版社,1990 年,第 133 頁。

⑥ 張家山二四七號漢墓竹簡整理小組:《張家山漢墓竹簡〔二四七號墓〕(釋文修訂本)》,文物出版社,2006 年,第 32 頁。

⑦ 湖北省文物考古研究所、北京大學中文系編:《望山楚簡》,中華書局,1995 年,第 112、127 頁。

⑧ 朱德熙、裘錫圭:《信陽楚簡考釋(五篇)》,《考古學報》1973 年第 1 期,第 126 頁。

⑨ 張家山二四七號漢墓竹簡整理小組:《張家山漢墓竹簡〔二四七號墓〕(釋文修訂本)》,第 189 頁。

⑩ 曹旅寧:《里耶秦簡"琅邪獻昆侖五杏藥"解説》,簡帛網,2017 年 12 月 27 日。

⑪ 里耶 8-837 與 8-1627 綴合意見參謝坤:《里耶秦簡牘校讀札記(六則)》,《出土文獻研究》第十六輯,中西書局,2017 年,第 140—141 頁。

⑫ 也有學者認爲是與秦始皇尋求皇權正統性相關,參李斯、李肇戎:《里耶"取鮫魚"簡與秦統一初期的文化建構》,《簡帛研究二〇一六(秋冬卷)》,廣西師範大學出版社,2017 年,第 115—124 頁。

⑬ 簡背第一列釋文整理者作"更成□□□城父□利□□",簡文背面的第一列文字僅存半邊,依下文體例,爲更成+身份/爵位+縣里+名,"更成"後應爲兩字,作▓▓,里耶秦簡牘校釋小組釋作"簪裏",可從,爲二十等爵制的第三等爵,"城父"後"□利"應是里名,未釋字作▓,疑爲"長","長利"、"西章"皆是城父縣里名。參里耶秦簡牘校釋小組:《〈里耶秦簡(貳)〉校讀(一)》,簡帛網,2018 年 5 月 17 日。

⑭ "平□"爲城父縣里名,"讎"爲人名。

⑮ 張家山二四七號漢墓竹簡整理小組:《張家山漢墓竹簡〔二四七號墓〕(釋文修訂本)》,第 59 頁。

⑯ 湖南省文物考古研究所:《里耶發掘報告》,嶽麓書社,2007 年,第 203 頁。

⑰ 劉敏:《關於里耶秦"户籍"檔案簡的幾點臆測》,《歷史檔案》2008 年第 4 期,第 34 頁。

⑱ "廿"字前有殘存墨點痕迹,當爲"·"。"繇(徭)"字從里耶秦簡牘校釋小組意見,

參里耶秦簡牘校釋小組:《〈里耶秦簡（貳）〉校讀（一）》,簡帛網,2018 年 5 月 17 日。

⑲ "年"字未釋,根據殘存字迹,應是"年"字,辭例參里耶 9-1667 號簡文。"絲□七日"字從里耶秦簡牘校釋小組意見,參里耶秦簡牘校釋小組:《〈里耶秦簡（貳）〉校讀（一）》,簡帛網,2018 年 5 月 17 日。

《里耶秦簡(貳)》釋文校補(十二則)

張以静(中國人民大學歷史學院)

湖南省文物考古研究所編著的《里耶秦簡(貳)》於 2017 年 12 月由文物出版社推出,圖文俱佳,釋文精準。《里耶秦簡牘校釋(第二卷)》的出版,也爲研讀里耶簡提供了極大的參考。細讀簡文,比對圖版,發現仍有釋文可作補改。今將陋見條列如下,敬請方家指教。

一、9-32

·問之反寇攻,﹂離鄉亭郭吏、卒各自備守,反□□①☑Ⅰ
者盡死亡,各不能相智(知)。卒史 乘 、□卒史襄 覆   ☑Ⅱ②

(9-32)

"卒史襄"前一字(見下表),原文未釋,疑爲"巴"。可比對秦系簡牘中所見"巴"字:③

表一

9-32	里耶秦簡				
		8-207④	8-61	8-2316	9-2305
	嶽麓秦簡 伍⑤				
		1029	1028	033	083

簡文即爲"卒史乘、巴卒史襄"。此案當是由卒史乘聯合巴郡卒史襄共同覆獄。里耶秦簡中多見"巴卒史",如 8-135:"狼有逮,在覆獄巴卒史衰、義所。今寫校券一牒,上謁言巴卒史衰、義所,問狼船存

所。"⑥9-2305："洞庭叚屬其與巴叚卒史丑校之,弗受。"⑦張家山漢簡《奏
讞書》案例 18 南郡卒史復攸庫等獄簿記録南郡卒史至蒼梧郡覆獄之
事。⑧至於9-32中"卒史乘"原屬何郡,則可能在前面缺失的簡文中已經提
及,因而在此處不贅言其所屬郡。

二、9-52

三月丁丑朔己丑,遷陵丞□□倉上言如 前 。☑ I
三月己丑日中,隸臣快行倉。☑ II ⑨   (9-52)

三月丁丑朔己丑,秦始皇卅二年的三月的朔日爲丁丑,⑩此份文書於
當日發出。

"遷陵丞"後一字（見下表）,原文未釋,簡文墨迹隱約可辨,今釋爲
"昌"。秦始皇卅二年三月,"昌"爲遷陵丞的記載還見於里耶秦簡 8-62：
"卅二年三月丁丑朔朔日,遷陵丞昌敢言之。"⑪可比對里耶秦簡所見
"昌"的字形：

表二

9-52	8-135	8-140	8-754

圖一

"言"前二字（參見圖一）,原釋文未釋。里耶秦簡牘校釋小組
釋爲"倉上",⑫可疑。從文意來看,釋爲"倉主"似更爲合適。"主"
字右上角墨點爲干擾墨迹。里耶秦簡中多見"倉主"稱謂,可參見
8-2335"告倉主",⑬9-2283"遷陵丞歐敢告尉、告鄉、司空、倉主：聽
書從事","倉"前一字 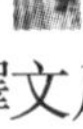 ,或爲"告"。⑭

綜上所述,9-52 第一列釋文爲"卅二年三月丁丑朔己丑,遷陵丞昌告倉主
言如前",指遷陵丞昌將收到的文書下發至倉主並要求依照此前的慣例行事。

三、9-53

三人與佐它人偕載粟□☑ I
十人與佐畸偕載粟□ II
二人瘌。III ⑮   (9-53)

　　第一列"粟"後一字,圖版作 ▨ ,原釋文未釋,今釋爲"沅",此句當爲"三人與佐它人載粟沅陵"。

　　第二列"粟"後一字,圖版作 ▨ ,原釋文未釋,今釋爲"門",殘存筆迹可見"門"字上半部分。里耶秦簡"作徒簿"中多見遷陵縣與沅陵和門淺往來運輸粟的記録。可參看:

> 人叚校長。☑Ⅰ
> 二人求盗。☑Ⅱ
> 二人門。☑Ⅲ
> 二人佐它人偕載粟沅☑Ⅳ⑯　　　　　　　　　　　　(9-623)
> ☑人求盗。Ⅰ
> 三人門。Ⅱ
> 二人與佐它人載粟沅陵五月Ⅲ
> 十人與佐畸偕載粟門淺四月☑Ⅳ⑰　　(9-1479)

其中 9-1479"三人門"圖版(如圖二),未見三橫筆畫,僅見兩橫,且此類格式內容相近的作徒簿皆爲"二人門",因而今改"三"爲"二"或更妥當。

圖二

四、9-104

> 朔丙辰,倉守處☑Ⅰ
> ☑☑視平。☑Ⅱ⑱　　　　　　　　　　　　(9-104)

　　"視平"前一字(見下表),原釋文未釋。結合其他廩食簡與"視平"工作相關的人名,當爲"章","章","從音从十"。⑲殘存墨迹正是"音"的下部分和"十"部。可比對里耶秦簡中所見"章"字形:

表三

 9-104	 8-100	 8-648	 8-1852

　　另可參見里耶秦簡 9-363,該簡亦是"倉守處"與"佐章"共同參與的"廩食"記録:

□朔丁巳,倉守處、僚人嬰、出稟更戍留滎陽不更詹。Ⅰ

□　　令佐章視平。處手。Ⅱ⑳　　　　　　　　　　　　　　（9-363）

五、9-105

粟米一石五斗。卅□年二月□辰,□守㠯□□Ⅰ

令史應□□Ⅱ㉑　　　　　　　　　　　　　　　　　　　（9-105）

"㠯"後一字（見下表）,原釋文未釋,里耶秦簡校釋小組曰:"'守'前二字,疑爲'司空'。'㠯'下一字,似是'佐'字殘筆。"㉒此注可疑。里耶秦簡中所見"佐"、"史"字形對比如下:

表四

9-105	佐	5-1	6-5	6-14
	史	6-4	8-45	9-16

可見"佐"的左行筆畫呈右上至左下的傾斜。而"史"的左行筆畫先向右下,再轉動筆弧向左下撇出,"史"更符合 9-105 殘存筆畫的形態。此簡是"司空守㠯"與"史某"一起發放糧食的記録。"司空守某"與"史某"合作發放糧食的記録亦見於 8-1647:

卅年六月辛亥,司空守兹、史□□□□Ⅰ

乙膾粟米三斗少半斗。□Ⅱ㉓　　　　　　　　　　　　　（8-1647）

9-105 與 8-1647 簡均未言"朔日"。

六、9-482

□己亥,遷陵拔 敢 告 競 □Ⅰ

□昭行旁/□□□□□Ⅱ

☒中,史狐以來。／☒☒Ⅲ　　　　　　　　　　　　(9-482 正)

☒☒朔☒☒☒☒敢☒Ⅰ

☒　　　　　　　　　　☒Ⅱ

☒☒陵☒☒☒☒☒☒☒☒Ⅲ㉔　　　　　　　(9-482 背)

　　"拔"爲人名。里耶秦簡中"遷陵拔"所出現的年份爲"廿六年"、"廿七年"、"廿八年",㉕因而推測此簡的年代大致在"廿六年"至"廿八年"之間。此外,8-918"☒六年六月丙辰,遷陵拔爰書",㉖首字原釋文未釋,結合"拔"在位年份及隱約墨迹,當釋爲"廿"。

　　整理小組所標注的殘簡"背面",第一列可辨識首尾"朔"、"敢"二字。㉗"朔"與"敢"之間墨迹漫漶,實際未釋字數難定,但其中"守"字可辨(見下表)。可比對里耶秦簡所見"守":

表五

9-482	5-17	6-1	6-16

　　整理者均默認背面僅兩列文字,並未標注上引第二列。但是核驗圖版,此面當有三列簡文。其中,第二列最下端有一墨迹 ,或爲"下"字。

七、9-789

……☒Ⅰ

☒名吏里、它坐☒Ⅱ㉘　　　　　　　　　　　　(9-789)

　　此簡第二列首字(見下表),原釋文未釋。今釋"者",比對里耶秦簡中所見"者":

表六

9-789	8-8	8-63	8-36

可參看里耶秦簡 9-1229：“者名吏里、它坐。”㉙9-756：“八月乙巳朔甲寅，
遷陵守丞都告廄主：亟定丞以下當坐者名吏(事)里、它坐、貲，遣詣廷。
以書言，署金布發。／欣手。”㉚其中，根據秦代朔日的記載，9-756 首句應該
是“卅二年”。

八、9-1338

☒元年四月☐☒㉛　　　　　　　　　　　　　　　　　　　　(9-1338)

“月”後一字(見下表)，原釋文未釋，今釋爲“壬”。字形可參見里耶
秦簡所見“壬”字：

表七

9-1338	5-12	8-45	8-73

此外，里耶秦簡另見兩枚秦二世“元年四月”簡，即 9-80“粟米一石。
元年四月壬申”，㉜9-117“【粟米卅八石。元】年四月壬申朔戊子，倉守客
受☐”，㉝元年四月的朔日爲壬申日。

九、9-1357

☒年八月庚午朔辛巳☐☒㉞　　　　　　　　　　　　　　　　　(9-1357)

“年”前一字，圖版作▨，原文未釋，今釋“元”。里耶秦簡中八月爲
庚午朔日的年份應爲秦二世元年。另可參見：

元年八月庚午朔戊戌，少內壬入陽里寡婦變貲錢　☒Ⅰ
今佐贛　監　☒Ⅱ㉟　　　　　　　　　　　　　　　　　　　(9-720)
寡婦變貲錢。元年八月庚午朔戊戌，少內壬入陽里☒Ⅰ
【令佐】贛監。☒Ⅱ㊱　　　　　　　　　　　　　　　　(9-86+9-2043)

9-720 和 9-86+9-2043 的內容相似，書手爲同一人。元年八月關於“貲錢”
的文書，多由“贛”監。還可參見 9-91＋9-2033、㊲9-119。㊳又，根據以上
9-720 和 9-2043 兩簡可補釋 9-1265：

☒元年八月庚午朔☒　☒Ⅰ

☒令佐援╮贛╮罷╮☒　☒Ⅱ³⁹　　　　　　　　　(9-1265)

"朔"後一字,圖版作▊。結合前引簡文,此處或爲"戊"。

十、9-1429

卅七年五月甲戌,遷陵☒☒Ⅰ

·史畸課亡十二日☒Ⅱ　　　　　　　　　　　(9-1429 正)

·鞫:船亡盜,嫗臧直二百一十錢☒☒⁴⁰　　　(9-1429 背)

簡首"七年"前一字(如圖三),整理小組和校釋小組均釋爲"卅",今改釋爲"廿"。理由如下:首先,從圖版來看,可能存在"廿六年、廿七年、卅六年、卅七年"四種可能,但是只有秦始皇廿七年的五月有"甲戌"日,其餘年份的五月都無"甲戌"日。因此,9-1429 當爲"廿七年五月甲戌"。其次,可從"畸"的人名編年予以佐證:9-2287 "廿六年五月辛巳朔壬辰⋯⋯史畸";⁴¹ 8-406 "廿六年六月癸亥⋯⋯史畸";⁴² 8-1518 "廿八年六月己巳朔甲午⋯⋯令史畸";⁴³ 9-2315 "廿八年九月戊戌朔癸亥,貳春鄉守畸";⁴⁴ 8-1280 "廿八年九月丙寅,貳春鄉守畸"。⁴⁵ 以上可見"畸"由"史"到"貳春鄉守"之爲吏路徑。9-1429 所見廿七年"畸"爲"史"與上述諸例契合。

圖三

十一、9-2192

☒□戊不更□□受令☒⁴⁶　　　　　　　　　(9-2192)

原釋文"戊",圖版爲▊,今改釋"成"。里耶秦簡中有 18 枚"不更受令"的簡,⁴⁷書手是同一人(恐爲不同時間段所抄寫),簡文模式爲"里名+不更+姓名+受令",其中涉及四個里名,即東成、南里、安成、渚里。對比諸簡,9-2192 當屬"不更受令"簡的範疇,即"安成里的不更某某受令"。

"不更"後二字(見下表),原文未釋,當爲人名,從字形來看,暫定爲"五船",可比對里耶秦簡所見"五"、"船":

表八

五		6-1	6-1
船			
9-2192		6-4	6-145

十二、9-2797

☑□校長☑Ⅰ
☑　□傳☑Ⅱ[48]　　　　　　　　　　　　　　　　　(9-2797)

"校長"前一字(見下表),原文未釋,今釋爲"亭"。對比里耶秦簡中所見"亭"字:

表九

9-2797	8-38	8-649

另可參見9-378:

☑□□倉佐敬付□□亭校長宜Ⅰ
☑　□手。Ⅱ[49]

里耶秦簡9-1112:"六年二月癸丑朔丙子,唐亭叚校長壯敢言之:唐亭﹦旁有盜可卅人,壯卒少,不足以追,亭不可空。謁﹦遣卒索。敢言之。"[50]唐亭叚校長壯因爲卒少盜多而請求增派士吏。校長前通常搭配亭名。睡虎地秦簡《封診式》:"爰書:某亭校長甲、求盜在某里。"整理小組注引《續漢書·百官志》曰:"主兵戎盜賊事。"[51]張家山漢簡《奏讞書》:"公粱亭校長丙坐以頌繫。"[52]"秦簡及漢簡中的校長,其職責雖然與亭長相似,却不是亭長,而是亭長的上司"。[53]

附記:拙作承蒙何有祖先生、劉自穩先生、汪蓉蓉先生批評指正。匡

名審稿專家也提出諸多修改建議,謹致謝忱! 文中若有疏漏,概由筆者
負責。

注　釋

① 簡末"反"後二字,殘存墨迹形似"寇攻"。從文意來看,即若有賊寇事件發生,需令
離鄉亭郭吏卒備守並反擊賊寇的攻擊。此處若釋爲"寇攻",文意可通。秦始皇二
十六年,賊寇事件尤其頻發。若賊寇來襲,畏懼潜逃或消極反寇者,都將受到法律
的懲處。

② 陳偉主編:《里耶秦簡牘校釋(第二卷)》,武漢大學出版社,2018 年,第 45 頁。

③ 參見拙作《〈里耶秦簡(貳)〉讀札》,簡帛網,2018 年 12 月 31 日。

④ 第五、六、八層簡牘所見單字截圖均截自《里耶秦簡(壹)》紅外圖版,後不出注,詳見
湖南省文物考古研究所編著:《里耶秦簡(壹)》,文物出版社,2012 年;第九層簡牘
所見單字截圖均截自《里耶秦簡(貳)》紅外圖版,後不出注,詳見湖南省文物考古研
究所編著:《里耶秦簡(貳)》,文物出版社,2017 年。

⑤ 嶽麓秦簡(伍)所見單字截圖均引自《嶽麓書院藏秦簡(伍)》紅外圖版,後不出注,
詳見陳松長主編:《嶽麓書院藏秦簡(伍)》,上海辭書出版社,2017 年。

⑥ 陳偉主編:《里耶秦簡牘校釋(第一卷)》,武漢大學出版社,2012 年,第 72 頁。

⑦ 同上書,第 468 頁。

⑧ 張家山漢墓竹簡整理小組:《張家山漢墓竹簡〔二四七號墓〕(釋文修訂本)》,文物
出版社,2006 年,第 103 頁。

⑨ 陳偉主編:《里耶秦簡牘校釋(第二卷)》,第 56 頁。

⑩ 張培瑜:《根據新出曆日簡牘試論秦和漢初的曆法》,《中原文物》2007 年第 5 期;許
名瑲:《秦曆朔日復原——以出土簡牘爲綫索》,簡帛網,2013 年 7 月 27 日。本文
所涉及秦朔日皆引用以上兩篇文章總結之曆法,後不出注。

⑪ 陳偉主編:《里耶秦簡牘校釋(第一卷)》,第 47 頁。

⑫ 陳偉主編:《里耶秦簡牘校釋(第二卷)》,第 56 頁。

⑬ 陳偉主編:《里耶秦簡牘校釋(第一卷)》,第 460 頁。

⑭ 陳偉主編:《里耶秦簡牘校釋(第二卷)》,第 448 頁。

⑮ 同上書,第 56 頁。

⑯ 同上書,第 156 頁。

⑰ 同上書,第 316 頁。其中楊先雲補釋"佐它人"、"月",詳見楊先雲:《讀〈里耶秦簡
(貳)〉札記》,簡帛網,2018 年 5 月 17 日。

⑱ 陳偉主編:《里耶秦簡牘校釋(第二卷)》,第 68 頁。

⑲ 《説文解字》,中華書局,2013 年,第 52 頁。

⑳ 陳偉主編:《里耶秦簡牘校釋(第二卷)》,第 114 頁。

㉑ 同上書,第 68 頁。

㉒ 同上書,第 68 頁。

㉓ 陳偉主編:《里耶秦簡牘校釋(第一卷)》,第 373 頁。

㉔ 陳偉主編:《里耶秦簡牘校釋(第二卷)》,第 141 頁。

㉕ 有關"拔"的任職年代的討論,可參照葉山著,胡川安譯:《解讀里耶秦簡——秦代地方行政制度》,《簡帛》第八輯,上海古籍出版社,2013 年,第 128 頁。已公布的里耶秦簡中出現人名"拔"的簡號有:8-209、8-406、8-918、8-1138、8-1743 + 8-2015、9-482、9-706、9-986、9-1111、9-2318、9-2346。

㉖ 陳偉主編:《里耶秦簡牘校釋(第一卷)》,第 249 頁。

㉗ 劉自穩提出:"這份往來文書的正背面標注是錯誤的。"因而此面應是簡的正面。詳見劉自穩:《里耶秦簡牘中的正背面錯置現象——兼談"牘背"之"背"》,待刊。

㉘ 陳偉主編:《里耶秦簡牘校釋(第二卷)》,第 206 頁。

㉙ 同上書,第 280 頁。

㉚ 同上書,第 198 頁。

㉛ 同上書,第 292 頁。

㉜ 同上書,第 63 頁。

㉝ 同上書,第 70 頁。

㉞ 同上書,第 294 頁。

㉟ 同上書,第 191 頁。

㊱ 同上書,第 64 頁。其中 9-86+9-2043 的綴合方案有待商榷。

㊲ 同上書,第 66 頁。

㊳ 同上書,第 70 頁。

㊴ 同上書,第 283 頁。

㊵ 同上書,第 307 頁。劉自穩提示:正面第二列,"史"前墨迹並非墨點符號,當爲"令",即"令史畸課亡十二日";"船亡盜,嫗臧直二百一十錢"的句讀應該改爲"船亡盜嫗,臧直二百一十錢"。其説可從。

㊶ 陳偉主編:《里耶秦簡牘校釋(第二卷)》,第 453 頁。

㊷ 陳偉主編:《里耶秦簡牘校釋(第一卷)》,第 144 頁。

㊸ 同上書,第 338 頁。

㊹ 陳偉主編:《里耶秦簡牘校釋(第二卷)》,第 470 頁。

㊺ 陳偉主編:《里耶秦簡牘校釋(第一卷)》,第 305 頁。

㊻ 陳偉主編:《里耶秦簡牘校釋(第二卷)》,第 430 頁。

㊼ 里耶秦簡所見"不更受令簡"簡號如下:8-2537(疑)、9-170、9-284、9-1130、9-1186、9-1623、9-1644、9-1650、9-1668、9-2188、9-2192、9-2263、9-2654、9-2273、9-2319、9-3259、9-3292、9-3389。

㊽ 陳偉主編:《里耶秦簡牘校釋(第二卷)》,第 524 頁。

㊾ 同上書,第 116 頁。

㊿ 同上書,第 260 頁。

(51) 睡虎地秦墓竹簡整理小組:《睡虎地秦墓竹簡》,文物出版社,1990 年,第 152 頁。

(52) 張家山漢墓竹簡整理小組:《張家山漢墓竹簡〔二四七號墓〕(釋文修訂本)》,第 98 頁。

(53) 于振波:《秦漢校長考辨》,《中國史研究》2018 年第 1 期。

長沙走馬樓西漢簡獄政資料的整理與考證*

李均明(清華大學出土文獻研究與保護中心)
宋少華(長沙市簡牘博物館)

　　長沙走馬樓8號西漢古井窖出土有字簡近3000枚,其中有許多與監獄管理相關的資料,前所未見,彌足珍貴。但這些簡多已分散,有些字迹不甚清晰,故需做整理排序的工作,方能窺其原貌,今試整理與考證如下。

一、文本復原

　　今見文本皆爲縣廷及監獄諸部門關於監獄管理的值班報告。本文選擇其中兩天的報告先行整理。擬按照内容及形制排序,兩天所見文書格式一致,故二者可以互相比對,並因之爲排序依據,不清楚的字迹亦可根據相應的文例釋文。

　　甲午文書

　　(一)七年五月丙子朔甲申〈午〉,令史寅敢言之。癸巳夜,案行廷、獄周垣、城外到城東門毋入$_{0544}$① 從迹及欲纂囚城者。書實,敢言之$_{0514}$。

　　按:據簡文文件發出的前一天爲"癸巳",則"甲申"之"申"當爲"午"之誤,故本文歸入甲午文書。簡0312"……城外到城東門毋入從迹及欲纂囚城者……",印證此例二簡可銜接連排爲一份完整的文件。

　　(二)七年五月丙子朔甲午,擴門佐到敢言之。癸巳旦夕受囚陽餽陽

* 本文爲國家社會科學基金重大項目"長沙走馬樓西漢簡的整理與研究"(17ZDA181)階段性成果。

舍人訾所。即索餘食中毋毒藥、兵刃、書。已索,即以屬守獄門$_{0513}$

亭長辟。報□□□吏民久位在及欲人問詔獄事,非臨湘吏毋入門者(?)。書實,敢言之$_{0596}$。

按: 簡 0551 見"獄門亭長辟所",則簡 0513 文末"獄門"與簡 0596 文首"亭長"當可銜接,二簡屬同一册書。

(三)七年五月丙子朔甲午,守獄門亭長辟敢言之。辛巳盡其夜,常宿食牢獄門。諸主守囚吏卒不出獄門,外人不入獄,毋爲通言語、爲姦$_{0569}$詐及投書者。旦夕受囚餽擴門佐到所,盛以具檢,到廷中索餘食中毋毒藥、兵刃、竄書,以餽,旦屬獄史吳、夕屬河人。辟$_{0564}$不入獄。非臨湘吏毋入廷,及毋問詔獄囚事者。書實,敢言之$_{0512}$。

按: 同是守獄門亭長乙未日值班報告的簡 0753 有"毋爲通言語、爲姦詐及投書者"句,則此例簡 0569 與簡 0564 無疑能銜接。簡 0617 有"旦屬獄史吳、夕屬河人。辟不入獄"句,則簡 0564 與簡 0512 銜接當無問題。

(四)七年五月丙子朔甲午,臨湘獄史吳、河人敢言之。癸巳盡其夜,吳、河人牢監陽復作。覆卒吏與囚居處。諸守囚者不出獄門,外人毋入獄門者及爲囚通言語、爲姦詐及投書者$_{0769}$

(五)七年五月丙子朔甲午,臨湘令□寅敢言之□□□□中尉丞:獄史及卒守囚者皆在治所治囚,不擅出獄門見人及爲通言語,爲$_{0566}$

乙未文書

(六)七年五月丙子朔乙未,守獄史□敢言之。戊午夜,案行廷、獄周垣,城外到城東門毋人從迹及欲纂囚者。書實,敢$_{0312}$

按: 文末當爲"言之"二字,今未見。

(七)七年五月丙子朔乙未,擴門佐到敢言之。甲午旦夕受囚陽餽(?)陽(?)令,人訾所。即索餘食中毋毒藥、兵刃、書。已索,即以屬守獄門$_{1801}$

按：例（二）所見簡 0596，亦可能與此例簡 1801 銜接。

（八）七年五月丙子朔乙未，守獄門亭長辟敢言之。甲午盡其夜，常宿食牢獄門，諸主守囚吏卒不出獄門，外人不入獄，毋爲通言語、爲姦詐及投書者□0753

（九）七年五月丙子朔乙未，臨湘獄史吳、河人敢言之。甲午盡其夜，吳、河人牢臨陽復作。覆卒史與囚居處。諸守囚者不出獄門，外人毋入獄門者及爲囚通言語、爲姦0771詐及投書者。吳旦、河人夕，受囚餽守獄門亭長辟所。餽盛以具致，獄索餘食中毋毒藥兵刃及竄書以餽已，乃予囚食，囚以朕，與俱。囚數及所當得應（應）法，不願遂亡、自殺傷0551

按：同爲臨湘獄史吳、河人的甲午日值班報告簡 0769 有"爲囚通言語、爲姦詐及投書者"句，則簡 0771 與簡 0551 當可銜接。其後尚缺一簡，文首當如簡 0772 所云"證不與囚相見，毋"之類。

（一〇）七年五月丙子朔乙未，司空嗇夫禎敢言之。甲午盡夜，司空吏卒官屬及它吏卒毋入司空獄（？）擅來見獄中人，爲囚通言語。問禎□0419

二、内容考證

關於上述簡文的年代。整理者介紹，走馬樓西漢簡曾出現"北平大女南，姊占定王四年産，盡今五年年廿八"的記載。定王指西漢長沙定王劉發，在位二十七年。從定王四年算起，二十八年後的"今五年"，據《史記·漢興以來諸侯王年表》，當指長沙康王劉庸五年，時當漢武帝元朔五年（前 124 年）。又整體而言，走馬樓西漢簡當爲漢武帝早期元朔元年（前 128 年）至元狩三年（前 120 年）之間長沙國的官府檔案。查陳垣《二十史朔閏表》，②漢武帝在位期間，只有元狩元年五月是"丙子朔"，故簡文所見"七年五月丙子朔"當指此年。不過簡文"七年"采用的是長沙康王劉庸的序年，時當公元前 122 年。那麽，例（一）至（五）所見"七年五月丙子朔甲午"爲"長沙康王七年五月丙子朔甲午"，即漢武帝元狩元年五月丙子朔甲午，時當公元前 122 年漢曆 5 月 19 日。而例（六）至（一〇）所見"七年五月丙子朔乙未"爲其次日。本文僅擇此二日之報告進行梳理，此外尚見 21 日"丙申"、22 日"丁酉"等的報告,容後再全面整理。

當時行政與司法合一,建築設施亦大體相連。又,監獄施行逐層管理的方式,内外大體隔絶。以下據報告所見,逐層解析如下:

例(一)及例(六)是最外層位的值班報告:執行人是令史或者是獄史。執行時間爲報告發出的前一天晚上。任務範圍是巡行縣廷衙門及監獄所在城墙周邊,即簡文所云"案行廷、獄周垣、城外到城東門"。"周垣"即周邊的圍墙,此處之"城"當指衙門所在城,表明當時的縣廷與縣獄同處一城。巡行的目的是查看是否有"入從迹及欲纂囚城者"。"入從迹"當指闌入城的蹤迹。《漢書·淮南王安傳》"從迹連王",師古注:"從,讀曰蹤。"纂,本義爲編撰。《荀子·君道》:"纂論公察則民不疑。"纂囚,當指與囚犯交通信息。此類報告,類似西漢中期及東漢簡牘所見縣廷"直符書",如居延新簡 EPT65:398:"建平三年七月己酉朔甲戌,尉史宗敢言之:迺癸酉直符一日一夜,謹行視錢財物臧内,户封皆完,毋盜賊發者,即日平旦付令史宗,敢言之。"③此爲屯戍機構所作值班報告,此處無監獄,故未涉及監獄事。又長沙五一廣場東漢簡牘 J1③:325-1-12:"永初五年七月丁未朔十八日甲子,直符史豐、書佐譚敢言之。直月十七日,循行寺内獄司空、倉、庫,後盡其日夜,無詣告當舉劾者。以符書屬户曹史陳躬、書佐李憲,敢言之。直符户曹史宋豐、書佐烝譚符書,直月十七日。"④則同爲東漢時期臨湘縣廷的值班報告已涉及監獄,且内容詳於西漢簡所見。實,《大戴禮記·文王官人》"身近之而實不至",王聘珍解詁:"情實也。"書實,表白所書報告爲實情。上引西漢中期及東漢簡所見值班時間皆爲一晝夜,則例(一)及(六)之"夜"或指盡夜,那麼值班時間或亦爲一晝夜。

例(二)及(七)所見是第二層位的值班報告。報告人爲"擴門佐到","到"爲擴門佐名。由佐主門禁,表明其門崗之重要。按簡文所見,此門或爲縣廷與監獄共用,或位於縣廷與監獄之間的通道上,兩個可能都存在。且夕,指早晨與傍晚,時人一日兩餐,故云。陽,囚犯名。餽,同"饋",指飲食。《漢書·高帝紀》"給餉餽",師古注:"餽,亦饋字。"營,陽舍人名,知當時囚犯陽的飲食由其舍人提供。"索餘食中毋毒藥、兵刃、書"是傳遞餐飲進監獄的必備程序。索,搜查。漢律嚴禁私人擁有致毒物品,張家山漢簡《二年律令·賊律》:"有挾毒矢若菫(堇)毒、糮,及和爲謹（菫）毒者,皆棄市。或命糈謂麢毒。詔所令縣官爲挾之,不用此律。"⑤又"諸食脯肉,脯肉毒殺、傷、病人者,亟盡埶（熟）燔其餘。其縣官脯肉也,亦燔之。當燔弗燔,及吏主者,皆坐脯肉臧（贓）,與盜同法。"故食物中是否藏毒是搜查的重點。兵刃,泛指兇器,嚴禁帶入監獄。居延新簡 EPS4T2：100："以兵刃索繩它物可以自殺者予囚,囚以自殺、殺人,若自傷、傷人而以辜二旬中死,予者髡爲城旦舂,及有。"此爲漢囚律條款,唐律也有類似的規定,且更爲詳細。《唐律·斷獄》："諸以金刃及他物,可以自殺及解脱,而與囚者,杖一百;若囚以故逃亡及自傷、傷人者,徒一年;自殺、殺人者,徒二年;若囚本犯流罪以上,因得逃亡,雖無傷殺,亦準此。即囚因逃亡,未斷之間,能自捕得及他人捕得,若囚自首及已死,各減一等。即子孫以可解脱之物與祖父母、父母,部曲、奴婢與主者,罪亦同。"《疏議》曰："'金刃',謂錐、刀之屬。'他物',謂繩、鋸之類。可以自殺及解脱枷、鏁、杻,雖囚之親屬及他人與者,物雖未用,與者即杖一百。若以得金刃等故,因得逃亡,或自傷害,或傷他人,與物者徒一年;若囚自殺,或殺他人,與物者徒二年;若囚本犯流罪以上,因得金刃等物而得逃亡者,雖無殺傷,與物者亦徒二年。囚因得金刃及他物之故,以自解脱而得逃走,與物人罪未斷之間,能自捕得及他人捕得,若囚自來歸首及囚自死,或他人殺之者亦同。'各減一等',謂徒以下囚逃者,一年徒上減;流、死囚逃者,二年徒上減。'即子孫以可解脱之物',謂稱'孫'者,曾、玄同,而與祖父母、父母;或部曲、奴婢與主者;並與凡人罪同。亦不合輒自捕捉,若官司遣捕而送者,無罪;自捕送官者,同告法。若有傷殺而逃亡者,後能捕獲,與物之人,各依前傷殺之罪,不合減科。"⑥與漢律無疑有承襲關係。書,指私人信件之類,即後例所謂"竄書",表明當時的監獄亦嚴禁攜帶書信之類可以串通信息的文字材料入内。屬,交給。《國語·越語下》"請委管籥屬國家",韋昭注："屬,付也。"此謂囚犯陽的食物經擴門佐檢查後交給守獄門亭長辟。辟,亭長名。例（二）末段有"欲入問詔獄事"句,詔獄,當指朝廷過問的官司,則囚犯陽所涉罪或與詔獄相關。簡云"非臨湘吏毋入門者"之"門",當指"擴門",謂非臨湘所屬官吏不得進入擴門以内區域。

例（三）及（八）爲第三層位的值班報告。兩天的責任人都是守獄門亭長辟。獄門是監獄本身的第一道關卡,簡 0772"獄門嗇夫辟間",知獄門由嗇夫負責管理,具體由獄門亭長專司把門及交通內外。簡云"常宿食牢獄門",即定崗在監獄守門的崗位上,吃住皆在此,屬於外圍警衛,不得隨意進入監獄內部。簡云"諸主守囚吏卒不出獄門,外人不入獄,毋爲通言語、爲姦詐及投書者"則反映當時的監獄所施行的是內外隔絶制度。守囚吏卒是負責監獄內衛的,所以不得隨意外出。外人(當包括外圍警衛)亦不得進入監獄牢房內。"毋爲通言語"是一項嚴格的規定,謂警衛人員不能肆意替囚犯傳話,即簡0509所云毋"爲囚通言語"。"爲姦詐"指各種不法行爲,"投書"指匿名信,二者皆爲獄政管理所禁止。《唐律·斷獄》規定甚詳:"諸主守受囚財物,導令翻異,及與通傳言語,有所增減者,以枉法論,十五匹加役流,三十匹絞;贓輕及不受財者,減故出入人罪一等;無所增減者,笞五十;受財者,以受所監臨財物論。其非主守而犯者,各減主守一等。"《疏議》曰:"'主守',謂專當掌囚,典獄之屬。受囚財物,導引其囚令翻異文辯,及得官司若支證外人言語爲報告通傳,有所增減其罪者,以枉法論,依無禄枉法受財,一尺杖九十,一匹加一等,十五匹加役流,三十匹絞。'贓輕',謂受贓得罪,輕於減囚罪一等者。'及不受財',唯通言語。'減故出入人罪一等',謂導令翻異及通傳言語出入囚死罪者,處流三千里;出入流罪以下,各減本罪一等之類。雖即教導及通傳言語,於囚罪無所增減者,笞五十。若無增減而受財者,以受所監臨財物論,一尺笞四十,一匹加一等,八匹徒一年。'其非主守而犯者',謂非監當囚人,而有外人導囚翻異,有所增減,各減主守罪一等:若受財,於主守贓上減一等;若不受財者,於囚罪上減二等;雖通言語,無所增減,笞四十。"唐律之規定,重視與囚通言語及其他姦詐行爲造成的後果,漢律未必如此詳細,但亦當有類似的條款。簡文"旦夕受餽擴門佐到",謂早、晚從擴門佐名叫"到"的手中接受供給囚犯陽的食物。具檢,封緘完備的封檢,表明送給囚犯的食物經檢查後已封緘蓋章。餘,《廣雅·釋詁四》:"盈也。"簡文所謂"餘食",乃指從所見食物中抽出一部分進行檢查。經開封檢查,"毋毒藥、兵刃、竄書",才能供給囚犯食用。竄,藏匿。《國語·周語上》"而自竄於戎、狄之間",韋昭注:"竄,匿也。"簡文"旦屬獄史吳,夕屬河人",謂供給囚犯的餐食,早晨轉交給獄史吳,傍晚則轉交給獄史河人。從報告所云"辟不入獄",表明守獄門亭長辟的任務其實只是對監獄外圍的警衛,不允許進入監獄內部。與第二層位一樣,第三層位的獄門亭也要説明“非臨湘吏毋入廷及毋問詔獄囚事者”。至此,此層位的任務即完成。

　　例（四）及（九）所見爲第四層位的報告。此層位已達監獄内部。報告由獄史吳和獄史河人共同負責。簡文“吳、河人牢監陽復作”,指獄史吳及河人在牢房區監督名叫陽的復作刑徒。牢,《釋名·釋宫室》:“獄,又謂之牢,言所在堅牢也。”簡文指牢房。復作,一歲徒刑。《漢書·王子侯表》“（平侯遂）坐知人盗官母馬爲臧,會赦,復作”,師古注:“有人盗馬,爲藏匿之,雖會赦,猶復作。復作者,徒役也。”《漢舊儀》:“男爲戍罰作,女爲復作,皆一歲到三月。”據簡文及《王子侯表》所見,男亦曰“復作”。覆,《爾雅·釋詁下》:“審也。”簡文“卒吏與囚居處”乃指負責牢房内衛的吏卒與囚犯同處牢房區内。故簡文云“諸守囚者不出獄門”,即平日不許隨意離開監獄。又云“外人毋入獄門者及爲囚通言語、爲姦【詐及投書者】”,再次强調監獄内外相隔絶的制度。其下當有簡文如簡0772所見“吳旦、河人夕,受囚餽獄門嗇夫辟闠所。餽盛以具檢,到獄,索餘食中毋毒藥、兵刃及竄書。已,乃予囚食。囚復朕,與俱。囚殻及所當得,應法不願遂亡,自殺傷。證不與囚相見,毋”,但此簡受囚餽於獄門嗇夫辟闠所,與例（三）“旦夕受囚餽廣門佐到廷所”的記載不合,當屬另外的一份報告,其内容或相類。例（九）所云“具致”之“致”指送餐通知書,性質與屬性與“檢”同,亦須封緘蓋章。“囚以朕”之“朕”或讀“免”,《國語·周語中》“左右免胄而下”,韋昭注:“脱也。”簡文或指囚犯進食時解脱部分刑具。“與俱”則謂監囚者必須在場看守。“囚殻及所當得應（應）法”或指給囚犯佩戴的刑具及其他待遇符合法律的規定。唐律也有類似的規定,如《唐律·斷獄》“諸囚應請給衣食醫藥而不請給,及應聽家人入視而不聽,應脱去枷、鏁、杻而不脱者,杖六十;以故致死者,徒一年。即減竊囚食,笞五十;以故致死者,絞”。《疏議》曰:“準《獄官令》:‘囚去家懸遠絶餉者,官給衣糧,家人至日,依數徵納。囚有疾病,主司陳牒,請給醫藥診療。’此等應合請給,而主司不爲請給及主司不即給;準令‘病重,聽家人入視’而不聽;及應脱去枷、鏁、杻而所司不爲脱去者:所由官司合杖六十。‘以故致死者’,謂不爲請及雖請不即爲給衣糧、醫藥,病重不許家人入視及不脱去枷、鏁、杻,由此致死者,所由官司徒一年。即減竊囚食者,不限多少,笞五十。若由減竊囚食,其囚以故致死者,減竊之人合絞。”

例（五）及（一〇）皆爲臨湘縣對其監獄管理的日常匯報，但責任人及角度不同。例（五）匯報的責任人是臨湘縣令。簡文所見“中尉丞”當指長沙國之中尉丞，是這份匯報文件的接受者。漢衛宏《漢官舊儀》卷下：“王國置太傅、相、中尉各一人，秩二千石，以輔王。”中尉設“丞一人，皆六百石”。⑦《漢書·何武傳》：“往者諸侯王斷獄治政，內史典獄事，相總綱紀輔王，中尉備盜賊。”簡文所見則王國中尉亦參與對監獄的管理。今僅見册書之第一簡，內容不全面，故所見匯報內容只是監獄最裏層之獄史及守囚卒的情況，表明他們始終堅守崗位，沒有離開獄門及不爲囚犯交通消息。例（一〇）的責任人是司空嗇夫禎。此司空當爲臨湘縣司空，文件的接受者爲臨湘縣廷。里耶秦簡屢見司空掌司法、管理刑徒事，其與縣丞及縣獄的關係，如：

> 或遝。廿六年三月甲午，遷陵司空得、尉乘□☑ Ⅰ
> 卒算簿☑ Ⅱ
> 廿七年八月甲戌朔壬辰，酉陽具獄〻史啓敢□□☑ Ⅲ
> 啓治所獄留須，敢言之。·封遷陵丞☑ （8-133 正）
> 八月癸巳，遷陵守丞陘告司空主，聽書從事☑ Ⅰ
> 起行司空☑ Ⅱ
> 八月癸巳水下四刻走賢以來。ノ行手☑ Ⅲ （8-133 背）

從此簡可看出，秦之縣丞代表縣廷給縣司空發出指令，然後縣司空執行，而由獄史具體辦理，表明縣司空參與對監獄的管理。例（一〇）所見西漢的情形當相類。《漢官儀》：“綏和元年，罷御史大夫官，法周制，初置司空。議者又以縣道官獄司空，故覆加‘大’爲大司空。”則縣道司空秦以來一直存在。簡文云“司空吏卒官屬及它吏卒毋入司空獄（？）擅來見獄中人，爲囚通言語”，亦表明司空吏卒掌外勤，監獄內部仍不能隨意出入。《周禮·大司寇》“以圜土聚教罷民”，注：“圜土，獄城也，聚罷民其中，困苦以教之爲善也。民不愻作勞有似於罷。”疏：“教之者，正謂夜入圜土，晝則役之司空，困苦則歸善。罷，謂困極罷弊，此圜土被囚而役，是不愻強作勞之民有似罷弊之人也。”西漢縣司空的職能當與此相類。

綜上，走馬樓西漢簡所見獄政設多重管理與警衛。外圍爲衛門與監獄共有的城門及城墻,由令史、獄史等負責巡行。第二層爲擴門,負責人爲嗇夫,由其佐具體管理。擴門或爲縣廷與監獄共用的通道門,亦可能是縣廷通向監獄的過道門。第三層是獄門,由獄門亭長把守。以上三層都屬於外圍警衛。最核心的部位是牢房區,由獄史率領獄卒把守,屬於内衛。平日裏,内外隔絶,外人不得入内,内部守衛的吏卒不得外出。監獄有嚴格的管理規定:供給囚犯的食物要經過嚴密的檢查才能送入,嚴禁攜帶毒藥、刀具、信件等入内,不許與囚犯交通信息,以防不測。因此,針對監獄管理,每天都産生五份以上的值班報告或彙總文件,我們也得以窺見當時監獄的大致面貌。

注　釋

① 簡號皆爲原始編號。

② 陳垣:《二十史朔閏表》,中華書局,1962 年。

③ 甘肅省文物考古研究所、甘肅省博物館、中國文物研究所、中國社會科學院歷史研究所:《居延新簡——甲渠候官》,中華書局,1994 年。本文簡稱"居延新簡"。

④ 長沙市文物考古研究所:《湖南長沙五一廣場東漢簡牘發掘簡報》(本文簡稱"《簡報》"),《文物》2013 年第 6 期。

⑤ 張家山二四七號漢墓竹簡整理小組:《張家山漢墓竹簡〔二四七號墓〕》,文物出版社,2001 年。本文簡稱"張家山漢簡"。

⑥ 長孫無忌等:《唐律疏議》,中華書局,1983 年。

⑦ 孫星衍:《漢官六種》,中華書局,1990 年,第 48 頁。

對走馬樓西漢簡"非縱火時擅縱火"的考察[*]

王　勇（湖南大學嶽麓書院）

　　長沙尚德街出土東漢簡牘中，212 號木牘殘片是法律條文的摘抄，其中有條是"非縱火時擅縱火，燒山林□司寇"。^①漢律明確規定，如果在非縱火的時間擅自縱火，焚燒到山林，縱火者要處以司寇的懲罰。但漢律"非縱火時擅縱火"的法理依據與具體含義如何，因爲沒有留下對律文的解釋，現在已經比較模糊。由於正在整理的走馬樓西漢簡中有份涉及失火案的司法文書，失火原因便是"非縱火時擅縱火"，故擬就此問題略陳管見。

一、走馬樓西漢簡中的失火案

　　走馬樓西漢簡中涉及失火案的司法文書，目前尚無法復原，其部分簡文如下：

　　　　七年正月戊寅朔戊子庫嗇夫縣行丞事告尉，謂南鄉不智何人非從（縱）火時擅從（縱）火，烾燔梅材、茭草，書到，益關吏卒徒求₀₁₃₈

　　　　七年三月丁丑朔癸未尉史充國敢言之：獄書曰，不智何人非從（縱）火時擅從（縱）火，烾燔梅材、茭草，書到，益關吏徒求捕。亡滿卅日不得報。今₀₁₉₄

　　　　謹求捕不智何人非從（縱）火時擅從（縱）火者，亡滿卅日不得。謁報。敢言之₀₁₉₂。

　　　　七年三月丁丑朔癸未臨湘令寅謂南鄉告尉，別治長賴、醴陵敢告

＊ 本文爲國家社會科學基金重大項目"長沙走馬樓西漢簡的整理與研究"（17ZDA181）階段性成果。

壽陵西山主,不智何人非從（縱）$_{0176}$火時擅從（縱）火,燼燔梅材、茭
草。不智何人亡滿卅日不得、出,駕論命不智何人耐爲隸臣。得、出,
有後請皆□□$_{0181}$

這幾枚簡牘屬同一文書,其中簡 0176 與簡 0181 似可連讀。文書中的七
年指的是長沙戴王劉庸七年,即漢武帝元狩元年（前 122 年）。當年正月
十一日行臨湘丞事的庫嗇夫繇發文臨湘尉,稱南鄉不知是誰"非縱火時
擅縱火",引起失火,火燒到了附近的梅材和茭草,要求其收到文書後,發
關吏徒排查並抓捕縱火者。當年三月初七臨湘尉史充國向縣廷匯報,稱
縱火者逃匿已經超過三十日,却仍未捕得。按照前引尚德街東漢簡所載
漢律,"非縱火時擅縱火",焚燒到山林,縱火者要處以司寇的懲罰。臨湘
南鄉的這位縱火者,由於逃匿滿三十日導致刑罰升級。臨湘令寅在接到
尉史充國上書的當天,再次發文,要求將緝拿文書中縱火者的罪名提高到
耐爲隸臣。

發生在西漢中期長沙國臨湘縣的這一失火事件,行臨湘丞事繇發文
要求臨湘尉發關吏徒抓捕縱火者是在正月十一日,而且在三月初七臨湘
尉史充國的上書,以及臨湘令寅的發文中,均明確提到這位縱火者已經逃
匿超過三十日。事件中所謂"擅縱火",最可能的發生時間應該是當年正
月初或前一年的十二月底。事件中因失火而受損的主要是梅材與茭草。
梅材在這裏可能是指人工栽培的用於結果實的梅樹,《周禮·地官·委
人》"委人掌斂野之賦,斂薪芻,凡疏材木材,凡畜聚之物",賈公彥疏"疏
是草之實,材是木之實",[2]茭草則是做飼料的乾草。可見,失火應該是在
離聚落不太遠的原野中擅縱火導致的。從官府排查三十餘日仍沒有找到
縱火者看,縱火者應該不是在自己的農田上燒田,或其他跟自己有權屬關
係的場地上縱火,其縱火對象很可能是無主的林邊隙地或稀疏林地。

二、"非縱火時擅縱火"無關時禁

走馬樓西漢簡所載失火事件是在原野中縱火導致的,而且司法文書
中反復强調係"非縱火時擅縱火",很容易讓人聯想到唐律對"非時燒田
野"的懲處。《唐律疏議·雜律篇》"失火及非時燒田野"條載:"諸失火
及非時燒田野者笞五十。"本注:"非時,謂二月一日以後、十月三十日以

前。若鄉土異宜者,依鄉法。"疏議曰:"'失火'謂失火有所燒,及不依令文節制而非時燒田野者,笞五十。其於當家之內失火者,皆罪失火之人。注云'非時,謂二月一日以後、十月三十日以前。若鄉土異宜者,依鄉法',謂北地霜早,南土晚寒,風土亦既異宜,各須收穫總了,放火時節不可一準令文,故云'各依鄉法'。"③唐代規定在二月一日至十月三十日之間禁止燒田野,違反者不管是否造成失火,都要笞五十。

唐代對"非時燒田野"的懲處屬於時禁的範疇。《禮記·王制》載:"昆蟲未蟄,不以火田。"孔穎達疏:"昆蟲未蟄,不以火田者,謂未十月之時,十月則得火田……今俗放火張羅,從十月以後至仲春皆得火田。"④所謂火田,即是用焚燒林萊的方式驅獸圍獵。《王制》中"昆蟲未蟄,不以火田"與"獺祭魚,然後虞人入澤梁。豺祭獸,然後田獵。鳩化爲鷹,然後設罻羅。草木零落,然後入山林"並列,遵循的都是"取物必順時候"的原則。這一點在後來宋真宗詔書的表述中可以看得很清楚。宋代延續了唐代十月結束後方能燒田野的規定。《宋史·食貨志》載真宗大中祥符四年"令十月後方得焚燒野草詔"曰:"火田之禁,著在《禮經》,山林之間,合順時令。其或昆蟲未蟄,草木猶蕃,輒縱燎燔,則傷生類。諸州縣人畬田,並如鄉土舊例,自餘焚燒野草,須十月後方得縱火。"⑤強調此舉是爲了"合乎時令"。至於二月以後禁止焚燒山林,月令更有直接的要求。《禮記·月令》載,仲春之月,"是月也,毋竭川澤,毋漉陂池,毋焚山林",鄭玄注:"順陽養物也。"⑥

月令在漢代的地位及其對當時政治與制度構建的影響,學界已有過細緻的考察。⑦秦漢法律中也有關於時禁的內容。如雲夢睡虎地出土秦律《田律》:"春二月,毋敢伐材木山林及雍(壅)隄水。不夏月,毋敢夜草爲灰,取生荔、麛鷇(卵)彀,毋□□□□□□毒魚鱉,置穽罔(網),到七月而縱之。唯不幸死而伐綰(棺)亭(槨)者,是不用時。"⑧律文規定自二月開始即不許砍伐山林、阻斷流水、焚燒草木、捕捉幼鳥幼獸、探取鳥卵、毒殺魚鱉、設置陷阱和羅網,至七月方解除禁令,野生動植物及其棲息地在春夏兩季受到國家法令保護。張家山出土漢初《二年律令·田律》也有類似規定:"禁諸民吏徒隸,春夏毋敢伐材木山林,及進〈壅〉隄水泉,燔草爲灰,取產麛(麛)卵鷇(彀);毋殺其繩重者,毋毒魚。"⑨然而,前面指出走馬樓西漢簡記載的失火事件中,所謂的"擅縱火"最可能發生在正月初,其次是前一年的十二月底。按照《禮記・月令》的要求與唐律"非時燒田野"的規定,這恰恰是在可以燒田野的期間。由此看來,漢律"非縱火時擅縱火"與唐律"非時燒田野"的立法依據很可能不是一回事。

那麼這是否由於漢唐兩代的時禁在月份上存在差異呢？我們注意到,敦煌懸泉置出土西漢元始五年(5 年)《四時月令詔條》仲春月令"毋焚山林"條後注:"謂燒山林田獵,傷害禽獸□蟲草木……［正］月盡……"⑩如果"毋焚山林"的禁令確實始於正月,則走馬樓西漢簡所載縱火事件就發生在當時禁焚山林期間。然而,詔條這裏的"正月"不無疑問,據整理者注釋,條文中"正"字殘泐,最初曾誤釋爲"四",在比照其他各條後,疑全句當爲"從正月盡八月"。⑪經查看圖版,從字形上看,這個字與"四"相當接近。整理者提出疑問,可能是看到《四時月令詔條》中各條月令的禁止時限一般用"盡某月"表示從當月到某月止,或者表述爲"從某月盡某月",這時當月在前後兩某月之間,如果"毋焚山林"的時禁始於四月,則無法將仲春包括在內。但《四時月令詔條》顯然要以月令爲主要依據,同時參照其他儒家經典確定。而《周禮・夏官・大司馬》"遂以搜田……火弊,獻禽以祭社",鄭玄注"火弊,火止也。春田主用火,因焚萊除陳草,皆殺而火止";⑫《周禮・夏官・牧師》載其職"孟春焚牧"。⑬如果要求正月始即"毋焚山林",則與《周禮》的規範存在衝突。而且"毋焚山林"在《禮記・月令》《吕氏春秋・十二紀》《淮南子・時則》中都是仲春月令,《四時月令詔條》中孟春、仲春月令各條的禁止時限都是當月開始"盡某月","毋焚山林"照理不應例外。

參照《四時月令詔條》中孟春月令"毋築城郭"條後注:"謂毋築起城郭也……三月得築,從四月盡七月不得築城郭。"⑭頗懷疑詔條中"毋焚山林"的時限可能是"三月得焚,從四月盡某月不得焚山林",即從當月開始到某月,但三月例外。這樣,無需將條文中的"四"改釋爲"正",也符合詔條的表述方式,而且《周禮・夏官・司爟》稱"司爟掌行火之政令,四時變國火,以救時疾。季春出火,民咸從之;季秋内火,民亦如之";⑮《禮記・郊特牲》"季春出火,爲焚也",鄭玄注"謂焚萊也",⑯三月焚林是合乎經典的。唯一的問題是,圖版中"傷害禽獸□蟲草木"與"四(正)月盡"間的空白,似乎容不下"三月得焚從"五個字。但《四時月令詔條》出土時已經破碎,拼合和修補時難免存在問題。整理者在注釋月令條文時,多次提到"從《修補本》某行移來","《修補本》誤拼在某行下",而且在注釋第"九五行"時提到《修補本》將'中二千石下郡太守諸侯相'一句殘塊與上文拉開很大距離"。[17]因此,圖版中"四(正)月盡"殘塊與"傷害禽獸□蟲草木"間的距離不一定是詔條破碎前的原始距離。

仔細比較法律條文,可以發現漢律"非縱火時擅縱火"與唐律"非時燒田野"的懲處對象其實存在差異。唐律中"非時燒田野"與"失火"並列,"非時燒田野者笞五十",其懲處在於"非時",不管是否引起失火。而漢律"非縱火時擅縱火,燒山林□司寇",其懲處主要在於擅自縱火導致的失火行爲,並不是縱火行爲本身。《周禮·夏官·司爟》:"凡國失火,野焚萊,則有刑罰焉。"漢人鄭玄注:"野焚萊,民擅放火。"强調對"野焚萊"的懲處在於"擅放火"。唐人賈公彦將之與時禁聯繫在一起,疏曰:"野焚萊有罰者,大司馬仲春田獵云'火弊',鄭云:'春田主用火,因除陳生新。'則二月後擅放火則有罰也。"[18]但孫詒讓指出,鄭玄所説其實可能不是指搜狩,"民間擅放火焚萊,則有刑罰。此禁蓋四時通有,不徒二月以後、十月以前也"。[19]古代學者對"野焚萊,則有刑罰焉"的不同理解,有可能就是體現了漢唐兩代在"野焚萊"的需求以及管理上的差異。

三、縱火與漢代南方地區的農業生產習俗

縱火焚燒山林、原野在先秦時期相當普遍。除了驅獸圍獵,在墾荒整地上,焚燒林萊也是最有效的方式,這兩者往往又是聯繫在一起的。用火驅逐野獸,會將長滿雜樹野草的獵場燒成空地,這種空地又適合被利用來墾辟農田。而且農業發展初期,由於耕墾工具落後,人們普遍采用刀耕火種的方式,即便是農業發展到一定階段後,焚燒田地裏的雜草與莊稼殘餘部分做肥料仍然長期存在。唐律"失火及非時燒田野"條規定"若鄉土異宜者,依鄉法",疏議指出是由於"北地霜早,南土晚寒,風土亦既異宜,各須收穫總了,放火時節不可一準令文",這裏針對的應該就是莊稼收穫後,焚燒秸秆,化草爲糞的措施。由於南北各地氣候條件、地理環境相異,莊稼收穫時節不同,故而禁止"燒田野"的時限需要根據各地農作的情況有所調整。

"依鄉法"的補充規定,反映了在通常情況下,唐代"非時燒田野"的禁令同樣適用於農業生產上的燒田。而西漢《四時月令詔條》仲春月令

"毋焚山林"條後注:"謂燒山林田獵,傷害禽獸□蟲草木。"由於注解的目的是使詔條的内容更加明確,從而方便執行,這説明漢代"毋焚山林"的時禁針對的其實只是圍獵害生的行爲。之所以有這種區别,前引宋真宗大中祥符四年詔書給了我們啓示。該詔書提到"諸州縣人畬田,並如鄉土舊例",將畬田排除在"十月後方得縱火"的範圍之外。畬田是采用刀耕火種方法耕作的農田。宋范成大《勞畬耕》詩序:"畬田,峽中刀耕火種之地也。春初斫山,衆木盡蹶。至當種時,伺有雨候,則前一夕火之,藉其灰以糞。明日雨作,乘熱土下種,即苗盛倍收。"⑳畬田燒地的時間大都在春季,而且要根據雨候,與"十月後方得縱火"的時禁存在衝突。漢代月令"毋焚山林"不針對農業生産上的燒田,可能就在於當時刀耕火種仍有相當規模。

漢代南方地區有不少火耕的記載,尤其是西漢時期。《史記・平準書》載武帝元鼎年間關東河災後詔曰:"江南火耕水耨。令饑民得流就食江淮間,欲留,留處。"㉑火耕水耨出現在武帝詔書中,代表了官方對當時江南地區農作方式的概括。《鹽鐵論・通有》記載:"荆、揚……伐木而樹穀,燔萊而播粟,火耕而水耨,地廣而饒材。"㉒萊是輪休的田地,《周禮・地官司徒・縣師》"而辨其夫家人民田萊之數",鄭玄注:"萊,休不耕者。郊内謂之易,郊外謂之萊。"㉓也指叢生的灌木雜草。《詩・小雅・楚茨》序"田萊多荒",孔穎達疏:"田廢生草謂之萊。"㉔撂荒後的田地,重新利用時采用"燔萊"的方式,其實也就是火耕。火耕自然是一種比較落後的農作方式,但放火焚燒後的土壤十分疏鬆,不用鋤頭鬆土就可以下種或移栽作物;以焚燒的茂草爲灰肥,直接播種於灰中,一般也可以不再使用其他肥料,勞動效率還是不低的,因而有其存在的價值。

里耶秦簡 8-355:"[黔]首習俗好本事不好末作,其習俗槎田歲更,以異中縣。"㉕槎有"斫"意,也用於指樹或農作物砍、割後留下的短樁。原始的刀耕火種在砍伐樹木時往往要保留樹幹或樹樁,這樣做既是圖省力與方便,更重要的是利於樹木再生,因爲刀耕火種在抛荒後下一輪砍種依然要依靠再生林的繁茂。槎田的所謂"槎",估計就是得名於刀耕火種田中砍伐樹木後留下的樹樁。由於刀耕火種主要利用林木的灰燼,起初耕地砍種一年後就要抛荒,因而槎田必須"歲更"。槎田是落後的刀耕火種之田,但適應遷陵地處深山叢林,人口稀疏的社會特徵。里耶秦簡 9-22:

"廿八年正月辛丑朔丁未,貳春鄉敬敢言之:從人城旦皆非智(知)篷田
殹,當可作治縣官府。謁盡令從人作官府及負土、佐甄,而盡遣故佐負土
男子田。及乘城卒,諸黔首抵皋(罪)者皆智(知)篷田,謁上財(裁)自敦
遣田者,毋令官獨遣田者。謁報。敢言之。"㉖篷田即槎田。遷陵縣貳春
鄉嗇夫敬請求安排不知道耕作槎田的新來刑徒從事作官府、負土等勞役,
而讓抵罪的本地百姓及其他知道耕作槎田者從事田作。可知即便是秦人
進來後,遷陵百姓習慣的這種農作方式仍然沒有被淘汰,而且秦政府在當
地墾辟的官田也有不少采用了這種農作方式。

　　連續耕作的大片農田由於地表及周邊的樹木清除得比較乾净,儘管
在農田内焚燒秸秆、雜草也可能導致失火,這種危險性還不是太大。但焚
燒林萊,稍有疏忽便可能釀成災禍。《左傳》桓公七年"焚鹹丘",杜預注
"焚,火田也",孔穎達疏引李巡、孫炎皆云"放火燒草,守其下風"。㉗當時
狩獵放火要安排人守在下風方向,就是擔心火勢蔓延無法控制。對我國
南方少數民族原始農業的調查顯示,刀耕火種民族在選擇耕地時,一般是
"選擇森林的邊沿、隙地或林木比較稀疏的林地進行砍種",因爲"林間隙
地或邊沿地帶,也有較厚的腐殖黑土,人們又可以把灌木和小樹砍倒,甚
至可以把周圍的枯枝敗葉扒過來,曬乾焚燒後用作肥料"。㉘這些地帶林
木豐茂且方便砍伐,却很容易導致山火,所以燒地時必須非常小心。事實
上,他們在燒地上也積累了豐富的經驗。爲了防止山火蔓延,燒地之前要
先開防火道,把山地周圍兩米左右寬地帶内的灌木雜草清除乾净;點火要
先從高處點起,再在兩邊燒一點,然後從下往上燒,這樣山火就不會無邊
際蔓延。另外,燒地時往往大家一齊出動,分派到地四周監視火情,防止
發生火災。㉙

　　漢律既然有"非縱火時擅縱火"的規定,説明當時其實有縱火的需
求,以及對縱火行爲進行規範的必要。這種需求當主要集中於南方地區,
當時長江流域尚處在初步開發階段,不管是焚林開墾耕地,還是刀耕火種
下的燒地,都比較普遍。而進行規範的必要,就在於焚燒林萊可能導致失
火的危險。所謂"非縱火時擅縱火",既然與時禁無關,應該主要就是針
對刀耕火種中焚燒林萊的行爲。漢代已經很懂得珍惜山林資源,爲了防
止山火及任意毀林,大概是禁止百姓擅自放火焚燒林萊的。可能需要在
約定俗成的時間,大家一齊出動以監視火情。或者需要在焚燒林萊前向

鄉里吏員報備,然後確定合適的時間,在其監管下進行。不過,由於當時焚燒林萊相當普遍以及對墾荒的鼓勵,漢代對於縱火的管控也不是特別嚴厲,"非縱火時擅縱火",只有在"燒山林",即導致失火的情況下,才對縱火者施以刑罰。漢代主要針對農業生產的"非縱火時擅縱火"與針對田獵的"毋焚山林"時禁,發展到唐代逐漸合一,以"非時燒田野"囊括避免田獵害生與收穫後燒田兩方面的内容,在一定程度上體現了漢晉南朝以來長江流域農田拓展以及連種制普及的成果。

回到走馬樓西漢簡記載的失火事件,"非縱火時擅縱火"行爲發生在正月初或十二月底,這其實不是刀耕火種常見的燒地時間。刀耕火種下的燒地一般在三月到五月間進行,過早的話,燒成的火灰容易流失且生長雜草,過遲則會影響整地和播種。當然,燒地的時間除了選擇好的天氣外,具體還是得根據林木的情況。比如,"獨龍族的原始森林地一般在頭年秋收前砍伐,在天氣乾爽的冬天焚燒,只有這樣才能燒掉巨大的樹幹"。至於拋荒後能長出較大的樹木的林地(樣伯),以及拋荒後能長出中等樹木的林地(樣沙)則可以在春天焚燒。[30]走馬樓西漢簡所載失火事件,從縱火時間看,縱火者焚燒的有可能是原始林地,是爲了焚林開荒導致的失火。

注　釋

① 長沙市文物考古研究所:《長沙尚德街東漢簡牘》,嶽麓書社,2016 年,第 221 頁。
②《周禮注疏》,《十三經注疏》,中華書局,2009 年,第 1607 頁。
③ 劉俊文撰:《唐律疏議箋解》,中華書局,1996 年,第 1892—1893 頁。
④《禮記正義》,《十三經注疏》,第 2776 頁。
⑤《宋史》,中華書局,2004 年,第 4162 頁。
⑥《禮記正義》,《十三經注疏》,第 2949 頁。
⑦ 邢義田:《月令與西漢政治——從尹灣集簿中的"以春令成户"説起》,《新史學》第 9 卷第 1 期,1998 年;楊振紅:《月令與秦漢政治再探討——兼論月令源流》,《歷史研究》2004 年第 3 期。
⑧ 睡虎地秦墓竹簡整理小組編:《睡虎地秦墓竹簡》,文物出版社,1990 年,第 20 頁。
⑨ 張家山二四七號漢墓竹簡整理小組:《張家山漢墓竹簡〔二四七號墓〕》,文物出版社,2001 年,第 42—43 頁。

⑩ 中國文物研究所、甘肅省文物考古研究所編:《敦煌懸泉月令詔條》,中華書局,2001 年,第 5 頁。

⑪ 中國文物研究所、甘肅省文物考古研究所編:《敦煌懸泉月令詔條》,第 19 頁。

⑫《周禮注疏》,《十三經注疏》,第 1805—1806 頁。

⑬《周禮注疏》,《十三經注疏》,第 1860 頁。

⑭ 中國文物研究所、甘肅省文物考古研究所編:《敦煌懸泉月令詔條》,第 5 頁。

⑮《周禮注疏》,《十三經注疏》,第 1821 頁。

⑯《禮記正義》,《十三經注疏》,第 3140 頁。

⑰ 中國文物研究所、甘肅省文物考古研究所編:《敦煌懸泉月令詔條》,第 36 頁。

⑱《周禮注疏》,《十三經注疏》,第 1821 頁。

⑲ 孫詒讓:《周禮正義》,中華書局,2008 年,第 2401 頁。

⑳ 范成大:《石湖居士詩集》,商務印書館,1937 年,第 158 頁。

㉑《史記》,中華書局,2003 年,第 1437 頁。

㉒ 王利器:《鹽鐵論校注》,中華書局,2011 年,第 41—42 頁。

㉓《周禮注疏》,《十三經注疏》,第 1567 頁。

㉔《毛詩注疏》,《十三經注疏》,第 1003 頁。

㉕ 陳偉主編:《里耶秦簡牘校釋(第一卷)》,武漢大學出版社,2012 年,第 136 頁。

㉖ 陳偉主編:《里耶秦簡牘校釋(第二卷)》,武漢大學出版社,2018 年,第 33—34 頁。

㉗《春秋左傳注疏》,《十三經注疏》,第 3807 頁。

㉘ 李根蟠、盧勳:《中國南方少數民族原始農業形態》,農業出版社,1987 年,第 53—54 頁。

㉙ 尹紹亭:《人與森林——生態人類學視野中的刀耕火種》,雲南教育出版社,2000 年,第 237 頁。

㉚ 李根蟠、盧勳:《中國南方少數民族原始農業形態》,第 58 頁。

荆州胡家草場西漢墓 M12 出土的簡牘

蔣魯敬　李志芳(荆州博物館)

　　爲做好荆州紀南生態文化旅游區相關工程建設的文物保護工作,經國家文物局批准,荆州博物館於 2018 年 11 月在郢城遺址東 980 米的岳山村四組胡家草場墓地發掘了一批古墓葬。其中,編號爲 M12 的一座西漢墓出土了一批簡牘,經過室内揭取清理,共有竹、木簡牘 4642 枚,大部分裝在竹笥内,保存較好,字迹較清晰。根據以往簡牘内容分類和此批簡牘的部分篇題,大致可以分爲歲紀、曆、日至、律令、醫藥、日書和遣册。現按其内容的不同簡要揭示如下。

一、歲紀

　　這部分竹簡全部散亂。從竹簡形制來看,有窄簡和寬簡兩種形制。窄簡長 27.5 釐米、寬 0.6 釐米,寬簡長 27.5 釐米、寬 1 釐米。兩類簡皆有三道編繩,契口在竹簡右側,部分竹簡的簡背有刻劃線。篇題"歲紀"寫在一枚寬簡之上,第一道編繩之上的簡首位置有"⌐"符號。

　　窄簡所記内容爲秦昭王元年至秦始皇時的秦大事記,每年一簡,單欄書寫。有的年份記月日,有的則不記月日,據《史記·六國年表》"獨有秦記,又不載日月,其文略不具",推斷簡文可能與"秦記"有關。

　　寬簡所記内容爲秦二世至漢文帝時的漢大事記,每年一簡,按月分欄書寫。《漢書·藝文志》有"漢大年紀五篇",簡文中的漢代大事記可能即與此有關。寬簡尚有空白簡若干。

十四年,大勝韓、魋,殺公孫喜伊闕(關)。(簡 1415,見附圖一,插頁圖版壹)

《史記·秦本紀》:"(昭襄王)十四年,左更白起攻韓、魏於伊闕,斬首二十四萬,虜公孫喜,拔五城。"公孫喜又見於《史記·秦本紀》"昭襄王七年"。

《史記·白起王翦列傳》:(昭王十四年)白起爲左更,攻韓、魏於伊闕,斬首二十四萬,又虜其將公孫喜,拔五城。起遷爲國尉。涉河取韓安邑以東,到乾河。

《史記·韓世家》:釐王三年,使公孫喜率周、魏攻秦。秦敗我二十四萬,虜喜伊闕。

《史記·魏世家》:(昭王)三年,佐韓攻秦,秦將白起敗我軍伊闕二十四萬。

《史記·六國年表》:(昭襄王)十四年,白起擊伊闕,斬首二十四萬。(魏昭王)三年,佐韓擊秦,秦敗我兵伊闕。

睡虎地秦簡《編年記》簡 13 壹:十三年,攻伊闕。簡 14 壹:十四年,伊闕。或認爲"闕"即"闕",或認爲""闕"即"間"。①

卅二年,行在碣石。　　　　　　　　　　（簡 19,見附圖一,插頁圖版壹）

《史記·秦始皇本紀》:三十二年,始皇之碣石。

《史記·六國年表》:三十二年,帝之碣石,道上郡人。

九年,正月,立趙王,丙寅,赦殊死以下。

二月,大役(疫)。

七月,以丙申朔,朔日食,更以丁酉。（簡 18,見附圖一,插頁圖版壹）

《漢書·高帝紀》:九年……春正月,廢趙王敖爲宣平侯。徙代王如意爲趙王,王趙國。丙寅,前有罪殊死以下,皆赦之。……夏六月乙未晦,日有食之。

胡家草場 M12 出土的竹簡"歲紀",可與《史記》《漢書》等相關内容互相對照,尤其是秦大事記部分,又可與睡虎地秦簡《編年記》相參照。竹簡"歲紀"的發現,爲認識秦昭王至漢文帝時的相關史實提供了新的更加豐富的史料。

1975 年,湖北雲夢睡虎地秦墓 M11 出土了一批竹簡,其中有 53 枚出土時捲成一卷,記錄了秦昭王元年（前 306 年）至秦始皇三十年（前 217 年）期間的國家大事,其中大多爲戰事。有的年份,也記有以墓主"喜"爲中心的家族之事。其中喜本人的記錄較多,包括出生、傅以及從軍、爲吏等事,有如自傳和年譜,因爲是編年記載,整理者稱作"大事記"或"編年記"。②

荆州印臺墓地九座西漢墓出土大批西漢簡牘,内容有"編年記",類似睡虎地秦墓竹簡《編年記》,所見有秦昭(襄)王、始皇帝和西漢初年的編年、史實。③所謂的"編年記"即 M60 出土的竹簡,有篇題"葉書"。④

2004 年底,荆州松柏 M1 出土西漢木牘 63 塊,根據内容,分爲七類,第三類是"葉書",記載秦昭襄王至漢武帝七年歷代帝王在位的年數。⑤

李零先生認爲印臺和松柏漢墓簡牘中的篇題"葉書"應讀"牒書",其實就是世表、年表和月表一類東西,就是司馬遷説的譜牒。⑥陳偉先生進而指出"葉書"的"葉"實應讀爲"世"。葉(世)書,應是與《國語》"世"、《周禮》"世繫"以及秦漢時流行的《世本》大致類似的文獻,爲記叙世繫之書。⑦胡家草場 M12 出土的此類竹簡有篇題"歲紀",其與"編年記"、"葉書"的關係尚需進一步研究。

二、曆

曆簡全部爲竹簡,有 101 支。簡長約 46 釐米,三道編繩,契口在竹簡右側,簡背有刻劃。除第一支簡簡首無數字,其餘 100 支簡每支簡首皆有數字,爲竹簡編號。書題"曆"在首簡簡背,首簡書寫十月、十一月至後九月月份名。有編號的竹簡自上而下分欄書寫,每支簡都有分欄劃痕,分十二欄,文字寫在分欄刻劃綫下,遇有閏月,在第三道編繩下的簡尾寫閏月的朔日干支。"曆"簡記載了從漢文帝後元元年(前 163 年)起,下推至公元前 64 年之間的每月朔日干支。通過與《中國先秦史曆表》"秦漢初朔閏表"與《西周(共和)至西漢曆譜》對照,大部分朔日干支相吻合,部分略有出入。如簡 703 推算的公元前 105 年的朔日干支,與《中國先秦史曆表》"秦漢初朔閏表"對照,朔日干支完全吻合(表一)。簡 684 推算的公元前 157 年 9 月的朔日干支爲"丁卯",《中國先秦史曆表》"秦漢初朔閏表"爲"戊辰"(表二)。

《漢志》數術略有"曆譜"類,羅振玉在《流沙墜簡》中以"曆譜"命名年曆一類的簡牘,後來鄧文寬以爲《漢志》"曆譜"是"曆"和"譜"合稱,建議將此類簡牘命名爲"曆日"。⑧書題"曆"的首次發現,對於此類簡文的正名無疑具有重要的意義。

表一　簡703與《中國先秦史曆表》"秦漢初朔閏表"、《西周(共和)至西漢曆譜》前105年朔日干支對比⑨

	曆	十月	十一月	十二月	正月	二月	三月	四月	五月	六月	七月	八月	九月	後九月
《中國先秦史曆表》"秦漢初朔閏表"	實	己巳	己亥	己巳	戊戌	戊辰	戊戌	丁卯	丁酉	丙寅	丙申	乙丑	甲午	甲子
	顓	庚午	庚子	庚午	己亥	己巳	戊戌	戊辰	丁酉	丁卯	丙申	丙寅	乙未	乙丑
	殷	辛未	庚子	庚午	己亥	己巳	戊戌	戊辰	戊戌	丁卯	丁酉	丙寅	丙申	乙丑
	漢	辛未	辛丑	庚午	庚子	己巳	己亥	戊辰	戊戌	丁卯	丁酉	丙寅	丙申	乙丑
	初													
《西周(共和)至西漢曆譜》		辛未	辛丑	庚午	庚子	己巳	己亥	戊辰	戊戌	丁卯	丁酉	丙寅	丙申	乙丑
簡703		辛未	辛丑	庚午	庚子	己巳	己亥	戊辰	戊戌	丁卯	丁酉	丙寅	丙申	乙丑

表二　簡684與《中國先秦史曆表》"秦漢初朔閏表"、《西周(共和)至西漢曆譜》前157年朔日干支對比⑩

	曆	十月	十一月	十二月	正月	二月	三月	四月	五月	六月	七月	八月	九月	後九月
《中國先秦史曆表》"秦漢初朔閏表"	實	辛丑	辛未	庚子	庚午	庚子	己巳	己亥	己巳	戊戌	戊辰	丁酉	丁卯	
	顓	壬寅	壬申	辛丑	辛未	庚子	庚午	己亥	己巳	戊戌	戊辰	丁酉	丁卯	
	殷	壬寅	壬申	壬寅	辛未	辛丑	庚午	庚子	己巳	戊戌	戊辰	丁酉		
	漢	癸卯	壬申	壬寅	辛未	辛丑	庚午	庚子	己巳	己亥	戊辰	戊戌	戊辰	
	初												丁卯	
《西周(共和)至西漢曆譜》		癸卯	壬申	壬寅	辛未	辛丑	庚午	庚子	己巳	己亥	戊辰	戊戌	丁卯	
簡684		癸卯	壬申	壬寅	辛未	辛丑	庚午	庚子	己巳	己亥	戊辰	戊戌	丁卯	

三、日至

　　"日至"簡有102支,形制與曆譜簡一致,簡長約46釐米,三道編繩,契口在竹簡右邊,簡背有刻劃,與"曆"簡相同,"日至"簡每支簡的簡首亦有數字,簡首數字即竹簡的編號,部分竹簡簡首殘斷,編號缺失。第一支簡首有圓形墨點,概述"立冬、冬至、立春、春分、立夏、夏至、立秋、秋分"八個節氣所在的月份。前兩支簡雙面書寫,其餘簡單面書寫。第二支簡簡背第一道編繩下有書題"日至",因其自有標題,暫將其單獨列出爲一類。除第一支簡外,其餘竹簡的簡文自上而下分八欄書寫,分別記載了對應年份八個節氣的干支。"日至"簡記載了從漢文帝後元元年(前163年)起,下推至公元前64年之間的每年冬至等八個節氣干支。

日至　　　　　　　　　　　　　　　(簡2723背,見附圖二,插頁圖版貳)

冬至　立春　春分　立夏　夏至　立秋　秋分　【立冬】
　　　　　　　　　　　　　　　(簡2723正,見附圖二,插頁圖版貳)

五　乙亥　庚申　丙午　壬辰　丁丑　癸亥　己酉　甲午(簡613)

卅六　丁巳　癸卯　己丑　甲戌　庚申　丙午　辛卯　丁丑
　　　　　　　　　　　　　　　　　　　　　　(簡2728)

簡613、2728中的五、卅六爲簡首序號,兩簡分別爲公元前159年和公元前128年的冬至等八個節氣干支。

四、律令

律令類竹簡長約30釐米,寬約0.5釐米,竹簡有三道編繩,簡背有斜綫刻劃。律令類竹簡均有目録和篇題。

律類目録簡分欄書寫,每簡所書律名三個或四個不等,目録簡的最後一簡有一個小結,如"·凡十四律"(見附圖三,插頁圖版叁)、"·凡十三律"。

律類篇題單獨寫在一支簡上,簡首有圓形墨點,如"·爵律"、"·行書律"(見附圖三,插頁圖版叁)。張家山M247《二年律令》的律名篇題單獨寫在一支簡上,篇題前有方形墨塊。[⑪]

張家山M247有律名27個,睡虎地M77有律名39個,[⑫]胡家草場M12與張家山M247、睡虎地M77相同的律名有倉律、金布律、關市律、興律、效律、置吏律、傳食律、行書律、亡律、具律、雜律、賊律、盜律、告律、捕律、錢律、均輸律、復律、賜律、户律、置後律、爵律等。新發現的律名有外樂律、蠻夷律等。

與律類目録簡相同,令類目録簡也分欄書寫,令類目録簡所見令名有:令甲、令乙、令丙、令丁、令戊、壹行令、少府令、功令、蠻夷卒令、衛官令、市事令。從令名名稱的順序“甲、乙、丙、丁、戊”來看,目錄簡的書寫順序應是橫向書寫,目錄簡的最後也有小結,如“·凡十一章”(見附圖四,插頁圖版肆)。

與律類篇題簡相同,令類篇題簡也單獨書寫在一支簡上,簡首有圓形墨點,如“·令甲”(2369)、“·令丁”(2118)、“·令戊”(2082)。(見附圖四,插頁圖版肆)

需要注意的是,此次發現的律令目錄簡所記律名和令名的排列順序,是否即簡文的排列順序,需待全部簡文編排後才能確定。

《漢書·刑法志》“及孝武即位,律、令凡三百五十九章”,胡家草場M12 出土的律令類簡牘,是繼睡虎地秦簡 M11、張家山 M247 和睡虎地M77 漢簡之後,又一次大量發現的簡牘法律文獻,爲認識漢律對秦律的傳承、漢律的比較研究、推進秦漢律令體系的復原等提供了新的資料,具有珍貴的價值。⑬

五、醫藥

醫藥類簡長 27—30 釐米、寬約 0.6 釐米,三道編繩。醫藥簡字體在所有簡文中最草率。有目錄和篇題,目錄簡有兩套,第一套目錄由 10 支簡組成,按順序記錄 45 個名稱,每簡分欄書寫,前 5 支簡自上而下分 5 欄書寫,後 5 支簡每簡分 4 欄書寫,目錄書寫順序爲橫向書寫。第二套目錄簡由 6 支簡組成,共有 30 個名稱,每簡自上而下分 5 欄書寫,目錄書寫順序亦是橫向書寫。篇題簡有圓形墨點,圓形墨點上有數字,數字和墨點都位於簡首的第一道編繩上方。

按照《漢書·藝文志》“醫經、經方、房中、神仙”分類,從內容來看,一部分簡牘可能與“婦人嬰兒方”等經方內容相關。如:

·巳閒,先久疾上三壯,取牡搗矢美棗,飢乳計孰摩,小未能飲,以涂其母乳=(乳,乳)之。　　　　　　　　　　(見附圖五,插頁圖版伍)

還有一部分內容類似於周家臺秦簡中的“病方”,帶有濃厚的巫祝性質。如:

·字難者,取夫弱,左手持杯,令病者南鄉(嚮)坐,禹步三步,呼:睪(皋)!祝曰:前有深淵,中有美人,欲出不能,以弟爲媒,即予病＝者＝（病者，病者）以左手受，歙（飲）之，即倍（背）去之。

（簡 760+759，見附圖五，插頁圖版伍）

六、日書

1. 五行日書

日書屬於《漢志》數術略"五行"類。"日書"書題首見於雲夢睡虎地 11 號秦墓，其後又見於孔家坡漢簡《日書》、睡虎地 77 號漢墓和北大藏漢簡《日書》，在傳世文獻中似未見有同類書題。⑭胡家草場 M12 發現有篇題"五行日書"（簡 1082），單獨占一簡，簡長 27.5 釐米、寬 0.5 釐米。簡文分上下兩欄書寫，上欄爲木、火、土、金、水所對應的時稱，時稱名稱如蚤食（時）、人鄭與周家臺秦簡二十八時稱相同，大晨、東中和莫（暮）市三個時稱則不見於周家臺秦簡二十八時稱，下欄爲五行之間的相産相勝。

木之時從大晨至蚤（早）食1631上。火之時從蚤（早）食至東中1626上。土之時從東中至莫（暮）市1624上。金之時從莫（暮）市至人鄭（定）1625上。水之時從人鄭（定）至大晨1623上。

五行：刑德一日五用，周而有始1631下。五産：木産火＝（火，火）産土＝（土，土）産金＝（金，金）産水＝（水，水）産木＝（木，木）勝土＝（土，土）勝水＝（水，水）勝火＝（火，火）1626下勝金＝（金，金）勝木＝（金，金）勝木1624下。五者，更相産，更相勝也1625下。子從母曰羕＝（羕，羕）十二日1623下。

（見附圖六，插頁圖版陸）

2. 詰咎

書題詰咎位於簡 1835 背，内容與睡虎地秦簡《日書》甲種"詰"篇近似，所不同的是在簡首有一内容提要，如室寒、鬼召人宫。

室寒　凡夏大暑，一内中毋故而寒，不可入，是胃黝龍居之。乃取牡棘焚（焚）之於内中，則黝龍出矣。

（簡 1831+1834，見附圖七，插頁圖版柒）

鬼召人宫　凡鬼恒召於人之宫，是胃虚鬼無居，而忘（妄）譯（呼）及其召也，而投之以白石，則不敢復召矣。

（簡 1867+1877，見附圖七，插頁圖版柒）

3. 建除

無篇題,簡文先羅列建、除、盈、平、定、執、破、危、成、收、開、閉十二名在一年十二月中所值日支,然後分述十二神煞所值日支的吉凶宜忌之事,如娶妻嫁女、飲藥除疾、築室、祭祀、爲官等,内容與睡虎地秦簡《日書》甲種"秦除"、放馬灘秦簡《日書》甲種"建除"、孔家坡漢簡《日書》"建除"近似。因此,本篇與孔家坡漢簡《日書》"建除"性質相同,都屬於秦的建除。爲認識此類《日書》在楚地的流傳、全面了解秦漢之際數術文化和民間習俗等增加了新的資料。

·冬十二月,建丑,除寅,盈卯,平辰,定巳,執午,破未,危申,成酉,收戌,開亥,閉子　　　　　　　　　　（簡 1702,見附圖八,插頁圖版捌）
平日,可以取妻、禱祠、傷客;可以起事、入人。

　　　　　　　　　　　　　　　　　　　　（簡 1706,見附圖八,插頁圖版捌）

七、遣册

遣册全部散落在頭箱,長約 23 釐米,較厚,簡背竹青面色澤較新鮮,没有發現編繩和契口,下葬時可能没有編聯。

肉三筍。　　　　　　　　　　　　　（簡 3551,見附圖九,插頁圖版玖）
醬杯廿。　　　　　　　　　　　　　（簡 3559,見附圖九,插頁圖版玖）

2019 年 8 月初稿
2019 年 9 月修改

附圖一　歲紀簡
（窄簡長 27.5 釐米、寬 0.6 釐米，
寬簡長 27.5 釐米、寬 1 釐米）

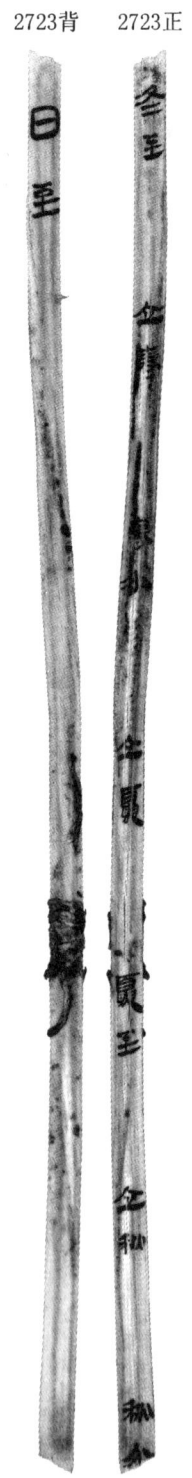

附圖二　日至簡篇題與簡文
（簡長約 46 釐米、寬 0.7 釐米）

附圖三　律類簡目録與篇題
（簡長約 30 釐米、寬約 0.5 釐米）

附圖四　令類簡目録與篇題
（簡長約 30 釐米、寬約 0.5 釐米）

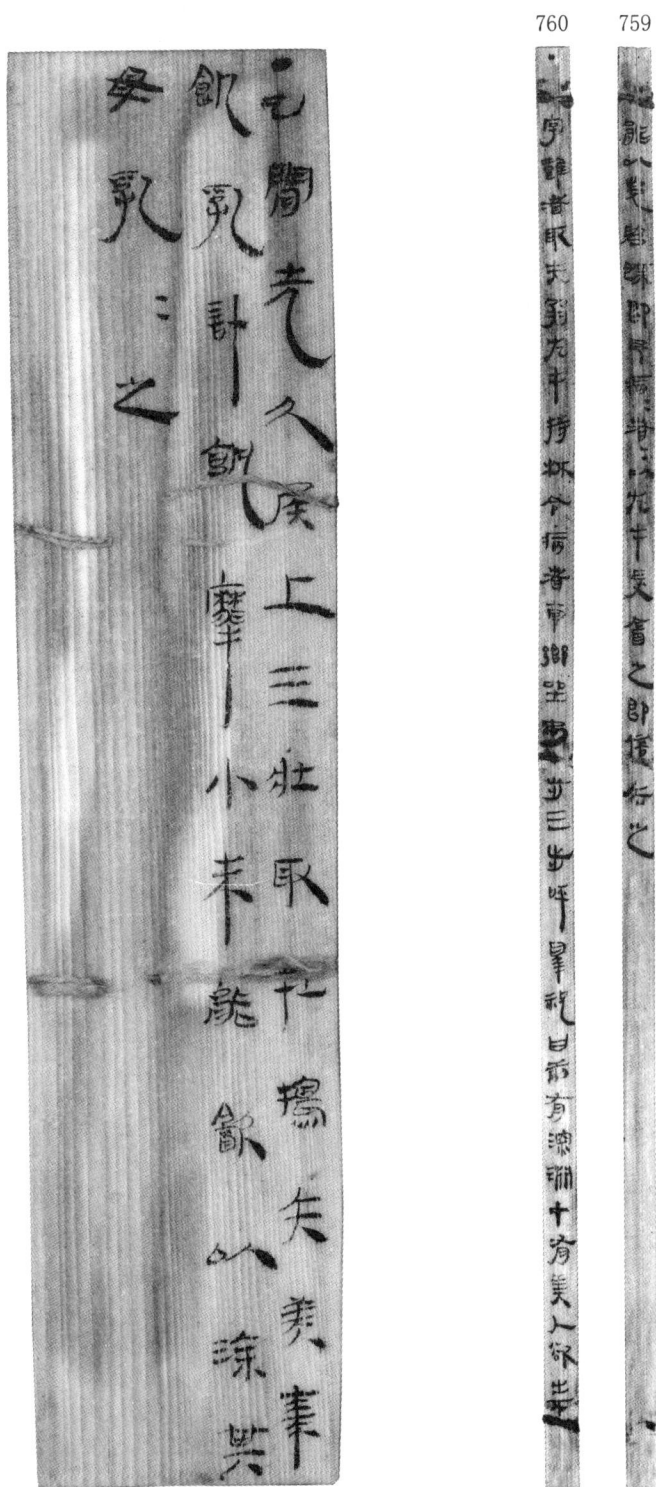

附圖五　醫藥簡

（簡長 29.2 釐米、寬 0.6 釐米；牘長 23.2 釐米，上端寬 5.6 釐米、下端寬 5.2 釐米）

附圖六　五行日書簡
（簡長 27.5 釐米、寬 0.5 釐米）

附圖七　詰咎簡
（簡長 27.5 釐米、寬 0.5 釐米）

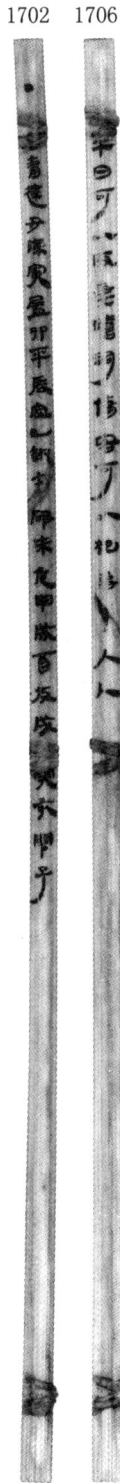

附圖八　建除簡
（簡長 27.5 釐米、寬 0.5 釐米）

附圖九　遣册
（簡長約 23 釐米、寬 0.6 釐米）

注　釋

① 相關論述參看陳偉:《秦簡牘合集》,武漢大學出版社,2014 年,第 14 頁。

② 孝感地區第二期亦工亦農文物考古訓練班:《湖北雲夢睡虎地十一號秦墓發掘簡報》,《文物》1976 年第 6 期,第 1—10 頁;雲夢秦墓竹簡整理小組:《雲夢秦簡釋文(一)》,《文物》1976 年第 6 期,第 12—13 頁;睡虎地秦墓竹簡整理小組:《睡虎地秦墓竹簡(綫裝本)》,文物出版社,1977 年;睡虎地秦墓竹簡整理小組:《睡虎地秦墓竹簡》,文物出版社,1978 年;《雲夢睡虎地秦墓》編寫組:《雲夢睡虎地秦墓》,文物出版社,1981 年,第 14 頁。

③ 鄭中華:《印臺墓地出土大批西漢簡牘》,滕壬生主編:《荆州重要考古發現》,文物出版社,2009 年,第 207 頁。

④ 李零:《視日、日書和葉書——三種簡帛文獻的區别和定名》,《文物》2008 年第 12 期。

⑤ 荆州博物館:《湖北荆州紀南松柏漢墓發掘簡報》,《文物》2008 年第 4 期。

⑥ 李零:《視日、日書和葉書——三種簡帛文獻的區别和定名》,《文物》2008 年第 12 期。

⑦ 陳偉:《秦漢簡牘〈葉書〉芻議》,《簡帛》第十輯,上海古籍出版社,2015 年。

⑧ 晏昌貴、廉超:《簡帛數術的發現與研究: 1949—2019》,《華中師範大學學報(人文社會科學版)》2019 年第 3 期。

⑨ 張培瑜:《中國先秦史曆表》,齊魯書社,1987 年,第 240 頁。

⑩ 徐錫祺:《西周(共和)至西漢曆譜》,北京科學技術出版社,1997 年,第 1473—1474 頁。

⑪ 張家山二四七號漢墓竹簡整理小組:《張家山漢墓竹簡〔二四七號墓〕(釋文修訂本)》,文物出版社,2006 年。

⑫ 熊北生、陳偉、蔡丹:《湖北雲夢睡虎地 77 號西漢墓出土簡牘概述》,《文物》2018 年第 3 期。

⑬ 陳偉:《論嶽麓秦簡法律文獻的史料價值》,《武漢大學學報(哲學社會科學版)》2019 年第 2 期。

⑭ 晏昌貴、廉超:《簡帛數術的發現與研究: 1949—2019》,《華中師範大學學報(人文社會科學版)》2019 年第 3 期。

西漢早期女性隨葬文書探略[*]

——以江陵地區爲例

陳美蘭（暨南國際大學中國語文學系）

前　言

　　研究先秦兩漢婦女史，早期多半只能根據傳世古書，但不容否認的是，古書記載女性的數量遠遠不如男性，司馬遷撰《史記》通古貫今，記錄了三千年多少人物，但女性人物卻是寥寥無幾，除了爲漢初吕后獨立《吕太后本紀》，其他女性多散見於世家、列傳，作爲配角出場。即使後來有了劉向編纂的《列女傳》，結集上百位女性人物的生平事迹，但該書編纂旨在教化，^①讀者很難從中看見古代女性較爲真實的生活面貌，這是無法克服的材料限制。百年來，大量的出土文獻面世，甲骨、青銅器、簡帛等材料記載不少史册闕如的女性相關信息，爲古代婦女史研究增添豐富的材料，十分珍貴。

　　近數十年，西方性別（gender）研究風潮盛行，逐漸受到考古學、古代史、文學等各領域學者的重視，不獨研究古代婦女史的人多了，切入視角也變得更爲多元，李伯謙先生曾説：

　　　　墓葬是研究性別問題很好的材料，但同時也要對居址、生産工具、生活用具、儀仗、裝飾品等遺迹、遺物給予足夠的注意。這些材料中透露出的有關性別及其關係的信息，對我們的研究來説，可能是更

---

　　* 本文爲專題計劃"從'知死'到'知生'——性別視野下的古代墓葬文書研究"（MOST 108-2410-H-260-023-MY2）研究成果之一。初稿題名《事死如事生——西漢早期女性隨葬文書探略》，曾於 2018 年 12 月 7 日在中興大學中國文學系舉辦的 2018 經學與文化學術研討會上宣讀。

爲直接、更爲關鍵的。②

這段文字指引學者研究古代婦女史的不同路徑,除了傳世古書、出土文獻,最直接的研究材料莫過於墓葬。人終必一死,墓葬體現了生者對待死者的態度,《禮記・中庸》云:"事死如事生,事亡如事存,孝之至也。"③ "事死如事生"一向是中國古代喪禮的核心觀念,對喪家而言,不只表達對死者的敬意,實際上也是展現喪家權勢財力的時機。④《荀子・禮論》也説:"喪禮者,以生者飾死者也,大象其生以送其死也,事死如生,事亡如存,終始一也。"⑤古人秉持"事死如生"的治喪觀念,爲使死者入土爲安,墓葬的隨葬物品即使不是死者生時的"實録",⑥也多半是某種程度的再現,此點有助於後人了解古人生活的樣貌。

以先秦兩漢爲例,貴族隨葬物品中,除了禮器、生活器物、明器之外,有時還伴隨簡帛材料,簡帛内容可略分爲文獻、文書兩類:文獻指書籍類内容;文書包含内容較廣,除了記載隨葬清單的遣册或衣物疏之外,⑦他如墓主名刺、律令類、日書、簿籍、書信、各式隨葬品的封檢、簽牌等,⑧不一而足。秦漢以後的墓葬,更見具備宗教性質的隨葬文書,如告地書、鎮墓文、買地券等。⑨目前秦漢以前所見女性墓葬,尚未看到隨葬文獻類簡帛的例子,多見的是文書類,如遣册、告地書等。藉由這些珍貴的文字記載或實物,我們對古代女性生活的理解得以更爲具體。

本文以西漢早期女性墓葬的隨葬文書作爲主要考察對象,兼及相關的墓葬内容,時間下限在漢武帝之前,地域則以古代江陵地區(今荆州市)爲範圍。⑩據此時空條件,目前蒐集六座女性墓葬,以下先略述墓葬及隨葬文書概況,再析論隨葬文書的情況及相關問題。

一、江陵地區西漢早期六座女性墓葬隨葬文書略述

本文涉及的隨葬文書記有"江陵丞",江陵是個古老的地名,在不同時代指涉的範圍略有差異,古稱江陵含今日湖北省荆州市的轄區,今日所謂江陵僅指荆州市轄下的縣治,廣狹有别,本文采廣義者。本文所考察的六座西漢早期女性墓葬,依其大約年代序列如下:謝家橋一號漢墓(以下簡稱"謝家橋 M1")、高臺十八號漢墓(以下簡稱"高臺 M18")、毛家園一號漢墓(以下簡稱"毛家園 M1")、鳳凰山一六九號、九號、一六七號漢墓

（以下簡稱“鳳凰山 M169、M9、M167”）。這些女性墓葬所出的文書散見於各發掘簡報，爲便於討論，本節先概述如下。

（一）謝家橋 M1

2007 年 11 月，荆州博物館爲搶救被盗掘的古墓，進行考古發掘，此墓地點在今荆州市謝家橋。據簡報指出，該墓出土 208 枚竹簡，内容爲遣册，其中 197 枚爲具體清單，11 枚爲分類統計，目前只公布少數幾枚；另有 3 枚竹牘，與較早公布的高臺 M18、毛家園 M1（詳後）的形式相仿，整理者名之爲“告地書”，⑪牘文内容如下：⑫

1. 五年十一月癸卯朔庚午，西鄉辰敢言之：郎中［五］大夫昌自言：母大女子恚（？）死，以衣器、葬具及從者子、婦、偏下妻、奴婢、馬牛物，人一牒₌（牒，牒）百九十七枚。昌家復無有所與，有詔令謁告地下丞以從事。敢言之。　　　　　　　　　　　　　　　（M1∶1）

2. 十一月庚午，江陵丞虎移地下丞，可令吏以從事。
臧手。　　　　　　　　　　　　　　　　　　　　　（M1∶2）

3. 郎中五大夫昌母家屬當復無有所與。　　　　　　（M1∶3）⑬

由於墓主人屍體已朽，只存骨架，牘書内容若能揭示墓主身份，益顯珍貴，整理者根據上引書牘指出：“該墓下葬於西漢吕后五年（前 183 年）十一月二十八日，墓主人爲女性，名恚。”至於墓主人的真實身份，據牘文内容“郎中五大夫昌母”，恚之子昌是官吏，“郎中”是漢代官名，“五大夫”則爲爵稱，漢初爵稱繼承秦二十等爵，“五大夫”屬第九級，自來對漢沿秦爵制衆説紛紜。⑭有學者主張這類文書的官爵往往是虛擬，旨在爲死者祈福。不過，若從謝家橋 M1 的墓葬規模及隨葬品來看，至少此墓主之子五大夫昌未必是虛擬，詳下文討論。⑮

（二）高臺 M18

二十世紀九十年代，湖北江陵紀南村高臺鄉一帶發掘四十餘座秦漢時期的墓地，⑯其中已發表的西漢早期女性墓葬且有隨葬文書的是 M18，此墓出了四方木牘，内容包含告地書與遣册，兹據墓葬發掘報告編次引録如下：⑰

4. 安都　　　安陵丞印　　　　　　　　　　　　　　　（M18：35-甲）

5. 七年十月丙子朔［庚子］,中鄉起敢言之,新安大

  女燕自言與大奴甲乙、［大］婢妨徙安都,謁告安都,受

  ［名］數,書到,爲報,敢言之。

  十月庚子江陵龍氏丞敬移安都丞　　✓亭手　　　　（M18：35-乙正）

  　　　　　　　　　　　　　　　　　　産手　　　　（M18：35-乙背）

6. 新安戶人大女燕關内侯寡

  大奴甲

  大奴乙

  大婢妨　　　家復不算不徭　　　　　　　　　　　（M18：35-丙）

7. 壺一雙　　　　　鬆杯二雙一奇

  盛一雙　　　　　閜一雙

  鉈一雙　　　　　椑虒（榹）二雙

  檢（奩）一合　　　五角囊一

  卮一合　　　　　黄金囊一

  畫杯三雙　　　　脯一束　　　　　　　　　　　　（M18：35-丁）

墓主已腐朽無存,[18]例5"大女"是判斷墓主性别的依據。又例5"七年十月丙子朔庚子"即西漢文帝前元七年十月二十五日,相當於公元前173年。[19]

這四方木牘提供後人考證墓主身份的若干訊息：首先,墓主是名爲"燕"的女性,她死後要帶着奴婢移至地下世界——"安都"。[20]至於墓主的身份,學者或據例6考證,新安人氏燕乃是"關内侯寡",表示她生前乃某位關内侯的寡妻,不過"關内侯"爲漢爵第十九級,僅次於"列侯",故有學者據M18的墓葬規模以爲不符該爵級應有的榮寵,所以又有不同解釋：如燕乃某關内侯之妾或其封邑内之住户等。[21]近年還有更新的詮釋,如賈麗英先生認爲"告地書"是冥世文書,那麼"冥世文書最重要的目的,是爲死者在地下世界謀求幸福美好的生活,可以叫做祈求冥福。在祈福的過程中,采用誇大、虛擬的方式是此類文書通用的特點"。[22]此説恐怕還存在可議之處,目前所見女性墓葬的告地書除了高臺M18,他如謝家橋M1女性墓主恚是"郎中五大夫昌"之母,"五大夫"爲第九級爵,遠低於高

臺 M18 的"關內侯",但悥的隨葬器物數量遠超過燕,[23]按上引賈文的推論,巫者"虚擬"謝家橋 M1 悥的身份時,署以"關內侯"或高於"五大夫"的其他爵級毋寧是更符合悥的墓葬規模。因此,這類告地書的爵稱究竟是虛擬還是實録,還有待更多新出材料檢驗。

(三) 毛家園 M1

江陵毛家園 M1 發掘於 1985—1986 年之間,隨葬器物約 230 件,記載遣册的竹簡有 74 枚,[24]詳細發掘簡報未見,墓主遺體狀況亦不明,目前已發表者僅木牘一枚,其内容如下: [25]

8. 十二年八月壬寅朔己未,建鄉疇敢告地下主,
　　□陽關內侯寡大女[26]精死,自言以家屬、馬牛徙。今牒書所與
　　徙者七十三牒移。此家復不事。可令吏受數以從事,它如律令。
　　敢告主。

此牘内容形式與上文所介紹的兩例相近,尤其可與高臺 M18 墓主"大女燕"對照,例 8 將"關內侯寡"寫在"大女精"之前,比例 6 語序史清楚説明墓主精的身份,"關內侯"前的"□陽"雖難辨識前一字,但視爲地名應該不成問題,地名"□陽"可能實指死者生前所居地。此墓尚未見詳細的發掘報告,遣册内容及隨葬器物種類不明,除了牘文之外,無法進一步推敲墓主的相關事宜。

(四) 鳳凰山 M169

接下來三座女性墓葬皆出於江陵鳳凰山,只是挖掘整理的時間不同,我們先看隨葬文書紀年較早的 M169。

M169 的詳細墓葬信息雖尚未公布,不過考古學者根據墓葬分布指出:"168 號墓與 169 號墓爲異穴並列的夫妻合葬墓。"[27]由於 M169 信息不明,[28]不妨先了解關係密切的 M168。M168 墓主的身份見隨葬告地册木牘記載"市陽五夫(大夫)隊",其玉印作"遂",知"遂"乃墓主之名,其遺體外觀猶保存完整,年齡約當六十歲,據牘文"十三年五月",學者考訂爲漢文帝前元十三年,即公元前 167 年。[29]M169 與 M168 爲夫妻異穴墓,故暫依 M168 隨葬木牘的具體紀年排列。

目前只公布了 M169 的 55 枚竹簡,内容記載隨葬物品的清單(見表一):㉚

表一　M169 竹簡記載隨葬物品清單

輧車一乘,有蓋,御一人,巾一$_1$	七寸卑(椑)庑(槭)五隻(雙)$_{19}$	☑大□二枚,盛酒$_{36}$
☑ 牡 牛一,有車一乘,件(牛)者一人$_2$	食卑(椑)庑(槭)一隻(雙)$_{20}$	☑□□一,盛□$_{37}$
☑□車一$_3$	卵檢(奩)一$_{21}$	白犬一$_{38}$
☑□□車□一$_4$	☑檢(奩)二合$_{22}$	土哭(器)一$_{39}$
驪牡馬二匹$_5$	☑盛二合$_{23}$	☑五枚$_{40}$
謁者一人$_6$	□鎣(盌)一,盛澤(醳);又一,盛□;又一,盛將(漿)$_{24}$	□二枚$_{41}$
侍(持)疏(梳)比(篦)一人$_7$	般(盤)粗(俎)一$_{25}$	□□一枚$_{42}$
養童☑$_8$	木壺一隻,盛醪$_{26}$	□一$_{43}$
養女子一人$_9$	☑大櫎一$_{27}$	□一$_{44}$
小兒一人$_{10}$	☑圜(圓)□(瞥?)一,銅鈞一$_{28}$	□隻$_{45}$
□襪(牒)一,有一人坐$_{11}$	☑困=一$_{29}$	□五隻$_{46}$
田者三人$_{12}$	甀一$_{30}$	前(剪)一枚,有橐㉜$_{47}$
小卮一$_{13}$	盎一$_{31}$	□□一$_{48}$
☑卮一$_{14}$	釜二口$_{32}$	肉蒬(籢)一$_{49}$
□栖(杯)十隻(雙)㉛$_{15}$	小盂一枚$_{33}$	魚蒬(籢)一$_{50}$
醬栖(杯)五隻(雙)$_{16}$	☑□盂一$_{34}$	采(菜)蒬(籢)一$_{51}$
□栖(杯)五隻(雙)$_{17}$	☑□罌(罌)二枚,盛肉醬、豆醬$_{35}$	橐四枚$_{52}$
尺卑(椑)庑(槭)五隻(雙)$_{18}$		□巾一$_{53}$
		縞大因(茵)一$_{54}$
		溥(韝)土(靯)一$_{55}$

單看 M169 的遺册,無法體現此墓主的特點,我們將在下一節與 M168 比較説明。

(五)鳳凰山 M9

關於鳳凰山 M9 的墓主性别,得先略爲説明。由於 M9 人骨已腐朽,故無法從遺體判斷墓主性别。此墓出土隨葬文書有兩種:一種是竹簡,八十枚,内容爲遺册,可惜保存較差,字迹多模糊;另一種是木牘,有三片,共殘存 77 字。我們先看三片木牘,兹列出釋文如下:㉝

<blockquote>
月戊申朔壬戌,安陸守丞
謹上十六年付縣中短
言之。
逮丞行爲郡買馬。
</blockquote>

(1 正)

郢人手　　　　　　　　　　　　　　　　　　　（1背）

戊申朔壬戌,安陸守丞縮敢言

六年受郡中長牧二牒,敢　　　　　　　　　　　（2正）

寄手　　　　　　　　　　　　　　　　　　　　（2背）

戊申朔壬戌,安陸守丞

謹上十六年受縣中長

之。　　　　　　　　　　　　　　　　　　　　（3正）

這三方牘文無法通讀,整理者根據形制及出土時的狀況判斷:"這三片木牘當年似經截切。又牘片的缺口形狀與八號墓車器木片零件缺口很相似,出土時也是和此墓車器零件在一起,疑爲以此作了木車明器零件之用"、"很像是一種底稿。故隨葬時用它作了車器零件,可見此墓的死者有可能即安陸守丞縮或其家屬"。[34]又據三牘內容互相補證,以爲這是"下白上"的文書,"是安陸守丞縮於十六年某月戊申朔壬戌寫給其上司的公文",牘文"十六年"乃指漢文帝十六年,即公元前 164 年。如果簡報推測屬實,這三方本來可能證明墓主身份的材料,就有待商榷了。

具體指出墓主性別者,如黃盛璋先生曾推測 M9 墓主爲女性,其理由有二:

（1）棺內南端彩繪彩奩內裝梳一把,銅鏡兩個,粉盒兩個,此種粉盒一見於馬王堆一號墓,二見於《樂浪》所記漢墓,皆和銅鏡、梳奩等梳妝用品同裝於漆奩內,後兩墓死者都是女性。（2）木桶（引案:桶當作俑）19 件,除二件爲男俑外,餘 17 件皆爲女性,同出遣册亦多記"大婢×操×"。這兩點都可説明死者是女性。[35]

黃先生十分敏鋭地觀察到 M9 與 M8 的關係,指出兩墓遣册所記內容與格式基本相仿,而 M8 遣册竹簡數量是 M9 的一倍,他認爲"8 號墓雖無絕對年代可考,但根據遣册字體、內容與記載格式等和 9 號完全一致,如後文所考,他們可能是夫婦關係"。[36]黃先生判斷 M9 墓主爲女性的理由,（1）應是合理的,（2）則未必,M8 遣册記載八名"大婢"操"柤（鋤）"（編號 63—70）,比 M9 的四名"大婢"多一倍,我們斷不能據此説 M8 的墓主也是女性。另有一種隨葬器物或可作爲判別的參考——帶鈎,此物在古代多爲男性使用,[37]以已發表的鳳凰山漢墓爲例,出現銅帶鈎的有 M8、M10、M168,[38]這三座墓主的性別皆是男性無疑,M9 則無銅帶鈎,此或可作爲黄文的旁證。至於 M8、M9 是否爲夫妻關係,目前的材料恐怕還不足論斷,姑存疑。

M9 有 69 枚記載隨葬物品清單的竹簡,其内容如下(見表二):[39]

表二　M9 竹簡記載隨葬物品清單

大婢□,侍$_1$	柯(椆)一隻(雙)$_{24}$	卵一落(笿)$_{47}$
大婢□,侍$_2$	醬杯十隻(雙)$_{25}$	肉一笥$_{48}$
大婢□,侍$_3$	傷(觴)杯十隻(雙)$_{26}$	脯一笥$_{49}$
大婢□,承巾$_4$	黑杯十五隻(雙)$_{27}$	小囊笥一$_{50}$
大婢㥾,承疏(梳)比(篦)$_5$	尺卑(椑)虒(槭)五隻(雙)$_{28}$	綉小囊一,盛豆$_{51}$
大婢守,承疏(梳)比(篦)$_6$	炙卑(椑)虒(槭)五隻(雙)$_{29}$	赤綉小囊一,盛豆$_{52}$
大婢紫,養,操□$_7$	梔(?)□隻(雙)$_{30}$	赤綉小囊一,盛□$_{53}$
大婢□,養,操□$_8$	大脯檢(奩)一合$_{31}$	白綉小囊一,盛□□$_{54}$
大奴衆,謁者,操戟$_9$	小脯檢(奩)一合$_{32}$	白綉小囊一,盛□$_{55}$
大奴□,[謁者],操戟$_{10}$	膾檢(奩)一合$_{33}$	□綉小囊一,盛□$_{56}$
大奴戴,田,操臿(鍤)$_{11}$	大二斗卮一,有蓋,盛醪$_{34}$	錦綉囊五,□囊☑$_{57}$
大婢女巳,田,操枏(鋤)$_{12}$	□斗卮一,有蓋,盛□$_{35}$	大□。凡廿八物$_{58}$
大婢足,田,操枏(鋤)$_{13}$	三斗檳一$_{36}$	□小巾□□□□$_{59}$
大婢意,田,操枏(鋤)$_{14}$	將(漿)罋一$_{37}$	□□□□一$_{60}$
大婢信,田,操枏(鋤)$_{15}$	沐罋一$_{38}$	小□□一$_{61}$
軺車一乘,有蓋$_{16}$	□罋一$_{39}$	□□二□□$_{62}$
馬二匹$_{17}$	□罋一$_{40}$	□一$_{63}$
薄(韠)土(靯)一$_{18}$	瓦般(盤)一$_{41}$	□□一。　三□□□□$_{64}$
大奴冣,御$_{19}$	瓵、瓮各一$_{42}$	□□□$_{65}$
大奴獲,馬僕,操鉤$_{20}$	竃,有二□$_{43}$	□□□$_{66}$
牛車一乘,載桑薪三束$_{21}$	魚一落(笿)$_{44}$	□□$_{67}$
大奴園,牛僕,操鉤$_{22}$	雙一落(笿)$_{45}$	□□$_{68}$
大奴☑$_{23}$	筍一落(笿)$_{46}$	□$_{69}$

(六) 鳳凰山 M167

關於 M167 墓主的性別判斷,發掘簡報描述:"死者爲一老年女性。"至於墓葬時代,雖然隨葬物品裏有遣册竹簡,但缺乏明確的紀年内容,整理者根據此墓與 M10、M168 的墓制、隨葬器物組合基本相同,故將墓葬時代定在文景時期(前 179 年—前 141 年)。[40]

M167 有 74 枚記載隨葬物品清單的竹簡,其内容如下(見表三):[41]

表三　M167 竹簡記載隨葬物品清單

軺一乘[1]	大脯檢(奩)一枚[25]	藍(鹽)器一[49]
騮牡馬二匹,齒六歲[2]	三斗壺二枚[26]	辧(瓣)醬一器[50]
御者一人[3]	尺卑(椑)虎(槭)六枚[27]	赤綉囊一,盛薰[51]
紃(紫)蓋一[4]	墨栖(杯)廿枚[28]	青奇(綺)囊一,盛[52]
謁者二人[5]	小柂(厄)一枚[29]	青奇(綺)囊一,盛芬[53]
侍女子二人,大婢[6]	醬柂(厄)一枚[30]	綉囊一,盛八千金[54]
賁(側)侍女子二人,綉衣大婢[7]	傷(觴)栖(杯)卅(卅)枚[31]	五穀囊一,綉[55]
養女子二人,綉衣大婢[8]	大枏(楬)一枚[32]	素綉囊一,盛萬九千金[56]
牛者一人,大奴一人[9]	一斗檢(奩)一枚[33]	繒笥合中繒直(值)二千萬[57]
女子二人,侍(持)疏(梳)枇(篦),綉大婢[10]	二斗檢(奩)一枚[34]	薄(鞴)土(靯)一枚[58]
牛=(牛、牛)車一乘[11]	緒(紵)卑(椑)虎(槭)一隻(雙)[35]	稻稱(糯)米二石[59]
𥝵(耕)大奴四人[12]	食卑(椑)虎(槭)一隻(雙)[36]	粢秫二石[60]
横(側)大婢四人[13]	膾卑(椑)虎(槭)二□[37]	稻糒(糒)米二石[61]
小奴一人,持□□□[14]	瓦盂一枚[38]	粢粺米二石[62]
大奴一人,持鍤[15]	一石缶二枚[39]	稻粺米二石[63]
小奴二人,持釪[16]	漿甄二枚[40]	扇一枚[64]
大盛一合[17]	竈(竈)一枚[41]	杗(匕)箸笥一枚[65]
柯(閜)二枚[18]	囷一枚[42]	固魚一枚[66]
醬栖(杯)卅枚[19]	盇二枚[43]	鞠(麯)笭一枚[67]
盂四枚[20]	酒甄二枚[44]	茜(栗)笭一枚[68]
炙卑(椑)虎(槭)四枚[21]	釜一枚[45]	栂(梅)笭一枚[69]
小盛二合[22]	甂一枚[46]	李笭一枚[70]
柂(匜)一枚[23]	肉醬一器[47]	生栂(梅)笭一枚[71]
小脯檢(奩)一枚[24]	酤酒一器[48]	卵笭一枚[72]
		采(菜)笭一枚[73]
		𥱥笭一枚[74]

二、六座女性墓葬隨葬文書的情況及相關問題

　　以上六座江陵地區西漢初年女性墓葬所見的隨葬文書,約可分爲兩類:一是告地書,一是遣册。從目前公布的材料看來,兩類皆備的是謝家橋 M1、高臺 M18、毛家園 M1,鳳凰山三座墓葬則只出遣册。[42]此六座女性墓葬已發表的材料不盡齊備,本節主要針對上述兩類隨葬文書所呈現的情況加以析論。

　　我們先談告地書。

　　關於隨葬文書中的告地書,已經累積不少研究成果,這類材料多見於西漢早期兩湖一帶,西漢中期也見於江蘇,[43]陳松長先生歸納此類文書有若干基本要素:起首有具體時間,有專門官吏負責呈報,有"敢言之"這類

上行文書語,有地下丞或安都丞之類的報告對象,報告內容多爲名籍與隨葬人物清單,有"受數"、"書到爲報"、"受數毋報"等公文用語,最後有文書書寫者署款等,對照里耶秦簡,可見此類文書格式乃照搬秦代官府文書。[44]從目前可見的材料看來,這類文書的主人不拘男女。

本文所討論的三位女性墓主分別是恚、燕、精,從文書的內容可發現一個現象:牘文內均出現"自言"的字眼,但敍事主語有別,謝家橋 M1 是由墓主恚的兒子(五大夫昌)發言,高臺 M18、毛家園 M1 則是由墓主燕、精發言。關於這類"自言",在里耶秦簡未面世之前,黄盛璋先生早就指出,西漢早期告地書的"自言"乃模仿漢代官府文書,漢代人民向地方官吏申請若干文書時,要先由本人説明事由,官吏再據申請人"自言"代請,以示徵信。[45]告地書是向冥間報告的文書,從冥間角度來看,來者自報家門甚爲合理,但上述三名女性墓主告地書的"自言"者却出現非墓主、墓主兩種身份,這種歧異也許還有深究的必要。[46]

我們先看非墓主"自言"的例子。據黄盛璋先生的推論,告地書應當也充分展現"事死如事生"的傳統觀念,如此説來,謝家橋 M1 由墓主恚之子告地下丞,似乎也不難理解,古代女性出嫁從夫,夫死從子,由兒子出面治喪,天經地義,再從謝家橋 M1 其他未正式公布的材料看來,恚還有兩子是第五等爵"大夫"、一子是第四等爵"不更",[47]"五大夫昌"顯然是恚的四子之中爵等最高的,恚的告地書由昌出面,也許還有一個更合於禮制的原因:昌是長子,[48]這有待更多的資料公布才能細究。

至於墓主"自言"的燕、精二人呢? 無獨有偶的,這兩位墓主都是"關內侯寡",上文提到,有學者認爲這類文書虛擬誇大的成分居多,從隨葬文書也可看出,恚遷徙陰間的陣仗遠大於燕、精,尤其高臺 M18 的墓主精,不只木牘記載的隨從(奴婢三人)、隨葬品數量少,墓葬實際的隨葬品也只有陶器、漆木器共 38 件,[49]再考以墓葬形制,整理者將 M18 列爲丙類墓——低爵官吏墓,[50]精很可能是低爵官吏的家屬,賈麗英先生認爲告地書稱"關內侯"是虛擬,看來的確不無道理。不過,即使冠以"關內侯"是爲死者祈福而虛擬誇大,但爲什麽是"寡"的身份? 若死者之夫已先離世,這的確符合"寡"的稱呼,果真如此的話,只能理解爲家屬爲死者的亡夫加官進爵了,否則豈不成了死後改嫁? 其次,對照謝家橋 M1 告地書,其敍事主語是墓主恚之子,但燕、精則是墓主"自言",關於墓主"自言"還有一例,鳳凰山 M168 告地書"十三年五月庚辰,江陵丞敢告地下丞: 市陽五夫(大夫)燹自言與大奴良……",[51]上文已提到,鳳凰 M169、M168 是夫妻墓,M168 墓主是約 60 歲的男性。[52]對照這幾件"自言"類的告地書,如果没有謝家橋 M1 的材料面世,我們或可詮釋如下: 這類向冥間官員通報的文書,叙事主語是墓主,再合理不過。然而謝家橋 M1 告地書的叙事主語明明白白是墓主之子,其故安在? 有没有可能墓主"自言"者是無子嗣或子嗣默默無聞不足以揚先人者? 此問題不只涉及墓主生前的人生,也關乎古代禮制,今人難以詳知古人具體的生活樣貌,這些墓葬材料正是"知死"至"知生"的綫索,不容忽視。由於資料不足徵,目前我們只能儘量提出問題及可能的思考方向,至於確解,有待來者。

再談遣册。本文擇録的六座女性墓葬都出現遣册,不過,謝家橋 M1 的197 枚、毛家園 M1 的 74 枚尚未公布,只能先討論其他四墓的遣册。

高臺 M18 的遣册(參上文例 7)只寫在一方木牘上,相較其他同時期墓葬,它的種類與數量也明顯少了很多,且集中在生活器物,因此學者或以爲墓主只是某關内侯的妾或其封邑内的住户。[53]

鳳凰山三座女性墓葬的遣册内容較爲可觀,其中 M169 與 M168 爲夫妻異穴墓,可對照兩墓的遣册異同,兹以兩墓皆有之品類,略計其數量(見表四):

表四　M169 與 M168 兩墓皆有之品類數量統計

品類	數量(M169　♀)	數量(M168　♂)[54]
車、馬	車 4、馬 2(簡 1—5)	軺車 2、牛車 1、馬 10[55]
奴、婢	11[56]	46(大奴 28、女婢 18)
卮	2(簡 13—14)	4(簡 36—38)
杯	20(簡 15—17)	80(簡 31—33)
椑榹	11(簡 18—20)	11(簡 21—24)
奩、盛	5(簡 21—23)	11(簡 11—17)
盌、盤、俎、盂	6(簡 24—25、33—34)	11(簡 18—20)
壺、榼	3(簡 26、36)	5(簡 26—30)
肉篋、肉笥	1(簡 49)	1(簡 61)
囊	5(簡 47、52)	19(簡 26—30)
茵	1(簡 54)	1(簡 44)
韝鞊	1(簡 55)	1(簡 58)

從上表可知,自兩墓皆有的品類來看,數量差異較大者如馬匹、奴婢、杯、囊等。即使數量無別,從器物尺寸也可看出男女或夫妻之別,例如隨葬品常見的"椑榹",這是一種較淺的盆盤類器皿,[57]其中有一種以口徑尺寸爲名者,M169 爲"七寸椑榹"(簡 19),M168 則爲"八寸椑榹"(簡 23),前者約 16 釐米,後者約 18 釐米,男大女小,這很可能是男女/夫妻之別。至於其他,有些是 M169 有而 M168 無,此品類不多,如困甗盇釜䰜諸器(簡 29—32、35)、魚菜籮(簡 50—51)、白犬(簡 38)、剪(簡 47)等;M168 有而 M169 無的品類則不少,如飲閉(簡 34)、角觶(簡 39)、枕一(簡 40)、坐案一(簡 42)、桃枝(簡 44)、葛履絲履素履(簡 52、55、56)、冠(簡 53)、杖(簡 54)、扇(簡 57)、筵席(簡 58)、計笥(簡 59)、笒籠(簡 62)、錢四貫(簡 65)……。據 M168 告地書,墓主是"市陽五大夫",爲官之夫的墓葬品類多、數量多,不足爲奇。

從有限的記錄中,或可稍稍勾勒 M169 墓主——即市陽五大夫之妻——可能的生活樣貌,隨葬文書内容多是日常生活的各類器物,如交通工具、飲食用具。其中有件西漢早期遣册罕見的器物剪刀,簡 47"前一枚,有囊",學者以爲"前"即剪刀,[58]在其他較晚的墓葬衣物疏中,剪刀記作"交刀"或"鉸刀",淩惠平衣物疏將"交刀"與"鑷"記在一起,可見這主要是用來修剪毛髮或手足甲,故男女墓葬的遣册或衣物疏皆有之,[59]容易理解。修剪毛髮或手足甲的剪刀理應比較小,可惜 M169 墓葬資料至今尚未公布,無法得見剪刀的尺寸。

另外兩墓葬 M9、M167,與 M169 的品類、數量大同小異,不過這兩個墓葬遣册所見的食品名稱都比 M169 具體豐富,M9 有魚、筍、卵、肉、脯等,M167 有麴、栗、梅、李、生梅、菜、筍等,從"事死如事生"的觀念思考,這些内容應該都是墓主生前喜愛的食物吧!

這三座女性墓葬遣册有些共同現象,比如"住"的部分似無記錄,墓主的棺槨即其地下安住之處,也許毋須再記,[60]不過鳳凰山 M168 簡 58 有"延(筵)席一",不知是否爲寢具。至於食、行兩部分,則三墓皆有之。唯獨衣的部分,三墓正好都未録。有别於鳳凰山 M8 遣册細細記錄了衣、襦、袴、袍、裙、衾,還有履、襪,[61]何以此三座女性墓葬恰好闕如? 是墓主家人失載,還是當時未隨葬衣物? 目前此三墓的資料公布並不完整,M9、M167 只有發掘簡報,M169 則未尚公布,M167 的棺内隨葬品是有衣物的,如履四雙、麻布襪一雙、裹束墓主的絲麻織物若干等,[62]但隨葬遣册未見登録。由三墓的墓葬形制、隨葬規墓看來,墓主的社會地位都不高,品類也不講究,也可能因此遣册記録較爲隨意,這點對照長沙馬王堆 M1 遣册便可知曉,墓主是西漢初期長沙國丞相利倉之妻,不論實際隨葬品或遣册記載,衣物部分皆是質量上佳。[63]

小　結

《論語·先進》記載子路問孔子何謂"死",孔子答以"未知生,焉知死",[64]有意思的是,今人想要了解古人生活的種種樣貌,方法之一是反其道而行,透過"知死"才能稍微"知生",這裏所謂的"死"指的是墓葬及其相關事物,這是研究古人具體生活文化的重要途徑。[65]筆者當初撰文的發想,乃以時空相近的女性隨葬文書爲考察對象,據此了解古代女性生活樣貌。此外還預期一個觀察點,希望從這類材料發現女性墓葬的性別標尺,[66]古代墓葬出土時,墓主的遺體往往腐朽,難以辨識性別,唯有墓主性別確定,讀者才能據以進行後續的相關研究。

在西漢早期的隨葬文書中,目前可知的主要類別有告地書、遣册,從類別上來看,墓主不分男女皆有之。告地書是可具體提供墓主性別的重要文書,如謝家橋 M1 具備兩種判斷因素,一是"母"——五大夫昌之母,一是"大女子",高臺 M18、毛家園 M1 作"大女",二者相同。[67]"大女"、"大男"是秦漢簡經常出現的名詞,具有年紀與性別的指涉功能,指年齡在十五歲(含)以上至"免老"的男女,"大女"至一定的年紀又稱爲"免老",其上限幾歲在漢代不盡相同,[68]因此,若墓葬缺少可供判斷年紀的遺體,充其量只能據告地書知道墓主爲成年女子。至於男性墓主,稱言職官者,無論是據實或虛擬,其性別爲男性無疑,目前材料雖未見男性墓主稱"大男"者,倒是另有一例西漢中期的告地書稱"男子",[69]亦是墓葬性別判斷的關鍵。

至於遣册裏的性別標尺,從品類來看,本文討論的六座墓葬尚無法辨識,以確認是夫妻墓的鳳凰山 M169[妻]/168[夫]爲例,M168 遣册的品類多於 M169,同品類的數量也多半是 M168 多於 M169,這只能説明以夫爲尊的傳統,不是區分性別的主要標尺。上文提到,黃盛璋先生曾以"大婢"數量多寡作爲判斷鳳凰山 M9 墓主性別的因素,恐怕還有待其他旁

證,M8 男性墓主遣册記大婢共有 18、大奴 23,M9 則是大婢 12、大奴 7,[70]
我們只能看出,這兩座墓葬遣册的奴、婢數量都是婢多於奴,但不宜據此
判斷墓主性别。不過,這兩組遣册的奴、婢執事項目倒是有可觀處,大婢
的工作不只是"侍"、"承巾"、"承梳篦"這類近身事務,M8、M9 的大婢都
要"田"、"操鋤",[71]至於身爲男性的大奴當然也不會閑着,M8 簡 71"操
鍤"、簡 72"操钁"、簡 74"操𣃁",[72]大婢持鋤除草,大奴所持的幾種工具
皆用以整田平土,雖然奴婢都要從事農耕工作,但比較除草與整地,大奴
的勞作還是比大婢重些,這應該也是男女有别的體現。[73]

　　最後一提,西漢早期有隨葬文書且已發表的女性墓葬,不只本文所論
及的六座,他如上文提及的湖南長沙馬王堆漢墓 M1,墓主是長沙國丞相
之妻,地位尊崇;湖南長沙望城坡古墳垸漁陽漢墓墓主更爲高貴,據隨葬
封泥"長沙后府"等文字資料,墓主可能是漢初吳氏長沙國某代王后。[74]另
如廣西羅泊灣 M2,幾經盜掘,雖未見遣册,據墓葬形式及隨葬玉印、封泥,
墓主可能是"相當於王侯一級官吏的配偶"。[75]相較於上述三位性别、地位
都具體可考的女性墓主,本文所討論的六位女性墓主,雖説不上顯貴,但
也堪稱小康,尤其謝家橋 M1 的墓主恚,可能是相對地位較高的,其四子
各具五大夫、大夫、不更等爵级,未刊布的遣册數量近兩百,隨葬品件數近
五百,[76]遠多於其他五位女性墓主。

注　釋

① 《漢書·楚元王傳》:"向以爲王教由内及外,自近者始。故采取《詩》《書》所載賢妃
貞婦,興國顯家可法則,及孽嬖亂亡者,序次爲《列女傳》,凡八篇,以戒天子。"(《漢
書》,中華書局,1962 年,第 1957—1958 頁)
② 林嘉琳(Linduff, K. M.)、孫岩主編:《性别研究與中國考古學》,科學出版社,
2006 年,"中譯本序",第 iii 頁。
③ 《禮記正義》,臺北藝文印書館,1993 年,第 887 頁。
④ 古代喪禮中有一個環節稱爲"讀賵",《儀禮·既夕禮》云"主人之史請讀賵",又云
"書賵於方",鄭玄注:"書賵奠賻贈之人名與其物於板,每板若九行、若七行、若五
行。"參《儀禮注疏》,臺北藝文印書館,1993 年,第 466、463 頁。由"史"將來賓助喪
物品一一讀出,其功能可推知:一來徵信於來賓,表示喪家實際收下助喪之物;二來
得以展現喪家的社經地位,喪家愈是位高權重,助喪物品愈是豐厚。

⑤ 王先謙:《荀子集解》,中華書局,1988 年,第 366 頁。

⑥ 李伯謙先生云:"墓葬材料對研究性別問題固然很重要,但墓葬畢竟不是死者生前生活的'實錄',正像孫岩、楊紅育在他們的《中國西北地區新石器時代的男女葬俗及其所反映的社會觀念——以馬家窑文化和齊家文化爲例》一文中引述的一些學者所主張的那樣,'墓葬習俗實際上是由生者來操縱的,它最終反映的是生者的態度和觀念,而不一定是死者生前社會角色和地位的真實反映'。"參林嘉琳(Linduff, K. M.)、孫岩主編:《性別研究與中國考古學》,"中譯本序",第 iii 頁。

⑦ 遣册,傳世古書作"遣策",本文除了引文依原作之外,皆徑稱遣册。根據隨葬物品來源與種類之别,又有不同稱呼,如《儀禮·既夕禮》"知死者贈,知生者賻"、《公羊傳》隱公元年"車馬曰賵,貨財曰賻,衣被曰襚"等,學者多所討論,可參如鄭曙斌《遣策的考古發現與文獻詮釋》(《南方文物》2005 年第 2 期)、楊華《襚·賻·遣》(《古禮新研》,商務印書館,2012 年)。

⑧ 參李均明、劉軍:《簡牘文書學》,廣西教育出版社,1999 年。

⑨ 參黃景春:《中國宗教性隨葬文書研究——以買地券、鎮墓文、衣物疏爲主》,上海人民出版社,2018 年,第 1 頁。

⑩ 古代墓葬不計其數,統計各朝各地墓葬的數量是個老大難的問題,陳振裕先生於 1988 年統計湖北發現的西漢墓數量近三百座,參《湖北西漢墓初析》,《文博》1988 年第 2 期,第 25 頁;到了 2016 年,高至喜先生指出,光是長沙地區的西漢早、中期墓就多達 1230 座,參《長沙西漢早、中期墓分類研究》,《湖南省博物館館刊》第十二輯,2016 年,第 188 頁。湖北江陵爲楚國舊地,這一帶出土不少西漢墓葬,其中女性墓葬部分不乏隨葬文書,本文以此爲初步觀察範疇。

⑪ 學者或名"告地策",此類内容爲墓主到冥間的通關文書,故本文采"告地書"一詞。

⑫ 楊開勇:《謝家橋 1 號漢墓》,荆州博物館編著:《荆州重要考古發現》,文物出版社,2009 年,第 188—197 頁;荆州博物館:《湖北荆州謝家橋一號漢墓發掘簡報》,《文物》2009 年第 4 期,第 26—42 頁。二文皆是荆州博物館參與發掘的考古人員執筆,只是詳略小别。

⑬ 釋文參考劉國勝:《謝家橋一號漢墓〈告地書〉牘的初步考察》,簡帛網,2009 年 4 月 11 日,劉文後來發表於《江漢考古》2009 年第 3 期,第 120—122 頁;胡平生:《謝家橋漢簡〈告地書〉釋解》,簡帛網,2009 年 4 月 15 日。釋文有幾處説明,例 1"西鄉辰","辰"字簡文作"📷",發掘簡報本釋作"虎",今從劉、胡釋。例 1"大女子恚","恚"字簡文作"📷",發掘簡報釋作"恚",但觀簡文心字上部所从未必爲"圭",爲便於行文,仍稱"恚",釋文則作"恚(?)",表示存疑。

⑭ 師彬彬:《兩漢二十等爵制問題研究綜述》,《史志學刊》2016 年第 3 期,第 61—71 頁。

⑮ 據簡報,未發表的簡牘提及墓主還有其他兒子身居官爵,如"大夫"、"不更",參荆州博物館:《湖北荆州謝家橋一號漢墓發掘簡報》,《文物》2009 年第 4 期,第 42 頁。

⑯ 參張萬高:《江陵高臺 18 號墓發掘簡報》,《文物》1993 年第 8 期,第 12—20 頁;又湖北省荆州博物館:《荆州高臺秦漢墓》,科學出版社,2000 年。1993 年簡報發表之初,只提到清理出三十餘座,到 2000 年出版的考古報告已增至四十四座。

⑰ 釋文依原牘行款排列,參湖北省荆州博物館:《荆州高臺秦漢墓》,第 222—224 頁。

⑱ 同上書,第 58 頁。

⑲ 同上書,第 222 頁。

⑳ 早期研究以爲"安都"是具體地名,後來根據時、地相近的江陵鳳凰山漢墓材料看來,"安都丞"與地下丞、地下主、土主並爲接受告地書的冥吏,故"安都"作爲虚擬的陰間所在,學界已無異議。參黄景春:《中國宗教性隨葬文書研究——以買地券、鎮墓文、衣物疏爲主》,第 264—269 頁。

㉑ 相關説法及出處詳參湖北省荆州博物館:《荆州高臺秦漢墓》,第 226—227 頁。

㉒ 賈麗英:《告地書中"關内侯寡"、"五大夫"身份論考》,《魯東大學學報(哲學社會科學版)》2012 年第 2 期,第 74 頁。稱告地書爲冥世文書,可再斟酌,以謝家橋 M1 爲例,此乃生者(五大夫昌)爲死者(昌母恚)通報陰間的文書,人物涉及陽世的生者,非純然的冥世文書。

㉓ 高臺 M18 的隨葬器物有三十餘件,謝家橋 M1 將近五百件,參湖北省荆州博物館《荆州高臺秦漢墓》、楊開勇《謝家橋 1 號漢墓》、荆州博物館《湖北荆州謝家橋一號漢墓發掘簡報》。

㉔ 楊定愛:《江陵縣毛家園 1 號西漢墓》,中國考古學會編:《中國考古學年鑒·1987》,文物出版社,1988 年,第 204 頁;文物編輯委員會:《文物考古工作十年》,文物出版社,1991 年,第 198—199 頁。木牘照片見湖北省博物館編:《書寫歷史——戰國秦漢簡牘》,文物出版社,2007 年,第 75 頁。

㉕ 發表於《書寫歷史——戰國秦漢簡牘》之照片不甚清晰,除了參考該書提供之釋文,亦參劉國勝:《江陵毛家園一號漢墓〈告地書〉牘補議》,簡帛網,2008 年 10 月 27 日,又此文成果也收入《讀西漢喪葬文書札記》,《江漢考古》2011 年第 3 期,第 116—119 頁。

㉖ 最初刊登此牘釋文時,寫作"大夫精",參楊定愛:《江陵縣毛家園 1 號西漢墓》,《中國考古學年鑒·1987》,第 204 頁。後來湖北省博物館發布照片,改釋文爲"大女精",參湖北省博物館編:《書寫歷史——戰國秦漢簡牘》,第 75 頁。該牘照片雖不完全清晰,不過"女"字作""倒是清楚,墓主性別可據以判斷。

㉗ 陳振裕:《江陵鳳凰山一六八號漢墓》,《考古學報》1993 年第 4 期,第 455 頁。

㉘ M169 發掘資料一直未見報導,參湖北省文物考古研究所:《江陵鳳凰山西漢簡牘》,

中華書局,2012 年,第 225 頁[注]。

㉙ 陳振裕:《江陵鳳凰山一六八號漢墓》,《考古學報》1993 年第 4 期,第 455 頁。

㉚ 湖北省文物考古研究所:《江陵鳳凰山西漢簡牘》,第 207—221 頁。

㉛ 遣册單位詞"隻"字,李家浩先生指出鳳凰山簡牘中"雙"往往省作"隻",參湖北省文物考古研究所:《江陵鳳凰山西漢簡牘》,第 79 頁注 13。

㉜ M169 整理者李天虹先生將簡 47、簡 52 皆釋作"橐"。黄盛璋先生主張應釋作"囊",參《江陵高臺漢墓新出"告地策"、遣策與相關制度發覆》,《江漢考古》1994 年第 2 期,第 43 頁。簡文圖版實不清楚,本文暫依原釋文隸定。

㉝ 三牘編序依照湖北省文物考古研究所:《江陵鳳凰山西漢簡牘》,第 81—83 頁。

㉞ 長江流域第二期文物考古工作人員訓練班:《湖北江陵鳳凰山西漢墓發掘簡報》,《文物》1974 年第 6 期,第 46、52 頁。

㉟ 黄盛璋:《江陵鳳凰山漢墓簡牘及其在歷史地理研究上的價值》,《文物》1974 年第 6 期,第 74—75 頁。

㊱ 同上文,第 74 頁。

㊲ 帶鈎的用途不只一種,王仁湘《善自約束:古代帶鈎與帶扣》(上海古籍出版社,2012 年,第 79 頁)歸納四種主要用途:佩革帶、佩武器、佩物、佩飾。他説:"帶鈎一般多爲男性使用,而佩飾鈎則可能多爲女性所用。河南固始侯古堆勾敔夫人墓棺内骨架附近有玉璧、璜、龍形飾、管、玉人、珠料、帶鈎等數十件飾物,其中的帶鈎應當也是佩飾用鈎。由於男性有的也佩有玉飾,他們也可能使用佩飾鈎。"

㊳ 參長江流域第二期文物考古工作人員訓練班:《湖北江陵鳳凰山西漢墓發掘簡報》,《文物》1974 年第 6 期,第 50 頁;陳振裕:《江陵鳳凰山一六八號漢墓》,《考古學報》1993 年第 4 期,第 496 頁。上揭簡報表二"江陵紀南城鳳凰山西漢墓出土器物統計表"(第 54 頁)標示有問題,核查簡報正文所記,有帶鈎者應是 M8、M10,M9 則漏填銅鏡 1。

㊴ 湖北省文物考古研究所:《江陵鳳凰山西漢簡牘》,第 61—78 頁。

㊵ 鳳凰山一六七號漢墓發掘整理小組:《江陵鳳凰山一六七號漢墓發掘簡報》,《文物》1976 年第 10 期,第 32、50 頁。

㊶ 湖北省文物考古研究所:《江陵鳳凰山西漢簡牘》,第 151—179 頁。

㊷ M9 有三方木牘,上文已討論過,其内容非告地書,告地書格式可參陳松長:《告地策的行文格式與相關問題》(《湖南大學學報》2008 年第 3 期),加上木牘作用似與車器零件有關,未必是以墓主隨葬文書的形式入土,故不列之。

㊸ 陳松長:《告地策的行文格式與相關問題》,《湖南大學學報》2008 年第 3 期,第 21—22 頁。

㊹ 參陳松長《告地策的行文格式與相關問題》、黄景春《中國宗教性隨葬文書研究——

以買地券、鎮墓文、衣物疏爲主》第二章。

㊺ 黄盛璋:《關於江陵鳳凰山 168 號漢墓的幾個問題》,《考古》1977 年第 1 期,第 46—48 頁;又載《歷史地理與考古論叢》(改題爲《江陵凰鳳山漢墓出土稱錢衡、告地策與歷史地理問題》),齊魯書社,1982 年,第 201—206 頁。後來學者看法有同有異,如賈麗英《告地書中"關内侯寡""五大夫"身份論考》(第 70 頁)、黄景春《中國宗教性隨葬文書研究》(第 59—60 頁)與黄盛璋先生的看法相似;張文瀚《謝家橋一號漢墓告地策補釋》(《中原文物》2012 年第 6 期,第 67 頁)則認爲此類文書乃是"以死者或死者家屬的名義,向上級部門申請批准有關喪葬事宜",又"告地策中以昌的名義向上級申報其母喪葬事宜",此説恐怕不能成立,這類告地書謁告對象是"地下丞"(或稱"主"),不是現實世界的職官,學者幾無疑義。

㊻ 討論謝家橋的相關論述,多半只指出自言者爲死者或死者家屬,並未深究其差異,如張文瀚:《謝家橋一號漢墓告地策補釋》,第 67 頁。

㊼ 簡報云:"竹簡、竹牘的内容除了遣策和告地書外,還記載有其他内容,如棺槨的形制、尺寸及名稱;墓主人有四子一女,四子的爵分别是:昌爲五大夫(漢爵第九級),貞、豎爲大夫(漢爵第五級),乙爲不更(漢爵第四級)。"參荆州博物館:《湖北荆州謝家橋一號漢墓發掘簡報》,《文物》2009 年第 4 期,第 42 頁。

㊽ 楊開勇《謝家橋 1 號漢墓》徑以"昌"爲長子(第 194 頁)。參上注所引簡報,若此叙述乃以行次爲序,"昌"爲長子自是可信,不過其次第似亦依爵級高低排序,整理者所據資料尚未公布,謹記以待驗。對照墓主其他三子的爵級,或許可據此證明謝家橋 M1 告地書"五大夫"之爵級爲實指,並非如其他學者所謂的虚擬。

㊾ 參湖北省荆州博物館:《荆州高臺秦漢墓》,第 58—59 頁。

㊿ 同上書,第 11—12 頁。

(51) 參湖北省文物考古研究所:《江陵鳳凰山西漢簡牘》,第 181 頁。

(52) 參陳振裕:《江陵鳳凰山一六八號漢墓》,《考古學報》1993 年第 4 期,第 512 頁;荆州博物館:《鳳凰山 168 號西漢墓》,http://www.jzmsm.org/yk/zhishi/wenwuzhishi/2017-08-21/1007.html。

(53) 相關説法及出處詳參湖北省荆州博物館:《荆州高臺秦漢墓》,第 226—227 頁。

(54) 湖北省文物考古研究所:《江陵鳳凰山西漢簡牘》,第 183—199 頁。

(55) M168 的車馬、奴婢總數統計於告地書竹牘,其數量與單簡或小計簡(如簡 10)不全相同,此墓只作爲對照,故正文表列徑采竹牘計數。

(56) M169 不如 M168 記大奴、大婢明顯,10 人乃據簡 1、2、6—11、12(3 人)計算。

(57) 參朱德熙、裘錫圭:《馬王堆一號漢墓遣策考釋補正·五、卑虒》,《文史》第十輯,中華書局,1980 年,第 62—63 頁;又收入朱德熙著,裘錫圭、李家浩整理:《朱德熙古文字論集》,中華書局,1995 年,第 123—124 頁;又見《朱德熙文集》第五卷,商務印書館,1999 年,第 123 頁。

(58) 參章水根:《江陵鳳凰山漢墓簡牘集釋》,吉林大學碩士學位論文,2013 年,第 351 頁。

(59) 如淩惠平墓出土衣物疏"交刀、聶(鑷)各一"(簡 B 壹 5),參連雲港市博物館:《江蘇連雲港海州西漢墓發掘簡報》,《文物》2012 年第 3 期,第 15 頁,原簡報釋爲"直刀",此從竇磊所釋,參《漢晉衣物疏集校及相關問題考察》,武漢大學博士學位論文,2016 年,第 39 頁;又如西漢尹灣 M6 君兄節司小物疏"交刀一具"(簡 B 壹 5),參連雲港市博物館、社科院簡帛研究中心等:《尹灣漢墓簡牘》,中華書局,1997 年,第 132 頁;又如"鉸刀一枚"(簡 A 肆 2),參李德文:《安徽南陵縣麻橋東吴墓》,《考古》1984 年第 11 期,第 978 頁。此三位墓主性别,淩惠平爲女性,另兩位爲男性。

(60) 關於隨葬文書對於死者"住"的記録,據謝家橋 M1 簡報,尚未發表的簡牘中還有"棺槨的形制、尺寸及名稱",參荆州博物館:《湖北荆州謝家橋一號漢墓發掘簡報》,《文物》2009 年第 4 期,第 42 頁。

(61) 湖北省文物考古研究所:《江陵鳳凰山西漢簡牘》,第 13—21 頁。

(62) 鳳凰山一六七號漢墓發掘整理小組:《江陵鳳凰山一六七號漢墓發掘簡報》,《文物》1976 年第 10 期,第 35 頁。

(63) 裘錫圭主編:《長沙馬王堆漢墓簡帛集成(陸)》,中華書局,2014 年,第 209—214 頁。

(64) 何晏注,邢昺疏:《論語注疏》,臺北藝文印書館,1993 年,第 97 頁。

(65) 小文草成後,查得郭珏先生亦有從告地書探討儒家知死、事死的觀點,其稱告地書爲"事死"類文獻,透過"事死"以"知死",參《秦漢出土文獻中的"知死"與"事死"》,《簡帛》第八輯,上海古籍出版社,2013 年,第 62—67 頁。小文的切入點則在於透過"事死"、"知死"以"知生","事死"指有形的墓葬及其相關事物,"知生"則是墓主生前的可能生活樣貌。

(66) 近年也有學者提出墓葬"性别代碼"的觀念,參王洋、劉一婷:《關中西漢中小型墓葬"性别代碼"初探》,《北方文物》2017 年第 2 期,第 41—45 頁。此文以關中地區西漢中小型墓葬爲時地範疇,得出男性代碼有兵器、工具、石硯、鐵杵臼等,女性則有陶紡輪、銅頂針等,由於取樣不同,思及文化的地域差異,適合關中的性别代碼未必宜於其他地域;再者,上文提過,透過墓葬開展各種議題雖然很重要,但也有無法避免的問題,例如盜墓風氣興盛古今皆然。

(67) 參邢義田:《西漢户籍身份稱謂從"大小男女子"變爲"大小男女"的時間》,簡帛網,2009 年 11 月 13 日。

(68) 參彭浩:《讀松柏出土的西漢木牘(三)》,簡帛網,2009 年 4 月 11 日。

(69) 揚州博物館、邗江縣圖書館:《江蘇邗江胡場五號漢墓》,《文物》1981 年第 11 期,第

18 頁。牘文作"男子王奉世"，簡報稱此牘爲"文告牘"，後來學者已改稱告地書（策）。

⑦ 黄盛璋先生認爲 M8、M9 墓主爲夫妻，參黄盛璋：《江陵鳳凰山漢墓簡牘及其在歷史地理研究上的價值》，《文物》1974 年第 6 期，第 75 頁。

⑦ 彭衛先生指出，遣册記録這些大婢、大奴的私名，極可能是現實生活的反映，頗有道理，見《漢代女性的工作》，《史學月刊》2009 年第 7 期，第 90 頁。案：M8 大婢總數當是 18，見簡 52—53、54—70。

⑦ 參章水根：《江陵鳳凰山漢墓簡牘集釋》，吉林大學碩士學位論文，2013 年，第 60—62 頁。

⑦ 鳳凰山 M8、M9 的大奴、大婢工作性質有别，還可從其他方面考察，兩墓遣册所見的大奴工作還有駕車、騎馬、隨車、划船、持武器、管理馬牛等。大婢還有另一個工作"養"，指炊事，如 M167 簡 8"養女子二人"、M168 簡 7"養女子四人"、M169 簡 9"養女子一人"。

⑦ 長沙市文物考古研究所、長沙簡牘博物館：《湖南長沙望城坡西漢漁陽墓發掘簡報》，《文物》2010 年第 4 期，第 4—35 頁。也有學者認爲墓主是封邑在漁陽的某漢室公主，參前揭文。

⑦ 廣西壯族自治區文物工作隊：《廣西貴縣羅泊灣二號漢墓》，《考古》1982 年第 4 期，第 364 頁。M2 簡報已發表的材料中，有文字者爲"夫人"玉印、"家嗇夫印"封泥，未見簡牘文書，不過此墓幾經盗掘，難以排除本有遣册隨葬的可能。

⑦ 荆州博物館《湖北荆州謝家橋一號漢墓發掘簡報》記 489 件（第 29 頁），楊開勇《謝家橋 1 號漢墓》記 860 件（第 194 頁）。

長沙馬王堆三號漢墓遣策簡序復原研究

鄭曙斌（湖南省博物館）

長沙馬王堆三號漢墓遣策410支（包括殘簡），出土時散落堆放在槨室西邊箱，無編連痕迹。發掘報告稱，紀年木牘出自東邊箱，其餘五件木牘與全部"遣策"出自西邊箱。遣策雖已散亂，但隨葬物品前後次序大體清楚。[①]然而從簡文内容組合來看，發掘報告的排列次序顯然存在一些問題，如分類簡排序與小結簡記録存在出入，若小結簡指代不明，分類簡歸屬便存在問題。目前，除發掘報告對簡文作了排序之外，還有學者伊强先生撰文和《長沙馬王堆漢墓簡帛集成》一書討論了排序問題。雖然對少數簡的歸屬看法不一，但多數簡的排序基本相同。他們認爲簡文排序有六支小結簡可資依憑，爲竹簡的編排提供了一定的幫助。同時，將簡文文意不甚明確而不便歸類的小結簡，如簡154"右方廿一楪丙笥"、簡168"右方十三楪稍笥"、簡183"右方贊左方"、簡324"右方贊首"連續編排在整篇簡文的末尾，[②]這使得簡序編排有了進一步討論的空間。

遣策的簡文排序尤爲重要，有時直接影響字詞的合理解釋。"右方"小結簡是編排簡序的依據，不可忽略。如何理解幾支分類簡歸屬不明的"右方"小結簡的詞義及其所能包含的分類簡，就成了重新排序的關鍵。新的排序需要建立在幾個基本方法之上：（1）以三號墓發掘報告的簡序爲基礎進行整理與排序。（2）小結簡指代不明，需要辨其意才能將所屬分類簡合理歸類。小結簡的排序與分類簡排序接近或一致，每類簡文遵循小結簡所列先後次序排列。不在小結簡内容範疇之内的分類簡，視具體内容確定是否保留。（3）以馬王堆一號漢墓簡文中的小結簡爲參照系。用意不甚明了又不在小結簡記録之列的分類簡，歸類時參照一號墓簡文分類排序。聯繫簡文前後所記内容，把類別、組合不清的某些少數簡編入相應簡序之中。(4)參照《儀禮·既夕禮》明器陳列次序所見類別"食物、常用之器、樂器、燕器"等排序,或借助於可資比證的同類考古資料,或根據三號墓槨室邊箱隨葬實物情況,把一些未見小結簡記錄的內容編入相應的分類,也就是説把一些未明確歸屬的分類簡文放在相應的小結簡前。(5)簡文文字風格有明顯差異,爲數不多的幾支小結簡並非出自一人手筆,内容豐富的分類簡,或某類小結簡與其所屬分類簡也非同一人所書寫。雖然如此,内容少仍可按文字風格組合排序,内容多則儘可能將文字風格相近的内容編排在一起。

一、小結簡的簡序

一號墓遣策小結簡有"右方"五十五支,全部都是竹簡。三號墓遣策小結簡有"右方"十二支,木牘和竹簡各有六支。三號墓發掘報告按"紀年木牘、男子明童、女子明童、車馬、各種食物、漆器、土器、其他雜器和絲織物"的次序排列。伊强先生參考一號墓的竹簡編排,按照"紀年木牘、男子明童、女子明童、車騎、羹、食物和穀物、衣服、兵器、樂器、漆器、土器、博具、絲織物、雜器、其他"的次序,結合遣策本身内容、小結簡内容和文字書寫内容對簡序作了調整。③《長沙馬王堆漢墓簡帛集成》一書稱,釋文簡序編排與伊强先生的不同之處在於簡 20、簡 407 和簡 320,在釋出"象"後爲"疏比"的基礎上,將此簡改置。④

十二支小結簡内容,按出土實物情況可分爲兩種類型:一類是没有發現隨葬實物的,如男子明童、女子明童、車馬、羹鼎、十三物土,發掘報告將此内容基本上排列在整個簡文的前半部分,只有"十三物土"排列在漆器類簡文之後;一類多數有隨葬實物,發掘報告排序爲各種食物、漆器、土器、其他雜器和絲織物,並未將六支小結簡分別放在所屬分類簡後,另有一支木牘"乙笥凡十五物不發"附在最後。

將小結簡先行排序,是爲了編排出一個基本的順序,並不是將所有小結簡編連在一起。之所以先做這一步整理,是爲了將整個簡文作一個結構化排序設定,以便於分類簡文的排序。將小結簡排好序後,再將分類簡依小結簡之次序編入各小結簡之前。全部簡文内容參考發掘報告的排列次序,分助葬(没有隨葬)與隨葬(多數可見出土實物)兩類排列先後,排列分類簡文時再將小結簡置入每類簡末尾。紀年木牘書寫風格獨特,雖然與遣策簡並未放在一起,但其用途是就整個遣策簡文内容而言,仍然排列在遣策之首。

因此,没有隨葬實物的小結簡,主要依三號墓簡文排序。因"物土"未見隨葬實物,一號墓簡文"十三物土"在整篇簡文的最後,這裏將其編入助葬用物一類,附在"右方車十乘"之後。而可見隨葬實物一類的小結簡,参照一號墓簡文排列次序進行排列。因無"右方乙笥",簡407"乙笥凡十五不發",推測是在宣讀遣策完畢後,將決定不入葬的衣物單獨寫在木牘上補充進來的,可能用這塊木牘代替了原有的"右方乙笥",因此放在乙笥所盛之物後。這樣,將簡文的結構化順序調整爲:紀年木牘、男子明童、女子明童、車馬、物土、羹鼎、用笥、用器、燕樂器、衣物、棺中之物等。小結簡順序排列如下:

1. 十二年二月乙巳朔戊辰家丞奮移主贊郎中移贊物一編書到先質具奏主贊君

2. 右方男子明童凡六百七十六人　其十五人吏　九人宦者　二人偶人　四人擊鼓鐃澤(鐸)　百九十六人從　三百人卒　百五十人奴

3. 右方女子明童凡百八十人　其八十人美人　廿人才人　八十人婢

4. 右方車十乘　馬五十四　附馬二匹　騎九十八匹　冒車一兩牛車十兩　牛十一豎十一人

5. 右方十三物土

6. 右方羹凡卅物物一鼎　瓦雍鐥各一　蜀鼎六　瓦貴六　不足十六買瓦鼎錫垒

7. 右方凡用笥六十七合　其十三合受中　五十四合臨湘家給　帛囊八　其六受中　二臨湘家給　布囊廿二　其八受中　十四臨湘家給　坿資廿一　其七受中　十四臨湘家給　埨七　其三受中　四臨湘家給

8. 右方贊左方

9. 右方贊首

10. 右方十三牒稍筍

11. 右方乙笥

12. 右方廿一牒丙笥

13. 右方四牒以閼在棺中

"右方"爲小結簡,編連成册的簡牘以"右方"代表前面所述。從一號墓遣策所見五十五支"右方"簡來看,都各自有可對應的簡文。整理時根據一號墓簡文的相似性、三號墓槨室邊箱隨葬情况以及其他考古材料,來辨别未明確所屬分類簡的小結簡各自有哪些相對應的分類簡文。

二、助葬人與物簡序

三號墓雖然没有被盜,但不及一號墓保存完好。如絲織品保存極差,難以辨别;竹笥多有毁損,繫在竹笥上的木牌散落移位,與實際情况有出入等。但各類簡文所記内容是否有隨葬實物,不難判斷。男子明童、女子明童、車馬、十三物土、羹鼎皆不在隨葬之列,這裏不是部分内容無法與隨葬實物對照,而是全都找不到可對應的隨葬實物。分類簡的排序,發掘報告基本上遵循小結簡所述内容,但也有極少數小結簡未涉及的簡文摻雜其中。這裏依據小結簡記述順序,將其内容重新排序,移出小結簡未記内容。

1. 右方男子明童

小結簡"右方男子明童凡六百七十六人,其十五人吏,九人宦者,二人偶人,百九十六人從,三百人卒,百五十人奴",依次記録家丞、家吏、宦者、偶人、從者、卒、奴等,與分類簡文所記内容基本相符。"四人擊鼓鐃鐸",當是指簡8"建鼓一羽枑帗卑二鼓者二人操枹"和簡11"鐃鐸各一擊者二人"。而簡14"大鼓一卑二"、簡10"鼓者二人"、簡15"屯(錞)于鐃鐸各一"、簡12"擊屯(錞)于鐃鐸各一人"、簡13"鐘鐙(鎛)各一楮(堵)"不在小結簡記録之列。伊强先生從文字風格的角度認爲應該將此類簡分爲兩類,將簡14、10、15、12附在此類之後。⑤然而,從文字風格而言,還有簡6"羊車宦者四人服"也與此不同,其内容已有"宦者九人其四人服羊車",明顯是重複記録。縱觀全篇簡文,唯有此處記録樂器及樂手,且擊奏大鼓、屯(錞)于鐃、鐸、鐘、鎛的樂手一般爲男性,與其他内容更是無法吻合,又因筆迹有差異,疑爲後加的樂器與樂手,簡文作了補充記録,暫列於此。這樣,加入了擊大鼓者二人,擊錞于、鐃、鐸各一人,編鐘與編鎛未記演奏樂手。這些簡文按大鼓、屯(錞)于、鐃、鐸、鐘、鎛的順序排列,排在"擊鐃鐸者"之後。簡6"羊車宦者"根據内容排在簡5"宦者九人"之後。而簡17"弨一"、簡18"聿聿室各二"明顯不屬於"右方男子明童"小結簡的内容,考慮作爲隨葬物件編入"右方藏首"一類。

簡 1/1　　十二年二月乙巳朔戊辰家丞奮移主贊(藏)郎中移贊物一編書到先質具奏主贊君

簡 2/2　　家丞一人

簡 3/3　　家吏十人

簡 4/4　　謁者四人

簡 5/5　　宦者九人其四人服羊車

簡 6/6　　羊車宦者四人服

簡 7/7　　偶人二人其一人操遷蓋一人操矛

簡 8/8　　遷蓋一

簡 9/9　　建鼓一羽枝(旌)飭(飾)卑二鼓者二人操枹

簡 10/11　鐃鐸各一擊者二人

簡 11/14　大鼓一卑二

簡 12/10　鼓者二人

簡 13/15　屯(錞)于鐃鐸各一

簡 14/12　擊屯(錞)于鐃鐸各一人

簡 15/13　鐘鎋(鎛)各一楮(堵)

簡 16/20　執長棨矛八人皆衣紺冠

簡 17/21　執短鎩(鎩)六十人皆冠畫

簡 18/22　執革盾八人皆衣青冠履

簡 19/23　執盾六十人皆冠畫

簡 20/24　執短戟六十人皆冠畫

簡 21/25　卒育(胄)操長戟應盾者百人

簡 22/26　卒介(甲)育操長鎩應盾者百人

簡 23/27　卒介育操負矢百 人

簡 24/40　大奴百人衣布

簡 25/41　馬竪五十人衣布

簡 26/42　右方男子明童凡六百七十六人　其十五人吏　九人宦者
二人偶人　　四人擊鼓鐃澤(鐸)　百九十六人從　三百
人卒　百五十人奴

2. 右方女子明童

小結簡"右方女子明童凡百八十人,其八十人美人,廿人才人,八十人婢"依次記録美人、才人、婢女,分類簡按簡文記述順序排序。分類簡與小結簡吻合,内容完整。殘簡408"二人"應是簡50"楚竽瑟各一炊鼓者"的殘缺部分,可將此二簡拼合爲一簡,即"楚竽瑟各一炊鼓者二人"。"八十人美人"指穿着不同款式、不同顔色衣服的女子,"廿人才人"是指歌舞者十二人、鼓瑟者三人、吹竽者二人、擊筑者一人、擊鐘磬者各一人。

簡 27/43　美人四人其二人雒(褕)、二蹇(褰)

簡 28/44　美人四人其二人楚服、二人漢服

簡 29/57　女子七十二人皆衣綺□

簡 30/45　河間舞者四人

簡 31/46　鄭舞者四人

簡 32/47　楚歌者四人

簡 33/48　河間瑟一鼓者一人

簡 34/49　鄭竽瑟各一炊(吹)鼓者二人

簡 35/50、408　楚竽瑟各一炊(吹)鼓者二人

簡 36/52　筑一擊者一人

簡 37/51　鐘鏳(磬)各一有柜(堵)擊者二人

簡 38/58　婢八十人衣布

簡 39/59　右方女子明童　凡百八十人　其八十人美人　廿人才人
八十人婢

3. 右方車十乘

小結簡"右方車十乘,馬五十匹,附馬二匹,騎九十八匹,畾車一兩,牛車十,牛十一,竪十一人",依次記録車、馬、附馬、騎、輀車、牛車、牛、竪等,分類簡文全有記録。但簡16"邇犬二"並不在小結簡記録範圍内。湖

北江陵鳳凰山 8 號漢墓遣策簡 38 將犬、馬(馬二匹、犬二)記録在一起。⑥依此,簡 16"遛犬二"附在"附馬"之後。

簡 40/60　安車一乘駕六馬

簡 41/61　大車一乘駕六馬

簡 42/62　温(輼)車二乘乘駕六馬

簡 43/63　椋車二乘乘駕六馬

簡 44/64　大車一乘駕四馬

簡 45/65　□車一乘駕四馬

簡 46/66　軺車二乘乘駕三匹

簡 47/67　附馬二匹

簡 48/68　胡人一人操弓矢贖觀牽附馬一匹

簡 49/69　胡騎二匹匹一人其一人操附馬

簡 50/16　遛犬二

簡 51/70　騎九十六匹匹一人

簡 52/71　晶(輼)車一乘牛一、豎一人

簡 53/72　牛牛車各十、豎十人

簡 54/73　右方車十乘　馬五十匹　附馬二匹　騎九十八匹　晶車一兩　牛車十　兩　牛十一豎十一人

4. 右方十三物土

小結簡"右方十三物土",依次記録牛、羊、豕、犬、炯、馬、勛、鵠、白鵾、利鵾、圈鵾、癗、雞共 13 種,一、三號墓遣策所記内容相同,一號墓簡文附在最後,三號墓簡文列在漆器之後,均不見隨葬實物。這裏將其視爲未見出土實物一類,列在"右方車十乘"之後,以保持"右方三十羹鼎"與"右方凡用笥六十七合"所記内容的連續性。

簡 55/282　土牛百

簡 56/293　土羊五

簡 57/283　土豕百

簡 58/294　土犬☒

簡 59/285　土炯(犝)五十

簡 60/284　土馬五十

簡 61／288　　土馴（鳧）十

簡 62／289　　土鵠十

簡 63／292　　土白鵲（鶴）五

簡 64／291　　土利（鷖）鵲五

簡 65／290　　土圈鵲十

簡 66／287　　土癊（鴈）十

簡 67／286　　土雞五十

簡 68／295　　右方十三物土

5. 右方羹凡卅物物一鼎

小結簡“右方羹凡卅物物一鼎”，指大羹九鼎、白羹八鼎、巾羹四鼎、封（葑）羹三鼎、苦羹二鼎，即明確所盛何羹的 26 鼎，還有“鹿焦一鼎”、“兔羹一鼎”、“強鮮鯖一鼎”、“鮮魿榆華洛羹一鼎”，即没有明確屬哪種羹鼎的四鼎。參照一號墓簡文，“鹿焦一鼎”屬大羹九鼎，如此，三號墓簡文則是大羹十鼎，符合《既夕禮》賈公彦疏“其用大牢者，或七，或九，或十，或十二”的高規格鼎制。白羹摻雜蔬菜，“鮮魿榆華洛羹一鼎”適合編入白羹一類；封（葑）羹和苦羹只用牛、豕、狗爲羹，巾羹可用雁、狗、鯖、鵲等飛禽走獸爲羹，“兔羹一鼎”、“強鮮鯖一鼎”適合歸於雜取各物的巾羹一類。若如此，大羹十鼎、白羹九鼎、巾羹六鼎、封（葑）羹三鼎、苦羹二鼎，即所謂“右方羹凡卅物物一鼎”。而簡 296“瓦箸甗各一”、簡 297“瓦雍甗一具”、簡 298“瓦器三貴（匱）”，没有可對應的陶器出土，文字風格與羹鼎簡文完全不同，只因小結簡有瓦器記録而編入羹鼎之後，但與小結簡所記數量稍有出入。

簡 69／86　　牛首、筍酏羹一鼎

簡 70／87　　羊酏羹一鼎

簡 71／88　　豕酏羹一鼎

簡 72／89　　豚酏羹一鼎

簡 73／90　　狗酏羹一鼎

簡 74／91　　雞酏羹一鼎

簡 75／92　　雉酏羹一鼎

簡 76／93　　馴酏羹一鼎

簡 77/94　鮮鯉襍葵酪羹一鼎

簡 78/101　鹿焦（腏）一鼎

簡 79/77　牛白羹一鼎

簡 80/75　鹿肉、鮑魚、生筍白羹一鼎

簡 81/74　鹿肉芋白羹一鼎

簡 82/76　小叔（菽）、鹿脅白羹一鼎

簡 83/78　雞白羹一鼎

簡 84/81　鯖白羹一鼎

簡 85/80　鮮鱥禺、鮑白羹一鼎

簡 86/79　鯉鮍、肉、原白羹一鼎

簡 87/103　鮮魧、榆華、洛羹一鼎

簡 88/83　狗巾羹鼎

簡 89/82　瘇巾羹一鼎

簡 90/84　鯖、禺、肉巾羹一鼎

簡 91/85　鵠巾羹一鼎

簡 92/102　强（彊）鮮鯖一鼎

簡 93/100　兔羹一鼎

簡 94/98　牛逢（蓬）羹一鼎

簡 95/97　牛封（葑）羹一鼎

簡 96/99　豕逢羹一鼎

簡 97/95　牛苦羹一鼎

簡 98/96　狗苦羹一鼎

簡 99/296　瓦箸甗各一

簡 100/297　瓦雍（甕）甗一具

簡 101/298　瓦器三貴

簡 102/104　右方羹凡卅物物一鼎・瓦雍、鐕各一　蜀鼎六　瓦貴
　　　　　　六　不足十六買瓦鼎錫埅（塗）

三、隨葬實物簡序

有七支小結簡所記隨葬物品多數可以找到對應的實物,其中兩支小結

簡所記隨葬實物非常豐富,分類簡文可基本遵循小結簡所述内容的先後順序進行排序。屬於同一類的簡文,如果未在小結簡範圍之内,則附在這一類簡文之後。另有幾支小結簡前所列分類簡文,需要考辨其意,辨别分類簡文内容及文字風格,才能合理歸類。如藏左方、藏首、丙笥、稍笥,需要對這幾種小結簡所涉的内容進行辨析,才能將簡文基本合理地編入相應的類别。小結簡數量與分類簡數量記録稍有出入,一、三號墓簡文均存在這種現象,可能是因爲記數出錯,也可能是備多記少或備少記多。

小結簡"藏左方"、"藏首",分别指什麽? 如何理解這兩個方位概念就成了分類排序的關鍵。發掘報告稱,"左方面向墓道,左方爲西槨箱"。這種説法似乎存在問題。我們把它理解爲方位概念,那麽,這種"首"與"左方",應該是指槨室的方位。而槨室方位,應該是根據墓主人方向來約定的:槨首,即頭箱;藏首,就應該是指藏在頭箱,對照槨室的方位,是北邊箱。而左方應該是墓主人的左方,指東邊箱。發掘報告却認爲是西邊箱,這是因爲面對墓主人,左方是西邊箱,而墓主人的左方是指東邊箱。已故古文字學家唐蘭先生在《長沙馬王堆漢軑侯妻辛追墓出土隨葬遺策考釋》一文認爲,在這份遺策裏,槨中綢度、槨中縵帷和非衣等四條一組最爲突出,因爲除了這三件放槨中棺下、棺旁和棺上之外,其他隨葬明器都是放在内槨之外的,在遺策中稱爲"槨首"(即北槨箱)、槨足(即南槨箱)和槨左(即東槨箱,槨右在遺策中未提到,即西槨箱)。[⑦]這種解釋是比較合乎情理的。

小結簡"稍笥"和"丙笥",同樣需要考辨其意,才能將分類簡合理歸類。三號墓遺策有簡文154"乙笥凡十五不發"、簡407"右方二十一牒丙笥",木牌有"乙笥"、"衣薈乙笥"和"祝衣丙笥",以天干編序。有學者將"丙"釋爲"兩",[⑧]這種釋讀無法與實際情況相符,因爲一個木牌不可能同時懸在兩個竹笥上。而隸定爲丙笥,指一類衣物就不成問題了。現在我們將簡文與木牌結合起來,根據這不可多得的信息來分析,與其他墓葬所見類似現象比證,看是否能弄清楚究竟是怎麽回事。以干支編號爲序,指絲織物一類,可以找到同類考古材料印證。長沙望城坡西漢"漁陽"墓發現木牌122塊,木牌自帶兩套編號系統:一是序數排序,以現存木牌所見序號尾號來看,不少於800塊,現存不過八分之一,且主要記録衾被、成衣、紡織成品及原材料,還有少量小物件如梳妝用具、博具以及象箭等;二是以天干、地支排序,本應有 22 個,實際只見 9 個,主要記錄成幅布匹及紡織原材料。而漆器、食器與其他生活用器如樂器等均不見編號。⑨由此可見,用"天干地支"編序,僅指絲織衣物一類。縱觀整個三號墓簡文,除去各小結簡所屬分類簡之外,只有衣物簡可列爲親友饋贈或喪家自備衣物的乙笥、丙笥一類。

雖然將絲織衣物分別編入稍笥、乙笥和丙笥,但因簡序本身已紊亂,這種編法難免使一些衣物錯位,即本應屬乙笥的,可能編入了丙笥,本應屬丙笥的,可能編入了乙笥。但依據文字風格,可以找到基本的合理點。這種歸法至少釐清了稍笥、乙笥、丙笥小結簡可能容納的内容。

1. 右方凡用笥凡六十七合

小結簡"右方凡用笥凡六十七合",參照一號墓簡次序,排列在羹鼎之後,即有隨葬實物一類的簡文之首。用笥、布囊、坲、資、埳等數量基本吻合,其排序依據一號墓簡歸類,將次序作些調整。這樣,簡 151"唐枨于顈一笥"、簡 152"糖一笥"、簡 153"居女一笥"、簡 165"密粨一笥"等可加入用笥一類。然後再把發掘報告簡文排序散亂在他處的"帛囊"重新編入"用笥"一類,按同類實物組合在一起的原則編入相應位置。於是簡 148"黄卷一石縑囊合笥"、簡 187"稻密粨一笥有縑囊"、簡 188"稻粨一笥有縑囊"、簡 189"麥粨一笥有縑囊"、簡 190"棘粨一笥有縑囊"、簡 191"芰卷一笥有縑囊"、簡 192"棘一笥有縑囊"編入此類,合起來有帛囊七個,再加上簡 304"土珠璣一縑囊",與"帛囊八"相合,編入"右方用笥"。

一號墓簡將土金錢放在"十三物土"一類,附在所有簡文的最後,而三號墓小結簡只言"十三物土",未提及金錢珠璣,恰有小結簡用笥言及帛囊八個,得算上簡 304"土珠璣一縑囊"才是八個,所以編入"用笥"簡一類。簡 301"土錢百萬"、簡 302"菜(彩)金如大菽五百斤"、簡 303"土金千斤",這三支簡記錄的是珠璣、土彩金和土金,沒有明確用笥還是用囊,也隨"土珠璣一縑囊"一起放在"用笥"之列。簡 105—109 爲鱝離腒、鯉離腒、笋、白魚、楳共 52 貼,雖然不在小結簡所記範圍之内,但都屬於食物一類,參照一號墓簡文編入食物類簡之後。小結簡"用笥"所記實物多數可見隨葬實物,且散布在各邊箱之中。這樣,有 110 支簡文可編入此類小結簡前。因簡文内容豐富,文字風格有差異,僅參照小結簡所述内容次序進行排列。

簡 103/145　魚䰼一笥

簡 104/162　肉䰼一笥

簡 105/146　牛騰一笥

簡 106/147　鹿騰一笥

簡 107/149　無（蕪）夷（荑）牛騰一笥

簡 108/171　牛脯一笥

簡 109/156　鹿脯一笥

簡 110/157　肮脯一笥

簡 111/172　孫（胘）脯一笥

簡 112/150　無夷牛脯一笥

簡 113/184　無夷一笥

簡 114/169　牛炙一笥

簡 115/170　豕炙一笥

簡 116/155　鹿炙一笥

簡 117/144　炙雞一笥

簡 118/161　炙鮡蒸鮡一笥

簡 119/159　翟（燿）豚一笥

簡 120/160　翟雞一笥

簡 121/143　牛載（戴）一笥

簡 122/158　豕載一笥

簡 123/133　熬（熬）豚一笥

簡 124/173　熬兔一笥

簡 125/137　熬鵠一笥

簡 126/136　熬鶡一笥

簡 127/138　熬勳一笥

簡 128/174　熬瘍一笥

簡 129/135　熬雄一笥

簡 130/139　熬隋（隂）鶉一笥

簡 131/134　熬雞一笥

簡 132/140　熬爵一笥

簡 133/179　卵一笥九百枚

簡 134/141　羊昔(腊)一笥

簡 135/142　昔兔一笥

簡 136/163　煎魚一笥

簡 137/176　䰞(孰)村(菽)一笥

簡 138/190　棘糒(穎)一笥有繡囊

簡 139/165　密糒一笥

簡 140/151　唐(糖)枎于(芋)糒一笥

簡 141/175　白糒一笥

簡 142/187　稻密糒一笥有繡囊

簡 143/188　稻糒一笥有繡囊

簡 144/189　麥糒一笥有繡囊

簡 145/164　稻采(穗)一笥

簡 146/153　居(粔)女(籹)一笥

簡 147/152　糖一笥

簡 148/177　僕(糪)足(粔)一笥

簡 149/192　芰卷一笥有繡囊

簡 150/178　糩(穧)一笥

簡 151/191　棘(棗)一笥有繡囊

簡 152/182　梨一笥

簡 153/166　楕(奠)一笥

簡 154/167　栗一笥

簡 155/180　橘一笥

簡 156/181　柴(枇)一笥

簡 157/185　蒀(蕙)一鈞一笥

簡 158/186　黃一笥

簡 159/325　生一笥

簡 160/326　素一笥

簡 161/327　帛一笥

簡 162/328　錦一笥

簡 163/329　綺一笥

簡 164/330　繡一笥

簡 165/385　聶敝（幣）二笥

簡 166/278　木文戻（犀）角象齒一笥

簡 167/279　木白辟（璧）生璧一笥

簡 168/304　土珠璣一縑囊

簡 169/302　菜金如大村（菽）五百斤

簡 170/301　土錢百萬

簡 171/303　土金千斤

簡 172/148　黄卷一石縑囊合笥

簡 173/197　黄粢（粱）五石布囊

簡 174/196　白粢五石布囊

簡 175/194　稻米白秋五石布囊

簡 176/193　稻白鮮米五石布囊

簡 177/199　鞠（麴）二石布囊一

簡 178/195　采米五石布囊

簡 179/198　麥五石布囊二

簡 180/201　葵穜（種）五斗布囊

簡 181/202　賴穜（種）五斗布囊

簡 182/203　莧（蒽）穜（種）五斗布囊

簡 183/200　麻穜（種）一石布囊

簡 184/204　五穜（種）五囊囊各盛三石其三石采

簡 185/111　肉鈗一坄（瓨）

簡 186/112　魚鈗一坄（瓨）

簡 187/113　鱷一坄（瓨）

簡 188/114　鲂一坄（瓨）

簡 189/119　肉醬一坄（瓨）

簡 190/115　叔（菽）一坄（瓨）

簡 191/116　醢一坄（瓨）

簡 192/117　鹽一坄（瓨）

簡 193/118　醬一坄（瓨）

簡 194/110　然（燃）一坄（瓨）

簡 195/120　温（酝）酒二坄（瓨）

簡 196／121　肋（瀝）酒二坩（瓬）

簡 197／122　魚脂（脂）一資

簡 198／123　彊（麠）脂（脂）一資

簡 199／124　瓜醬一資

簡 200／125　瓜苴（菹）一資

簡 201／126　筍苴（菹）一資

簡 202／127　賴（藕）苴（菹）一垎（缶）

簡 203／132　要襟一垎（缶）

簡 204／130　無夷一垎（缶）

簡 205／129　山茢苴（菹）一垎（缶）

簡 206／131　婆（醬）俞（酶）一垎（缶）

簡 207／128　元栩（梅）一垎（缶）

簡 208／105　鱛離（離）萬一聑（觛）

簡 209／106　鯉離（離）萬一聑（觛）

簡 210／108　白魚廿聑（觛）

簡 211／107　筍廿聑（觛）

簡 212／109　楪十聑（觛）

簡 213／236　右方凡用笥六十七合　其十三合受中　五十四合臨湘
家給　帛囊八　其六受中　二臨湘家給　布囊廿二
其八受中　十四臨湘家給　坩（瓬）資廿一　其七受中
十四臨湘家給　垎（缶）七　其三受中　四臨湘
家給

2. 右方贅左方

小結簡"右方贅左方"，應該指槨室東邊箱所藏之物。從發掘報告來看，槨室東邊箱所藏之物有：漆平盤、漆小食盤、漆食杯、漆盂、漆盒、漆鼎、漆厄、漆鈁等漆器總數達 77 件，還有放着帛書和醫簡、地形圖和駐軍圖的長方形漆盒，其餘有 21 件竹笥及散落的木牌，這裏象徵墓主人起居室。對照簡文，記錄"器"盛食物的簡有 30 支，不在小結簡"用笥"之列，可編入"左方"。所謂"器"，據一號墓簡 56—60 記"牛瘡一器、羊瘡一器、鹿瘡一器、魚瘡一器、右方瘡卑匲四"可知，器指"卑匲"，即小漆盤。這些小漆盤内所盛食物,自不在"用笥"之列,編入"左方"比較合理。漆器,尤其是漆食器,也一併編入"左方"。其他漆器没有小結簡文,參照一號墓簡文,漆器基本排列在一起,實際隨葬器物分别放在四個邊箱之中(四個邊箱發現漆器 320 件,簡文記録漆器 328 件)。據此,三號墓漆器簡文亦不加分散,將漆器與盛食小漆盤歸爲一類,列入"左方"似乎比較合理。從文字風格來看,不論是"器"盛食物分類簡,還是各種漆器分類簡,均顯示非一人所書寫。

簡 214/206   牛乘(騰)炙一器

簡 215/207   牛脅炙一器

簡 216/208   犬萰劦(脅)炙一器

簡 217/214   豕肩一器

簡 218/211   羊肩載(戴)一器

簡 219/210   犬載(戴)一器

簡 220/212   牛肩一器

簡 221/213   犬肩一器

簡 222/215   牛濯(爚)胃一器

簡 223/217   牛濯(爚)脾、含(臉)、心、肺·各一器

簡 224/216   濯禺一器

簡 225/218   牛脣臉、遞(蹄)濡·各一器

簡 226/227   脛勺(灼)一器

簡 227/228   取(聚)齋一器

簡 228/209   熬炙姑一器

簡 229/219   牛瘡(膾)一器

簡 230/220   羊瘡(膾)一器

簡 231/221   鹿瘡(膾)一器

簡 232/222   麕(麕)瘡(膾)一器

簡 233/223   魚瘡(膾)一器

簡 234/225   丞(蒸)秋一器

簡 235/226   丞(蒸)鹹一器

簡 236/224   鰿縣執一器

簡 237/229　卵糟一器

簡 238/232　合（鴿）無一器

簡 239/231　戻（犀）無（膲）一器

簡 240/230　羯一器

簡 241/235　炮芋一器

簡 242/233　彊（薑）芥各一器

簡 243/234　☐一器

簡 244/237　髹畫木鼎六皆有蓋

簡 245/241　髹畫鈚六

簡 246/239　髹畫壺六皆有蓋

簡 247/240　髹畫枋（鈁）三皆有蓋

簡 248/238　髹畫橦（鍾）二皆有蓋

簡 249/242　髹畫勺三

簡 250/245　髹畫斗卮二有蓋

簡 251/243　髹畫七升卮五皆有蓋

簡 252/244　髹畫二升卮廿

簡 253/246　髹布小卮二容二升有蓋

簡 254/260　髹畫大移容四升十

簡 255/248　髹畫糞中幸酒杯廿

簡 256/259　髹畫食般俓（徑）一尺二寸廿

簡 257/247　髹汩幸食杯百

簡 258/249、409　髹畫具杯柗二合

簡 259/250　髹畫小具杯廿枚

簡 260/253　髹畫華圩（盂）廿枚

簡 261/254　髹畫木圩一容五斗

簡 262/251　髹畫卑（椑）遞（榹）脛八寸冊

簡 263/261　髹畫檢俓尺食鹽成五寸二合

簡 264/273　髹汩食檢一合

簡 265/267　髹汩脯檢一合

簡 266/266　髹畫盛十合

簡 267/258　髹畫平般俓尺六寸三枚

簡 268/257　　　鎏畫平般俓二尺三枚

簡 269/256　　　鎏畫平般俓二尺五寸三枚

簡 270/255　　　鎏畫大般俓三尺一寸一枚

簡 271/276　　　髹畫其末廣一尺七寸長二尺六寸二枚

簡 272/275　　　髹畫其末廣二尺長三尺二寸二枚

簡 273/277　　　髹畫木變機一

簡 274/274　　　木五菜畫並風長五尺高三尺一

簡 275/252　　　卑餘一

簡 276/183　　　右方賷左方

3. 右方賷首

　　小結簡"右方賷（藏）首",當指頭箱,即槨室北邊箱所藏之物。北邊箱所藏之物有:底部鋪竹席,四周張掛帷帳,陳置漆屏風、漆幾等漆器 47 件,還有陶熏爐、陶燈、竹熏罩和角質劍、矛、弓、矢箙和兵器架,琴、筑和博具等用器和燕樂器,反映了墓主人的身份和喜愛。這裏擺置着錐畫狩獵紋漆奩、錐畫六子漆奩、油彩雙層漆方奩、油彩雙層漆圓奩等漆器,木俑 106 件及象徵性樂器木編鐘、木編磬等,模擬墓主生前居室的前堂。據此,將簡文中的兵器、樂器及樂器套、博具、梳妝用具、枕與枕巾、熏爐、燭燈及其他竹器等(類似《儀禮·既夕禮》的役器、用器和燕樂器)一併放入"藏首"之列。排列順序儘可能遵從類別和文字風格接近的原則。

簡 277/17　　　　彊一

簡 278/38　　　　象戈一

簡 279/39　　　　象矛一

簡 280/32　　　　劎（劍）一象金首鐔一

簡 281/33　　　　象劍毐（璹）肙（琄）具一

簡 282/34　　　　角弩一具象幾一斿（游）豹盾緹裏續掾（緣）

簡 283/36　　　　柧弩一具象幾一越舒（邾）盾緹裏李（理）繡掾（緣）

簡 284/37　　　　弓矢十二象族（簇）

簡 285/35　　　　弩矢十二象族（簇）

簡 286/31　　　　劍枝一

簡 287/315　　　博一具

簡 288/316　博局一

簡 289/317　象其十二

簡 290/318　象直食其廿

簡 291/319　象箅卅枚

簡 292/29　象割刀一

簡 293/30　象削一

簡 294/18　聿聿室各二

簡 295/55　瑟一繡綈素裏續掾(緣)

簡 296/56　竽一錦綈素裏續掾(緣)

簡 297/53　珡(琴)一青綺綈素裏蔡(彩)續掾(緣)

簡 298/381　青綺珡(琴)囊一素裏蔡(彩)續掾(緣)

簡 299/54　琴笥二

簡 300/270　布繒檢(奩)一

簡 301/368　赤繡檢(奩)戴一

簡 302/271　布曾檢(奩)一錐畫廣尺二寸

簡 303/265　布付簍一長尺一寸

簡 304/262　粉付簍二

簡 305/263　小付簍三盛脂其一盛節

簡 306/264　員付簍二盛闌膏

簡 307/272　布 曾 檢 一錐畫廣尺三寸

簡 308/369　斿(游)豹檢(奩)戴一素裏桃華掾(緣)

簡 309/370　素信期繡檢戴一赤繻掾(緣)

簡 310/268　冠小大各一布冠笥五采畫一合

簡 311/281　髮(髮)

簡 312/321　象鏡一

簡 313/322　石鏡一

簡 314/323　疏(梳)比(箆)一雙

簡 315/320　象 疏 比 二 雙

簡 316/28　象刀一有韜

簡 317/333　沈(枕)巾一

簡 318/335　[雲越錦沈一]續當

簡 319/336　　紫沈巾一素裏掾（緣）

簡 320/337　　紫三采斿（游）豹沈一

簡 321/334　　鰵機巾一素裏繢掾（緣）素捈

簡 322/299　　熏盧二

簡 323/300　　大燭庸二

簡 324/19　　　塞帛各一

簡 325/305　　赤綆（緶）博席長五尺廣四尺白裏蔡（彩）周掾（緣）

簡 326/306　　滑辟席一廣四尺長丈生繒掾（緣）

簡 327/307　　滑辟席一錦掾（緣）

簡 328/308　　滑度（芏）席一繢掾（緣）

簡 329/309　　莞席二其一繢掾（緣）、一錦掾（緣）

簡 330/310　　坐莞席二錦掾（緣）

簡 331/312　　小扇二

簡 332/311　　大扇一

簡 333/313　　熏大篳一赤掾（緣）下

簡 334/314　　熏小篳一繢掾（緣）下

簡 335/269　　（字迹漫漶，已不可識）

簡 336/324　　右方贅首

4. 右方十三牒稍笥

小結簡"右方十三牒稍笥"所指有哪些？若笥爲笥之誤，"稍"又作何解？《廣韻·效韻》："稍，小也。"《周禮·天官·膳夫》："凡王之稍事，設薦脯醢。"鄭玄注："稍事，有小事而飲酒。"《正字通》："稍，借小意。《周禮》王之稍事、稍食、稍秣，皆小也。"據此，稍笥或可理解爲小笥。何謂小笥？古人把竹笥大者稱笥，小者稱簞。《説文》竹部引漢律令："簞，小筐也。"段玉裁注："漢律令之簞，謂匡之小者也，與經傳所云'簞謂笥'者異。蓋匡簞皆可盛飯，而匡筥無蓋。"《左傳》哀公二十年"與之一簞珠，使問趙孟"，杜預注："簞，小笥。"孔穎達疏："此言'小笥'者，以盛珠之器不宜與盛飯器同，故云'小'耳。"同理，三號墓簡文所言"小笥"不宜與"用笥"同，可能指有 13 件物品放在小竹笥内。三號墓出土竹笥除盛食物的用笥之外，還有東邊箱的"衣薵乙笥"、"乙笥"和西邊箱的"祝衣丙笥"三個盛

衣物的竹笥。一號墓裝成衣、鞋襪、香囊等絲織物品同樣有三個竹笥,參
照一號墓65號竹笥内裝有香囊和絲履,將香囊、絲履、巾、幘、絲帶、劍帶、
革帶等絲織物件十三支簡編入"稍笥"一類。編入"稍笥"一類的簡文,文
字風格也比較接近。對照出土實物,只見北邊箱出土殘破絹面麻底鞋一
雙,麻鞋底髹漆,當是簡280所記"𩊪履一兩"。其周圍還有一些絲織物
殘片,已無法辨别。這些物件屬墓主人私用物品,也適合於放在槨室頭箱
(北邊箱)。

簡337/280　　𩊪履一兩
簡338/391　　絲履二兩
簡339/378　　麻紤一
簡340/375　　緒紤三
簡341/377　　素紤二今三
簡342/342　　緑束要(裱)一
簡343/343　　單(縳)一綉平畫皃(貌)百
簡344/340　　劍帶二雙
簡345/341　　素劍帶一雙
簡346/338　　白革帶𩊪革帶各二雙
簡347/339　　黑革帶二
簡348/344　　觀(纙)一
簡349/387　　☑綉
簡350/168　　右方十三牒稍筍(笥)

5. 右方乙笥

關於"乙笥",没有發現"右方"簡牘,但有木牘407記"乙笥凡十五物
不發",東邊箱發現有"衣薈乙笥"、"乙笥"木牌。另有簡154"右方二十
一牒丙笥",木牌有"祝衣丙笥"。對此,發掘報告稱,隨葬物中似按甲、
乙、丙分爲三類,但簡文未見"甲笥",東邊箱出土木牌可見"乙笥"。有學
者研究認爲,"乙笥"、"衣薈乙笥"和"祝衣丙笥"可能因衣服的來源不同
被統一編上了"甲"、"乙"、"丙"三個號,"祝衣丙笥"已明確是送給死者
的衣物,而"衣薈乙笥"和漏寫的"某某甲笥"則可能專門用於存放喪家自
備的衣物,因此推測"衣薈乙笥"應該是"衣薈甲笥"。⑩此説似有一定道

理。但簡文與木牌均不見"甲笥",可能並非簡單的錯漏所致,而有可能是因爲甲笥所盛衣物僅用於祭奠不用於隨葬而導致了"疏漏"。"天干"用來編號,爲的是區分衣物來源,可以找到同類考古材料印證。參照長沙望城坡西漢"漁陽"墓木楬,以天干、地支編排,主要記録成幅布匹及紡織原材料,有的標注"故"或"故善",有的標注"新爲",有的稱"王祝"和"陛下贈物",⑪説明這些隨葬衣物來源與用途不同。三號墓木牌類似於此,木牌"衣薈乙笥",可視爲衣物薈萃之意。據《説文》艸部"薈,草多貌",段玉裁注:"薈,引伸爲凡物薈萃之義。"因此,"衣薈乙笥"疑指竹笥裝盛的是喪家自備的各種隨葬衣物,自備衣物包括各式成衣以及鞋襪、手套、組帶之類。一號墓329號竹笥内裝有綿袍、單衣、裙、襪、袍緣等十四件即是如此。

三號墓分類簡文應記録了裝盛在乙笥内的多件衣物,包括成衣及手套、絲襪之類。一號墓手套放在妝奩内,三號墓妝奩未見手套,可將其與衣物放在一起。木牘所見"乙笥凡十五物不發",是指十四件衣物和黂十四囊,已經記録在分類簡的"十五物",因故不予發送。可能的原因是,本應該備好,因故没有備好。在核對隨葬物品時,將這些不能發送的衣物記録下來,代替了原有的小結簡,以示補充説明。"主瓚君"當衆宣讀遣策時(見《儀禮·既夕禮》)也可能會照例讀出來。所以將此木牘與乙笥所盛其他衣物放在一起,也是可能的。因此,雖然没有發現"右方乙笥"簡牘,但有木牘記録"乙笥凡十五物不發",可能是以此木牘取代了原有的"右方乙笥。"鑒於此,將絲襪、手套和少量上衣與下裳等與十四件未發出的成衣編在"右方乙笥"一類。對照出土木牌,所留衣物當爲"乙笥"所盛之物。至於簡205"黂十四囊",依據《長沙馬王堆漢墓簡帛集成》一書考釋爲"黂",指麻籽,屬於織物原材料,明顯不在二十一布囊之列,根據"乙笥十五物不發"記録,將其列入乙笥一類,亦屬合理。

簡 351/384　赤綉熏囊一素掾(緣)

簡 352/383　青綺熏囊一桃華掾(緣)

簡 353/382　赤綺信期綉囊一素掾(緣)

簡 354/392　接袈一兩

簡 355/345　素緺二其一故

簡 356/331　早(皁)巾一

簡 357/332　楮(緒)巾二今四

簡 358/386　賛(幘)二有綉付蔡(彩)繢掾(緣)下

簡 359/373　綉干(衎)一蔡(彩)繢掾(緣)

簡 360/388　白縠袤二素裏其一故

簡 361/346　帛襌衣一

簡 362/354　鑒錫(緆)襌衣一

簡 363/367　紫綺複帶襦一

簡 364/359　春草復(複)衣一繢掾(緣)

簡 365/360　春草複衣一繢掾(緣)

簡 366/379　沙(紗)縛(縠)複反襲一

簡 367/397　鮮支長襦一素掾(緣)

簡 368/396　鮮支襌衣一縠掾(緣)

簡 369/395　毋尊襌衣一

簡 370/394　齊(綺)繐(繐)襌衣一

簡 371/398　緒胡衣一

簡 372/355　緒繐(繐)襌衣 一

簡 373/399　帛傅(薄)質一沙掾(緣)

簡 374/400　鑒縠長襦一桃華掾(緣)

簡 375/401　早複衣一早掾(緣)

簡 376/402　帛小傅(薄)襦一

簡 377/403　紫縱一素裏

簡 378/404　綈襌縱一

簡 379/405　緹襌便常一

簡 380/406　緒綺一素裏

簡 381/205　黃(廣)十四囊

簡 382/407　齊繐(繐)襌衣一　毋尊襌衣一　鮮支襌衣一縠掾(緣)　鮮支長襦一素掾(緣)　緒胡衣一　緒繐(繐)襌衣一　帛傅(薄)質一沙掾(緣)　鑒縠長襦一桃華掾(緣)　草複衣一草掾(緣)　帛小傅(薄)襦一　紫縱一素裏　綈襌縱一　緹襌便常一　緒綺一素裏　黃(廣)十四囊·乙笥凡十五物不發

6. 右方廿一牒丙笥

小結簡"右方廿一牒丙笥"所指有哪些？所謂"牒"，指書寫用的木（竹）片。《説文》片部："牒，札也。"段玉裁注："厚者爲牘，薄者爲牒。牒之言葉，葉也。"《廣韻·怗韻》："牒，書板曰牒。"《論衡·量知》："截竹爲筒，破以爲牒，加筆墨之迹，乃成文字，大者爲經，小者爲傳記。"黄暉校釋："牒，小簡也。"牒，與現在習稱的量詞"支"義同，而"支"不過是漢代人的量詞用法。此小結簡的意思是，"右方"所記二十一支簡的衣物放在丙笥内。西邊箱發現有"祱衣丙笥"木牌，又有小結簡154"右方二十一牒丙笥"，可能是指丙笥内裝有二十一件衣物。衣笥木牌所謂"祱衣"，可能是指他人饋贈死者的衣物。《説文》衣部："祱，贈終者衣被曰祱。"《漢書·朱建傳》"辟陽侯乃奉百金祱"，顔師古注："贈終者之衣被曰祱，言以百金爲衣被之具。"《漢書·鮑宣傳》："邴相病死，莽太子遣使祱以衣衾。"因此，可將一些絲織成衣編入"祱衣丙笥"之列。墓中西邊箱出土竹笥裝有成衣，與"祱衣丙笥"木牌一致。與此不同的是，一號墓357號竹笥裝有綿袍5件，上有封泥"□買之"，説明這些成衣不是他人贈送之衣，而是喪家自行購買的隨葬之衣。三號墓小結簡"丙笥"究竟可包含哪些分類簡呢？我們先將十四件標明"乙笥不發"衣物簡剔除，再將文字風格接近的衣物簡編入此類。這樣，就有二十一件衣裳可編入丙笥。

簡 383/374　素常（裳）二

簡 384/376　素綺二

簡 385/371　錦因（裀）一續掾（緣）

簡 386/372　繡因（裀）一續掾（緣）

簡 387/351　闌禪衣一

簡 388/352　緒禪衣二

簡 389/347　白緒禪衣一

簡 390/348　霜緒禪衣一續掾（緣）

簡 391/349　青緒禪衣一

簡 392/353　紺繕（緒）禪衣一

簡 393/356　白錫（緆）禪衣一

簡 394/350　青綺禪合衣一素掾（緣）

簡 395／358　　連綫合（袷）衣戴一

簡 396／357　　生綺襌合（袷）衣一素掾（緣）

簡 397／361　　青綺複衣一青綺掾（緣）

簡 398／362　　生綺複桼（緇）衣一生綺掾（緣）

簡 399／380　　沙縛復（複）前襲一素掾（緣）

簡 400／363　　帛長襦一

簡 401／365　　素襌帶襦一赤掾（緣）

簡 402／364　　素襌帶襦一素掾（緣）

簡 403／366　　緐綺複帶襦一

簡 404／154　　右方廿一牒丙笥

7. 右方四牒

小結簡“右方四牒以閟（關）在棺中”，説明有四支簡記録放在棺中之物，即帷幔、絪席、非衣之類，與其他隨葬物品使用方式不同，或懸掛於棺中，或墊於棺底，或覆在棺蓋上，也在遣策記録之中。一號墓簡文將棺中帷帳類簡 244、245、251、252 放在絲織品一類，唐蘭先生認爲這四支簡所記棺中之物作爲葬具應該放在遣策之首。但此處仍將棺中之物放在簡文之尾，並不遵從《既夕禮》陳列明器放在首位的次序，因爲無法確定葬日大遣奠時這些物件是否已經放入棺中，還是視同明器一樣陳列，等待葬時放入棺中。根據内容只清理出兩支相關簡文，没有發現一號墓簡 252 所記“白綃乘雲綉郭中絪度（席）一赤掾（緣）”之類，可能是漏記或遺失了。雖然只有區區兩支簡，但文字風格完全不同，因内容符合而組編在一起。

簡 405／389　　槨中綉帷一褚續掾（緣）素撿衺二丈二尺廣五尺青綺脅
　　　　　　　　素裏一

簡 406／390　　非衣一長丈二尺

簡 407／393　　右方四牒、以閟（關）在棺中

總而言之，重新整理編排三號墓遣策簡序，以分類組合排序爲基本方法，借助於可供分析比證的考古材料，引證於古文獻記載，在發掘報告排序的基礎上，先調整分類組合，再就每類的排序作適當調整，將組合進來的簡文編入其中，或附於這類簡文之後，儘可能去接近原來的順序。重新整理，按類組合，合理排序，這樣有助於了解簡文的全貌，按組合歸類，理

解起來也比較方便。雖然這種重新排序要做到完全還原原序是不可能的,但至少可以釐清"右方"簡牘所容納的具體内容,爲考釋疑難字詞、研究簡文内容提供一些參考。

注　釋

① 湖南省博物館、湖南省文物考古研究所:《長沙馬王堆二、三號漢墓·田野考古發掘報告》,文物出版社,2004 年。
② 伊强:《談〈長沙馬王堆二、三號漢墓〉遣策釋文和注釋中存在的問題》,北京大學碩士學位論文,2005 年;裘錫圭主編,湖南省博物館、復旦大學出土文獻與古文字研究中心編纂:《長沙馬王堆漢墓簡帛集成(陸)》,中華書局,2014 年,第 262—263 頁。
③ 伊强:《談〈長沙馬王堆二、三號漢墓〉遣策釋文和注釋中存在的問題》,北京大學碩士學位論文,2005 年。
④ 裘錫圭主編,湖南省博物館,復旦大學出土文獻與古文字研究中心編纂:《長沙馬王堆漢墓簡帛集成》。
⑤ 伊强:《談〈長沙馬王堆二、三號漢墓〉遣策釋文和注釋中存在的問題》,北京大學碩士學位論文,2005 年。
⑥ 金立:《江陵鳳凰山 8 號漢墓竹簡試釋》,《文物》1976 年第 6 期。
⑦ 唐蘭:《長沙馬王堆漢軑侯妻辛追墓出土隨葬遣策考釋》,《文史》第十輯,中華書局,1980 年。
⑧ 裘錫圭主編,湖南省博物館、復旦大學出土文獻與古文字研究中心編纂:《長沙馬王堆漢墓簡帛集成》。
⑨ 宋少華、李鄂權:《湖南長沙望城坡西漢漁陽墓發掘簡報》,《文物》2010 年第 4 期;長沙市簡牘博物館館藏資料。
⑩ 范常喜:《讀〈長沙馬王堆漢墓簡帛集成〉札記八則》,《長沙馬王堆漢墓簡帛集成》修訂研討會會議論文,2015 年。
⑪ 宋少華、李鄂權:《湖南長沙望城坡西漢漁陽墓發掘簡報》,《文物》2010 年第 4 期;長沙市簡牘博物館館藏資料。

肩水金關漢簡《功令》令文疏證

徐世虹(中國政法大學法律古籍整理研究所)

"功令"之名,傳世文獻見於《史記·儒林傳》,所謂"余讀功令"、"請著功令",《史記索隱》認爲"即今學令是也",[①]顔師古《漢書·儒林傳》注以爲"功令,篇名,若今選舉令"。[②]王應麟《漢藝文志考證》補《漢書·藝文志》未著録漢律、漢令,列出"功令"。[③]沈家本《漢律摭遺》爲求唐律根源而溯源漢律令,設"功令"專條,認爲"當以《索隱》之説爲是",又指出"《匡衡傳》射策甲科不應令,皆指此令言"。[④]在出土文獻中,嶽麓書院藏秦簡《置吏律》有"縣以攻(功)令任除有秩吏"之文,[⑤]居延漢簡有《功令》編號第四十五條文,内容是對試射者超過合格標準的賜勞規定。又江陵張家山336號漢墓出土有"自題篇名爲《功令》"簡184枚,"内容爲西漢初期戍邊殺敵立功的具體記功方式和詳細規定,以及官序的遞補序列,部分簡頭有編册序號",[⑥]這是《功令》篇的首次出土。至此,"功令"篇名已可確定。

近年來新刊布的肩水金關漢簡,又見《功令》條文。研讀令文,對於增進《功令》内容、功勞制度乃至漢令具體行用的了解,不無裨益。

一、釋文

該條令文的紅外綫圖版及釋文,見《肩水金關漢簡(叁)》中册73EJT31:163簡:

> ·功令諸自言功勞皆證其歲與計俱新視事若有相前後其等不上功來歲并數上[⑦]

簡文公布後,張俊民有較詳細、深入的研究,且對釋文有多處改讀。改讀後的釋文如下：

　　·功令：諸自占功勞，皆訖其歲，與計俱。初視事，若有物故，後其等，不上功；來歲，並數上。⑧

其中“占”與“訖”的改釋，以圖版、其他文例尤其是懸泉漢簡“功勞案”格式簡爲據，當可信從。“新”改“初”，或亦可。“若有物故”，“物”字可從，“故”字從字形上難以遽定，但“若有物故後其等”在文意上長於“若有相前後其等”，故暫從。

　　鄥勛對此條令文也有研讀，文中釋文如下：

　　·功令：諸自言功勞，皆證，其歲與計俱。新視事若有相前後其等，不上功，來歲並數上。

並解讀爲“凡爲自己申報功數、勞數的，都要自證所言，並在當年與上計文書一同上報”。⑨

　　參照以上研究，今將釋文作如下讀：

　　·功令：諸自占功勞，皆訖其歲，與計俱。初視事若有物故後其等，不上功，來歲並數上。

下文疏證，將以此釋文爲據。

二、自占功勞

　　自占功勞，指吏員個人統計、申告本人本年度的功與勞。這是法律賦予官吏的一項基本權利，也是官吏獲得升遷的重要途徑和基本程序，因而有較完備的規範。學界對此亦多有關注，以下略加條理並申説。

　　其一，申告文書有規定格式與要件。張俊民提出並研讀的懸泉漢簡所出自占功勞文書，即反映了這種格式與要件。現移録該牘正面文字如下：

　　　　敦煌縣斗食令史萬乘里大夫王甲自占書功勞
　　　　爲敦煌少内嗇夫十月
　　　　爲敦煌斗食令史一歲
　　　　凡爲吏一歲十月
　　　　大凡勞一歲十月　　　　　　　　·應令

今爲敦煌縣斗食令史一歲十月　　　　（以上爲第一欄）

能書會計治官民頗知律令文

年若干歲

　　長若干　　　　　　用二尺質

敦煌萬乘里　　　　　　　　　　　　（以上爲第二欄）

　　　　不告歸　　　　　　　某年

某年某月以修行書次除爲某官佐若干歲月日

某月某日以功次遷爲少内嗇夫十月某年某月

某日令甲以能授甲爲令史　　　·產某郡某縣

列上各案

占本始四年功勞訖十月晦某日　　　（以上爲第三欄）⑩

以牘文可見,自占功勞开列的要件分三欄書寫:其一,現職及任職地、爵位、姓名、爲吏經歷及時間、總爲吏時間、勞的累積時間、截止現職的總任職時間;其二,能力、特長、年齡、身高、籍貫;其三,有無告歸記錄、除爲某官佐的依據與年月及任職時間、以功次遷前任職務及在位時間、以能授爲現職的時間、出生地,最後是占功勞之年及截止時間。以上各項猶如今人的年度考核登記表,分任職總況、自然情況、任職升遷的具體情況三大類。其中的"應令"書寫於第一欄,是對以上情況是否符合令規定的判斷。不過從單枚功勞簡看,"應令"也有書於年齡與身高之後的。如EPT59∶104簡:"延城甲溝候官第三十隧長上造范尊,中勞十月十枲日,能書會計,治官民頗知律令,文,年三十二歲,長枲尺五寸。應令。居延陽里,家去官八十里,屬延城部。"⑪關於此"應令"的判斷主體,也許是申告者本人,但也不排除是具有審核權限的上級機關。理由是這畢竟是一份文書範本,是需要模仿的"式",並非現實中本人實際提交的文書,尤其是下文的"用二尺質",字體較大,筆迹不同,揣測語意似也不屬於自占功勞的内容(詳下)。

　　牘文中對"能"的基本評價與特長("文")的判斷,也是重要事項。原因即在於官吏能力的高下强弱與行政效率直接相關。書寫、計算、治官民頗知律令,是對爲吏能力的綜合要求。若能力並非全面,在名簿中也偶有記錄,如192.25簡對書佐趙通的記錄是"能書,毋它能"。⑫"能"當然也不止上述各項,張家山漢簡《奏讞書》177簡記載,當事人丁犯盗罪,而其上功牒“署能治禮，讅（儒）服”，只是丁所獲得的能力評價與其行爲形成明顯反差。

“用二尺質”，張俊民推測“可能是用户籍作證明，證明自己的年齡和身高等”。[13]“二尺”用作某類文書或文本的指代，早先可見武威出土“王杖十簡”中的“毋二尺告劾”，研究者引《漢官儀》“亭長持二尺板以劾賊”、《杜周傳》“吏因責如章告劾”等文例，認爲意思是“不如章告劾”。[14]李均明、劉軍則認爲“二尺”指告劾之版牘文書，[15]張全民指出“‘二尺’指中、下層官吏手中持有的律令文書，它在長度上與中央政府直接頒布的文書有别”。[16]近年所出里耶秦簡有“二尺牒”之語，如 9-2284 簡“令曰：以二尺牒疏書見芻槀、茭石數，各别署積所上，會月朔日廷”，如校釋者所言，“二尺牒”亦見於《二年律令·田律》256 簡。[17]《二年律令》的研讀者指出：“‘牒’可釋爲‘簡’，但是據簡牘史料，它也存在並非單純地指書寫材料，而是指文書本身的情况。”[18]此句似指以二尺牒爲驗證。

其二，功勞是升遷的資本，自然受到積勞者的重視，同時也可能因此而產生不實行爲，故申告必須如實，禁止作假，並有一定的規範措施。對於不如實申告的行爲，秦律即已視爲犯罪。如衆所周知的睡虎地秦簡《秦律雜抄》15—16 簡“中勞律”規定，對“深益其勞歲數”者的處罰是“貲一甲，棄勞”。所謂“棄勞”，應是盡棄其勞。今見《嶽麓書院藏秦簡（肆）》也有相關規定。如 221—222 簡：

> 補軍吏、令、佐史，必取壹從軍以上者，節（即）有軍殹（也），221遣卒能令自占，自占不審及不自占而除及遣者，皆貲二甲，廢。222

347—348 簡：

> □其不能者，皆免之。上攻（功）當守六百石以上及五百石以下，有當令者，亦免除。攻勞皆令自占，自占不□347□實，完爲城旦。以尺牒牒書，當免者人一牒，署當免狀，各上上攻所執灋，執灋上其日，史以上牒丞348 [19]

221—222 簡文屬《置吏律》，是對補軍吏、令、佐史的規定，對自占不實與未履行自占程序即擅自除任並派遣的行爲，貲二甲並剥奪當事人的爲吏資格，處罰明顯重於“貲一甲，棄勞”。347 簡末尾與 348 簡開端部分有殘斷,二簡若可相接,其文也許應是"自占不實"或"自占不以實"或"自占不以請(情)實"。當令,符合令的規定。347 簡前有缺簡,不過大致可看出規範涉及的内容有兩項,一是上功後"當守六百石以上及五百石以下"者,如有令所規定的免除事項,則免除;一是自占功勞不實,處以相應刑罰。不過對後者也略存疑問。完城旦刑等在刑城旦之下,自然不屬輕刑。而前述秦律對"深益其勞歲數"與"自占不審"的處罰未出貲刑,完城旦與其差異明顯。這是因處罰對象而異還是其他,暫存疑。不過無論如何,對自占功勞不實行爲予以處罰是確定的。目前漢律令尚未見相關規定,但以漢律對自占不實的處罰,如《二年律令·户律》325—326 簡"自占,占子、同産年,不以實三歲以上,皆耐",敦煌懸泉漢簡Ⅱ0114③:54 簡"·兵令十三:當占緡錢,匿不自占,【占】不以實,罰及家長戍邊一歲",[20]《漢書·昭帝紀》注如淳引律"律,諸當占租者家長身各以其物占,占不以實,家長不身自書,皆罰金二斤,没入所不自占物及賈錢縣官也",對自占功勞不以實的處罰必不闕如。肩水金關漢簡 73EJD:332 簡"□□平數上,上功故多其實,非聽受上,解何",[21]可能是上級審核上功文書,發現了"上功故多其實"的問題,認爲未聽從執行相關命令,故發出詰問。

其三,必須按時申告。自占功勞與計算官吏功勞的年度考核緊密相關,自當嚴格按年度進行,過時不申告,其勞作廢。居延漢簡 20.3 簡即反映了這種限定:

　　　□□□□[里家去大守府百里]　　　□
　　　爲吏十一歲二月十二日　　　　　　屋□
　　　其七歲十二日過時不上不爲勞[22]

不爲勞,指在任職期間不得計算作勞日的情況。簡牘中所反映的"不爲勞"的原因:一是因病。較爲典型的記録是居延漢簡 EPT50:10"徐譚功將"簡:"爲吏五歲三月十五日。其十五日,河平元年、陽朔元年病不爲勞。"[23]又肩水金關漢簡 73EJT26:88A 簡是肩水候官騂望隧長公乘楊殷的自占書功勞,也需要寫明因病"不爲勞"的天數,即"凡爲吏四歲十一月十日。其六日,五鳳三年九月戊戌病盡癸卯,不爲勞"。[24]二是喪假。敦煌漢簡 1186 簡"玉門千秋隧長敦煌武安里公乘吕安漢,年卅七歲,長七尺六寸。神爵四年六月辛酉除,功一勞三歲九月二日,其卅日父不幸死寧,定

功一勞三歲八月二日,訖九月晦庚戌。故不史,今史",㉕"寧"原釋文爲
"憲",邢義田改釋爲"寧",並據此指出"請假日數需自積勞中扣除,功勞
從而定爲功一,勞三歲八月二日"。㉖胡平生釋"中功"、"中勞",認爲"其
含義是:已得到法律或上級認可的功勞"。㉗目前雖然未見相關規定的明
文,但功勞文書中勞日不含寧日的計算方法,可印證規範的運行。三是
20.3 簡所見的未按時上功。這似乎是一個比較極端的不上勞的例子,不
清楚當事人是何原因"過時不上"至此。

三、初視事若有物故後其等

初視事,指初次被除上任者。里耶秦簡 8-1450 簡"冗佐八歲上造陽
陵西就曰駘,廿五年二月辛巳初視事上衍。病署所二日。·凡盡九月不
視事二日,·定視事二百一十一日",㉘可知對初視事者有明確的任職年
月日記録,至年度統計截止前對視事日有總的統計。吏員的勞日計算以
視事日爲基礎,故對初視事日與視事日較爲重視。學者對里耶秦簡中的
視事簡已有專論,可參。㉙

若,連詞。據學者對《二年律令》75 例"若"字的分析,發現其"多用
在謂詞性並列結構間,體詞性並列結構間也使用",既往研究有表示並列
("與")和選擇("或")的説法。㉚但無論是並列還是選擇,"若"都用於並
列結構之間。本簡中的"初視事"與"有物故後其等",即以"若"字連接
表示並列。

物故,既往有死亡、物敗不可用二義,但於此無可安放。2001 年《二
年律令》刊布後,尹在碩較早對《置後律》375 簡"爵當即而有物故,奪□,
以其數減後爵"中的"物故",提出了"事故"之解。㉛此後專修大學《二年
律令》研究會對《二年律令》所見三例"物故"提出了看法:

> 在《二年律令》中,物故包含本條可見三例。盜律(78—79)
> "……有(又)物故毋道歸叚(假)者,自言在所縣道官……",所見物
> 故的意思是因事故而不能返還官有之物。物故自然有死亡之意,行
> 書律(265)"……有物故、去,輒代者有其田宅……",即爲其例。但
> 是本條涉及爵的繼承,應解釋爲爵的後繼者在過去有"有物故、奪
> □"的情況。這樣考慮,物故就不是死亡,而是指有何職務上的不

利、禍事。㉜

《中國歷史文物》2003 年第 1 期初次披露里耶秦簡,其中 9-3 簡的
"有物故,弗服"之語,學者最初理解"物故"爲"亡故"。但此後王偉以
《墨子·號令》《商君書·定分》等記載爲據,指出"有物故"應理解爲"有
事故",並主張"有物故"並非死亡一義,應根據上下文作出判斷。㉝《里耶
秦簡牘校釋(第二卷)》9-3 簡的注釋采用了王偉之説,認爲"物故"作事
故、變故解。㉞

嶽麓書院藏秦簡一則令文中的"有物故",復可證其説:

　　·皋人久觳(繫)留不決,大費殹(也)。·諸執灋、縣官所治而
當上奏當者:·其皋當耐以下,皆令先決$_{078/1034}$論之,而上其奏夬
(決)。·其都吏及諸它吏所自受詔而當先決論者,各令其治所縣官
以灋決論$_{079/1007}$之,乃以其奏夬(決)聞。·其已前上奏當而未報者,
亦以其當決論之。·其奏決有物故,却而當論者,以$_{080/1006}$後却當更
論之。·十六$_{081/0999}$㉟

令文的内容是爲解決"皋人久觳(繫)留不決"的問題而采取的措施。前
兩款是對執法、縣官應當上報"奏當"的措施:① 耐罪以下,皆命令先確
定判決,再上報判決結果;② 都吏及其他吏自身受詔而應先確定判決的,
命令案件所在縣官各自依法確定判決,再報告判決結果。後兩款是對頒
發此令前已經上報"奏當"的措施:① 以前已經上報判決意見而沒有回
覆的,就依據判決意見判決。② 上報的判決結果有問題,被駁回後應當
(重新)判決的,依據駁回後(再次做出)的合適判決改判。"其奏決有物
故",顯然是指奏決存在問題,因而被"却"。整理者將"物故"注釋爲"事
故,變故",合其意。當"物故"表示上述之義時,一般與"有"結合,即"有
物故"是一個相對固定的用語。若以此義理解本簡中的"有物故",則指
上功者發生問題。"有物故"與"後其等"是因果關係。

後其等,暫不能確定文意。"歸入下等"或可爲一説,但"下等"指何,
不明。如果是上功前區分等級的做法,初視事者因初視事而列入下等,不
是很好理解。268.43 簡"□後等不上功□□",㊱或可指向後等者不上功,
然而此"後等"何義,惜簡文上下殘斷,未可確定。如果"等"如"加罪一
等"、"減罪一等"、"貶秩一等",義爲等級,則"有物故後其等"可以理解

爲因發生變故而導致等級發生下降。睡虎地漢簡功次文書出土後，學者
注意到西北漢簡的功次文書"也有如睡虎地漢簡所見三份官佐功次文書
類似的特性，是以某一秩級的官員爲記録對象"。㊲在日常行政中，官吏因
各種原因而被貶秩並非寡見。《後漢書·陳忠傳》載："自今强盗爲上官
若它郡縣所糺覺，一發，部吏皆正法，尉貶秩一等，令長三月奉贖罪。二
發，尉免官，令長貶秩一等。三發以上，令長免官。"在尹灣漢墓出土木牘
《東海郡下轄長吏名籍》中，以"以功遷"等原因升職者有114人，而因貶
秩而任現職者有4人，其身份被特別注明，如"昌慮左尉沛郡譙丁禁，故貶
秩郎中"、"平曲侯國尉穎川郡鄾殷臨，故貶秩□□"等。㊳如果"功次文書
分不同秩級記列一定範圍内的所有人員"，㊴則上功人員本年度的秩等變
化，也許會影響到上功統計。

居延漢簡中有"不史，不上功"的記載，此是否可作爲"後其等，不上功"的
另一種解釋？"史"與"不史"是吏名籍中的記載事項。如EPT51：4簡"居延
甲渠第二隊長居延廣都里公乘陳安國，年六十三，建始四年八月辛亥除，
不史"，EPT51：11簡"居延甲渠塞有秩候長昭武長壽里公乘張忠，年卅
三，河平三年十月庚戌除，史"。㊵該事項記載的是對吏員某種能力的評價
結果，在登録名籍時須經過核校，如有不符合事項，自然被上級質詢。
190.30+129.22簡"校甲渠候移正月盡三月四時吏名籍，第十二隧長張宣
史，案府籍宣不史，不相應，解何"，㊶即是如此。對能力重視核準，原因應
與上功與否有關。35.16+137.13簡"止北隧長居延纍山里公乘徐殷，年
卅二，不史，不上功"，㊷徐殷因"不史"而未能上功。如果"不史"的狀況
得到改變，由"不史"而"史"，功勞文書中也會有諸如"故不史，今史"的
記載，如前引敦煌漢簡1186簡。不過"不史，不上功"，應發生在對上功
者的資格審查過程中，尚不清楚這一過程中是否有"等"的劃分。

張俊民指出"'初視事'與'若有物故'屬於兩種情況"，説是。不過
從令文規定來看，"不上功"應指向"初視事"與"若有物故後其等"這兩
種情況。居延漢簡265.27簡"·右佐史七十人，其四人病□，六十六人不
上功"，㊸66名佐史不上功，很難想象是個人行爲而非制度規定所致。上
述兩種情況不上功，並非剥奪其上功人員的正當權利。不上功只是限定
在本統計年度，其未上功的勞日仍然有效，允許留待下年合併上功。這是
既不損害"初視事"與"後其等"者的權益，也便於上功操作的措施。從立

法意圖看,前句是對自占年度的一般規定,後句是特殊規定,即在何種情況下允許本年度不上功。該令文或是對"過時不上不爲勞"的補充規定。

四、對《功令》的基本認識

肩水金關漢簡所見《功令》佚文、張家山 336 號漢墓出土的《功令》篇以及嶽麓書院藏秦簡中的《功令》記載,令秦漢時期的《功令》形態逐步立體化。如前文所述,《功令》之名已見於傳世文獻,學者以記載的内容爲據,將其性質判斷爲"學令"或"選舉令"。居延漢簡再現《功令》條文後,人們對《功令》的認識漸趨充實。高恒指出:"《功令》爲多次頒發的有關選拔、考課吏的詔令集,内容很多,絶非《索隱》所言'學令'一種,也不是僅由太常制定。"其説對《功令》的定性更爲準確。《嶽麓書院藏秦簡(叁)》169/1821 簡記録了對"得微難獄"的獄史觸、彭沮、衷的評價,言"彭沮、衷勞、年中令",按整理者注釋,意指功勞閥閲與年齡符合法律要求。㊹這裏的"令",有可能就是與《功令》相關的規定。以漢簡中"以令秋射"、"以令賜勞"、"以令奪勞"、"以令取寧"、"以令授"、"以令斥免"等語推測,這些行爲發生依據的"令",不能排除是具有普遍適用範圍、特定適用群體的國家法令。以漢簡的功勞文書可知,功勞申報、核定既涉及職務、爵位、功勞、能力的真實性,也關乎程序的合法性,因而此類文書中的"應令",學者推測"很可能就是指'功令'",不無道理。㊺

高恒將《功令》定性爲"詔令集",明確了《功令》的法源。以張家山漢簡《津關令》所見,它是皇帝直接著令或皇帝批准的適用某類事務的令文彙編。《津關令》18 條令文,無論是"請"還是"議",最終都需要"制曰可"方得爲令。皇帝直接行使立法權的"制詔御史"更無須贅言。㊻《漢書·儒林傳》公孫弘"請著功令"的請奏被"制曰:'可'",印證了它的立法程序及結果與《津關令》無異。張家山 336 號墓出土的《功令》也具有同樣性質與特點,曹旅寧彙總已披露的信息對此作了初步研究。㊼綜合《功令》的存在形式、實際作用、適用對象以及秦漢律令對篇名的命名方式,《功令》顧名思義,即是有關官吏功績的國家法令。

在此尚需略費筆墨的是,應如何看待《北邊挈令》與《功令》的關係。之所以有此設問,實因《北邊挈令》第四條是對邊郡軍事人員日迹的賜勞規定,而《功令》第卌五條是對試射者超過合格標準的賜勞規定,二者在事項上並無明顯差異。挈令是秦漢令研究的一個重要對象。大庭脩將其解釋爲"只適用於一個官署或地域的特別之令"，同時也提出設問，"官署能否獨自決定挈令，挈令與律令的關係如何"？[48]此問實際涉及兩個問題，一是中央與地方的立法權限，二是挈令的法律地位。1993 年武威旱灘坡東漢簡公布後，李均明、劉軍進一步申論，"中央有關機構根據需要從國家法令中提起與自己有關的部分，以地域命名的挈令則是根據地域需要提起。國家法令是以皇帝名義制詔簽發的，各部門僅是編録而已"，[49]間接回答了大庭脩的設問。如果將《功令》視爲具有普遍適用性的國家法令，而《北邊挈令》是適用特別地區的法令，而且目前所見的《北邊挈令》條文是對特殊群體日迹的賜勞規定，"是邊境地區的特例"，就不好排除《北邊挈令》取材於《功令》的可能。換言之，國家在立法規範官吏功勞、升遷制度時，對特殊地區、特殊群體的人員應有特別規定，適用這些特別規定的地區與官署將其編録於挈令。大庭脩指出"不能認爲北邊諸郡太守可以擺脱與中央的關係而決定官吏的出勤天數"，[50]實際已經揭示了挈令與國家法令的關係。當然，據《漢書·張湯傳》"奏讞疑，必奏先爲上分別其原，上所是，受而著讞法廷尉挈令，揚主之明"，即廷尉奏上"所不能決"的疑案，皇帝批示後下達廷尉，廷尉再寫入挈令，廷尉似乎有獨自決定挈令的可能，[51]然而其著令權應該也是有所限制，即所著者爲"上所是"的案件。從立法權限考慮，各級機構在運行政務時所產生的修訂國家律令的需要，自然當通過法定程序獲得結果，法律並不賦予其國家立法的資格。《二年律令·置吏律》219—220 簡"縣道官有請而當爲律令者，各請屬所二千石官。二千石官上相國、御史，相國、御史案致，當請，請之，毋得徑請者。徑請者，罰金四兩"，正體現了對國家立法權的嚴格控制。當然，在日常政務中，中央部門與地方機構也必然會產生大量的權限範圍内的政令，其以何形式體現並蓄積，則是需要進一步論證的問題。

附記：在本文撰寫過程中，承彭浩、陳偉、鄔文玲、郭永秉諸位先生指教，又承張俊民先生惠示懸泉漢簡相關圖版，與博士生黃巍亦有多次交流，一併謹致謝意。唯文責自負。

2019 年 9 月 6 日完稿

注　釋

① 《史記》卷一二一《儒林列傳》，中華書局，2014 年，第 3790 頁。

② 《漢書》卷八八《儒林傳》序，中華書局，1962 年，第 3596 頁。

③ 參見王應麟著，張三夕、楊毅點校：《漢制考　漢藝文志考證》，中華書局，2011 年，第 232 頁。

④ 中國政法大學法律古籍整理研究所、中國社會科學院法學研究所法制史研究室：《沈家本全集》第 4 卷，中國政法大學出版社，2010 年，第 172、401 頁。

⑤ 陳松長主編：《嶽麓書院藏秦簡（肆）》，上海辭書出版社，2015 年，第 137 頁。曹旅寧認爲嶽麓書院藏秦簡所見《置吏律》與秦《功令》密切相關。參見曹旅寧：《嶽麓秦簡（肆）所見秦功令考》，第七屆出土文獻與法律史研究學術研討會論文集，2017 年，第 408 頁。

⑥ 荆州地區博物館：《江陵張家山兩座漢墓出土大批竹簡》，《文物》1992 年第 9 期，第 4 頁。

⑦ 甘肅簡牘博物館、甘肅省文物考古研究所、甘肅省博物館、中國文化遺産研究院古文獻研究室、中國社會科學院簡帛研究中心編：《肩水金關漢簡（叁）》，中西書局，2013 年，中册第 231 頁。

⑧ 張俊民：《金關漢簡 73EJT31：163 解讀》，簡帛網，2014 年 12 月 3 日首發。

⑨ 鄔勖：《讀金關簡札記三則》，載王沛主編：《出土文獻與法律史研究》第四輯，上海人民出版社，2015 年，第 55—57 頁。

⑩ 張俊民：《懸泉漢簡所見文書格式簡》，收入氏著《敦煌懸泉置出土文書研究》，甘肅教育出版社，2013 年，第 411 頁。

⑪ 張德芳主編，肖從禮著：《居延新簡集釋（五）》，甘肅文化出版社，2016 年，第 134 頁。

⑫ 簡牘整理小組：《居延漢簡（貳）》，"中研院"歷史語言研究所，2015 年，第 226 頁。

⑬ 張俊民：《懸泉漢簡所見文書格式簡》，收入氏著《敦煌懸泉置出土文書研究》，第 412 頁。

⑭ 甘肅省博物館、中國科學院考古研究所編：《武威漢簡》，中華書局，2005 年，第 143 頁。

⑮ 李均明、劉軍：《武威旱灘坡出土漢簡考述——兼論"挈令"》，《文物》1993 年第 10 期，第 34 頁。

⑯ 張全民：《"毋二尺告劾"試解》，《史學集刊》2003 年第 3 期，第 74 頁。

⑰ 陳偉主編：《里耶秦簡牘校釋（第二卷）》，武漢大學出版社，2018 年，第 452 頁。

⑱ 冨谷至編：《江陵張家山二四七號漢墓出土漢律令研究》（譯注篇），朋友書店，

2006 年,第 169 頁。

⑲ 陳松長主編:《嶽麓書院藏秦簡(肆)》,第 141、210 頁。347—348 簡的標點略有改動。

⑳ 胡平生、張德芳編撰:《敦煌懸泉漢簡釋粹》,上海古籍出版社,2001 年,第 11 頁。

㉑ 甘肅簡牘博物館、甘肅省文物考古研究所、甘肅省博物館、中國文化遺產研究院古文獻研究室、中國社會科學院簡帛研究中心編:《肩水金關漢簡(伍)》,中西書局,2016 年,中册第 169 頁。

㉒ 簡牘整理小組:《居延漢簡(壹)》,"中研院"歷史語言研究所,2014 年,第 68 頁。

㉓ 張德芳主編,楊眉著:《居延新簡集釋(二)》,甘肅文化出版社,2016 年,第 241 頁。

㉔ 甘肅簡牘博物館、甘肅省文物考古研究所、甘肅省博物館、中國文化遺產研究院古文獻研究室、中國社會科學院簡帛研究中心編:《肩水金關漢簡(叁)》,中册第 83 頁。

㉕ 甘肅省文物考古研究所編:《敦煌漢簡》,中華書局,1991 年,下册第 264 頁。

㉖ 邢義田:《漢代邊塞軍隊的給假、休沐與功勞制——讀〈居延新簡〉札記之二》,《簡帛研究》第一輯,法律出版社,1993 年,第 194 頁。

㉗ 胡平生:《居延漢簡中的"功"與"勞"》,《文物》1995 年第 4 期,收入氏著《胡平生簡牘文物論集》,蘭臺出版社,2000 年,第 41 頁。

㉘ 陳偉主編:《里耶秦簡牘校釋(第一卷)》,武漢大學出版社,2012 年,第 329 頁。

㉙ 朱紅林:《里耶秦簡視事簡研究》,載王沛主編:《出土文獻與法律史研究》第四輯,第 10—27 頁。

㉚ 王三峽:《〈二年律令〉中的並列結構》,《長江大學學報(社會科學版)》2008 年第 2 期,第 92—93 頁。

㉛ 尹在碩:《睡虎地秦簡和張家山漢簡反映的秦漢時期後子制和家系繼承》,《中國歷史文物》2003 年第 1 期。彭浩、陳偉、工藤元男主編的《二年律令與奏讞書:張家山二四七號漢墓出土法律文獻解讀》(上海古籍出版社,2007 年,第 237 頁)列出了這一説法。

㉜ 專修大學《二年律令》研究會:《張家山漢簡〈二年律令〉譯注(八)——效律、傅律、置後律》,《專修史學》第 42 號,2007 年,第 238—239 頁。

㉝ 王偉:《里耶秦簡"付計"文書義解》,《魯東大學學報(哲學社會科學版)》2015 年第 5 期,第 60—61 頁。

㉞ 陳偉主編:《里耶秦簡牘校釋(第二卷)》,第 12 頁。

㉟ 陳松長主編:《嶽麓書院藏秦簡(伍)》,上海辭書出版社,2017 年,第 65—66 頁。

㊱ 簡牘整理小組:《居延漢簡(叁)》,"中研院"歷史語言研究所,2016 年,第 176 頁。

㊲ 陳偉、熊北生:《睡虎地漢簡中的功次文書》,《文物》2018 年第 3 期,第 69 頁。

㊳ 連雲港市博物館、中國社會科學院簡帛研究中心、東海縣博物館、中國文物研究所

編:《尹灣漢墓簡牘》,中華書局,1997年,第90—91頁。相關研究可參李解民:《東海郡下轄長吏名籍研究》,收入連雲港市博物館、中國文物研究所編:《尹灣漢墓簡牘綜論》,科學出版社,1999年,第68—69頁。

㊴ 陳偉、熊北生:《睡虎地漢簡中的功次文書》,《文物》2018年第3期,第69頁。

㊵ 張德芳主編,李迎春著:《居延新簡集釋(三)》,甘肅文化出版社,2016年,第199、201頁。

㊶ 簡牘整理小組:《居延漢簡(貳)》,第69頁。

㊷ 簡牘整理小組:《居延漢簡(壹)》,第111頁。

㊸ 簡牘整理小組:《居延漢簡(叁)》,第163頁。

㊹ 朱漢民、陳松長主編:《嶽麓書院藏秦簡(叁)》,上海辭書出版社,2013年,第195頁。

㊺ 鄔文玲:《居延新簡釋文補遺(四則)》,《出土文獻研究》第十七輯,中西書局,2018年,第294頁。

㊻ 楊建以大庭脩探究的漢令立法程式爲參照,討論了《津關令》令文的立法程序。參楊建:《西漢初期津關制度研究:附〈津關令〉簡釋》,上海古籍出版社,2010年,第18—23頁。

㊼ 曹旅寧:《秦漢魏晉法制探微》,人民出版社,2013年,第224—228頁。

㊽ 大庭脩著,徐世虹等譯:《秦漢法制史研究》,中西書局,2017年,第66頁。

㊾ 李均明、劉軍:《武威旱灘坡出土漢簡考述——兼論“挈令”》,《文物》1993年第10期,第39頁。

㊿ 大庭脩著,徐世虹等譯:《秦漢法制史研究》,第66頁。

(51) 同上。

居延漢簡"功勞文書"釋文補遺

鄔文玲(中國社會科學院古代史研究所、
出土文獻與中國古代文明研究協同創新中心)

新舊居延漢簡目前已有《居延漢簡釋文合校》《中國簡牘集成》《居延漢簡》《居延新簡集釋》等多部釋文再整理成果問世,提供了更爲準確的釋文和清晰的紅外圖版,極大地推進了相關研究,功不可没。[①]不過,由於居延漢簡數量龐大,部分簡文墨迹漫漶,不夠清晰,需對照圖版仔細校讀,揣摩文意,並結合相關文書格式和歷史背景等,方能辨識出較爲準確的文字。本文擬在前人的基礎上,對新舊居延漢簡中幾枚"功勞文書"簡的釋文再作補正。爲方便起見,所涉諸簡皆先録寫訂補後的釋文和句讀,再展開説明和討論。

——

張掖居延甲渠塞有秩候長、公乘淳于調:中功二,勞一歲四月十三日。能書、會計、治官民,頗知律令,文。年卅六,長七尺五寸。觻得宜衆里,家去官千六十二里。秩百石。屬張掖郡。

（居延新簡 EPT50:14,圖版見附圖一）

"淳于調",其中"調"字,《新簡》[②]作"湖",《集釋》作"調",可從。

"年卅六",《新簡》和《集釋》皆作"年卅六歲",其中"年卅六"可從,"歲"字衍,從圖版來看,無"歲"字。

"觻得宜衆里",《新簡》未釋,《集釋》作"觻得宜衆里",可從。

"家去官千六十二里",《新簡》未釋,《集釋》作"家去官□十二里",其中"家去官"、"十二里"可從,從紅外圖版來看,未釋之"□",實爲兩

字,墨迹較爲清晰,應作"千六"。目前所見這類涉及"家去官"的距離大多爲幾十里至幾百里不等:

> 肩水候官并山隧長、公乘司馬成:中勞二歲八月十四日。能書、會計、治官民,頗知律令,武。年卅二歲,長七尺五寸。<u>觻得成漢里</u>,<u>家去官六百里</u>。　　　　　　　　　　　　　　(居延漢簡 13.7)

> 肩水候官始安隧長、公乘許宗:中功一勞一歲十五日。能書、會計、治官民,頗知律令,文。年卅六,長七尺二寸。<u>觻得千秋里,家去</u><u>官六百里</u>。　　　　　　　　　　　　　　(居延漢簡 37.57)

> 肩水候官執胡隧長、公大夫奚路人:中勞三歲一月。能書、會計、治官民,頗知律令,文。年卌七歲,長七尺五寸。<u>氐池宜藥里,家</u><u>去官六百五十里</u>。　　　　　　　　　　　　(居延漢簡 179.4)

與之不同的是,居延新簡 EPT50:14 則云"觻得宜衆里,家去官千六十二里",居延漢簡 49.9 云"觻得博厚里,家去官千六十三里"。同屬於觻得縣的鄉里,"家去官"的距離却有五百多里的差異,可知這兩類簡中所云"家去官"之"官"的所指是不同的。根據邢義田的研究,這裏的"去官"之"官"指候長或隧長服務的單位,之所以記載家去官的距離,是爲了休假時依據里程的遠近給予他們相應的往返時限。[③]孫占宇、趙寵亮、郭小青根據簡牘的出土地,進一步認爲這裏的"去官"之"官"就是候長或隧長所屬的相應候官,即肩水候官或甲渠候官。觻得縣距離肩水候官六百漢里左右,距離甲渠候官一千漢里左右,與現今相距的里程亦大體相符。[④]與此同時,在功勞文書中有明確表述爲"家去太守府"的例子:

> 居延甲渠候官第十隧長、公乘徐譚功將:中功一勞二歲,其六月十五日河平二年、三年、四年秋試射,以令賜勞。應令。能書、會計、治官民,頗知律令,文。居延鳴沙里,家去大守府千六十三里。爲吏五歲三月十五日,其十五日河平元年、陽朔元年病不爲勞。產居延縣。居延縣人。　　　　　　　　　　(居延新簡 EPT50:10)[⑤]

與其他文書中"家去官"的表述不同,該簡則云"居延鳴沙里,家去太守府千六十三里"。與之相應的是,不少文書記録表明,居延鄉里距離"官"(甲渠候官)的里程只有七十至八十里:

延城甲溝候官第三十隊長、上造范尊：中勞十月十枲日。能書、
會計、治官民，頗知律令，文。年三十二歲，長枲尺五寸。應令。居延
陽里，家去官八十里。屬延城部。　　　　　　（居延新簡 EPT59：104）

　　☐候官窮虜隧長、簪褭單立：中功五，勞三月。能書、會計、治官
民，頗知律令，文。年卅歲，長七尺五寸。應令。居延中宿里，家去官
七十五里。屬居延部。　　　　　　　　　　　（居延漢簡 89.24）

　　☐歲，長七尺五寸。居延昌里，家去官八十里。

　　　　　　　　　　　　　　　　　　　　　（居延新簡 EPT52：137）

　　☐居延☐里，家去官七十里。　　　（居延新簡 EPT56：424）

此外，亦可見記錄觻得鄉里“去太守府”僅一里的功勞文書殘簡，比如肩
水金關漢簡 73EJT23：1039：“……觻得常利里，家去太守府一里……爲
吏二歲九月十日……產觻得縣。觻得縣人。”⑥與前引觻得鄉里“去官”六
百餘里形成鮮明對比。據此大體可以判定這些功勞文書的形成機構或
者歸屬，凡標明家距離“官”（候官）的里程者，其爲候官級文書，是候官
轄各機構上報至候官，由候官總計而成，末尾通常會注明其所屬部，如
延城部、居延部等；凡標明家距離“太守府”的里程者，其爲郡級文書，是
郡轄各機構上報至郡府，由郡府總計而成，末尾通常會注明其所屬郡，
如張掖郡等。

　　“秩百石”，《新簡》未釋，《集釋》作“秩百石”，可從。

　　“屬張掖郡”，《新簡》未釋，《集釋》作“☐張掖郡……”，其中“張掖
郡”可從，從圖版來看，未釋之“☐”，墨迹較爲漫漶，依稀可辨，應作
“屬”。且從内容來看，本簡屬於功將名籍類，這類名籍一般都在末尾以
“屬……”的格式署明其屬地。比如上引居延漢簡 89.24 結尾云“屬居
延部”。又，從紅外圖版及相關文書格式來看，“張掖郡”之下無文字，
故《集釋》衍“……”，應刪除。

<h2 style="text-align:center">二</h2>

　　☐☐半日。能書、會計、治官民，［頗知律］令，文。年［五］十一
歲，長七尺六寸。觻得博厚里，家去官千六十三里。屬張掖郡。秩
百石。　　　　　　　　　　　　　（居延漢簡 49.9，圖版見附圖二）

"長七尺六寸",其中"六"字,《合校》作"二",史語所《居延漢簡》據紅外圖版作"六",可從。⑦

"鰲得博厚里",其中"鰲得博厚",《合校》未釋,史語所《居延漢簡》據紅外圖版作"鰲得博厚",可從。

"屬張掖郡",《合校》未釋,史語所《居延漢簡》據紅外圖版作"屬張掖郡",可從。

"秩百石",《合校》作"和百□",史語所《居延漢簡》作"積百□",均未安。從紅外圖版來看,這三個字的墨迹都比較漫漶,僅依稀可見部分殘筆,參照上文所及居延新簡 EPT50：14 簡的内容及其"秩百石"的寫法,可以確定此處亦應作"秩百石"。

三

> 張掖居延甲渠候官塞有秩候長、大夫□樂自占書功勞。秩百石。
> 爲張掖居延甲渠候官塞有秩候長一歲五月十二日。
> 凡爲吏一歲五月十二日。
> 卅二日病、小月不數。　　　　　　　　　（以上爲第一欄）
> 　應令。　　　　　　　　　　　　　　　（以上爲第二欄）
> 　　……治官民、頗知律令,文。☒　　　（以上爲第三欄）
> 　　　　　　　　　　　（居延新簡 EPT4：87,圖版見附圖三）

此簡僅存右半。第一欄第一行"張掖",《新簡》未釋,《集釋》未釋,但在校釋中指出據文意應是"張掖"。從紅外圖版來看,其墨迹十分漫漶,的確很難辨識,不過參照第二行簡文内容以及"張掖"二字的寫法,可知此處作"張掖"可從。

"居延甲渠候官塞有秩",《新簡》未釋,《集釋》如此作,可從。

"候長",《新簡》作"國里",《集釋》未釋,但在校釋中指出其似爲"□顯"之殘。從紅外圖版來看,前一字墨迹嚴重漫漶,僅餘上部殘筆,後一字墨迹較爲清晰,是比較完整的"長"字,同時參照第二行簡文内容以及"候長"二字的寫法,可知此處亦應作"候長"。

"□樂",《新簡》未釋,《集釋》作"□樂",可從。同時,《集釋》在校釋中指出第一字可能爲"陳"字,可備一説。從紅外圖版來看,此字僅存左半,頗類"阝"部。

第二行"爲",《新簡》《集釋》均未釋。從紅外圖版來看,該字墨迹雖略有漫漶,但尚可辨識,應作"爲"。參照第三行簡文内容及其"爲"字的寫法,可進一步證實這一點。

"張掖居延",《新簡》未釋,《集釋》作"張掖居延",可從。

"塞",《新簡》未釋,《集釋》如此作,可從。

第三行"凡爲吏",《新簡》作"候長囗",《集釋》改作"凡爲吏",可從。

第四行"卅二日病、小月不數",其中"卅",《新簡》作"十",《集釋》作"卅"。不過從文意及相關文書格式來看,此字或當作"其",或此字前漏書"其"字。"日",《新簡》作"月",《集釋》作"日",可從。"病",《新簡》作"乙丑",《集釋》作"病",可從。"小月",《新簡》未釋,《集釋》作"八月"。從紅外圖版來看,此字僅殘存右半,字形與"八"字並不十分相合,而與"小"字相類。"不數",《新簡》未釋,《集釋》作"不數",可從。這句話的意思是甲渠候長自己申報的功勞數一歲五月十二日中,有三十二日因生病和適逢月小,應扣除,不計入功勞數。

其他簡牘中亦可見生病的日子不計入功勞數的例子,通常明確表述爲"病不爲勞":

> 肩水候官駟望隧長、公乘楊殷自占書功勞:訖九月晦日,爲肩水候官駟望隧長四歲十一月十日,凡爲吏四歲十一月十日,其六日五鳳三年九月戊戌病盡癸卯不爲勞。年廿七歲。 ·能書、會計、治官民,頗知律令,文。囗 (肩水金關漢簡 73EJT26:88A)
>
> 尉塞囗 囗 (肩水金關漢簡 73EJT26:88B)

這枚簡雖然有殘缺,但從内容來看可知其爲功勞統計文書,其中明確記述楊殷擔任肩水候官駟望隧長四年十一個月零十日,其中五鳳三年九月戊戌至癸卯這六日因生病"不爲勞",即不計入功勞數。又如前引居延新簡 EPT50:10 徐譚功將文書簡中,記載了徐譚功勞數的統計依據,一是秋射成績優異"以令賜勞"六個月零十五日,二是爲吏五年三個月零十五日,其中有十五日"病不爲勞",不計入功勞數。上述肩水金關漢簡 73EJT26:88 和居延新簡 EPT50:10 皆不完整,缺失的部分應包括小月的日數以及最後確定的功勞數等内容。

簡牘中亦可見每逢小月需扣除相應日數的功勞統計之例:

> 敦德步廣尉曲平望塞有秩候長、敦德亭間田東武里五士王參,秩
> 庶士。新始建國地皇上戊元年七月乙未盡二年九月晦,積三百六十
> 日,除月小五日,定三百五十五,以令二日當三日,增勞百柒十柒日半
> 日,爲五月二十柒日半日。 (敦煌漢簡 1854)⑧

這枚簡記述了平望候長王參的功勞數的統計依據,一是積勞日數三百六
十日,"除月小五日,定三百五十五",即扣除適逢小月的日數五日,實爲
三百五十五日;還有一部分是"以令二日當三日",即根據有關優待增加
功勞數的法令,二日的功勞計算爲三日,因此在三百五十五日的基礎上,
增加了一百七十七日零半天的功勞,即五個月零二十七天半。

還有一枚殘簡也涉及生病和適逢小月扣除相應天數的功勞統計,即
每逢小月需扣除一日不計入功勞數的例子:

> 爲吏四歲四月廿一日,其五日行道病、月小不爲[勞]
>
> (敦煌漢簡 1860)

簡中"其五日行道病、月小不爲[勞]"一句,末尾"勞"字原未釋,據文意
很可能當爲"勞"字,故擬補。意思是其中有五日因生病和適逢小月需扣
除相應天數,不計入功勞數。

比較巧合的是,與居延新簡 EPT4:87 簡同出了一枚關於大小月的
簡牘,不僅出自同一探方,而且從編號來看位置鄰近,兩者之間可能有密
切的關係:

> 吴免公言:七月大、八月小、九月小、十月大、十一月小、十二月
> 大、正月小、二月大、三月小、 (居延新簡 EPT4:90A)
> 四月大、五月小、六月大、七月小、八月大、九月小、十月大、十一
> 月小、十二月大、正月小、二月大。 (居延新簡 EPT4:90B)⑨

該簡記述了二十個月的大小,始於頭一年七月,止於第二年二月,其中
有十個月爲小月。而 EPT4:87 簡所記甲渠候長"爲吏一歲五月十二
日",表明其任職時間如果按整月計算達到十七個月零十二日。如果其
任職的起始時間並非始於某月一日、止於某月三十日,則其涉及的月份
至少爲十九個月。而該簡記述了二十個月的大小,很可能正是爲了説

明 EPT4：87 簡中所涉諸月的大小，以便功勞統計時扣除相應的日數。居延漢簡中有不少殘簡僅記述月份大小，很可能與功勞統計時便於扣除小月日數有關。換句話説，這些僅記述月份大小的曆譜簡牘，可能正是在功勞統計時用於查對相應月份大小的。

値得注意的是，雖然每個月的大小並不固定，需要推算，但大體一年中會有六個大月、六個小月，按理，在功勞統計中每年都需扣除六日，而目前所見的資料則顯示與此並不相符，有爲吏四歲以上僅扣除月小二日者，這很可能與休沐制度和其他休假規定有關，如果法定的假期與月小重合，很可能就不需要扣除月小的天數。

第三欄“治官民”，《新簡》未釋，《集釋》作“□官民”，並在校釋中指出“官民”之上一字，據文意應爲“治”字，可從。從相關文例來看，其前磨減的文字應爲“能書會計”。

四

騎都尉屬陳恭中功一勞三歲十月

延水嗇夫隗敞中功一勞三歲十月廿四日

居延令史鄭惲中功一勞三歲四月七日 （以上爲第一欄）

北部司馬令史樂音中功一勞三月廿四日

顯美令史馬戎中功一勞三歲三月十四日

郡庫令史崔枚中功一勞三歲三月四日 （以上爲第二欄）

（肩水金關漢簡 73EJT30：29A，圖版見附圖四 A）

居延千人令史郭良中功一勞三月

北部都尉屬傅博中功一勞三歲八日

騎千人令史諸戎功勞一勞二歲十月 （以上爲第一欄）

大城令史傅建功一勞三歲八月十日

居延都尉屬孫萬中功一勞二歲一月十一日

（以上爲第二欄）

（肩水金關漢簡 73EJT30：29B，圖版見附圖四 B）⑩

此簡 A 面第一欄第一行“騎都尉”之“騎”，《金關》作“□”。從圖版來看，該字墨迹漫漶，寫作▨，依稀可見爲左右結構，且此處僅能容一字，結合職官制度來看,此處應爲"騎都尉"或者"郡都尉",從殘存墨迹來看,其與同簡"郡"字不類,但與同出的簡 73EJT30：30B"騎"字▨依稀相似,因此或可推定爲"騎都尉"(見附圖六)。不過字迹過於漫漶,難以遽定。當然,如果不是左右結構的字,也有可能是農都尉。"騎都尉",一般認爲始置於秦漢之際,不過也有學者認爲可能秦代就已出現,張新超指出,西安相家巷遺址出土的秦代封泥中有"騎邦尉印",[⑪]秦代的"騎邦尉"很可能在漢代爲避漢高祖劉邦之諱被改爲"騎都尉"。[⑫]其職責主要是掌領騎兵,也領兵征伐,無固定人數,位次將軍,與校尉同級,屬光禄勳。《漢書·百官公卿表》:"宣帝令中郎將、騎都尉監羽林,秩比二千石。"[⑬]《續漢書·百官志》"光禄勳"條:"騎都尉,比二千石。本注曰：無員,本監羽林騎。"[⑭]以往認爲騎都尉爲中央職官,但從相關資料來看,西漢時期某些邊郡也設有騎都尉。如《漢書·地理志》,"天水郡,武帝元鼎三年置……獂道,騎都尉治密艾亭","安定郡,武帝元鼎三年置……參欒,主騎都尉治"。[⑮]嚴耕望認爲這兩個都尉"當爲訓練騎兵或養馬之職"。[⑯]但考慮到騎都尉的職責和養馬機構的專門化設置,這兩個都尉的職能仍然是領兵和作戰。[⑰]如果此處"騎都尉"的釋讀無誤的話,或可爲漢代邊郡也設有騎都尉增添證據。

第二行"延水嗇夫"之"延水",《金關》作"□"。從圖版來看,此處有兩字墨迹,第二字墨迹較爲清晰,應爲"水"字,第一字墨迹十分漫漶,通過比照圖版,可知其與同出肩水金關漢簡 73EJT30：30B 第二欄第三行"延水"二字的寫法相同,因此也應釋作"延水"(見附圖七)。不過,"延水"的性質究竟是什麽？ 是與都水一樣的水利機構,還是候官之一,還是津關之一？ 學界有不同意見,尚需進一步討論。

第二欄第二行"馬戎"之"戎",《金關》作"□"。從圖版來看,該字墨迹較爲漫漶,上部依稀可辨,頗類"戎"字(見附圖八)。以"戎"爲名者,在漢簡中比較常見。

B 面第一欄第一行"居延千人"之"居延",《金關》作"□□"。從圖版來看,此處兩字墨迹雖然有些漫漶,尚依稀可辨,與同簡"居延"二字的寫法相類,因此也應釋作"居延"(見附圖九)。

第二行"北部都尉"之"北部",《金關》作"□□"。從圖版來看,此處兩字墨迹雖然比較漫漶,仍依稀可辨,與同簡"北部"二字的寫法相類,因此也應釋作“北部”（見附圖一〇）。

第三行“騎千人”之“騎”，《金關》作“□”。從圖版來看，此字墨迹十分漫漶，依稀可見其爲左右結構，結合職官制度來看，此處應爲“騎千人”，故推定其爲“騎”字（見附圖六）。

第二欄第一行“大城令史”之“城”，《金關》作“□”。從圖版來看，此字墨迹尚可辨識，參照同出肩水金關漢簡 73EJT30：30A“城倉令史”之“城”的寫法，可知其亦爲“城”字（見附圖一一）。從職官制度以及同簡居延令史、顯美令史等來看，“大城令史”之“大城”似亦應爲縣名，但《漢書·地理志》未見“大城”，僅有“大成”，爲西河郡屬縣，新莽時曰“好成”。⑱《續漢書·郡國志》“朔方郡”條云：“大城，故屬西河。”⑲兩者所指或許相同，也可能並無關係。

五

屬國都尉屬陳嚴中功二勞七月七日

敦德置嗇夫張尊中功二勞五月十三日

删丹庫嗇夫徐博中功二勞五月一日

肩水候官令史王嚴中功二勞四月　　　　　　　　（以上爲第一欄）

北部都尉史陳可中功一勞三月廿日

城倉令史徐譚中功二勞二月五日

删丹令史成功並中功一勞三歲十一月二日

北部庫嗇夫瞿宏中功一勞三歲十月廿日　（以上爲第二欄）

（肩水金關漢簡 73EJT30：30A，圖版見附圖五 A）

城倉守嗇夫孫忠中功三勞三歲十月

屬國左騎千人令史馬陽中功二勞四月廿日

兼守屬林參中功二勞九月廿一日

氐池令史丁彊中功二勞二歲十月十日

居延殄北令史蘇誼中功二勞二歲五月五日　　（以上爲第一欄）

肩水都尉屬張並中功二勞二歲三月十八日

屋蘭候官令史孫弘宏中功二勞一歲七月五日

延水嗇夫路興中功二勞十月一日

居延千人令史陽召中功二勞九月

居延都尉屬王宣中功二勞十月五日　　（以上爲第二欄）
（肩水金關漢簡 73EJT30：30B，圖版見附圖五 B）

A 面第一欄第二行"敦德"之"德"，《金關》作"□"。從圖版來看，該字墨迹較爲清晰，爲左右結構，不過單字不易辨析。參照同簡"徐譚"之"徐"的寫法，可知其左部亦爲"彳"旁，參照文意，可推定此字當爲"德"（見附圖一二）。這裏的"敦德"，與新莽時期改敦煌爲"敦德"應無關聯。"敦德置"可能是張掖郡中的驛置。

第二欄第四行"瞿宏"，《金關》作"□□"。從圖版來看，兩字墨迹十分漫漶，第一字上部似作"䀠"，第二字下部似作"厷"，故推測其可能爲"瞿宏"（見附圖一三），人名。

B 面第一欄第一行"城倉守嗇夫"之"城倉守"，《金關》作"□□□"。從圖版來看，第一字和第三字墨迹十分漫漶，不易辨識，第一字頗類"城"（見附圖一一），第三字頗類"守"（見附圖一五），但第二字墨迹較爲清晰，其寫法與同簡 A 面"城倉"之"倉"寫法相同，因此亦應作"倉"字（見附圖一四）。結合文意和職官制度，此處或可補作"城倉守嗇夫"，即試守的城倉嗇夫。

第三行"兼守屬"之"兼"，《金關》作"□"。從圖版來看，該字墨迹漫漶難辨，據字形輪廓、文意及職官制度，推測其可能爲"兼"字（見附圖一六）。

第二欄第一行"張並"之"張"，《金關》作"□"。從圖版來看，該字墨迹比較漫漶，右部依稀可辨，似爲"長"，故推測其可能爲"張"字（見附圖一七），姓氏。

從書體、内容、材質、形制來看，73EJT30：29 和 73EJT30：30 簡當屬於同一簡册，是某年對張掖郡軍政和民政系統屬吏的功勞統計，大體是根據功勞數由高到低進行排列的。曹天江已經指出這兩枚木牘的閱讀順序應該調整爲：

30B→30A→29A→29B[20]

這些"功勞文書"不僅爲研究漢代功勞制度提供了豐富的資料，而且爲研究漢代張掖郡屬吏及職官制度等提供了寶貴的資料。

附圖一　EPT50：14　　　附圖二　49.9　　　附圖三　EPT4：87

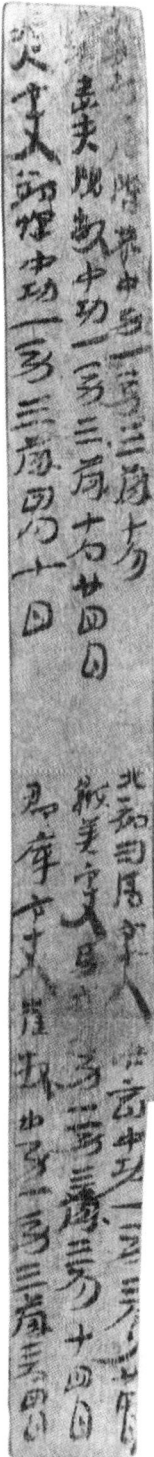

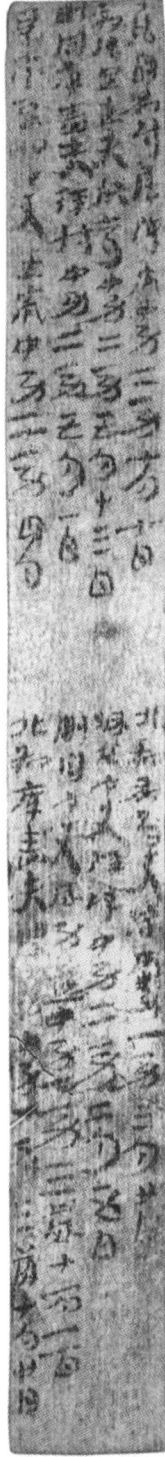

A   B   A   B

附圖四   73EJT30：29   附圖五   73EJT30：30

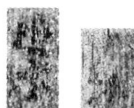

附圖六　騎　　　　　附圖七　延水　　　　　附圖八　戎

附圖九　居延　　　　附圖一〇　北部　　　　附圖一一　城

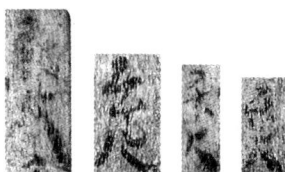

附圖一二　德　　　　附圖一三　瞿宏　　　　附圖一四　倉

附圖一五　守　　　　附圖一六　兼　　　　　附圖一七　張

注　釋

① 謝桂華、李均明、朱國炤:《居延漢簡釋文合校》,文物出版社,1987 年,本文簡稱
　"《合校》",文中所引居延漢簡,凡未特別注明者均出自此書,不另注;中國簡牘集成
　編輯委員會編,初世賓、張德芳主編:《中國簡牘集成》第九至十二册《居延新簡》一
　至四,敦煌文藝出版社,2001 年;馬怡、張榮强主編:《居延新簡釋校》,天津古籍出
　版社,2013 年;簡牘整理小組:《居延漢簡(壹—肆)》,"中研院"歷史語言研究所,
　2013—2016 年,本文簡稱"史語所《居延漢簡》";張德芳主持編纂:《居延新簡集
　釋》,甘肅文化出版社,2016 年,本文簡稱"《集釋》"。

② 甘肅省文物考古研究所等:《居延新簡》,中華書局,1994 年,本文簡稱"《新簡》",
　文中所引居延新簡,凡未特別注明者均出自此書,不另注。

③ 邢義田指出,簡牘中"家去官"若干里的記載,應該和休假有關。"這些隧長或候長
　平日工作,未居於自己的家中。只有休假時,才能回家省親。他們的休假日數和機
　會,除了固定的十日一休,更與累積的功、勞有關。記載家去官的距離,是因爲漢代

顯然和後世一樣,給假也依遠近給'程'"。"所謂'去官'的'官'應指他們服務的單位"。見邢義田:《漢代邊塞軍隊的給假、休沐與功勞制——讀〈居延漢簡〉札記之二》,收入氏著《治國安邦:法制、行政與軍事》,中華書局,2011 年,第 580 頁。

④ 最初我傾向於"家去官"之"官"指縣廷,後在 2019 年 10 月 15—16 日於額濟納旗舉行的居延遺址學術研討會上討論本文時,承蒙蘭州城市學院孫占宇、四川省文物考古研究院趙寵亮、首都師範大學郭小青等諸位先生提出修改意見,本文采納了他們的看法。

⑤ 該簡釋文及讀法與整理者略有不同,詳見鄔文玲:《居延新簡釋文補遺(四則)》,《出土文獻研究》第十七輯,中西書局,2018 年。其中"應令"之"應",《新簡》未釋,謝桂華先生根據文例擬補爲"應"(謝桂華:《居延簡所見秋射及其相關文書考述》,原載《炎黄春秋》增刊《炎黄文化研究》第 5 期,1998 年 12 月;後收入氏著《漢晉簡牘論叢》,廣西師範大學出版社,2014 年),胡平生先生亦據殘存墨迹補作"應"(胡平生:《居延漢簡中的"功"與"勞"》,《文物》1995 年第 4 期),《集釋》作"遷"。從圖版字形和文意來看,謝桂華先生和胡平生先生的補釋可從,應作"應"。

⑥ 甘肅簡牘保護研究中心、甘肅省文物考古研究所、甘肅省博物館、中國文化遺產研究院古文獻研究室、中國社會科學院簡帛研究中心編:《肩水金關漢簡(貳)》,中西書局,2012 年。

⑦ 簡牘整理小組:《居延漢簡(壹)》,"中研院"歷史語言研究所,2014 年。

⑧ 甘肅文物考古研究所等:《敦煌漢簡》,中華書局,1991 年。本文所引敦煌漢簡,凡未特別注明者均出自此書,不另注。

⑨ 該簡正面開頭的釋文"吴免公言",原未釋,《集釋》如此作,可從。

⑩ 甘肅簡牘保護研究中心(甘肅簡牘博物館)、甘肅省文物考古研究所、甘肅省博物館、中國文化遺產研究院古文獻研究室、中國社會科學院簡帛研究中心編:《肩水金關漢簡(壹、貳、叁、肆、伍)》,中西書局,2011、2012、2013、2015、2016 年。本文簡稱《金關》"。本文所引肩水金關漢簡,如未特別説明者皆出自此書,不另注。

⑪ 劉慶柱、李毓芳:《西安相家巷遺址秦封泥的發掘》,《考古學報》2001 年第 4 期。

⑫ 張新超:《西漢騎都尉考》,《天水師範學院學報》2012 年第 1 期。

⑬ 《漢書》卷一九《百官公卿表》,中華書局,1962 年,第 727—728 頁。

⑭ 《續漢書》卷一一五《百官志二》,第 3576 頁。

⑮ 《漢書》卷二八《地理志》,第 1611、1615 頁。

⑯ 嚴耕望:《中國地方行政制度史——秦漢地方行政制度》,上海古籍出版社,2007 年,第 166 頁。

⑰ 參見張新超:《西漢騎都尉考》,《天水師範學院學報》2012 年第 1 期。

⑱《漢書》卷二八《地理志》,第 1618 頁。

⑲《續漢書》卷一一三《郡國志五》,第 3525 頁。

⑳ 曹天江:《西漢後期少吏的"以功次遷"——從 A32 出土功次名籍牘説起》,中國政法大學法律古籍整理研究所與中國社會科學院簡帛研究中心、敦煌學研究中心、徽學研究中心聯合舉辦的第二屆中國古文書學暑期研修營論文,北京,2018 年 7 月 9—14 日。

懸泉漢簡"傳信"簡釋文校補

曾　磊(中國社會科學院古代史研究所)

敦煌懸泉漢簡中有一類"傳信"簡,涉及漢代的傳信制度和傳車使用制度,學者對此多有關注。①《文物》2000 年第 5 期發表《敦煌懸泉漢簡釋文選》一文,②公布了懸泉漢簡部分有代表性的簡文。隨後,何雙全《敦煌懸泉漢簡釋文修訂》③和張俊民《〈敦煌懸泉漢簡釋文選〉校補》④二文對《敦煌懸泉漢簡釋文選》中的釋文進行了校訂。2001 年 8 月《敦煌懸泉漢簡釋粹》⑤出版,集中公布了一批簡牘的釋文。其後,張俊民《〈敦煌懸泉漢簡釋粹〉校讀》⑥又對其釋文加以校正。以上公布的懸泉漢簡,含有少量"傳信"簡,而"傳信"簡的集中披露,見於張德芳《懸泉漢簡中的"傳信簡"考述》,該文公布了部分與"傳信"簡有關的簡牘圖版,對此前公布的一些釋文進行了調整,並對"傳信"簡進行了系統研究。其後,侯旭東收集了當時能見到的西北漢簡中的"傳信"與"傳",並對其詳加探討,發表《西北漢簡所見"傳信"與"傳"——兼論漢代君臣日常政務的分工與詔書、律令的作用》一文。該文附錄的《傳文書分類彙總表》對包括懸泉漢簡在內的"傳信"簡進行了分類彙總,相關釋文和斷句亦有所修訂。

懸泉漢簡尚未全部公布,一些簡文散見於參與懸泉漢簡整理的學者的論著中,且大多數尚未見到圖版,無法進行更細緻的校訂。本文僅以郝樹聲、張德芳《懸泉漢簡研究》第四章"交通與民族"第一節"懸泉漢簡中的'傳信簡'"公布的"傳信"簡(簡 43—50 爲失亡傳信的記錄)釋文爲底本,據圖版和相關學者的研究對其釋文加以校補(若簡文無誤,則照錄),並作初步討論。⑦

一

在進行釋文校補前,需要介紹一下漢代法律對傳車規格和傳信使用的相關規定。《漢書·高帝紀下》:"横懼,乘傳詣洛陽。"顏師古注引如淳曰:

> 律,四馬高足爲置傳,四馬中足爲馳傳,四馬下足爲乘傳,一馬二馬爲軺傳。急者乘一乘傳。⑧

類似記載又見《史記·孝文本紀》:"太僕見馬遺財足,餘皆以給傳置。"《索隱》引如淳云:

> 律,四馬高足爲傳置,四馬中足爲馳置,下足爲乘置,一馬二馬爲軺置,如置急者乘一馬曰乘也。⑨

此條律文規定了漢代傳車的規格,對若干名詞進行了解釋。兩條引文有所不同,顏師古注引如淳注中的"置傳"、"馳傳"、"乘傳"、"軺傳",司馬貞《索隱》引如淳注寫作"傳置"、"馳置"、"乘置"、"軺置"。對此,沈家本、冨谷至已有詳細辨析,認爲律文當以《漢書·高帝紀下》如淳注爲是。⑩此外,司馬貞《索隱》引如淳注中"置急者乘一馬曰乘也"一句,語意不通,文字或有遺漏。⑪

《漢書·平帝紀》"在所爲駕一封軺傳"如淳注還引用了另一條律文:

> 律,諸當乘傳及發駕置傳者,皆持尺五寸木傳信,封以御史大夫印章。其乘傳參封之。參,三也。有期會累封兩端,端各兩封,凡四封也。乘置、馳傳五封也,兩端各二,中央一也。軺傳兩馬再封之,一馬一封也。⑫

《肩水金關漢簡(貳)》中所録簡 73EJT23:623 內容與此有關:

> ☑☑☑☑☑傳兩馬再封之一馬一封諸乘軺傳者乘一封及以律令乘傳起☑☑⑬

如淳注所引律文夾雜有律説的內容,簡 73EJT23:623 前後文均有缺失,筆者已將其復原如下:

> 律,諸當乘傳及發駕置傳者,皆持尺五寸木傳信,封以御史大夫印章。其乘傳參封之,有期會累封兩端,端各兩封;乘置、馳傳五封

之；軺傳兩馬再封之，一馬一封。諸乘軺傳者，乘一封及以律令乘傳
起□……⑭

此條律文是對使用傳車的憑證——傳信進行封緘的具體規定，與上面討論的律文關係密切，二者當屬同一律篇。沈家本把它們歸入《廄律》，其說可從。⑮根據兩條律文可將漢代傳車規格和傳信制度列表如下：⑯

表一　漢代傳車規格和傳信制度

規格	用馬數量	封緘數量
一封軺傳	一馬	一封
二封軺傳	二馬	二封
乘傳	四馬下足	三封/四封
馳傳	四馬中足	五封
置傳	四馬高足	五封

敦煌懸泉漢簡中的“傳信”簡其實是對傳信的抄録，並非原件（有的簡上還加有書寫者的注記），但這些抄録簡基本按照傳信原格式抄寫，有相對嚴格的文書格式，⑰其中涉及的傳車規格和傳信制度也與漢代《廄律》相合。據此，我們可以推知“傳信”簡中的部分缺失文字，按照文書學的方法復原其文書格式，並對簡文加以校訂。

二

1. 初元五年□月，左將軍光禄大夫臣嘉、右將軍典屬國臣奉世承
　　制詔侍御史曰：都護西域校尉軍司馬令史寶延年、武黨∨充國∨
　　良詣部。爲駕一封　　　　　　　　　　　　　　（以上第一欄）
　　御史大夫萬年下扶⊠
　　當舍傳舍，如律令。　　　　　　　　　　　　　　（以上第二欄）
　　　　　　　　　　　　　　　　　　　（Ⅴ92DXT1512③：11）⑱

“□月”，《懸泉》《文書》《傳信》作“十一月”。此字圖版爲“▨”，豎筆未出頭，疑當爲“正”字（部分筆畫可能墨迹脱落）或“二”字。《漢書·百官公卿表下》載，甘露三年（前51年）“五月甲午，太僕陳萬年爲御史大夫，七年卒”。初元五年（前44年）“六月辛酉，長信少府貢禹爲御史大

夫,十二月丁未卒"。[19]《懸泉》據此認爲,初元五年(前 44 年)十一月時,《百官公卿表下》所載御史大夫爲貢禹,同簡文記載不符。將"十一月"改釋爲"正月"或"二月",簡文與《百官公卿表下》記載相符。另,此傳信月份後未書具體日期,疑書手漏抄。

"録",《懸泉》《文書》《傳信》作"禄"。此字圖版爲"▢",左部爲"金"旁。

"軍",《文書》漏釋。此從《懸泉》《傳信》釋。

據文例,"爲駕一封"後當有"軺傳"等字。疑書手漏抄。

"扶",《懸泉》《文書》《傳信》未釋,此字圖版爲"▢",當是"扶"字的左部殘存。"下扶風廄"文例,可參下引簡 12、19、22 等。

"如律令"後《文書》衍一"□"。此從《懸泉》《傳信》釋。

2. ☑夫臣商承　　　御史大夫衡下右扶風廄,承書以次爲駕,
　　☑　　　　　　當舍傳舍,如律令。　　　　　　　卩

(Ⅴ92DXT1510②：161)[20]

"夫",《懸泉》《傳信》未釋。《漢書·百官公卿表下》載,永光三年(前 41 年),"侍中中郎將王商爲右將軍,十一年遷"。[21]建始三年(前 30 年),"右將軍王商爲左將軍,一年遷"。[22]建昭二年(前 37 年),"八月癸亥,諸吏散騎光禄勳匡衡爲御史大夫,一年遷"。[23]《懸泉》據此認爲,簡文中的"商"即王商,"衡"即匡衡。此簡爲建昭二、三年間物。此説可從。又,《漢書·王商傳》:"元帝時,至右將軍、光禄大夫。"[24]據此,王商當時除任右將軍外,還任光禄大夫。簡文中"臣"前之字圖版爲"▢"。據文例,"臣"字前爲職官名,此字當爲"夫"之下半的殘筆,則此簡"夫"前至少還有"光禄大"三字。

3. 甘露四年六月辛丑,
　　郎中馬倉使護敦煌郡塞外漕作倉穿渠。
　　爲駕一乘傳,載從者一人。有請詔。　　　　　　　外卅一
　　　　　　　　　　　　　　　　　　　　(以上第一欄)

　　御史大夫萬年下謂,以次爲駕,當舍傳舍,從者
　　如律令。　　　七月癸亥食時西。　　　　(以上第二欄)

(Ⅱ90DXT0115④：34)[25]

4. 黄龍元年四月壬申,

給事廷史刑壽爲詔獄有逐捕弘農、河東、上黨、雲中、北地、安定、

金城、張掖、

酒泉、敦煌郡。爲駕一封軺傳。　　　外二百卅七　（以上第一欄）

御史大夫萬年謂胃成,以次爲

駕,當舍傳舍,如律令。　　　　　　　　　（以上第二欄）

（Ⅱ90DXT0114③：447A）㉖

5. 隴西、天水、金城、武威、張掖、酒泉、敦煌、□□東海、琅琊、東來、

勃海、濟南、涿、常山、遼西、上谷郡。爲駕一封軺

傳。有請詔。　　　外百卅五　　　　　（以上第一欄）

御史大夫望之下胃成,以次爲駕,當舍傳舍,如律令。（以上第二欄）

（Ⅰ91DXT0309③：135A）㉗

“□□東海琅琊東來”,《懸泉》《傳信》作“□□□□□東來”,《簡牘》作“安定、北地、東海、琊琊、東萊”。“海”字圖版爲“▨”,右部“每”字殘存;“琅”字圖版爲“▨”,右部“良”字殘存;“琊”字圖版爲“▨”,右部“邪”字殘存。東海、琅琊二地南北相接,據此,可推知“海”上一字爲“東”。“來”字圖版爲“▨”,無草頭。

“下”,《懸泉》《傳信》未釋。此簡左右側皆殘損,此字圖版爲“▨”,“下”字的一點可見,此從《簡牘》釋。

6. 五鳳四年二月癸亥　　　☑

大司農延□始行趣　　　☑

爲駕二封軺傳。外十一☑　　（Ⅱ90DXT0215S：399）㉘

7. ☑封軺傳。　　　外二百　　　·☑　（Ⅱ90DXT0114⑥：32）㉙

“封”,《懸泉》《傳信》未釋。此字圖版爲“▨”,殘損嚴重,據文例可補釋爲“封”。

“·”,《懸泉》《傳信》未釋。

8. 元始二年二月癸未,

西域都護守史猥、司馬令史趙嚴罷,詣北軍。爲駕一封軺傳。有

請詔。　　　　　　　　　　　　　　　　（以上第一欄）

御☐

律☐   (以上第二欄)

(Ⅰ90DXT0112①:58)[30]

"守史",《簡牘》作"守受"。此從《懸泉》《傳信》釋。

《簡牘》"有請"後衍一"☐"。此從《懸泉》《傳信》釋。

9. 爲駕一封軺傳,二☐   (Ⅰ90DXT0116S:1)[31]

10. 元始二年二月己亥,少傅左將軍臣豐、右將軍臣建承

制詔御史曰: 候旦使送烏孫歸義侯侍子。

爲駕一乘軺傳,得別駕載從者二人。 御七十六 (以上第一欄)

大司☐

如   ☐   (以上第二欄)

(Ⅰ90DXT0116S:14)[32]

"候",《懸泉》作"侯"。此字圖版爲"[圖]",當爲"候"。此從《釋粹》《傳信》釋。

"候"前疑漏抄一"衛"字。簡 ⅠT0309③:19 有"御史守丞賀君爲衛候王君副使送于闐王渠犁疏勒諸國客",[33]《漢書·馮奉世傳》"前將軍增舉奉世以衛候使持節送大宛諸國客",[34]《後漢書·班超傳》"別遣衛候李邑護送烏孫使者",[35]可見衛候常承擔護送西域諸國客人回程的任務。

"使",《釋粹》作"受",《懸泉》作"☐",《校讀》《傳信》作"發"。此字圖版爲"[圖]",當是"使"字。有學者指出,漢簡中"使"字與"受"字字形易混。[36]敦煌簡中"使"字字形與此字相類,如敦 40"遣使來食"之"使"字形作"[圖]",又如敦 82A"奉使無狀"之"使"字形作"[圖]"。[37]另外,文獻中"使送"的文例頗多,上文已引,此不敷述。

"駕一乘軺傳",目前所見傳車規格寫作"駕一乘軺傳"的僅此一例。《懸泉》斷作"爲駕一乘、軺傳",認爲"即一乘傳、一軺傳,乘傳爲四馬所駕,由歸義侯侍子所乘;軺傳爲從者二人所乘"。據上引漢代傳車規格和傳信制度,軺傳以一馬或二馬牽引,乘坐軺傳要以一封或二封傳信(即加封一枚或兩枚封泥的傳信)爲憑證。乘傳以四馬牽引,乘坐乘傳要以三封或四封傳信(即加封三枚或四枚封泥的傳信)爲憑證。兩種傳信使用的封印數量不同,因此不可能在一枚傳信上同時體現,兩種傳車規格只能

分別製作兩枚傳信爲憑證。另外,軺傳與乘傳所用馬匹數量不同,車速亦不相同。如兩種傳車使用同一憑證,則沿途只能相伴而行,二者車速一致,難以發揮乘傳的速度優勢,不合常理。退一步講,即便二者同載一枚傳信,按照傳車規格,"軺傳"有"一封軺傳"(一馬駕車)和"二封軺傳"(二馬駕車)之分,如果把其中的"軺傳"理解爲"一軺傳",勢必會讓廄置在調配傳車時無所適從。此簡書手抄寫字迹較爲潦草,看來並不用心。這裏的"駕一乘軺傳"很可能是"駕一乘傳"或"駕一封軺傳"的誤抄。

"大司",《釋粹》《懸泉》《傳信》作"大……",《校讀》作"大□"。此字殘筆作"![字]",《懸泉》指出,"王莽改御史大夫爲大司空,後一'大'字當爲大司空甄豐下某地等內容"。

此傳信編號爲"御七十六",《懸泉》認爲,"用'御'代替了'外',不知何意"。帶"御"字的編號,爲目前僅見,既然王莽已改御史大夫爲大司空,此處爲何仍用"御"字編號,原因不明。

11. 神爵四年十一月癸未,
    丞相史李尊送獲(護)神爵六年戍卒河東、南陽、潁川、上黨、東郡、濟陰、魏郡、淮陽國詣敦煌郡、
    酒泉郡。因迎罷卒送致河東、南陽、潁川、東郡、魏郡、淮陽國,并督死卒傳蕖(槥)。
    爲駕一封軺傳。　　　　　　　　　　　　　　　　（以上第一欄）
    御史大夫望之謂高陵,以次爲駕,當舍
    傳舍,如律令。　　　　　　　　　　　　　　　　（以上第二欄）
    　　　　　　　　　　　　　　　　（Ⅰ90DXT0309③：237）[38]

　　兩處"潁"字,《懸泉》《簡牘》《傳信》皆作"穎"。二字圖版分別爲"![字]"、"![字]",此從《釋粹》釋。

12. 制詔御史曰：都護西域騎都尉書佐薪溫郵田□□□賞庫
    車□□□□□□□□□□□
    爲駕一封軺傳,駕八乘。　　　　　　　　　　　（以上第一欄）
    御史大夫定國下扶風廄,承書以次爲駕,
    當舍傳舍,如律令。　　　　　　　□　　（以上第二欄）
    　　　　　　　　　　　　　　　　（Ⅱ90DXT0214③：70）[39]

"西域",《懸泉》《傳信》作"□□",此二字圖版不清。《懸泉》在討論該簡時説,"都護□□騎都尉",當爲"都護西域騎都尉"。當是。

《懸泉》指出,此簡"完整,但字迹淺淡,有些已不可得釋"。此傳信有"制詔侍御史曰"字樣,又由御史大夫簽發,當是由中央承制發出者。根據中央承制發出傳信簡的格式,"制詔侍御史曰"一行一般提格書寫,此行文字前當還有時間、承制官員等信息(參簡1)。因此,此簡右側應有一行文字缺失。

13. ☒永光元年二月庚子,左將軍 ☒
　　☒侍御史曰:將田車師司馬令☒
　　☒駕一封軺傳,駕六乘。・傳 ☒　　　(Ⅱ90DXT0216②:805)⑩

"左",《懸泉》《傳信》作"右"。此字圖版爲"　",右下部兩橫長短不一,非"口"字寫法,當是"左"字。

"駕六乘・傳",《懸泉》《傳信》作"駕六乘傳"。此處圖版爲"　","傳"字上部有一墨點。"・傳"當爲此傳信編號的起首。類似文例見簡16:"爲駕一封軺傳,駕六乘。・傳百八十八。"

14. 爲駕一封軺傳。有請☒
　　詔。　　　　　　　☒　　　　(Ⅱ90DXT0113②:49)⑪
15. 爲駕一封軺傳,二乘,二人共載☒　　(Ⅱ90DXT0113④:108A)⑫
16. 車師己校候令史敞、相、宗、禹、福、置詣田所。
　　爲駕一封軺傳,駕六乘。　　・傳百八十八　　……☒
　　　　　　　　　　　　　　　　　(Ⅱ90DXT0215③:11)⑬
17. ☒師己校候令史敞✓相✓宗✓禹福置詣田所。
　　爲駕,當舍傳舍,從者如律令。　　(Ⅰ90DXT0116②:125)⑭

簡17内容與簡16相關。《懸泉》指出,兩簡字迹書體不同,發掘時不在同一位置。此外,二簡格式亦不相同。簡16是嚴格按照傳信簡格式抄録的,而簡17並未嚴格按照傳信簡格式抄録,語句亦有所省略,或是懸泉置爲製作其他簿籍而抄録。"✓"或爲核查記録或人名間的點斷。"敞、相、宗、禹、福、置",《懸泉》斷作"敞、相、宗、禹福置",或是受簡17三個"✓"的影響。閻步克認爲,簡16中"爲駕一封軺傳,駕六乘"是指使用六輀一馬軺傳,恰與"敞、相、宗、禹、福、置"六人相對。⑮其説可從。

18. 車師已校尉書佐裹　　☒

　　爲駕一封軺傳,駕八　☒　　　　　　　（Ⅱ90DXT0216②:405A）⑯

"八",《懸泉》《傳信》未釋。此字圖版爲"▮",下部殘損,據文例當爲數字。此簡與簡16書寫風格相同,字迹類似,當爲一人書寫(如"駕",兩簡圖版分別作"▮"、"▮";又如"傳",兩簡圖版分別作"▮"、"▮")。簡16"·傳百八十八"中第二個"八"字圖版爲"▮",與此類似。

19. 五鳳四年六月丙寅,使主客散騎光禄大夫臣扶承

　　制詔御史曰:☐雲中大守安國、故教未央倉龍屯衛司馬蘇于、
　　武彊
　　使送車師王、烏孫諸國客,與軍候周充國、載先俱。
　　爲駕二封軺傳,二人共載。　　　　　　　　　（以上第一欄）
　　御史大夫延年下扶風☒
　　殿,承書以次爲駕,
　　當舍傳舍,如律令。　　　　　　　　　　　　（以上第二欄）
　　　　　　　　　　　　　　　　　　（ⅡDXT0113③:122+151A）⑰

"臣",《釋粹》作"田"。《懸泉》《校讀》《傳信》未釋。此字圖版爲"▮"。《校讀》指出,按照文書格式,此字可作"臣",可從。職官後當接"臣某"。

"承",《釋粹》《懸泉》作"韋"。《校讀》《傳信》作"群承"。據文例應爲"承"。此字圖版爲"▮",本簡同字圖版爲"▮",簡21、簡22"承"圖版爲"▮"、"▮",可參。

"☐雲中大守",《釋粹》作"使雲中太守",《懸泉》《傳信》作"使雲中大守"。"大"字圖版爲"▮","太"字爲誤釋。"☐"字圖版爲"▮",同簡兩處"使"字作"▮"、"▮",前者與後二者明顯不同,當非"使"字。

"教",《釋粹》《懸泉》未釋。此從《校讀》《傳信》釋。

"屯",《釋粹》《懸泉》未釋。此從《傳信》釋。《漢書·馮逡傳》:"功次遷長樂屯衛司馬。"⑱可參。

"于",《釋粹》未釋。此從《懸泉》《校讀》《傳信》釋。

"載先",《校讀》《傳信》作"載屯"。"先"反相圖版爲"![字形]",與"屯"字圖版"![字形]"不同。此從《釋粹》《懸泉》釋。"載先"應爲人名。

"下扶風廄",《釋粹》未釋,此從《懸泉》《傳信》釋。

20. 永始四年九月甲子,醫能治病　　　　☑
　　守部候李音以詔書詣　　　　　　　☑
　　大醫。爲駕二封軺傳,載從者　　　☑

（Ⅱ90DXT0111①：51）⑭

"大",《懸泉》《傳信》作"太"。此字圖版爲"![字形]",當據原字作"大"。

21. 元康三年四月戊寅,前將軍臣增、後將☑
　　臣舜、長羅侯臣惠承　　　　　　　☑
　　制詔侍御史曰:軍司馬憙與校尉襃　☑
　　爲駕二封軺傳,載從者一人。　　　☑

（Ⅱ90DXT0213③：5）⑮

"校尉襃",《懸泉》作"校尉馬襃",誤增一字。

22. 甘露二年十一月丙戌,富平侯臣延壽、光禄勳臣顯,承
　　制詔侍御史曰:穿治渠軍猥候丞□萬年、漆光、王充詣校尉作所。
　　爲駕二封軺傳,載從者各一人,駕二乘。傳八百卅四。

（以上第一欄）

　　御史大夫定國下扶風廄,承書
　　以次爲駕,當舍傳舍,如律令。　　　（以上第二欄）

（Ⅱ DXT0214③：73A）⑯

"顯",《釋粹》作"憲"。此從《懸泉》《簡牘》《傳信》釋。

"曰",《釋粹》未釋。此從《懸泉》《校讀》《簡牘》《傳信》釋。

"穿",《釋粹》《簡牘》作"聞"。此從《懸泉》《校讀》《傳信》釋。

"猥",《懸泉》未釋。此從《釋粹》《校讀》《簡牘》《傳信》釋。

"候",《釋粹》作"侯"。此從《懸泉》《校讀》《簡牘》《傳信》釋。

"□",《釋粹》作"承"。此從《懸泉》《校讀》《簡牘》《傳信》釋。據下"漆光"、"王充"的人名格式,此字當爲姓氏。

"漆",《釋粹》《簡牘》作"漢",《懸泉》未釋。此從《校讀》《傳信》釋。

"尉",《釋粹》作"屬"。此從《懸泉》《校讀》《簡牘》《傳信》釋。

"駕二乘",《釋粹》《懸泉》《簡牘》《傳信》作"軺傳二乘"。查圖版，"二乘"上一字爲墨團所覆，難以辨認，據文例當爲"駕"字。參前引簡16"爲駕一封軺傳，駕六乘"；簡12"爲駕一封軺傳，駕八乘"。

23. 甘露三年四月己未，富平侯臣延壽、光禄勳臣顯承
　　制詔侍御史曰：營軍司馬王章詣部。
　　爲駕二封軺傳，載從者一人。　　　　　　　五月丙午過，東。
　　　　　　　　　　　　　　　　　　　　（以上第一欄）

　　御史大夫定國下扶風廐，承書以
　　次爲駕，當舍傳舍，如律令。　　　　　　　（以上第二欄）
　　　　　　　　　　　　　　　　（Ⅴ92DXT1312③：2A）[52]

"部",《懸泉》《傳信》未釋。此字圖版爲" "，此從《文書》釋。簡1有"都護西域校尉軍司馬令史竇延年武黨√充國√良詣部"，可參。

"五",《文書》作"正"。此從《懸泉》《傳信》釋。此字圖版爲" "。此傳信甘露三年四月己未簽發，至五月丙午爲47天，從長安至敦煌路程看，"五月"較"正月"合理。上文簡3"郎中馬倉使護敦煌郡塞外漕作倉穿渠"，所用爲四馬下足的"乘傳"，自長安至懸泉置時間爲22天，下文簡28"敦煌玉門都尉忠之官"，所用亦爲四馬下足的"乘傳"，自長安至懸泉置時間爲34天。此簡王章自扶風廐詣部，所用爲二馬的"二封軺傳"，速度可能慢於"乘傳"。不過，此簡所記的王章行進方向爲向東而去，按照常理，自長安出發經過懸泉置當爲向西。因此，如果簡文無誤，頗懷疑王章此前已經路過懸泉置，五月丙午爲第二次經過懸泉置向東而去。由此可見，王章自扶風廐至第一次經過懸泉置的時間可能還要短於47天。若" "字釋作"正"，則"正月丙午過，東"或爲王章自"部"返回長安。不過，目前所見"傳信"簡中，戍邊軍吏自戍所返回長安不會使用原傳信，而是再次簽發新的傳信以資證明（如簡8）。

24. 甘露二年三月丙午，使主客郎中臣超，承
　　制詔侍御史曰：□都内令霸、副候忠使送大月氏諸國客，與斥候
　　張壽、侯尊俱。

爲駕二封軺傳,二人共載。　　　　　　　（以上第一欄）

御屬臣弘行御史大夫事,下扶風殷,承

書以次爲駕,當舍傳舍,如律令。　　　　（以上第二欄）

（Ⅴ92DXT1411②:35）㊾

"□",《傳信》作"頃"。此從《懸泉》釋。

"副候",《懸泉》《傳信》作"副侯"。此字圖版爲"　"。《漢書·西域傳下》:"漢使衛司馬魏和意、副候任昌送侍子。"㊾可知當作"副候"。

25. 甘露三年十月辛亥,丞相屬王彭護烏孫公主及將軍、貴人、從者。道上
　　傳車馬爲駕二封軺傳。有請詔。　　　　（以上第一欄）
　　御史大夫萬年下謂成,以次爲駕,當
　　舍傳舍,如律令。　　　　　　　　　　（以上第二欄）

（Ⅴ92DXT1412③:100）㊾

"有請詔",《釋粹》作"□請部"。此從《懸泉》《校讀》《傳信》釋。

26. ……　　　　　　　　　☑
　　制詔侍御史曰:將田車師☑
　　☑駕一封軺傳,一乘。　　☑　　（Ⅱ90DXT0215②:198）㊾

此簡右側缺失,左上角殘斷。"駕一"《懸泉》《傳信》作"二",並在"一"前補二"□□"。此處圖版爲"　",根據"傳信"簡文例,最右側簡文一般以"爲駕……"起始,具體到該簡則當爲"爲駕×封軺傳","封"字之上當有"爲駕×"三字。從該簡圖版來看,若將"　"釋爲"二",則其上空間僅能容納一個"駕"字,起始的"爲"字没有書寫空間。"　"上面一筆有回鋒,應非"二"字,據文例當是"駕"字右下角的殘筆。下面横筆爲"一"字。這也從側面證明"　"當爲"駕一"二字。

"一乘",爲"駕一乘"之省語,即所用傳車數量爲一輛。類似文例又見簡15:"爲駕一封軺傳,二乘,二人共載。"

27. 以令爲駕二封軺傳☑　　　　（Ⅱ90DXT0215②:372）㊾

28. 建平四年五月壬子,御史中丞臣憲承
　　制　詔侍御史曰:敦煌玉門都尉忠之官。爲駕一乘傳,載從者。

（以上第一欄）

御史大夫延下長安,承書以次爲駕,

當舍傳舍,如律令。六月丙戌,西。　　　　　　（以上第二欄）

（Ⅰ90DXT0112②：18）[58]

"六月丙戌西",《校讀》《簡牘》《傳信》作"六月丙戌過西"。此從《釋粹》《懸泉》釋。

29. 永始四年五月壬子,符節令臣放行御史　　☑

制　　詔侍御史曰:敦煌中部都尉晏之官。☑

爲駕一乘傳,載從者一人。　　　　☑

（Ⅰ90DXT0114②：1）[59]

30. 元平元年十一月己酉,□司□使户籍民迎天馬敦煌郡。爲駕一

乘傳,載奴一人。御史

大夫廣明下右扶風,以次爲駕,當舍傳舍,如律令。

（Ⅱ90DXT0115④：37）[60]

此簡因字迹模糊,釋文出入較大,《懸泉》認爲此簡抄録比較隨意,書寫不分欄,書寫格式不同於其他傳信簡。

"□司□使户籍民",《釋粹》作"□□詔使甘□□"。《校讀》《傳信》作"□彭祖使户籍民"。此從《懸泉》釋。

"奴",《釋粹》作"御"。此從《懸泉》《傳信》釋。

31. 使大宛車騎將軍長史尊使斥候□□☑

行在所。以令爲駕一乘傳　　☑　（Ⅱ90DXT0314②：121）[61]

"候",《懸泉》《傳信》作"侯",此字圖版爲"[图]",當爲"候"。"庍候",即"斥候"。

32. 尉頭蒲離匿皆奉獻詣　　　　☑

行在所。以令爲駕四乘傳　　☑　　（Ⅴ92DXT1311③：146）[62]

33. ☑年□月壬午,涼州刺史臣☑

☑侍御史曰:賞使行部奏事☑

☑駕一乘傳,載從者一人得☑　　（削衣,Ⅴ92DXT1309③：29）[63]

"年□",《懸泉》《傳信》釋作"□□",第一個"□"圖版爲"[图]",據文

例當爲"年"字。第二個"□"圖版爲" "，左半筆畫殘存，或爲"六"字。

"臣"，《懸泉》《傳信》未釋，此字圖版爲" "，當爲"臣"字上部殘筆。據文例，職官名後一字應爲"臣"字，簡1、簡28"臣"字作" "、" "，可參。

"一人"，《懸泉》《傳信》未釋，此處圖版爲" "，當爲"一人"的殘筆。

《漢書·武帝紀》載，元封五年(前106年)，"初置刺史部十三州"，顔師古注："《漢舊儀》云初分十三州，假刺史印綬，有常治所。常以秋分行部，御史爲駕四封乘傳。到所部，郡國各遣一吏迎之界上，所察六條。"⑭《懸泉》據此提出疑問："刺史行部應駕四乘傳，簡中所言只駕一乘傳，何者爲是，因簡文殘缺而無法判斷。"按，《漢舊儀》原文爲"駕四封乘傳"，與"駕四乘傳"不同。按照上引漢代《廐律》規定，"乘傳"是"四馬下足"規格的傳車，以三封爲常置，有期會時則用四封乘傳。在傳信簡的格式中，使用乘傳會直接寫作"駕×乘傳"，"×"即用車數量，傳信之上再加封三枚或四枚封泥以示區別。因此，此簡中的"駕一乘傳"，或即一輛四封乘傳，與《漢舊儀》所言並不矛盾。⑮

《漢書·鮑宣傳》載，鮑宣任豫州牧時，"行部乘傳去法駕，駕一馬，舍宿鄉亭，爲衆所非"，顔師古注："言其單率不依典制也。"⑯後來鮑宣因此坐免。可見刺史乘傳車出行，有嚴格的典制遵循。刺史行部用"四封乘傳"的規定，後來又有所變化。《後漢書·賈琮傳》說："舊典，傳車驂駕，垂赤帷裳，迎於州界。"⑰類似記載又見《續漢書·輿服志上》劉昭注補："舊典，傳車驂駕，乘赤帷裳。"⑱《三國志·蜀書·劉焉傳》說劉焉"領益州牧"，裴松之注引《續漢書》："舊典：傳車參駕，施赤爲帷裳。"⑲以上三例文句略有不同，但可以看出刺史所乘傳車的形式應有詳細規定。筆者推測，刺史因每年都需在外巡行，其所乘傳車後來可能已成爲一種專車。

《傳信》認爲，"刺史從所部奏事京師亦需要傳信，從殘存格式推斷，要承制簽發"，又指出，"此類傳信僅此一件，且殘損不全，難以窺測具體簽發步驟"。不過，從"傳信"簡文例來看，簡文中的"涼州刺史"當爲承制官員。《後漢書·李雲傳》："後冀州刺史賈琮使行部，過祠雲墓，刻石表之。"⑳文例與簡文"賞使行部"類似，因此"賞"疑爲人名。而"賞"前未加身份，或是承前省略。因此，簡文中的"涼州刺史"或即"賞"，即"賞"爲此傳信的實際使用人。《傳信》還舉出數例刺史奏事的實例,如《漢書·何武傳》,武爲揚州刺史,"每奏事至京師"。[71]谷永遷爲涼州刺史,"奏事京師訖,當之部"。[72]此簡中涼州刺史賞在行部後奏事京師,完畢後又爲自己申請傳信以便離開。

孫星衍輯《漢舊儀》較顏師古注《漢舊儀》有更多的内容,其文作:"丞相、刺史常以秋分行部,御史爲駕四封乘傳。到所部,郡國各遣吏一人迎界上,得載別駕。自言受命移郡國,與刺史從事盡界罷。行載從者一人,得從吏所察六條。"[73]基於此,簡文言"載從者一人",與此相合。"得"字之後的内容殘斷,但仍可作進一步推測。《釋粹》公布的《元康四年雞出入簿》中,簡199作:"出雞一隻(雙),以食刺史,從事吏一人,凡二人,一食,東。""從事吏",《釋粹》:"吏,通史。《續漢書·百官志五》曰:刺史'皆有從事史、假佐'。從事史爲刺史之佐吏。"[74]漢簡中"吏"、"史"寫法不分,"從事史"寫作"從事吏",或是書手習慣所致。《續漢書·百官志四》又説,司隸校尉有"從事史十二人",其中一人爲"別駕從事",本注曰:"別駕從事,校尉行部則奉引,録衆事。"[75]刺史亦有"別駕從事",後漢陳蕃即曾被刺史周景辟爲別駕從事。[76]因此,《元康四年雞出入簿》簡199中的"刺史"或即涼州刺史,"從事吏"或爲涼州刺史的別駕從事。上論簡10有"得別駕載從者二人"的文例,結合《漢舊儀》"得載別駕"的説法,則此簡"得"字之後的内容或與"載別駕從事"有關。

34. ☒軍豐(典)屬國奉世承　　御史大夫玄成下扶風廄,承書以次
　　☒……　　　　　……　　　(Ⅱ90DXT0115③:211)[77]

"軍豐(典)屬國",《懸泉》《傳信》未釋。據《漢書·百官公卿表下》,初元三年(前46年),"執金吾馮奉世爲右將軍,三年爲諸吏典屬國,二年爲光禄勛"。[78]永光三年(前41年),"右將軍奉世爲左將軍光禄勛"。[79]同書《馮奉世傳》又載,昭帝末,"右將軍典屬國常惠薨,奉世代爲右將軍典屬國,加諸吏之號",所載與《百官公卿表》一致。則此簡中的"奉世"當爲馮奉世,永光元年至二年時任右將軍諸吏典屬國。此四字圖版爲"〔圖〕"、"〔圖〕"、"〔圖〕"、"〔圖〕",第三、四字當爲"屬國"。從字形看,第二字爲"豐",但據上所述,此"豐"字當作"典"字。又據簡1"初元五年正月,左將軍光録大夫臣嘉、右將軍典屬國臣奉世",簡35"☒軍衛尉臣嘉、右將軍典屬國

臣奉世"的文例,則知此簡"國"後書手漏抄一"臣"字,"典屬國"前一字可補爲"軍",前面殘斷的簡文至少還有"右將"二字。

35. ☑軍衞尉臣嘉、右將軍典屬國臣奉世承
　　☑……　　　　　　　　　　　　　　　　（以上第一欄）
　　御史大夫玄成下右扶風殿,承書以次爲駕,當舍傳舍
　　　　　　　　　　　　　　　　　　　　　　（以上第二欄）
　　　　　　　　　　　　　　　　　　　（Ⅱ90DXT0115②：48）⑧⁰

36. ☑御史大夫衡下右扶風殿,承書以次爲駕
　　　　　　　　　　　　　　　　　　　（Ⅴ92DXT1712②：55）⑧¹

37. ☑御史大夫譚下渭成,以次爲駕,當　　　　　　☑
　　☑□□□□□給敦煌、張掖屬國、武威、金城☑
　　　　　　　　　　　　　　　　　　　（Ⅴ90DXT1610②：60）⑧²

38. 永光五年五月庚申,
　　守御史李忠監嘗麥祠孝文廟。守御史任昌年
　　爲駕一封輕傳。　　　　　外百卅二　　（以上第一欄）
　　御史大夫弘謂長安,以次
　　爲駕,當舍傳舍,如律令。　　　　　　（以上第二欄）
　　　　　　　　　　　　　　　　　　　（Ⅱ90DXT0216②：866）⑧³

"監嘗麥",《釋粹》作"隨當祀"。此從《懸泉》《傳信》釋。

《釋粹》"長安"後衍一"長"字,此從《懸泉》《傳信》釋。

43. 丞相守少史護之　征和元年八月辛巳,假一封傳信,案上書事。
　　盜,傳信亡。　外七十五　　　（Ⅰ90DXT0112④：2）⑧⁴

"傳信亡",《懸泉》《傳信》作"傳失亡",中間一字圖版爲"▨",
"亻"旁左上部和"言"字上部殘存,當是"信"。

44. 守御史少史……　征和元年九月甲寅,假三封傳信,案事。亡傳
　　信。　外十二　　　　　　　（Ⅰ90DXT0112④：5）⑧⁵

45. ☑□□陳留當市里王定德　征和二年九月丁酉,假三封傳信,與
　　郡大守雜治詔獄☑　　　　（Ⅰ90DXT0112④：4）⑧⁶

"陳留",《懸泉》《傳信》作"□留"。此二字圖版爲"▨",殘損嚴重,

"留"僅餘下部。據文例,"□留"當爲縣名,檢《漢書·地理志》,武帝時帶"留"字的縣名有上黨郡屯留縣、鬱林郡中留縣、楚國留縣和陳留郡陳留縣。從殘存筆畫來看,此字當非"屯"、"中"二字,楚國留縣縣名爲單字,且下文言王定德"與郡大守雜治詔獄",可知留縣亦不相符。此字左部似爲"阝"殘筆,則此字當爲"陳"。

46. 尚□爲琅邪尉龐舜　征和三年十一月壬寅,假二封傳信,送迎戍田卒。盜,□□亡。　　外□百二十　　（Ⅰ90DXT0112④:3）⑧⑦

"尚",《懸泉》《傳信》未釋,此字圖版爲"▨",當爲"尚"字。

"邪",《懸泉》《傳信》作"琊",此字圖版爲"▨",當爲"邪"字。

"□□亡",《懸泉》《傳信》作"傳失亡",前二字圖版不清,此簡爲失亡"傳信"的記録,並非失亡"傳"的記録,釋作"傳失亡"疑誤。據簡43、簡49文例,"□□"或爲"傳信"二字。

47. 御史守屬大原王鳳　元鳳元年九月己巳,假一封傳信,行磨（曆）日詔書。亡傳信。　　外二百七十九

（Ⅰ90DXT0112④:1）⑧⑧

"大",《釋粹》作"太",《懸泉》《傳信》作"大"。此字圖版爲"▨",此從《懸泉》《傳信》釋。

"磨",《釋粹》《懸泉》《傳信》作"曆",此字圖版爲"▨"。"磨"即"曆"。⑧⑨

48. ☑國　大始三年五月己卯,假一封傳信,案事。亡傳信☑

（Ⅱ90DXT0114④:19）⑨⓪

"己卯",《懸泉》《校讀》《傳信》作"乙卯"。此從《釋粹》釋。此字圖版爲"▨",《釋粹》注釋説:"據《二十史朔閏表》,太始三年五月癸巳朔,無己卯,或書寫有誤。"此簡爲失亡傳信的記録,當是書手將"乙"誤抄爲"己"。

49. 御史□□常山平□□並　大始五年五月甲寅,假一封傳信,案上書事。盜,傳信亡。　　外三百五十五　　（Ⅰ90DXT0114③:50）⑨①

"盜傳信亡",《懸泉》《傳信》作"□亡傳信","盜,傳信亡"文例可參簡43。另,"盜"字圖版爲"▨",簡43"盜"字作"▨",可參。"傳信亡"

三字圖版分別爲"▨"、"▨"、"▨",墨迹隱約可辨。

50. □□□史馮貴元　始元二年四月,假一封傳信,迎罷戍田卒。溺死,亡傳信。　外□百□十一　　　　　　　　（Ⅱ90DXT0113⑥：4）㊎

"□□□",《釋粹》漏釋。此從《懸泉》《校讀》《傳信》釋。

"元",《釋粹》作"之"。此從《懸泉》《校讀》《傳信》釋。

"四",《釋粹》作"正"。此從《懸泉》《校讀》《傳信》釋。

"外□百□十一",《釋粹》作"外第十五"。《懸泉》《傳信》作"外傳第十一"。《校讀》亦認爲"十五"應作"十一"。"百"字圖版爲"▨",不是"傳"或"第"字。從已公布傳信簡簡文看,編號起首有"外+數字"、"傳+數字"、"傳第+數字"、"御+數字"等格式,無作"外第+數字"、"外傳+數字"者。

附記:本文的寫作得到張德芳先生、鄔文玲先生、李迎春先生的教示,匿名審稿專家亦提出寶貴修改意見,謹此致謝!

注　釋

① 張德芳:《懸泉漢簡中的"傳信簡"考述》,《出土文獻研究》第七輯,上海古籍出版社,2005年,第65—81頁,後收入郝樹聲、張德芳:《懸泉漢簡研究》,甘肅文化出版社,2009年,第134—161頁,以下簡稱"《懸泉》";初世賓:《懸泉漢簡拾遺》,《出土文獻研究》第八輯,上海古籍出版社,2007年,第89—110頁;初世賓:《懸泉漢簡拾遺(二)》,《出土文獻研究》第九輯,中華書局,2010年,第181—209頁;初世賓:《懸泉漢簡拾遺(三)》,《出土文獻研究》第十輯,中華書局,2011年,第228—248頁;初世賓:《懸泉漢簡拾遺(四)——〈敦煌懸泉置漢簡釋粹〉例七七至一〇三之考釋補》,《出土文獻研究》第十一輯,中西書局,2012年,第213—228頁;初昉、世賓:《懸泉漢簡拾遺(五)》,《出土文獻研究》第十二輯,中西書局,2013年,第234—252頁;初昉、世賓:《懸泉漢簡拾遺(六)》,《出土文獻研究》第十三輯,中西書局,2014年,第403—414頁;初昉、世賓:《懸泉漢簡拾遺(七)》,《出土文獻研究》第十五輯,中西書局,2016年,第331—357頁;初昉、世賓:《懸泉漢簡拾遺(八)》,《出土文獻研究》第十六輯,中西書局,2017年,第243—257頁;侯旭東:《西北漢簡所見"傳信"與"傳"——兼論漢代君臣日常政務的分工與詔書、律令的作用》,《文史》2008年

第3期,第5—54頁,修訂稿見簡帛網,2010年12月24日,以下簡稱“《傳信》”。

② 甘肅省文物考古研究所:《敦煌懸泉漢簡釋文選》,《文物》2000年第5期。

③ 何雙全:《敦煌懸泉漢簡釋文修訂》,《文物》2000年第12期。

④ 張俊民:《〈敦煌懸泉漢簡釋文選〉校補》,《敦煌學輯刊》2001年第1期。

⑤ 胡平生、張德芳:《敦煌懸泉漢簡釋粹》,上海古籍出版社,2001年,以下簡稱“《釋粹》”。

⑥ 張俊民:《〈敦煌懸泉漢簡釋粹〉校讀》,簡帛研究網,2007年1月31日,以下簡稱“《校讀》”。

⑦ 部分參校簡文還見張俊民:《簡牘學論稿——聚沙篇》,甘肅教育出版社,2014年,以下簡稱“《簡牘》”;張俊民:《敦煌懸泉置出土文書研究》,甘肅教育出版社,2015年,以下簡稱“《文書》”。

⑧《漢書》卷一下《高帝紀下》,中華書局,1962年,第57頁。

⑨《史記》卷一〇《孝文本紀》,中華書局,1959年,第422、423頁。

⑩ 沈家本撰,鄧經元、駢宇騫點校:《漢律摭遺》卷一三,收入氏著《歷代刑法考》,中華書局,1985年,第1608—1609頁;冨谷至著,劉恒武、孔立波譯:《文書行政的漢帝國》,江蘇人民出版社,2013年,第225—229頁。

⑪ 參見初世賓:《懸泉漢簡拾遺(二)》,《出土文獻研究》第九輯,第188頁;曾磊:《劉賀“乘七乘傳詣長安邸”考議》,《石家莊學院學報》2019年第2期。

⑫《漢書》卷一二《平帝紀》,第359頁。如淳注研究可參看梁健:《曹魏律章句研究——以如淳〈漢書〉注爲視角》,西南政法大學碩士學位論文,2007年;胡俊俊:《〈漢書〉如淳注研究》,西南科技大學碩士學位論文,2011年。

⑬ 甘肅簡牘保護研究中心(甘肅簡牘博物館)、甘肅省文物考古研究所、甘肅省博物館、中國文化遺産研究院古文獻研究室、中國社會科學院簡帛研究中心編:《肩水金關漢簡(貳)》,中西書局,2013年,彩色圖版見上册第191頁,紅外綫圖版見中册第191頁,釋文見下册第100頁。

⑭ 此條律文的復原及解讀參見曾磊:《肩水金關漢簡中的〈廄律〉遺文》,《簡帛研究二〇一九(秋冬卷)》,待刊。

⑮ 沈家本撰,鄧經元、駢宇騫點校:《漢律摭遺》卷一三,收入氏著《歷代刑法考》,第1608—1609頁。

⑯ 相關表格參見初世賓:《懸泉漢簡拾遺(二)》,《出土文獻研究》第九輯,第189頁;侯旭東:《漢代律令與傳舍管理》,《簡帛研究二〇〇七》,廣西師範大學出版社,2010年,第151—164頁,修訂稿見簡帛網,2010年12月6日。

⑰ 參見《懸泉》,第137—138頁。

⑱《懸泉》,第136頁,簡1;《文書》,第436頁。

⑲《漢書》卷一九下《百官公卿表下》,第 811、816 頁。

⑳《懸泉》,第 136 頁,簡 2。

㉑《漢書》卷一九下《百官公卿表下》,第 819 頁。

㉒ 同上書,第 824 頁。

㉓ 同上書,第 820—821 頁。

㉔《漢書》卷八二《王商傳》,第 3369 頁。

㉕《懸泉》,第 138 頁,簡 3。

㉖《釋粹》,第 35—36 頁,簡三一;《懸泉》,第 138—139 頁,簡 4。

㉗《懸泉》,第 139 頁,簡 5;《簡牘》,第 168 頁。

㉘《懸泉》,第 140 頁,簡 6。

㉙《懸泉》,第 140 頁,簡 7。此簡圖版倒置。

㉚《懸泉》,第 141 頁,簡 8;《簡牘》,第 256 頁。

㉛《懸泉》,第 142 頁,簡 9。

㉜《釋粹》,第 146 頁,簡二一一;《懸泉》,第 142 頁,簡 10。

㉝《文書》,第 435 頁。

㉞《漢書》卷七九《馮奉世傳》,第 3294 頁。類似記載又見《漢書》卷九六上《西域傳
上》:"會衛候馮奉世使送大宛客。"(第 3898 頁)

㉟《後漢書》卷四七《班超傳》,中華書局,1965 年,第 1577 頁。

㊱ 參見李洪財:《漢簡草字整理與研究》,吉林大學博士學位論文,2014 年,第 120 頁。

㊲ 甘肅省文物考古研究所編:《敦煌漢簡》,中華書局,1991 年,圖版肆、捌。

㊳《釋粹》,第 45 頁,簡四〇;《懸泉》,第 142 頁,簡 11;《簡牘》,第 424 頁。

㊴《懸泉》,第 143 頁,簡 12。

㊵ 同上書,第 143—144 頁,簡 13。

㊶ 同上書,第 144 頁,簡 14。

㊷ 同上書,第 144 頁,簡 15,原編號爲"Ⅱ90DXT0113④:108"。

㊸《釋粹》,第 132 頁,簡一八六;《懸泉》,第 144 頁,簡 16。

㊹《釋粹》,第 132 頁,簡一八七;《懸泉》,第 145 頁,簡 17;《簡牘》,第 256 頁。"師",
《懸泉》作"□",《簡牘》作"戍"。此從《釋粹》《傳信》釋。《釋粹》"禹"、"福"後各
衍一"√"。此從《懸泉》《傳信》釋。"置",《簡牘》作"彊"。此從《釋粹》《懸泉》
《傳信》釋。

㊺ 參見閻步克:《樂府詩〈陌上桑〉中的"使君"與"五馬"——兼論兩漢南北朝車駕等
級制的若干問題》,《北京大學學報(哲學社會科學版)》2011 年第 2 期。

㊻《懸泉》,第 145 頁,簡 18,原編號爲"Ⅱ90DXT0216②:405"。

㊼《釋粹》,第 151 頁,簡二一五;《懸泉》,第 145—146 頁,簡 19,原編號爲

"IIDXT0113③：122A"。

㊽《漢書》卷七九《馮逡傳》,第 3305 頁。

㊾《懸泉》,第 146 頁,簡 20。

㊿同上書,第 146 頁,簡 21。

51《釋粹》,第 40 頁,簡三五;《懸泉》,第 147 頁,簡 22;《簡牘》,第 256 頁。

52《懸泉》,第 148 頁,簡 23;《文書》,第 446 頁。此簡圖版與簡 24 倒置,原編號爲
"V92DXT1311③：2"。

53《懸泉》,第 148 頁,簡 24。此簡圖版與簡 23 倒置。

54《漢書》卷九六下《西域傳下》,第 3906 頁。

55《釋粹》,第 138 頁,簡一九五;《懸泉》,第 149 頁,簡 25。

56《懸泉》,簡 26,第 149—150 頁。

57同上書,簡 27,第 150 頁。

58《釋粹》,第 38 頁,簡三三;《懸泉》,第 150 頁,簡 28;《簡牘》,第 420—421 頁。

59《懸泉》,第 150—151 頁,簡 29。

60《釋粹》,第 104 頁,簡一三八;《懸泉》,第 151 頁,簡 30。

61《懸泉》,第 152 頁,簡 31。

62同上書,第 152 頁,簡 32。

63同上書,第 153 頁,簡 33。

64《漢書》卷六《武帝紀》,第 197 頁。

65參見曾磊:《劉賀"乘七乘傳詣長安邸"考議》,《石家莊學院學報》2019 年第 2 期。

66《漢書》卷七二《鮑宣傳》,第 153 頁。

67《後漢書》卷三一《賈琮傳》,第 1112 頁。

68《續漢書·輿服志上》,第 3648 頁。

69《三國志》卷三一《蜀書·劉焉傳》,中華書局,1959 年,第 866 頁。

70《後漢書》卷五七《李雲傳》,第 1852 頁。

71《漢書》卷八六《何武傳》,第 3482—3483 頁。

72《漢書》卷八五《谷永傳》,第 3458 頁。

73衛宏撰,孫星衍輯:《漢舊儀》卷上,周天游點校:《漢官六種》,中華書局,1990 年,
第 68 頁;紀昀輯《漢官舊儀》與此同,衛宏撰,紀昀輯:《漢官舊儀》卷上,周天游點
校:《漢官六種》,第 36—37 頁。

74《釋粹》,第 80 頁。

75《續漢書·百官志四》,第 3613、3614 頁。

76《後漢書》卷六六《陳蕃傳》,第 2159 頁。

77《懸泉》,第 153 頁,簡 34。

⑱《漢書》卷一九下《百官公卿表下》，第 814 頁。

⑲ 同上書，第 818 頁。

⑳《懸泉》，第 154 頁，簡 35。此簡《傳信》遺漏。

㉑ 同上書，第 154 頁，簡 36。

㉒ 同上書，第 154—155 頁，簡 37。

㉓《釋粹》，第 29 頁，簡二六;《懸泉》，第 155 頁，簡 38。《懸泉》簡 38—42 爲"失亡傳信簡册"，本文僅對其中涉及傳信原文的簡 38 進行校補。

㉔《釋粹》，第 34 頁，簡二八;《懸泉》，第 159 頁，簡 43。

㉕《懸泉》，第 159 頁，簡 44。

㉖ 同上書，第 159 頁，簡 45。

㉗ 同上書，第 159 頁，簡 46。

㉘《釋粹》，第 35 頁，簡三〇;《懸泉》，第 159 頁，簡 47。

㉙ 關於"磨"字的寫法，參張再興：《秦漢簡帛中的"曆"和"磨"》，《簡帛研究二〇一八（春夏卷）》，廣西師範大學出版社，2018 年，第 130—141 頁。

㉚《釋粹》，第 34 頁，簡二七;《懸泉》，第 160 頁，簡 48。

㉛《懸泉》，第 160 頁，簡 49。

㉜《釋粹》，第 34 頁，簡二九;《懸泉》，第 160 頁，簡 50。

金關簡始建國二年騎士通關册書整理與研究*

2016 年出版的金關簡第五册,^①刊布了肩水金關關門兩側房間出土的簡牘。西側房屋 F2 不足五十枚,東側房屋 F3 較多,達六百三十餘枚。據發掘簡報介紹,F3 内有隔墙,簡牘出自墙東的小隔間。^②結合簡牘紀年集中於新莽時期的現象判斷,該隔間應該是金關的檔案室,平時的文書工作在此完成。^③也正因此,F3 保存的簡牘應該多爲册書狀態,或者説原本是成卷成宗的,原則上是可以復原成册的。

筆者翻閱 F3 簡牘,發現其中有不少騎士通關名籍簡,詳載騎士籍貫及營伍組織。大致可分爲兩類,一類騎士簡完整者每枚記録三名騎士,另一類則僅記一名騎士。兩類騎士簡人員略有重合。綜合 F3 出土的結計簡及呈文簡,第一類可復原成册,且其年代可斷定爲始建國二年(10 年),故可暫名爲始建國二年騎士通關册書。該册書不僅透露了居延騎士編制的特點,且涉及新莽時期的對匈戰争,與額濟納漢簡中的"始建國二年詔書"密切相關,頗值得深入分析。本文在先行復原始建國二年騎士通關册書的基礎上,綜合比對第二類册書,再對涉及的相關問題進行討論。

一、始建國二年騎士通關册書復原

本節先行復原第一類騎士簡。爲討論方便,暫依簡牘完整程度及部曲編制移録如下:

1.1 右前騎士關都里任憲　卩　左前騎士陽里張嚴　卩　中營右騎

* 本文寫作得到國家社會科學基金青年項目"肩水金關漢簡通關文書整理與研究"(18CZS010)的資助。

士中宿里鄭戎　卩 (73EJF3：3)

1.2 右前騎士關都里趙嚴　卩　左前騎士通澤里李嚴　卩　中營右
騎士安樂里范良　卩 (73EJF3：11+4)

1.3 右前騎士仁里楊意　卩　左前騎士廣都里馮恭　卩　中營右騎
士遮虜里戴　林卩 (73EJF3：273+10)

1.4 右前騎士全稽里郭隆　左前騎士白石里鄭立　卩　中營右騎士
龍起里孫房　卩 (73EJF3：361)

1.5 右前騎士富里周並　卩　左前騎士累山里蕭霸　卩　中營右騎
士安樂里房陽　卩 (73EJF3：416+364)

1.6 右前騎士長樂里莊成　卩　左前騎士陽里張崇　卩　中營右騎
士富里任並▨ (73EJF3：366)

1.7 ▨永　卩　左前騎士孤山里郭賀　中營右騎士安國里孫政　卩
(73EJF3：281+18)

1.8 ▨左前騎士三泉里張建　卩　中營右騎▨ (73EJF3：29)

1.9 ▨左前騎士孤山里張護　卩　中營右騎士□□里朱嘉　卩
(73EJF3：365)

1.10 ▨□宋章　卩　中營右騎士富里李立　卩 (73EJF3：8)

1.11 右前騎士中宿里華賞　卩　左前騎士當遂里蕭仁　卩　中營
左騎士廣郡里孫長 (73EJF3：7+360)

1.12 右前騎士關都里李誼　卩　左前騎士陽里張豐　卩　中營左
騎士安樂里李豐　卩 (73EJF3：415+33)

1.13 右前騎士中宿里刑戎　卩　左前騎士誠勢里馬護　卩　中營
左騎士富里宋多卩 (73EJF3：96)

1.14 右前騎士襃里刑禁　卩　左前騎士安國里朱輔　卩　中營左
騎士千秋里孫章　卩 (73EJF3：97)

1.15 右前騎士延年里楊放　卩　左前騎士累山里許良　卩　中營
左騎士金城里左陽　卩 (73EJF3：98)

1.16 右前騎士襃里孫長　左前騎士累山里樊戎　卩　中營左騎士
白石里侯博卩 (73EJF3：359)

1.17 右前騎士全稽里成功恭　卩　左前騎士安國里孫赦　卩　中
營左騎士陽里□□□ (73EJF3：362)

1.18 右前騎士中宿里孫賞　卩　左前騎士累山里卞黨　卩　中營
左騎士鳴沙里☑　　　　　　　　　　　　（73EJF3：25+543）

1.19 右前騎士富里周護　左前騎士陽里顧立　卩　中營左騎士累
山里☑　　　　　　　　　　　　　　　　（73EJF3：28）

1.20 右前騎士萬歲里衣戎　左前騎士廣都里任當　卩　☑
　　　　　　　　　　　　　　　　　　　（73EJF3：24）

1.21 右前騎士中宿里單崇　卩　左前騎士廣☑　（73EJF3：27）

1.22 右前騎士中宿里蘇永　卩　左前騎士通澤里張宗☑
　　　　　　　　　　　　　　　　　　　（73EJF3：413）

1.23 右前騎士中宿里徐嚴　卩　左前騎士富里韓慶☑
　　　　　　　　　　　　　　　　　　　（73EJF3：414）

1.24 右前騎士累中宿里鄭彭④　左前騎士□☑　（73EJF3：30+21）

1.25 右前騎士鳴沙里尚詡　卩　左前☑　　　（73EJF3：6）

如前所述,該簡册完整者每枚記錄三名騎士。然完整簡較少,能看出記錄
三名騎士者,僅 1.1—1.7 及 1.11—1.19 等,1.8—1.10 及 1.20—1.25 等簡
殘損,僅存兩名騎士。從書風筆迹上看,這二十五枚簡較爲相似,且書式
相同,而 F3 遺址出土的第二類騎士簡每枚僅記一名騎士,故可首先斷定
這些簡應屬同一册書。仔細觀察,幾乎每名騎士之下都有"卩"的勾校符
號,而第二類騎士簡則多有"·"或"丿"的勾校符號,兩者並無混同,因此
下述五簡,亦屬此册書:

1.26 ☑卩　左前騎士累山里祝隆　卩　☑　（73EJF3：280）

1.27 右前騎士三十井里趙詡　卩　☑　　　（73EJF3：26）

1.28 ☑前騎士肩水里刑並　卩　☑　　　　（73EJF3：556）

1.29 ☑騎士肩水里馮陽　卩　☑　　　　　（73EJF3：31）

1.30 ☑（富）里韓宫　卩　　　　　　　　（73EJF3：22）

五簡殘損較多,僅 1.26 可辨識出至少記載了兩名騎士,其他簡殘損過重,
無法判斷原貌。不過,細察筆迹書風,與 1.1—1.25 十分相似,勾識符號均
爲"卩",且 1.26—1.28 三簡書式與 1.1—1.25 相同,筆者以爲應該屬於同
一册書。如果不局限於勾識符號和簡牘完整程度,下述五簡亦應歸入同
一册書:

1.31 ☑左前騎士累山里蘇慶　　☑　　　　　　　　（73EJF3：19）

1.32 右前騎士仁☑　　　　　　　　　　　　　　　（73EJF3：12）

1.33 右前騎士安國里☑　　　　　　　　　　　　　（73EJF3：13）

1.34 右前騎士鳴☑　　　　　　　　　　　　　　（73EJF3：14A）

1.35 ☑左騎士昌里徐☑　　　　　　　　　　　　　（73EJF3：34）

五簡書式與前三十枚相同,書風謹飭,與第二類騎士簡不同,應該屬於第一類騎士簡。

　　綜上,我們通過書式、筆迹、勾識符號等標準,從騎士簡中分出三十五枚,認爲應該屬於某一份完整册書。當然,完簡較少,尤其是 1.26—1.35等十簡殘損嚴重,然從其殘存長度(附録一)判斷,完簡是足以記録三名騎士的。結合 F3 遺址作爲金關文書檔案室的性質判斷,推測上述三十五枚簡爲一份册書,應該是可以成立的。

　　另,除上述名籍簡外,我們還發現了該册書的結計簡與呈文簡,如下:

1.36 ・冣凡士百廿人,馬百卅二匹　　　　其十二匹萃馬

（73EJF3：91）

1.37 ☑□年十一月癸亥朔壬辰,居延守宰城倉守宰詡、守丞習移肩水
　　　金關：遣騎士史永等百百二十人,以詔書持兵馬之西或,卒馬十
　　　二匹,名如牒,書到,出入如律令。　　　（73EJF3：184A）

　　居延丞印

　　☑月三日入　　　兼掾永守令史黨　　　（73EJF3：184B）

1.37 乃居延縣發往肩水金關的通關文書,説明派遣一百二十名(簡文衍一"百"字)騎士,前往西域,[⑤] 而 1.36 恰爲"士百廿人",騎士數量對應得上。1.37"卒馬"同於 1.36"萃馬",[⑥] 馬匹共一百三十二,數量亦吻合。而且,1.36 及 1.37 正面的文字,筆迹書風與前舉騎士名籍簡相似,故當爲同一份册書。1.37 簡背"居延丞印"、"月三日入"筆力劣弱,顯係收到文書後別筆所書。

　　那麼,該事件發生在何時呢？ 1.37 殘去紀年,無法確知,綫索來自下枚文書:

　　1.38 始建國二年十一月癸亥朔癸亥,廣地守候紀移肩水金關：吏詣

☑官除如牒，書到，出入 如律令。 （73EJF3：123A+561A）

廣地候印

十一月四日入 置⑦輿商 （73EJF3：123B+561B）⑧

該簡爲廣地守候紀發給金關的通關文書，簡首紀年爲"始建國二年十一月癸亥朔癸亥"。據此，則簡 1.37 的準確紀年當爲始建國二年。簡文中"居延守宰"這一王莽簡的特徵，亦與所推時代相合。⑨從時間上看，始建國二年十一月三十日（壬辰）派遣騎士持兵馬奔赴西域，簡背"月三日入"當爲下個月三日，也就是閏十一月乙未。⑩畢竟騎兵部隊從居延縣出發，抵達約兩百公里外的金關，⑪應該不需耗時太久。若上述推測不誤，則該冊書的紀年爲始建國二年，故可暫名爲始建國二年騎士通關冊書。⑫

至於這份冊書原來的編排方式，據學者研究，西北漢簡的簿籍文書通常是名籍簡在前，呈文簡最後，⑬故 1.1—1.35 應排在 1.37 之前。至於結計簡 1.36，無疑應排在名籍簡之後、呈文簡之前。此外，騎士名籍簡本身的原始編排順序，現有條件下無疑是不可能完全復原的。但從完整簡記錄方式，第一橫欄是右前騎士，中間一欄是左前騎士，最下一欄可能也是先右再左吧。若此不誤，則第三欄應該是排列完中營右騎士之後，再排列中營左騎士。因此，本文關於騎士通關冊書名籍簡的排序，是第三欄記錄中營右騎士的 1.1—1.10 在前，第三欄記錄中營左騎士的 1.11—1.19 排列在後，而 1.20—1.35 等十六枚因爲下端殘損，無法判斷第三欄的記錄情況，故暫且附後。從彩色圖版看，部分騎士簡還存留編繩痕迹，尤其是 1.20 簡編繩從簡文上方經過，冊書應是先寫後編。

按照呈文簡的說法，共有一百二十名騎士，而每枚名籍簡記載三名騎士，故完整的冊書應該有四十枚名籍簡，而目前僅找到三十五枚。當然，這三十五枚騎士簡還很可能存在殘斷可遙綴的可能。

二、騎士信息整理——從第二類騎士簡談起

如前所述，始建國二年騎士通關冊書原有四十枚名籍簡，而目前僅找到三十五枚，且完整者不足半數，因此若要細究這一百二十名騎士的信息，就十分困難。幸運的是，第二類騎士名籍簡出現了通關冊書未見的騎士姓名。因此，本節從分析第二類騎士名籍簡入手，盡力復原這一百二十

名騎士的信息。

第二類騎士名籍簡,部分人員與始建國二年騎士通關冊書重複,故兩類騎士簡有混淆的可能。因此,十分有必要着重説明第二類騎士簡不屬於始建國二年騎士通關冊書的判斷依據。爲討論方便,現按照辨識難易的程度,移録第二類騎士簡如下:

2.1 左前騎士陽里鄭馮　·　　　　　　　　　　　（73EJF3：99）

2.2 中營左騎士白石里侯博　　　　　　　　　　（73EJF3：100）

2.3 左前騎士陽里張放　　　　　　　　　　　　（73EJF3：148）

2.4 中營右騎士富里趙騰　　　　　　　　　　　（73EJF3：151）

2.5 中營左騎士金城里左陽　　　　　　　　　　（73EJF3：351）

2.6 左前騎士陽里張豐　　　　　　　　　　　　（73EJF3：385）

2.7 中營右騎士富里任並　　　　　　　　　　　（73EJF3：398）

2.8 右前騎士中宿里鄭彭　□□　　　　　　　　（73EJF3：399）

2.9 右前騎士中宿里韓襄　　　　　　　　　　　（73EJF3：406）

2.10 左前騎士孤山里郭賀　☑　　　　　　　　（73EJF3：367）

2.11 右前騎士關都里李誼毌馬十二月壬戌北出　☑　（73EJF3：47）

2.12 ☑(左)前騎士三泉里張建　閏月晦北出　☑　（73EJF3：387）

2.13 中營左騎士富里宋多　☑　　　　　　　　（73EJF3：15）

2.14 中營右騎士中宿里鄭戎　·　☑　　　　　　（73EJF3：23）

2.15 右前騎士安國里史永　丿　☑　　　　　　（73EJF3：20）

2.16 右前騎士中宿里單崇　·　　☑　　　　　　（73EJF3：241）

2.17 右前騎士中宿里刑戎·　☑　　　　　　　　（73EJF3：358）

2.18 右前騎士中宿里召永·　☑　　　　　　　　（73EJF3：363）

2.19 ☑士中宿里鄭忠　·　　☑　　　　　　　　（73EJF3：248）

2.20 中營右騎士安樂里范[14]☑　　　　　　　（73EJF3：16）

2.21 中營右騎士富里李(立)☑　　　　　　　　（73EJF3：506）

2.22 中營左騎士鳴沙里尚尊☑　　　　　　　　（73EJF3：586）

2.23 ☑(左前)騎士陽里張嚴　☑　　　　　　　（73EJF3：32）

2.24 右前騎士富里周並　☑　　　　　　　　　（73EJF3：554）

2.25 右前騎士仁里李恭　☑　　　　　　　　　（73EJF3：5）

2.26 右前騎士富里鳳當☒　　　　　　　　　（73EJF3：9）

2.27 ☒中營右騎士平明里張宗　　　　　　　（73EJF3：17）

2.28 ☒□士富⑮里鳳則　☒　　　　　　　　（73EJF3：531）

2.29 ☒孤⑯山里張護　　　　　　　　　　　（73EJF3：102）

2.30 ☒富里韓宮　　　　　　　　　　　　　（73EJF3：230）

2.1—2.9 九枚簡均完整無缺,僅記一名騎士,顯然與第一類騎士簡不同。經測量,完整者平均長度爲 22.7 釐米(附録一)。當然,部分簡牘已彎曲變形,數據不那麽準確,但依然有參考價值。2.10—2.12 三簡雖然殘缺,但缺損長度不足原簡的五分之一,按照書寫行款不可能再寫下另兩名騎士信息,故應非第一類騎士簡。2.13—2.19 七枚簡下端缺損約一半,按照行款,餘下空間亦寫不下兩名騎士。而且,2.13、2.14 兩簡上端完整,以中營左、右起首,與第一類騎士簡以右前騎士起首不同,故不屬於第一類騎士簡。而 2.15—2.18 四枚雖均以右前騎士起首,但勾識符號與第一類騎士簡不同,2.19 的勾識符號也不同,故這五簡亦非第一類騎士簡。2.20—2.22 三枚缺損較多,單從長度上推測不排除屬於第一類騎士簡的可能,但細察圖版,三簡筆迹書風與第一類不同,且頂端完好,均以中營起首,也不可能是第一類騎士簡。2.23、2.24 兩簡殘存較短,但涉及的陽里張嚴、富里周並,均見於第一類騎士簡(1.1、1.5),而第一類騎士簡不可能重複記載兩人信息,故亦非第一類。2.25—2.28 四枚雖然殘存較短,但字體肥大,書風與第一類騎士簡明顯不同。最後,2.29 涉及的孤山里張護與 2.30 富里韓宮,分別見於 1.9、1.30 兩枚第一類騎士簡,因此,雖然殘去了兩人的身份信息,但應該也是騎士,且兩簡不屬第一類騎士簡。

若上述推測不誤,比對兩類簡牘,就可補充一些因簡牘缺損而丢失的信息。如第一類騎士簡 1.30 韓宮當爲富里,與 2.30 對應;第二類騎士簡 2.12 張建、2.23 張嚴的隊列應爲左前,分別與 1.8、1.1 對應;2.21 中營右騎士應爲富里李立,與 1.10 對應。

仔細審視兩類簡牘出現的騎士,重出者共十六名(附録二),而第二類騎士簡目前共找到三十枚,也就是僅三十名騎士,從這個角度來説,第二類騎士簡涉及的人員更有可能完全出自第一類。如果這個推測不錯的話,綜合兩類騎士簡,目前姓名可考的騎士(計入 1.35 昌里徐□)共七十六名(附録二)。其中右前隊列者二十七名,左前隊列者二十五名,中營右騎士十名,中營左騎士八名,隊列不詳者六名。

進一步審視這七十六名騎士,居里不明者僅宋章一人,其他七十五名騎士居里都有明確記載,共涉及三十個里。如果回過頭來考察騎士通關册書的呈文簡,不難發現這些里均在居延。再次引用該簡如下:

> 1.37 ☑□年十一月癸亥朔壬辰,居延守宰城倉守宰詡、守丞習移肩水金關:遣騎士史永等百百二十人,以詔書持兵馬之西或,卒馬十二匹,名如牒,書到,出入如律令。　　　　(73EJF3:184A)
>
> 居延丞印
>
> ☑月三日入　　　　兼掾永守令史黨　　　　(73EJF3:184B)

該通關册書由居延縣簽發,簽發者爲"居延守宰城倉守宰詡、守丞習",其中詡同時爲城倉守宰、居延縣守宰,較爲少見,可能當時情形特殊,故由一人兼守兩職。從簡文"遣騎士史永等百百二十人"看,雖未明言這些騎士都來自居延縣,但整個文書讀起來,派遣的無疑是居延的騎士。而兩類騎士簡涉及的三十個里,居延的同名里有二十八個。另外的三十井里,居延縣有卅井里,無疑也是同一個里,[⑰]故居延縣同名里有二十九個(附録三)。唯有仁里不見,而居延縣有臨仁里(EPT57:72、EPT68:35),不知是否後期改名或新增,亦或通關册書漏書。結合 1.37 呈文簡,判斷騎士均來自居延縣應該可以成立。

需要指出的是,第二類騎士簡的書風筆迹並不一致,尤其是"里"的末筆,存在兩種迥然不同的寫法。如 2.2、2.4、2.18、2.19、2.26 等末筆的那一横,有十分明顯的波磔,而 2.1、2.3、2.5、2.8、2.10、2.12、2.22 等則十分平直,沒有波磔。如此個性化的書寫習慣,不太可能是時間地點環境的不同導致了相應變化,應該就是出自不同書手。而且,2.2 書法優美,賞心悦目,與其他簡的草率截然不同。由此可知,第二類簡不應出自同一人之手,至少存在兩個書手。

綜上,始建國二年十一月,居延縣派遣一百二十名縣内騎士奔赴西域,十人共用一匹副馬,因向南須通過金關,故由縣長官簽發通關證件,也就是騎士通關册書。至於第二類騎士簡的製作目的,留待後文討論。

三、居延騎士的編制

如前所述,這批居延騎士共分右前、左前、中營右、中營左等四隊,那麼這個隊列是漢代騎士的日常編制,亦或此次出征的臨時編制? 又或者,僅僅是居延騎士的編制? 目前尚未見專門探討。此前學界對騎士及騎士簡的研究,主要是分組考察其書式及相關問題,[18]另有學者關注騎士的裝備、身份、兵種、服役等問題,[19]僅見少數學者從整體上討論騎士編制,[20]惜未及利用冠以右前、左前等隊列的騎士簡。本節綜合相關資料,試對居延騎士的編制進行分析。

這裏不妨先亮明觀點,筆者認爲,右前、左前等隊列,實際上就是居延騎士的日常編制。換言之,居延縣的騎士,平時就編爲右前、左前、中營右、中營左等四組。之所以這麼認爲,是因爲凡是冠以右前、左前等隊列的騎士,其居里均在居延。首先來看出土自甲渠候官遺址(A8)的騎士簡:

3.1 中營左騎士鉼庭里蘇海　第廿八　　　　　　　　(EPF22:653)
3.2 右前騎士安居里樊處第十☐　　　　　　　　　　(EPF22:717)
3.3 中營右騎士三十井里閻賞　☐　　　　　　　　　(EPT59:237)
3.4 右前騎士全稽里李☐　☐　　　　　　　　　　　(EPT14:13)
3.5 左前騎士鞮汗里楊政　☐　　　　　　　　　　　(EPT27:19)
3.6 右前士鞮汗里兒買之　☐　　　　　　　　　　　(178.22/A8)
3.7 右前騎士平里張戎﹍　　第☐　　　　　　　　　(EPW:43)[21]
3.8 中營左騎士利上里馬奉親　馬一匹駹牡左剽齒四歲高五尺八寸
　　　袁中　﹍　　　　　　　　　　　　　　　　　(EPT51:12)

上述冠以右前、左前等隊列的騎士簡(3.6"右前士",當漏"騎"字),形制均爲單札。審視八枚簡所涉及的鉼庭里、安居里、三十井里、全稽里、鞮汗里、平里、利上里,除安居里外,居延縣均有同名里。[22]不過,如同騎士通關册書所示居延仁里不見於其他簡牘一樣,安居里也可能屬於漏載。若此不誤,則前八枚簡的騎士均爲居延騎士。從簡文內容及書式判斷,前七枚應屬某種名籍性的簿册,3.8 記錄騎馬信息,且注明"袁中",即可駕車,[23]應屬另一種簿籍。而且,3.7、3.8 均有勾校符號,可見涉及的事務經過了核對。換言之,居延騎士出現在了甲渠候官遺址。這又意味着什麽呢? 筆者以爲,居延騎士出現在甲渠候官時也冠以右前、左前等隊列,與始建國二年通關時相同,那就不能僅僅視爲臨時分組了。否則,在不同地方,很可能也是不同時間,居延騎士臨時分組均爲右前、左前等隊列,那也未免太巧合了。

當然,理論上,如果前述八枚簡涉及的全部簿籍,均由居延縣製作,且其與始建國二年騎士奔赴西域同時,那麽也可能臨時分組均爲右前、左前、中營右、中營左。但是,這種可能性極低。因爲八枚簡涉及的簿籍不止一份,㉔要求其時間均與騎士奔赴西域同時,不太可能。而且,另有四枚冠以相同隊列的居延騎士簡,還出土自其他遺址。如下:

3.9 中營右騎士安國里馮詡　　　　　　　　　　　　（ESC：75）

3.10 左前騎士肩水里　蓋寫　☒　　　　　　　（2000ES9SF4：31）

3.11 右前騎士嚴☒　　　　　　　　　　　　　　（EPS4C：43）

3.12 右前騎士關都里☒

　　右前騎士關都里王☒

　　右前騎士白石里孟賀　　　　　　左前☒

　　中營右騎士千秋里龍昌　　　　　左前騎士□☒

　　中營右騎士累山里亓襃　　　　　左前☒　　　　（73EJT3：7）

3.9 出自被認爲是卅井塞次東隧所在地的 T130 遺址,㉕3.10 據簡牘整理者所定體例,當出自甲渠塞第九隧,㉖3.11 出自甲渠塞第四隧(即 P1 遺址),3.12 出自 A32 遺址。前三簡爲單札,後一簡爲寬木牘。四簡涉及的安國里、肩水里、關都里、白石里、千秋里、累山里等,均見於居延縣(附録三),故應該也是居延騎士。這些騎士的隊列同樣是右前、左前等,如果認爲其與 3.1—3.8 相同,均在騎士奔赴西域前後製作,故臨時分爲右前、左前等隊列,那也未免太巧合了。當然,3.12 出自 A32 遺址的垃圾堆,且記在寬木牘上,分欄書寫,不排除是始建國二年騎士通關時,由金關另行登記上報的名籍。即使如此,出土自卅井塞、甲渠塞兩所亭隧、金關等不同地點的居延騎士簡隊列相同的現象,也無法純粹視爲分組的巧合吧。㉗

綜上,冠以右前、左前等稱號的居延騎士,在不同地點、不同時間多次出現,可見不能將右前、左前視爲臨時分組,而應視爲一種較爲穩定的日常性身份。換言之,這些居延騎士,平時就編爲右前、左前、中營右、中營左等隊列,外出執勤時與在縣内從事日常事務時,均維持這一編制。

理論上講,目前只能證明上述諸簡涉及的居延騎士,其日常編制就是右前、左前、中營右、中營左等隊列,還不能説居延縣的騎士均如此編制。如:

3.13 第廿三候長趙佣責居延騎士常池馬錢九千五百移居延收責重·一事一封十一月壬申令史同奏封　　　　　　　　　(35.4/A8)

3.14 居延騎士廣都里李宗坐殺客子楊充元鳳四年正月丁酉亡☐

　　　　　　　　　　　　　　　　　　　　　　(88.5/A10)

前簡爲奏封記録,居延騎士欠甲渠塞第廿三部候長的馬錢,故甲渠候官移書居延收債;後簡顯示居延騎士殺人逃亡。兩簡徑稱居延騎士,而未冠以右前、左前等隊列,似乎説明居延騎士並不全是這一編制。但筆者以爲,騎士身份的表述,需要區分其具體場合。前簡出自甲渠候官,所涉居延騎士很可能在甲渠塞服役,故由甲渠候官移書居延縣。而在弱水中下游流域,候官塞與居延縣是平級的,甲渠候官向居延縣移文,自然不需要特別提及騎士的具體單位,只需標明其爲居延騎士,居延縣負有收債之責即可。後簡出自通澤第二亭,轄於珍北候官塞,據内容似爲某種傳布性較廣的爰書或通告,傳遞至珍北塞是爲了便於警戒緝捕,防止該騎士越塞北入匈奴。因此,從兩簡的性質及出土地看,候官塞與居延縣之間往來移文,没有必要詳細記載騎士的具體單位,徑稱居延騎士亦可。當然,後簡騎士不能排除在珍北塞服役的可能,即使如此,在文書運行中省略某些具體稱謂的現象是普遍存在的,同樣不能排除該簡騎士原本單位是右前、左前等的可能性。[28]故此,筆者以爲,兩簡不足以成爲有力的反證。

需要指出的是,西北漢簡所見的騎士簡,還有一類,籍貫爲張掖郡其他屬縣,其書式與前述不同,未出現右前、左前、中營右、中營左等隊列,約七十枚,文繁不具引,暫舉數枚如下:

3.15 觻得騎士定安里楊霸　卒馬一匹　　　　　　(560.8/A33)

3.16 觻得騎士安定里楊山　十卩　　　　　　　　(560.12/A33)

3.17 氐池騎士常樂里孟儴　八丿　　　　　　　　(560.23/A33)

> 3.18 氏池騎士富昌里司非子　　　　　　　　　　　（564.2/A33）
>
> 3.19 昭武騎士市陽里儲壽　丿　　　　　　　　　　（560.27/A33）
>
> 3.20 番和騎士便里李都　　　　　　　　　　　　　（511.3/A35）
>
> 3.21 日勒騎士萬歲里孫守　　　　　　　　　　　　（491.4/A35）

3.15—3.19 出自肩水候官遺址（A33），後兩簡出自肩水都尉府遺址（A35）。七枚簡均未出現右前、左前等具體隊列，尤其是 3.16、3.17 兩簡下端也標注了順序，與前述甲渠候官遺址出土 3.1、3.2 兩簡相同，應該也屬於某種近似簿籍，却未出現相似隊列。這一現象反映了什麼呢？ 是否可以説明觻得、氏池等縣的騎士，其編制並非右前、左前等呢？ 筆者以爲，單憑這類騎士簡尚不足以作出具體判斷，畢竟這類騎士簡雖然迭經學者研究，但因爲信息有限，其性質與用途尚不明確，㉙且無其他輔助材料，無法進一步推測，遽爾斷言恐怕失之穿鑿。因此，目前我們也只能認爲居延騎士的編制是右前、左前、中營右、中營左，其他郡縣騎士編制如何，尚難以詳考。

　　行文至此，有必要回應一下學者從整體上復原的漢代騎士編制，尤其是上孫家寨漢簡所反映的情況。這批簡出自西漢晚期的墓葬，不少學者用來研究漢代的騎士編制。如龔留柱結合上孫家寨漢簡及《六韜》，推測漢代騎兵編制爲騎將軍—騎校（都）尉—騎千人—騎五百—騎卒長—騎士吏—騎什長—騎長。㉚又如，鄧飛龍推測邊郡騎兵編制爲騎司馬—騎千人—騎五百將—騎士吏—騎什長—騎伍長。㉛畢竟所能利用的材料就那麽多，故兩位學者的看法大體一致。這一大框架，與本文所推測的居延騎士編制方枘圓鑿，根本没辦法糅合在一起。如何解釋呢？ 筆者推測，兩種情況可能並非處於非此即彼的關係，而是在不同的階段處於不同的狀態。換言之，居延騎士，在縣内是右前、左前、中營右、中營左的身份，如果加入到其他隊伍，應該也會按照部曲組織統一整編。始建國二年居延騎士奔赴西域，因爲尚未到達目的地，故依然保持原來的編制，若到達西域之後，與新莽調遣的其他軍隊匯合，勢必另行分組編入部伍。當然，這僅是推測，有待於進一步驗證。

四、始建國二年居延騎士奔赴西域始末

　　再次回到始建國二年騎士通關册書，筆者對居延騎士奔赴西域的始

末略作推測。通關册書云"以詔書持兵馬之西或(域)",居延騎士是承新莽朝詔命而奔赴西域的。那麽,當時西域局勢如何呢?

　　據《漢書·西域傳》,始建國二年車師後王謀劃逃入匈奴,發覺被殺,車師後王之兄遂驅畜産人民亡降匈奴。[32]而此時的匈奴,因接連受到王莽的打壓挑釁,[33]早已不勝其怒,遂欣然接納,並出兵攻擊西域。而在内憂外患之下,新莽在西域的勢力變生肘腋,戊己校尉爲叛將所殺,後者驅吏民亡降匈奴,單于違反新舊約束,不僅受降,且加封降將。[34]王莽聞此大怒,詔分匈奴爲十五單于,招誘匈奴右犁汗王咸及其二子來朝,脅拜爲單于。這一分化匈奴的行爲,徹底激怒了單于,遂正式發兵反叛,侵犯邊境殺略吏民。[35]上述事件,據額濟納漢簡始建國二年詔書册(2000ES9SF4:1—12),[36]均發生在詔書下發日期始建國二年十一月甲戌(十二日)之前。[37]而且,詔書册"今詔將軍典五將軍,五道並出,或潰虜智皆匈腹,或斷絶其兩肋,拔抽兩脅"(2000ES9SF4:8+7),細味文意,雖然有"今詔"字樣,但五道出兵並非此次詔命所遣,而是在此前不久。該詔書要求"大惡及吏民諸有罪大逆無道不孝子絞,蒙壹切治其罪,因徙遷□,皆以此詔書到大尹府日,以……咸得白新,並力除滅胡寇逆虜爲故"(2000ES9SF4:7+6),其目的在於募集罪徒從軍,做好後續支援。[38]若此不誤,則王莽調集大軍出征匈奴,也在始建國二年十一月甲戌(十二日)之前。

　　從這個背景來看,居延騎士奔赴西域,毫無疑問與新莽朝廷對西域及匈奴的政策有關。再具體點説,匈奴接受車師降衆,就已違反新設的四條約束,出兵攻擊西域及接納漢軍叛將,在新莽來説更屬犯上作亂。因此,在西域都護上報此事後,王莽不可能不有所應對。居延騎士"以詔書持兵馬之西域",或即奔赴前綫穩定局勢。當然,不可能僅僅派遣這一百二十名居延騎士前去,很可能河西郡縣均已抽調兵力共赴西域。至於詔書册"今詔將軍典五將軍,五道並出"的行動,可能包括了居延騎士奔赴西域的行動。畢竟所謂的"五道並出"這種大規模軍事行動,需要集結兵力、置辦糧草、奔赴前綫等一系列工作,且中間不乏多次調整,不是簡單一道詔書就能辦到的。王莽爲此事下發的詔令肯定也不止一次。騎士通關册書"以詔書持兵馬之西域",應該緣自其中一道詔命。

　　另,從騎士通關册書結計簡(1.36)"馬百卅二匹　其十二匹萃馬",册書呈文簡(1.37)"以詔書持兵馬之西或,卒馬十二匹"看,兩者反映的馬匹數量是一致的,都是一百三十二匹,其中十二匹萃馬,也就是副馬。[39]換言之,這次出征十名騎士共用一匹副馬,僅達到宣帝時趙充國征羌配備"倅馬什二"的一半,[40]估計更難比武帝時的盛況。[41]

仔細審視第二類簡牘不難發現,部分騎士最後通過金關北返了。如下:

2.11 右前騎士關都里李誼毌馬十二月壬戌北出　☒ （73EJF3：47）

2.12 ☒(左)前騎士三泉里張建　閏月晦北出　☒ （73EJF3：387）

兩簡皆標注出入信息,均爲"北出"。就金關而言,向南進入肩水塞是"南入",向北出肩水塞是"北出",因此,兩名騎士皆出關北行。可惜第二類騎士簡僅此兩枚標注出入信息,那麼其他二十八名騎士動向如何呢? 筆者以爲,要解決這個問題,應該先從整體上考慮第二類騎士簡製作的目的。如前所述,這類騎士簡書風不同,顯然出自多人之手,若此不誤,則至少可以説明第二類騎士簡不是第一類騎士簡的録副。若是録副的話,當由一人負責,似不必假手多人。而且,從通關册書這類證件的使用習慣上看,也不必另行録副,因爲原件已經留下了。[42]結合 2.11、2.12 兩枚通關北返的簡牘,筆者推測其他二十八枚簡牘,也是騎士返回通過金關時由關吏登記而留下的。從 2.11、2.12 兩簡標注的時間判斷,返回騎士並未結伴同行,因此過關登記很可能經由不同吏卒之手,其筆迹自然也會有所差別。若此不誤,至少這三十名騎士返回了。當然,2.11、2.12 之外的第二類騎士簡缺乏相應的出行記録,該如何解釋呢? 筆者以爲,這並不足以構成十分有力的反證。金關留下的名籍簡,大部分未標注出入信息,騎士簡未標注也不足爲奇。又或者,多人通關僅在其中一枚名籍簡上標注,而該簡恰巧並未發現。

進一步追問,這三十名騎士是何時北返的呢? 是否也與西域局勢或漢匈關係密切相關? 目前只有從標注出入信息的 2.11、2.12 入手。大部隊是始建國二年十一月三十日從居延出發南行的,2.12 張建"閏月晦"過關北返,而始建國二年十一月至新莽滅亡期間,閏月者爲始建國二年閏十一月、始建國五年(13 年)閏八月、天鳳三年(16 年)閏五月、天鳳六年(19 年)閏正月、地皇二年(21 年)閏九月等。史載新莽朝這次大規模軍事行動,"先至者屯邊郡,須畢具乃同時出",[43]"十二部兵久屯而不出,吏士罷弊",[44]完全是出而不征,並未真正發生大規模戰役,直到天鳳元年(14年)漢匈重啓和親,王莽遂"罷諸將率屯兵,但置游擊都尉"。[45]據此,天鳳元年漢匈和親,王莽罷兵,故天鳳三年以下雖然也有閏月,但距新莽罷兵超過兩年,可能性都比較低,因此只剩下始建國二年與始建國五年兩種可能。雖然無法絕對排除《漢書》繫年出錯,始建國五年時漢匈和親即已開啓,2.12張建或是當年閏八月過關北返的可能性,但當年十二月干支無"壬戌",2.11李誼"十二月壬戌北出"就要落在次年,兩者北返相隔近一年半,恐怕並不可行。因此,經過權衡後,筆者推測,張建北返是始建國二年閏十一月二十九日(晦),李誼則在十二月一日(壬戌)。兩者過關僅差一天,這樣比較符合常理。

若上述推測不誤,則十一月四日跟隨大部隊過關南行的張建、李誼,近一個月之後,又出現在金關,並過關北行。其他二十八名騎士,可能也是在此前後過關北返。不過,目前發現的第二類騎士簡僅三十枚,也就是僅三十名騎士返回,其他九十名的動向無從得知。又,2.11李誼標注"毋馬",其出征時的戰馬不知所蹤。但其他二十九枚騎士簡未標注"毋馬"(2.20—2.22、2.24、2.26等下端殘斷,無法判斷),看來這些騎士北返時是有馬的。李誼戰馬既可能因戰鬥而損失,也可能途中病亡。[46]

經過小心推求,關於居延騎士奔赴西域的始末,大致可以得出如下認識:隨着王莽上臺,漢匈關係逐漸惡化,始建國二年新莽派遣五路大軍出征匈奴,而居延騎士奔赴西域就是在這一大背景下成行的。當年閏十一月三日通過金關南行,約一個月後,至少有三十名騎士返回了。至於居延騎士有沒有到達西域及爲何返回、多少人返回等等,尚無從得知。

結　語

本文在對肩水金關F3出土騎士簡分類的基礎上,參照漢簡簿籍的通行格式,復原了始建國二年騎士通關册書。始建國二年十一月根據新莽詔令,居延縣派遣一百二十名縣内騎士奔赴西域,這份册書就是由居延縣開具的通關證件。騎士到達金關後,關吏開封册書,逐一核對勾校騎士信息,無誤後放行通關,該册書則留在關吏的辦公房間F3東側的隔間内。聯繫傳統史籍及額濟納漢簡的相關記録,基本可以確定,這次軍事行動與當時的漢匈關係及西域局勢密切相關。居延騎士在始建國二年閏十一三日通過金關南行之後,約一個月左右,至少有三十名騎士返回。

　　需要着重指出的是,本文綜合考察額濟納河流域出土的相關騎士簡後發現,右前、左前、中營右、中營左等隊列,很可能就是居延縣騎士的日常編制,而非臨時分組。這一點,與學界此前復原的漢代騎士編制的大框架相衝突,有沒有可能只是居延甚至漢代北邊騎士的"地方特色"呢?[47]在更多材料出土之前,還難以明確作答。

　　附記:本文寫作過程中,得到侯旭東、許名瑲、張俊民、程少軒諸先生的指教,謹致謝忱! 另,本文第一、二節,成稿於二〇一七年一月,當時因居延騎士編制問題未得確解,故一直擱置。二〇一八年四月,承《出土文獻》編輯部邀約,審查趙爾陽先生大作《肩水金關 F3(73EJF3)所出騎士簡册探析》(已刊《出土文獻》第十三輯),遂賈餘勇,再作考慮,續寫第三、四節,九月定稿。趙文内容與拙文小同大異,敬請讀者留意。

附錄一　兩類騎士簡長度表[48]　　　　　　　　　　　　　　　單位: 釐米

第一類				第二類			
簡號	簡長	簡號	簡長	簡號	簡長	簡號	簡長
簡 1.1	22.5	簡 1.19 ＊	18.6	簡 2.1	23.0	簡 2.16 ＊	14.4
簡 1.2	22.3	簡 1.20 ＊	14.8	簡 2.2	22.0	簡 2.17 ＊	13.2
簡 1.3	22.1	簡 1.21 ＊	9.3	簡 2.3	22.7	簡 2.18 ＊	14.2
簡 1.4	22.5	簡 1.22 ＊	15.0	簡 2.4	22.9	簡 2.19 ＊	13.6
簡 1.5	22.6	簡 1.23 ＊	10.9	簡 2.5	23.1	簡 2.20 ＊	4.9
簡 1.6 ＊	19.5	簡 1.24 ＊	8.6	簡 2.6	23.0	簡 2.21 ＊	5.5
簡 1.7 ＊	17.5	簡 1.25 ＊	7.9	簡 2.7	22.2	簡 2.22 ＊	7.0
簡 1.8 ＊	9.2	簡 1.26 ＊	9.1	簡 2.8	22.4	簡 2.23 ＊	7.6
簡 1.9 ＊	16.0	簡 1.27 ＊	7.2	簡 2.9	22.6	簡 2.24 ＊	7.6
簡 1.10 ＊	12.1	簡 1.28 ＊	6.7	簡 2.10 ＊	212	簡 2.25 ＊	9.1
簡 1.11	22.5	簡 1.29 ＊	7.1	簡 2.11 ＊	16.4	簡 2.26 ＊	8.0
簡 1.12	22.0	簡 1.30 ＊	4.3	簡 2.12 ＊	20.5	簡 2.27 ＊	9.0
簡 1.13	21.9	簡 1.31 ＊	7.5	簡 2.13 ＊	13.9	簡 2.28 ＊	9.8
簡 1.14	22.5	簡 1.32 ＊	3.1	簡 2.14 ＊	11.2	簡 2.29 ＊	20.5
簡 1.15	22.4	簡 1.33 ＊	4.0	簡 2.15 ＊	11.0	簡 2.30 ＊	19.9

續　表

第一類				第二類			
簡號	簡長	簡號	簡長	簡號	簡長	簡號	簡長
簡 1.16	22.5	簡 1.34 ＊	2.8				
簡 1.17 ＊	19.2	簡 1.35 ＊	3.6				
簡 1.18 ＊	17.8						

附錄二　始建國二年通關騎士居里與隊列簡表⑭

	右前	左前	中營右	中營左	不詳
關都里	任憲、趙嚴、李誼				
仁　里	楊意、李恭				
全稽里	郭隆、成功恭				
富　里	周並、周護、鳳當	韓慶	任並、李立、趙騰	宋多	鳳則、韓宮
陽　里		張嚴、張崇、張豐、顧立、鄭馮、張放			
中宿里	華賞、刑戎、孫賞、單崇、蘇永、徐嚴、鄭彭、韓褒、召永		鄭戎		鄭忠
通澤里		李嚴、張宗			
安樂里			范良、房陽	李豐	
廣都里		馮恭、任當			
遮虜里			戴林		
白石里		鄭立		侯博	
龍起里			孫房		
累山里		蕭霸、許良、樊榮、卜黨、祝隆、蘇慶			
長樂里	莊成				
孤山里		郭賀、張護			
安國里	史永	朱輔、孫赦	孫政		
三泉里		張建			
當遂里		蕭仁			
廣郡里				孫長	

續　表

	右前	左前	中營右	中營左	不詳
誠勢里		馬護			
襃　里	刑禁、孫長				
千秋里				孫章	
延年里	楊放				
金城里				左陽	
萬歲里	衣戎				
鳴沙里	尚謝			尚尊	
三十井里	趙謝				
平明里			張宗		
肩水里					刑並、馮陽
昌　里				徐□	
不　詳					宋章

附錄三　騎士居里與居延同名里對照表⑤⓪

騎士居里	居延同名里	騎士居里	居延同名里	騎士居里	居延同里
關都里	73EJC：594	白石里	73EJT37：663	襃　里	73EJT10：159
仁　里	EPT68：47（臨仁里）	龍起里	73EJT23：775	千秋里	73EJT8：62
全稽里	136.2/A8	累山里	73EJT37：891	延年里	73EJF3：138
富　里	EPT65：148	長樂里	73EJT37：814	金城里	73EJT37：1185
陽　里	72EJC：236	孤山里	73EJT37：1430	萬歲里	73EJF3：101
中宿里	EPT2：40	安國里	EPT2：7	鳴沙里	73EJT9：119
通澤里	EPT17：27	三泉里	EPT65：339	三十井里	73EJT6：130
安樂里	73EJT5：27	當遂里	73EJT37：1108	平明里	EPT49：53
廣都里	73EJT22：120	廣郡里	EPT68：78	肩水里	EPT40：178
遮虜里	73EJT21：208	誠勢里	73EJT27：33	昌　里	73EJT8：5

注　釋

① 本文所據金關漢簡，全部引自甘肅簡牘保護研究中心（甘肅簡牘博物館）、甘肅省文

物考古研究所、甘肅省博物館、中國文化遺産研究院古文獻研究室、中國社會科學院簡帛研究中心編：《肩水金關漢簡（壹、貳、叁、肆、伍）》，中西書局，2011、2012、2013、2015、2016 年；居延新簡，主要據張德芳主編：《居延新簡集釋（一——七）》，甘肅文化出版社，2016 年，同時參考甘肅省文物考古研究所、甘肅省博物館、中國文物研究所、中國社會科學院歷史研究所編：《居延新簡——甲渠候官》，中華書局，1994 年；所用居延舊簡，主要據簡牘整理小組：《居延漢簡（壹、貳、叁、肆）》，"中研院"歷史語言研究所，2014—2017 年。

② 甘肅居延考古隊：《居延漢代遺址的發掘和新出土的簡册文物》，《文物》1978 年第 1 期，第 5 頁。

③ 郭偉濤：《漢代肩水金關關吏編年及相關問題》，《出土文獻》第十輯，中西書局，2017 年，第 231—232 頁。

④ "鄭彭"闕釋，據姚磊意見補，見《讀〈肩水金關漢簡〉札記（二十九）》，簡帛網，2017 年 10 月 30 日。

⑤ "西或"，即"西域"，出土典籍簡中，"域"多省作"或"，辭例見白於藍編著：《簡帛古書通假字大系》，福建人民出版社，2017 年，第 620 頁。

⑥ 卒，與萃、倅通，見高亨纂著，董治安整理：《古字通假會典》，齊魯書社，1989 年，第 572 頁。

⑦ "置"字原釋爲"盡"，據圖版徑改，"置興商"即設於廣地候官的置的駕車人，名爲商。參拙文《漢代弱水中下游流域邊防系統中的"置"》，《中國文化研究所學報》，待刊。

⑧ 該簡由姚磊綴合，見《〈肩水金關漢簡（伍）〉綴合（四）》，簡帛網，2016 年 9 月 18 日。

⑨ 金關簡的年代分布大致集中在西漢昭帝至光武早期，而簡 1.37 所從出的 F3，作爲金關的檔案室，其遺存簡牘年代更爲集中，約在哀帝至光武早期。在此時期内，不存在符合"十一月癸亥朔壬辰"的年份。許名瑲曾推測該簡紀年爲光武帝二十二年（《〈肩水金關漢簡（伍）〉歷日綜考》，《出土文獻與古文字研究》第七輯，上海古籍出版社，2018 年，第 328 頁），但與簡文所見官稱不符，故本文不取。關於該簡的紀年及始建國二年置閏問題，可參拙文《新莽始建國二年置閏考》，待刊。

⑩ 始建國二年，閏十一月，朔日爲癸巳而非壬辰，共二十九天，爲小月。詳細討論參拙文《新莽始建國二年置閏考》，待刊。

⑪ 居延騎士，應該從居延縣城或其附近集結後出發，而居延縣城的具體位置，學界目前尚無統一意見（相關梳理參高村武幸：《K 七一〇遺迹の性格について》，刊於籾山明、佐藤信編：《文獻と遺物の境界——中國出土簡牘史料の生態研究》，東京外國語大學アジア・アフリカ言語文化研究所，2011 年，第 28—30 頁），但均認爲在甲渠候官的東面。而甲渠候官距金關，直線約 159 公里，居延縣城距甲渠候官約 75—

80 漢里(EPT3：3、EPT52：137、EPT59：104、89.24/A8),大概 31.5 公里,故此居延縣距金關直綫距離不超過 190 公里。考慮到當地地形複雜,路途要遠一點,但也不應超過 300 公里。

⑫ 這類册書,一般是向指定關口移文,以附牒的形式記録通關者的信息,同樣能够起到通關證件的作用,但其形式、申請手續與符、傳不同,亦無專名。鷹取祐司稱之爲"書到出入通行證"(鷹取祐司:《肩水金關遺址出土の通行證》,氏編《古代中世東アジアの關所と交通制度》,東京汲古書院,2017 年,第 258—282 頁),筆者擬名爲通關致書(《漢代的通關致書與肩水金關》,《絲路文明》第二輯,上海古籍出版社,2018 年,第 21—44 頁)。本文暫且稱爲通關册書。

⑬ 侯旭東:《西北所出漢代簿籍册書簡的排列與復原——從東漢永元兵物簿説起》,《史學集刊》2014 年第 1 期,第 58—73 頁。

⑭ "范"字闕釋,細審圖版,尚存字頭"艹",比對始建國二年騎士通關册書,中有安樂里范陽,很可能是同一人,故補釋"范"。

⑮ "富"原釋爲"曹",據姚磊意見改,見《讀〈肩水金關漢簡〉札記(二十九)》,簡帛網,2017 年 10 月 30 日。

⑯ "孤"字原釋爲"累",釋文據姚磊意見更正,見《讀〈肩水金關漢簡〉札記(二十九)》,簡帛網,2017 年 10 月 30 日。

⑰ 金關簡 73EJT6：130"止姦隧長居延卅井里",而新莽時期卅改爲三十(饒宗頤、李均明:《新莽簡輯證》,臺北新文豐出版公司,1995 年,第 109—110 頁;焦天然:《新莽簡判斷標準補説——以居延新簡爲中心》,《中國國家博物館館刊》2016 年第 11 期,第 104 頁),故卅井里即三十井里。

⑱ 陳直:《居延漢簡綜論》,1961 年撰著,見氏著《居延漢簡研究》,中華書局,2009 年,第 19 頁;魯唯一:《漢代行政記録》,1967 年初刊,此據于振波、車今花中譯本,廣西師範大學出版社,2005 年,第 301—308 頁;徐元邦、曹延尊:《居延漢簡中所見的騎士》,刊於中國考古學研究編委會編:《中國考古學研究——夏鼐先生考古五十年紀念論文集》,文物出版社,1986 年,第 235—243 頁;大庭脩:《漢簡研究》第一編第四章"地灣出土的騎士簡册",1992 年初刊,此據徐世虹中譯本,廣西師範大學出版社,2001 年,第 70—90 頁;李天虹:《居延漢簡簿籍分類研究》,科學出版社,2003 年,第 16—19 頁;沈剛:《西北漢簡所見騎士簡二題》,《出土文獻研究》第十一輯,中西書局,2012 年,第 229—238 頁。

⑲ 白建鋼:《西漢步、騎兵兵種初探》,《西北大學學報(哲學社會科學版)》1986 年第 1 期,第 80—86 頁;高村武幸:《關於漢代材官、騎士的身份》,原刊《日本秦漢史學會會報》,2004 年,後收入氏著《漢代の地方官吏と地域社會》,東京汲古書院,2008 年,此據中譯,刊於《簡帛研究二〇〇四》,廣西師範大學出版社,2006 年,第

449—463 頁;王彦輝:《論秦漢時期的正卒與材官騎士》,《歷史研究》2015 年第
4 期,第 54—71 頁。

⑳ 龔留柱:《關於秦漢騎兵的幾個問題》,《史學月刊》1990 年第 2 期,第 13—15 頁;鄧
飛龍:《兩漢騎兵問題研究》,湖南師範大學碩士學位論文,2017 年,第 31—36 頁。

㉑ "戎"下原有兩空格,闕釋,"第"字原釋爲"今爲",據圖版徑改。

㉒ 三十井里、全稽里、安國里、肩水里等,可查文末附録三。鉼庭里見於 73EJT4:89
"關嗇夫居延鉼庭里薛安世"、鞮汗里見於 EPT68:9"·狀公乘居延鞮汗里年冊九
歲姓夏侯氏爲甲渠"、平里見於 EPT52:268"譚公乘居延平里年冊三歲姓氏"、利上
里見於 73EJT10:264"居延城倉令史居延利上里公乘吕安"。

㉓ 關於"袁中"解釋,可參張德芳主編:《居延新簡集釋(三)》,第 402 頁。

㉔ 3.1、3.2 均出自候官檔案室(F22),下端標記順序,且兩簡筆迹書風亦十分一致,當
爲同一簿籍。

㉕ 甘肅省文物考古研究所、甘肅省博物館、中國文物研究所、中國社會科學院歷史研究
所編:《居延新簡——甲渠候官》"前言",第 1、3 頁;張德芳主編:《居延新簡集釋
(七)》,第 735 頁。前者僅言出自次東隧,後者説明在 T130 遺址,當有所據。

㉖ 2000 年前後,内蒙古文保部門發掘的額濟納漢簡,在整理編號時采用的是依據簡牘
内容推定的隧名,而非遺址的考古編號,而且此後亦未公布相關信息。額濟納漢簡
中的第九隧,學界一般認爲在 A7 或 T13(相關綜述,見邢義田:《地不愛寶:漢代的
簡牘》附録"漢代居延甲渠河北塞烽隧配置的再考察",中華書局,2011 年,第
248 頁),南距甲渠候官遺址不遠。

㉗ 在此順便澄清一條材料,簡 73EJT29:31 整理者釋爲"☑□□長樂里□□　左前騎
士今居平樂隧",細察圖版,"左前騎士"當是"□□爲工",前兩字不識。此點請教
張俊民先生,謹致謝忱!

㉘ 若要對 3.12 簡騎士信息進行正確解讀,端賴該文書的性質,惜目前尚無法判定。

㉙ 這類騎士簡,除記載騎士名姓籍貫之外,幾無其他信息,因此學者通常僅關注騎士身
份等,而較少考慮簿籍的性質及用處。目前僅見魯唯一推測這類騎士簡大概是爲
了發放儲備物或裝備而製作的名籍(《漢代行政記録》,第 301 頁),實際上從簡文本
身也完全看不出此點。

㉚ 龔留柱:《關於秦漢騎兵的幾個問題》,《史學月刊》1990 年第 2 期,第 15 頁。

㉛ 鄧飛龍:《兩漢騎兵問題研究》,湖南師範大學碩士學位論文,2017 年,第 34 頁。

㉜ 《漢書》卷九六《西域傳》,中華書局,1962 年,第 3925—3926 頁。

㉝ 王莽秉政之初,造設四條約束,替代宣帝舊約,擠壓匈奴在西域的勢力,且諷喻單于
囊知牙斯更名爲知;篡位後,又於始建國元年更易單于故印,去"璽"曰"章",降低單
于地位(《漢書》卷九四《匈奴傳》,第 3818—3821 頁)。其中,新設的四條約束是

"中國人亡入匈奴者,烏孫亡降匈奴者,西域諸國佩中國印綬降匈奴者,烏桓降匈奴者,皆不得受",而宣帝舊約是"自長城以南天子有之,長城以北單于有之。有犯塞,輒以狀聞;有降者,不得受",兩相比對,匈奴在西域及東北烏桓的勢力明顯受限。

㉞《漢書》卷九六《西域傳》,第 3926 頁;《漢書》卷九四《匈奴傳》,第 3823 頁;《漢書》卷九九《王莽傳》,第 4119 頁。

㉟《漢書》卷九四《匈奴傳》,第 3823—3823 頁。

㊱ 該詔書册,刊布於魏堅主編:《額濟納漢簡》,廣西師範大學出版社,2005 年。釋文、句讀及簡册排序,可參李均明:《額濟納漢簡法制史料考》,見魏堅主編:《額濟納漢簡》,第 57—58 頁;特日格樂:《〈額濟納漢簡〉所見王莽簡略考》,《出土文獻研究》第七輯,上海古籍出版社,2005 年,第 189—192 頁;沈剛:《額濟納漢簡王莽詔書令册排列新解》,簡帛網,2006 年 1 月 2 日;孫家洲主編:《額濟納漢簡釋文校本》,文物出版社,2007 年;鄔文玲:《始建國二年新莽與匈奴關係史事考辨》,《歷史研究》2006 年第 2 期,第 177—181 頁;廣瀨薫雄:《額濟納漢簡新莽詔書册詮釋》,簡帛網,2006 年 8 月 16 日;馬怡:《"始建國二年詔書"册所見詔書之下行》,孫家洲主編:《額濟納漢簡釋文校本》,第 166—171 頁。筆者認同馬怡、鄔文玲關於簡册的排序。

㊲《匈奴傳》將詔分匈奴爲十五單于及藺苞招誘咸等來朝等事繫於始建國三年,而《王莽傳》將分裂匈奴及遣使招誘繫於始建國二年,咸等來朝繫於次年。鄔文玲已據額濟納漢簡始建國二年詔書册,指出其非(《始建國二年新莽與匈奴關係史事考辨》,《歷史研究》2006 年第 2 期,第 179—181 頁)。

㊳ 據"或潰虜智皆匈腹,或斷絶其兩肋,拔抽兩脅",似已發生大規模戰争,且戰果不俗。但從其用語含混籠統判斷,無疑屬誇大或虚構之辭,目的在於壯大聲勢,應該就没有發生戰鬥。另,類似的文句,還見於《王莽傳》載録的一份詔書,"命遣猛將,共行天罰,誅滅虜知,分爲十二部,或斷其右臂,或斬其左腋,或潰其胸腹,或紬其兩脅"(《漢書》卷九九,第 4130 頁)。不過,《王莽傳》將後者繫於始建國四年,但"誅滅虜知"之"知",即囊知牙斯,也就是烏珠留單于,《匈奴傳》記其始建國五年死(《漢書》卷九四,第 3826 頁),與此不同。

㊴ 關於"萃馬"的理解,可參高榮:《漢代"傳驛馬名籍"簡若干問題考述》,《魯東大學學報(哲學社會科學版)》2008 年第 6 期,第 37—38 頁;亦可參邢義田:《〈尉卒律〉臆解》,簡帛網,2016 年 3 月 23 日。

㊵《漢書》卷六九《趙充國傳》,第 2986 頁。

㊶ 武帝頻繁用兵,戰馬大量消耗,史籍屢見馬少的記載。如《漢書》卷六《武帝紀》,元狩五年"天下馬少,平牡馬匹二十萬"(第 179 頁),太初二年"籍吏民馬,補車騎馬"(第 201 頁)。始建國二年居延騎士出征,副馬僅十分之一,不知是否與武帝、宣帝

兩朝對外戰争頻繁消耗大量戰馬有關。

㊷ 參拙文《漢代的通關致書與肩水金關》,《絲路文明》第二輯,第33—39頁。

㊸ 《漢書》卷九九《王莽傳》,第4121頁。

㊹ 《漢書》卷九四《匈奴傳》,第3826頁。

㊺ 《漢書》卷九四《匈奴傳》,第3827頁。

㊻ 懸泉簡多見馬匹病死的記録,如ⅠDXT0111-2：002"傳馬一匹駹騂乘左剽齒九歲高五尺六寸名曰蒙華建昭二年十二月丙申病死賣肉月受錢二百一十"、ⅠDXT0116-2：069"效穀移建昭二年十月傳馬薄出縣泉馬五匹病死賣骨肉直錢二千七百册校錢薄不入解……",見胡平生、張德芳:《敦煌懸泉漢簡釋粹》,上海古籍出版社,2001年,第84—85頁。

㊼ 武帝時,爲應付國家財政困難,公卿請求征收算緡錢,言及"非吏比者三老、北邊騎士,軺車以一算"(《史記》卷三〇《平準書》,中華書局,2014年,第1717頁)。所謂"北邊騎士",無疑包含居延騎士,但其具體内涵及特色,限於資料,尚難確指。

㊽ 標注星號者,屬殘簡。

㊾ 斜體表示的騎士,乃同時出現在兩類簡牘者。

㊿ 關於居延縣鄉里的研究,吳昌廉、何雙全、周振鶴、晏昌貴、馬孟龍、紀向軍等均做過排比梳理工作,較近較全面者當推黄浩波(《肩水金關漢簡地名簡考(八則)》,《簡帛研究二〇一七年(秋冬卷)》,廣西師範大學出版社,2017年,第150—153頁)。爲了增强説服力,筆者略贅數語,列出里名涉及的簡號。祈請讀者原諒。

説"旱殤"*

孫　濤（華東師範大學中國文字研究與應用中心）

漢簡中"旱殤"一詞凡 4 見，關於其意義目前還存在爭議。本文先綜述其研究現狀並結合秦漢簡帛文獻中"旱"的記詞用字情況，對目前的釋讀意見提出質疑。然後結合傳世文獻和秦漢簡帛文獻對"旱殤"成詞進行了考證。最後結合漢簡所見"旱殤"的語境對其意義作了進一步解釋。

一、漢簡所見"旱殤"研究現狀及相關問題

出土《蒼頡篇》"旱殤"①凡 3 見，如下：

（1）殣棄臞瘦，兒孺旱（旱）陽（陽）。恐懼□□。

（阜陽漢簡《蒼頡篇》C34）②

（2）殣棄臞瘦。兒孺旱（旱）殤（殤）。恐懼懷歸。

（北大漢簡《蒼頡篇》50）③

（3）☑當道魁，兒儒旱（旱）殤（殤）父母悲。恐☑

（水泉子漢簡《蒼頡篇》〔封二：6〕）④

孔家坡漢簡《日書》也見 1 例，如下：

（4）【申有疾】……祟⑤旱（旱）殤（殤）。壬申莫（暮）市有疾，黑色死。

（簡 360）⑥

關於"旱殤"的釋讀意見，大體有四種。最早是胡平生先生對阜陽漢

---

* 本文寫作得到上海市哲社規劃課題"基於語料庫的秦漢簡帛用字習慣研究"（2018BYY007）的資助。

簡《蒼頡篇》的研究,認爲"旱"、"陽"同義,如下:

　　兒孺旱陽——兒,孺子也(《説文》)。陽,《漢書·王莽傳》:"厥罰常陽。"應劭曰:"陽,旱也。"⑦

第二種是在水泉子《蒼頡篇》發表之後,復旦讀書會認爲"旱殤"之"旱"爲"早"之訛寫,如下:

　　據此,第6號簡當校讀爲:【殤棄朣瘦】當道魁,兒孺旱〈早〉殤父母悲。恐【懼】。句中"魁"、"悲"押韻。另外,據水泉子簡還可以校正阜陽簡釋文。C34釋文中"旱陽"、"旱殤"皆不辭,"旱"當是"早"之誤抄。"兒孺早殤",與"父母悲"文意合。⑧

其後胡平生⑨、張存良⑩皆從復旦讀書會的釋讀意見。北大《蒼頡篇》發現之後,第二種釋讀意見漸成主流。胡平生⑪、網友"ee"⑫及綜合研究《蒼頡篇》的論著⑬皆以"旱"爲"早"之訛。對孔家坡漢簡《日書》所見"旱殤"的釋讀,目前也同意上述看法。⑭

第三種意見類似第一種意見,認爲"旱"、"殤"意義相關。北大漢簡《蒼頡篇》整理者認爲"旱"的"因旱而至農作物未能成熟"的意義跟"殤"的"未成年而死者"意義有相合之處。⑮

第四種意見來自楊振紅、賈麗英,認爲"旱"、"殤"各自表意,無詞義方面的聯繫,但都跟月令觀念相關,因此寫在一起,如下:

　　兒孺旱殤,嬰幼兒死去。時人的月令觀念,如果不按照月令行事采用其他季節的時令,就會出現災異。《禮記·月令》仲夏月:"行春令,則五穀晚熟,百螣時起,其國乃饑。"季冬月:"行春令,則胎夭多傷,國多固疾,命之曰逆。"此句反映的就是違反仲夏月令和季冬月令,造成饑饉、嬰幼兒死亡的情形。⑯

在討論上述釋讀意見之前,需要先看阜陽漢簡的"旱陽"之"陽"。該字原圖版不清,僅據摹寫字形似可隸定爲"傷",但摹寫字形也不一定正確,這裏姑且從原釋爲"旱陽"。不過,可以肯定的是這裏"旱陽"應該就是"旱殤"。

第一種意見,胡先生據"陽"釋義,現在看來是有問題的,第三、四種意見,對"旱"的釋義,實際無法合理解釋水泉子《蒼頡篇》所見的"父母悲"。從研究現狀來看,第二種釋讀意見最流行,這一意見認爲"旱殤"之"旱"爲"早"的訛寫,"兒儒早殤"即未成年而死的兒童,所以才會"父母悲"。但是這裏有幾個問題。首先,"早"可能偶訛作"旱"(見下文),但是三種《蒼頡篇》的文本皆訛寫的可能性有多大?[17]就算由於都是《蒼頡篇》,書手皆相繼抄錯,但孔家坡漢簡《日書》文獻也訛寫,這種可能性實在太小。更爲重要的是從用字習慣來看,秦西漢簡帛文獻中記{早}的習用字是"蚤",記{早}之"早"最早偶見於西漢中晚期的西北簡中;在秦西漢簡帛文獻中"旱"一直是{皁}的主要用字。

在論述秦漢簡帛文獻中{早}用字問題前,首先要簡要介紹一下古文字中{早}的用字情況。甲骨文用"草"的表意初文記{早}。[18]戰國時楚文字和三晉文字用"從日從棗"的會意字表{早},"棗"或省寫作"朿"。[19]古文字階段未見"早"記{早}的用例。[20]關於秦西漢簡帛文獻中"早"的記詞用字情況及其相關問題論述如下。

1. 秦西漢簡帛文獻中{早}的用字情況

秦西漢早期典籍類和應用文書類簡帛{早}多見,慣用"蚤",秦簡牘見1例"棗"。西漢中晚期兩類文獻延續慣用"蚤"字,而應用文書類文獻西北簡偶見"旱"字。總體來看,秦西漢時期"蚤"是記{早}的社會習用字。[21]秦西漢簡帛文獻記{早}用字分布見表一。[22]

表一　秦西漢簡帛文獻中記{早}用字情況表

字	詞	合計	秦	西漢早期	西漢中晚期
棗		1	1[23]		
蚤	早	151	13[24]	30[25]	108[26]
旱		2			2

西北簡中記{早}之"旱",文例如下:

(5) 王問:人何爲人? 曰:生狂士,死旱(旱)歸土耳。

（居延新簡 EPT65:334A）[27]

(6) 爲部治馬官縣有疾,不願望見,早(旱,該字也可能非"旱",而是"旦")想召部中,幸甚甚部中予何以教使口即有。

（肩水金關 73EJT09:264A）[28]

2. 秦西漢簡帛文獻中"皁"的記詞情況

秦西漢簡帛文字中"皁"一直是記{皁}的主要用字。秦西漢簡帛文獻中"皁"字記詞分布如下表二。

表二　秦西漢簡帛文獻中"皁"記詞情況表

字	詞	合計	秦	西漢早期	西漢中晚期
皁	皁	116	3[㉙]	5[㉚]	108[㉛]
	旱	1	1		

秦漢簡帛文獻中跟"皁"記詞用字相關的問題值得注意的還有以下兩個。第一,《蒼頡篇》已見"皁",如下:

(7) 某晏皁(▊)。　　　　　　　　　　（阜陽漢簡《蒼頡篇》C91)[㉜]
(8) 某柟皁(▊)蘽。　　　　　　　　　（北大漢簡《蒼頡篇》B42)[㉝]

《説文》:"某,酸果也。"段注:"此是今梅子正字。"又"柟,梅也。""某柟"皆指樹木。"晏"古音爲泥母談部,"柟"爲影母元部。談、元主元音相同,韻尾皆爲陽聲韻;泥、影多可通轉。[㉞]"晏"、"柟"古音相近可通假,"晏"當讀爲"柟"。北大《蒼頡篇》整理者認爲"皁"通"草",並引《周禮·地官·大司徒》"其植物宜皁物",鄭玄注:"皁物,柞栗之屬。"[㉟]劉婉玲讀"蘽"爲"欅",意爲黃華木。[㊱]"蘽"通"欅"可從,"皁"則不必通"草"。"皁"如字讀,意爲櫟實即皁。這跟秦西漢時期"皁"習慣記{皁}相符。

第二,秦簡牘中"皁"、"旱"由於形體相近確實會誤寫,如下:

(9) 旱〈皁〉(▊)及暴風雨水潦螽蟲群它物傷稼者。

　　　　　　　　　　　　　　　　（《秦律十八種·田律》2)[㊲]
(10) 爲旱〈皁〉(▊)者除一更。　　（《秦律十八種·廄苑律》13)[㊳]

但結合秦簡牘"皁"記詞用字習慣,可知上面"皁"、"旱"形體相近實爲是{旱}、{皁}的問題,跟{早}無關。

據此,西漢早期阜陽漢簡《蒼頡篇》和孔家坡漢簡《日書》出現記{早}之"皁"跟當時的記{早}用字習慣和"皁"的記詞習慣皆不符。雖然語言文字現象可能有例外,但是首先出現一個不符合當時社會用字習慣的字,而這個字又在不同文獻中全部訛寫,這種"例外"實在很可疑。

二、"旱殤"成詞考

我們認爲"旱殤"實爲秦漢時代的固定語,[39]指的是由於旱災導致未成年早夭的現象。傳世文獻没有"旱殤"一詞,下面主要從社會背景、語義關係分析、語義關係相同的詞語等方面對"旱殤"成詞進行論證。

(一) 社會背景

漢代及之前傳世文獻多見旱災的記載,無需多言。[40]秦漢簡中也多這方面的記載,[41]值得注意的是有"旱災"和民衆生活的相關記載,如下:

(11) □夏旱,有大喪,民大憂。

(馬王堆簡帛《陰陽五行甲篇·雜占之三》2)[42]

(12) 旱。卜家室,非或死。　　　　　(阜陽漢簡《卜辭》576)[43]

(13) 大旱,百姓皆流。　　　　(孔家坡漢簡《日書·占》419)[44]

由此可以想象的是當大規模旱災發生,底層民衆的悲慘生活。這一情況在傳世文獻中有直接的記載,例如:

(14) 太陽,大旱喪也。　　　　　　　　　(《史記·天官志》)

這裏"大旱喪"連言指的應該就是由於旱災而導致大規模民衆死亡的情況。同時當旱災發生時,由於未成年人體質較弱,而尚在懷抱的孩童最容易死去,這在傳世文獻中也有記載,如下:

(15) 月出房北,爲雨爲陰,爲亂爲兵;出房南,爲旱爲夭喪。

(《漢書·天文志》)

先來看"夭喪"。從詞義來看,"夭"、"殤"關係密切。《吕氏春秋·爲欲》:"殤子,至夭也。"又《察今》:"今爲殤子矣。"高誘注:"未成年人夭折曰殤子也。"《國語·楚語上》:"君則曰:'余左執鬼中,右執殤宫。'"韋昭注:"夭死曰殤。"《列子·黄帝》:"不知樂生,不知惡死,故無夭殤。""夭殤"同義連文,或作"殤夭",後世多見。"殤"、"夭"、"夭折"、"夭死"、"夭殤(殤夭)"意義基本相同。其次,"爲某爲某"的語法結構值得重視。"爲雨爲陰","陰"、"雨"兩詞意義相關;"爲亂爲兵","兵"往往導致"亂",兩詞具有因果關係。因此對於"爲旱爲夭喪",我們理解爲"由於旱災導致夭喪"應該是沒有問題的。由此可知,在古代社會"旱"、"殤"關係應當很密切。

(二) 語義關係分析

《説文》:"殤,不成人也。人年十九至十六死,爲長殤;十五至十二死,爲中殤;十一至八歲死,爲下殤。从歺,傷省聲。"《釋名·釋喪制》:"未二十而死曰殤。殤,傷也,可哀傷也。"從語義關係來看,"旱殤"即因旱而殤,"旱"是"殤"的原因,"旱殤"本身爲動詞(《蒼頡篇》所見用法),又可活用爲名詞(孔家坡《日書》所見用法)。值得注意的是水泉子漢簡《日書》有"傷旱"一詞,如下:

(16)［禱］曰木日疾［祟］在社 ●火日疾［祟］在［强］死傷（▨）旱

（▨）●土日疾［祟］在木☐ (封三:13)⑮

劉樂賢先生重新考釋並標點爲"禱(禱)日。木日疾,祟在社。火日疾,祟在强死、傷旱。土日疾,祟在木☐",並説:"簡文講的是各五行日生病時是哪些鬼神在作祟。生病後要推求'祟',確知'祟'後要舉行祈禳儀式,這是古代的一種治病數術。"⑯我們認爲劉先生説得很有道理。如此"强死"、"傷旱"即作祟之鬼。關於"强死",《左傳》文公十年:"初,楚范巫矞似謂成王與子玉、子西曰:'三君皆將强死。'"孔穎達疏:"無病而死,謂被殺也。""强死"即死於非命,這裏《日書》所見語境義指死於非命化成的鬼。由此我們推測"傷旱"實應讀爲"殤旱"。"傷"、"殤"古音皆爲書母陽部,且秦簡牘《日書》《占夢書》文獻有相通用例,⑰"傷"可讀爲"殤"。"殤旱"的語義也是"因旱而殤",本爲動詞,這裏活用爲名詞,語境義指因旱災而早夭的人化成的鬼。如此"强死"、"殤旱"皆指非正常死亡而化成的鬼,所以才會並列。

"旱殤"、"殤旱"關係密切,雖然前後詞語位置互換,但兩詞語義表達相同,都表達了"因旱而殤"這一意義。古漢語中類似"旱殤"、"殤旱"這種語義關係的詞語多見。

(三) 語義關係相同的詞語

首先,"旱殤"這一類表"原因"的詞語在前,表"結果"的動詞在後的

詞語,在古漢語中多見,例如:

(17) 以讒人入,其名曰牛,卒以餒死。　　　(《左傳》昭公五年)
(18) 其冬,匈奴大雨雪,畜多飢寒死。　　　(《漢書·匈奴傳》)
(19) 身折勢奪而以憂死。　　　　　　　　(《史記·穰侯列傳》)
(20) 虛閭權渠單于請求和親,病死。　　　　(《漢書·宣帝紀》)

其次,"殤旱"這一類表"原因"的詞語在後,表"結果"的動詞在前的詞語,在古漢語中也多見,例如:

(21) 大旱,郡國傷旱甚者,民毋出租賦。　　(《漢書·宣帝紀》)
(22) 夫熊經鳥伸,雖延曆之術,非傷寒之理。(《後漢書·崔駰列傳》)
(23) 積水不溫,北陸苦寒。　　　　　　　　(《易林》)

值得注意的是類似將表"原因"和"結果"的前後兩詞位置互換之後,兩詞語義表達相同的詞語,在古漢語中也可以見到,例如:

(24) 太陽,大旱喪也。　　　　　　　　　(《史記·天官書》)
(25) 五星色白圜,爲喪旱。　　　　　　　(《史記·天官書》)
(26) 後十三年,秦穆公立,病臥五日不寤。　(《漢書·郊祀志》)
(27) 尚書郭鎮時臥病。　　　　　　　　　(《後漢書·宦官列傳》)

綜上所述,我們認爲"旱殤"、"殤旱"成詞應該是沒有問題的。

三、漢簡所見"旱殤"釋義補正

先來看孔家坡漢簡《日書》的"旱殤"。從語境來看,上文"天土、三土君、北君、三公主、大父"等皆爲各種神煞,由此"旱殤"確是鬼名。[48]並且這裏的"旱殤"跟水泉子《日書》所見"殤旱"語境極爲相近,因此應該也是指因旱災而早夭的人化成的鬼。與此相關,楊華先生指出包山楚簡有"水上(亡於水上者)"、"溺人(溺水淹死者)"兩水鬼。[49]又睡虎地秦簡《日書·詰》:"人恒亡赤子,是水亡傷(殤)取之。"[50]"赤子"即嬰兒。[51]我們認爲這裏"水亡傷(殤)"應即死於水的未成年人化爲的鬼。[52]"水亡殤"、"旱殤"極爲相似,這可以作爲"旱殤"成詞的佐證。同時據此我們推測:"旱殤"作爲鬼的作惡對象可能跟"水亡殤"相同,也應是嬰兒(即赤子或兒孺)。

最後我們來看《蒼頡篇》的"旱殤"。復旦讀書會根據水泉子漢簡和阜陽漢簡補足作"殣棄臞瘦當道塊,兒孺旱殤父母悲",可從。北大《蒼頡篇》整理者認爲:"《説文》:'殣,道中死人,人所覆也。''殣'爲埋葬義。而《説文》:'棄,捐也。'《釋名·釋喪制》:'不得埋曰棄,謂之於野。''棄'爲抛棄義。兩字反義連文。"㊾其後楊振紅、賈麗英認爲"殣"有餓死義,"殣棄"意義相屬,指將路途中餓死的人草草掩埋,並説"水泉子《蒼頡篇》有'……當道塊'之語,可以爲證。……韋昭注:'小阜曰塊。'將餓殍草草掩埋,堆起小土包"㊿。我們認爲"當道塊"恐怕不是此意。《楚辭·東方朔〈七諫·初放〉》:"塊兮鞠,當道宿。"王逸注:"塊,獨處貌。匍匐爲鞠。"又《文選·東方朔〈答客難〉》:"今世之處士,時雖不用,塊然無徒,廓然獨居。"《漢書·東方朔傳》:"今世之處士,魁然無徒,廓然獨居。"顔師古注:"魁,讀曰塊。"水泉子《蒼頡篇》"當道塊"應就是化用"塊兮鞠,當道宿",而且可能爲了跟"悲"押韻對詞序進行了調整。我們認爲"殣棄臞瘦當道塊,兒孺旱殤父母悲"描述的就是"百姓皆流"的情景。㊶"殣棄臞瘦當道塊"可理解爲路上有埋掉或未埋的屍體,活着的人臞瘦孤獨露宿道邊。這應該是全景式描述,講的是災害之後流民的悲慘景象。"兒孺旱殤父母悲"應該是特寫式描述,指的是災害中最常發生的未成年人死去事件。具體來看,"兒孺旱殤"的"兒孺"指的是尚在哺育期的嬰兒。《説文》:"孺,乳子也。"《釋名·釋長幼》:"兒始能行曰孺。"又,《説文》:"兒,孺子也。"《釋名·釋長幼》:"人始生曰嬰兒。"古代社會一旦爆發大災害,由於未成年人體質較弱,尤其是尚在懷抱的孩童最容易死去。在古代產生流民的災害更多見的是與糧食生產相關的旱災,即傳世文獻所見"大旱喪"、"爲旱爲夭喪"以及出土文獻所見"大旱,百姓皆流"、"□□夏旱,有大喪,民大憂"。因此《蒼頡篇》所見"旱殤"義爲因旱而殤,整句可理解爲兒孺因旱而殤所以父母悲。

小　結

綜合來看,根據我們對漢簡所見"旱殤"研究現狀的整理以及結合秦漢簡帛文獻中"旱"記詞用字的分析,可知目前對"旱殤"意義的理解是有問題的。我們認爲"旱殤"應爲秦漢時代固定語,又可寫作"殤旱",皆指旱災導致未成年人早夭的現象。"旱殤"本爲動詞,義爲因旱而殤,見於

《蒼頡篇》;而孔家坡漢簡《日書》所見"旱殤"以及水泉子漢簡《日書》所見"殤旱"皆是活用爲名詞的現象,義爲未成年人因旱災而早夭化爲的鬼。

　　附記: 感謝張再興師的指導和潘玉坤教授的幫助,同時感謝匿名審稿專家的寶貴意見。

注　釋

① 文中漢簡釋文皆用通用字。

② 文物局古文獻研究室等:《阜陽漢簡〈蒼頡篇〉》,《文物》1983 年第 2 期。

③ 北京大學出土文獻研究所編:《北京大學藏西漢竹書[壹]》,上海古籍出版社,2015 年,第 114 頁。

④ 張存良、吳葒:《水泉子漢簡初識》,《文物》2009 年第 10 期。

⑤ 原作"秦",據陳劍先生意見改。詳見陳劍:《孔家坡漢簡的"祟"字》,復旦大學出土文獻與古文字研究中心網,2011 年 11 月 8 日。

⑥ 湖北省文物考古研究所等編:《隨州孔家坡漢墓簡牘》,文物出版社,2006 年,第 172 頁。

⑦ 胡平生、韓自強:《〈蒼頡篇〉的初步研究》,《文物》1983 年第 2 期;又見胡平生:《胡平生簡牘文物論稿》,中西書局,2012 年,第 7 頁。需要説明的是在論文集中該句下有編校注:"據水泉子七言本《蒼頡篇》殘文有'兒儒早殤父母悲'之句,此處'旱陽'應爲'早殤'之訛。"

⑧ 復旦大學出土文獻與古文字研究中心讀書會:《讀水泉子簡〈蒼頡篇〉札記》,復旦大學出土文獻與古文字研究中心網,2009 年 11 月 11 日。文中簡稱"復旦讀書會"。

⑨ 胡平生:《讀水泉子漢簡七言本〈蒼頡篇〉》,簡帛網,2010 年 1 月 21 日;又見復旦大學出土文獻與古文字研究中心網,2010 年 1 月 21 日;又見氏著《胡平生簡牘文物論稿》,第 47 頁。

⑩ 張存良:《〈蒼頡篇〉的版本、流傳、亡佚和再發現》,《甘肅社會科學》2015 年第 1 期;又見張存良、巨虹:《〈蒼頡篇〉研究的新進展》,《出土文獻研究》第十四輯,中西書局,2015 年,第 242—243 頁。

⑪ 胡平生:《讀〈蒼〉札記三》,復旦大學出土文獻與古字研究中心網,2015 年 12 月 23 日;又氏著《讀北大漢簡〈蒼頡篇〉札記》,《出土文獻研究》第十五輯,中西書局,2016 年,第 293—294 頁。值得注意的是該文第 1 樓"曰古氏"(2016 年 1 月 16

日)已引裴錫圭先生的意見提出西漢時期用“早”記⌊早⌋是否過早的問題。

⑫ “抱小”：《北大漢簡〈蒼頡篇〉校箋(一)》第 8 樓評論,復旦大學出土文獻與古字研究中心網,2015 年 11 月 17 日。

⑬ 梁静:《出土〈蒼頡篇〉研究》,科學出版社,2015 年,第 32、53 頁;劉婉玲:《出土〈蒼頡篇〉文本整理及字表》,吉林大學碩士學位論文,2018 年,第 94—95、124、130 頁。

⑭ 單育辰:《占畢隨録之十二》,簡帛網,2010 年 3 月 15 日;王強:《孔家坡漢墓簡牘校釋》,吉林大學碩士學位論文,2014 年,第 131 頁。

⑮ 北京大學出土文獻研究所編:《北京大學藏西漢竹書[壹]》,第 118 頁。

⑯ 楊振紅、賈麗英:《北大藏漢簡〈蒼頡篇·顓頊〉校釋與解讀》,《簡帛研究二〇一六(春夏卷)》,廣西師範大學出版社,2016 年,第 242 頁。

⑰ 從《蒼頡篇》來看。阜陽漢簡爲西漢早期,北大漢簡可能是西漢中期,水泉子漢簡可能爲西漢晚期;阜陽漢簡爲安徽出土,水泉子漢簡爲甘肅出土;而且從内容來看,水泉子爲七言,其他爲四言,版本差異明顯。不同地點、時間、版本皆出現訛寫的可能性很小。關於出土《蒼頡篇》版本問題詳見白軍鵬:《〈蒼頡篇〉的兩種漢代版本及相關問題研究》,《文獻》2015 年第 3 期;周飛:《出土〈蒼頡篇〉版本探討》,《出土文獻》第八輯,中西書局,2016 年。

⑱ 陳劍:《釋造》,載《甲骨金文考釋論集》,綫裝書局,2007 年,第 150—162 頁。

⑲ 周波:《戰國時代各系文字間的用字差異現象研究》,復旦大學博士學位論文,2008 年,第 80 頁。

⑳ 相關論述可見季旭昇:《説文新證》,福建人民出版社,2010 年,第 548 頁。

㉑ 裴錫圭先生早就指出了這個問題:“在古書裏,早晚的⌊早⌋往往借‘蚤’字表示。過去一般認爲‘早’是本有的本字。但是已發現的秦代和西漢的簡册和帛書,在表示‘早’這個詞的時候,大都借用‘蚤’字,偶爾也借用‘棗’字,却從來不用‘早’字。(馬王堆三號墓所出的《合陰陽》第 127 簡“早”字實爲“旦”字)。”詳見裴錫圭:《文字學概要(修訂版)》,商務印書館,2013 年,第 181 頁。

㉒ 下表所用秦漢簡帛用字習慣統計數據均來自張再興師主持開發的“秦漢簡語料庫”。

㉓ 見睡虎地秦簡《日書甲種·秦除》(14 貳),原句爲“利棗(早)不利莫(暮)”。

㉔ 其中睡虎地秦簡 3 例、里耶秦簡 1 例、周家臺秦簡 1 例、放馬灘秦簡 5 例、北大秦簡 3 例。

㉕ 其中張家山漢簡 5 例、馬王堆漢墓簡帛 11 例、銀雀山漢簡 8 例、孔家坡漢簡 6 例。

㉖ 其中北京大學藏西漢竹書 12 例、居延漢簡 33 例、居延新簡 20 例、懸泉漢簡 4 例、額濟納漢簡 2 例、肩水金關漢簡 33 例、武威漢簡 1 例、尹灣漢簡 2 例、水泉子漢簡 1 例。

㉗ 張德芳:《居延新簡集釋(六)》,甘肅文化出版社,2016 年,第 161 頁。

㉘ 甘肅簡牘保護研究中心、甘肅省文物考古研究所、甘肅省博物館、中國文化遺産研究院古文獻研究室、中國社會科學院簡帛研究中心編:《肩水金關漢簡(壹)》,中西書局,2011 年,中册第 224 頁。

㉙ 其中睡虎地秦簡 3 例。

㉚ 其中馬王堆簡帛 3 例、江陵鳳凰山漢簡 2 例。

㉛ 用"旱"字 50 例,其中敦煌漢簡 1 例、肩水金關 11 例、居延漢簡 12 例、居延新簡 16 例、武威漢簡 1 例、尹灣漢簡 9 例;用"旱"字 58 例,其中敦煌漢簡 2 例、肩水金關 17 例、居延漢簡 21 例、居延新簡 18 例,"旱"、"旱"應爲異體字。

㉜ 文物局古文獻研究室等:《阜陽漢簡〈蒼頡篇〉》,《文物》1983 年第 2 期。

㉝ 北京大學出土文獻研究所編:《北京大學藏西漢竹書[壹]》,第 109 頁。

㉞ 黄焯:《古今聲類通轉表》,上海古籍出版社,1983 年,第 10、72—73 頁。

㉟ 北京大學出土文獻研究所編:《北京大學藏西漢竹書[壹]》,第 110 頁。

㊱ 劉婉玲:《出土〈蒼頡篇〉文本整理及字表》,吉林大學碩士學位論文,2018 年,第 85 頁。

㊲ 陳偉主編:《秦簡牘合集·睡虎地秦簡》,武漢大學出版社,2014 年,第 42 頁。

㊳ 同上書,第 52 頁。以上文中兩例"旱"、"旱"字形來自張守中:《睡虎地秦簡文字編》,文物出版社,1994 年,第 103 頁。

㊴ 雖然本文僅有漢代例證,但是考慮到漢代《蒼頡篇》底本應來自秦代,因此這裏將秦代也歸入。

㊵ 見楊寬、吳浩坤:《戰國會要》,上海古籍出版社,2005 年,第 474—475 頁;孫楷:《秦會要》,上海古籍出版社,2004 年,第 221 頁;徐天麟:《西漢會要》,上海人民出版社,1977 年,第 319—320 頁;徐天麟:《東漢會要》,上海古籍出版社,1978 年,第 232 頁;又見宋正海主編:《中國古代重大自然災害和異常年表總集》,廣東教育出版社,1992 年,169—170 頁。

㊶ 見放馬灘秦簡《日書》(154·1、158·1、159·1、161·1)、馬王堆《天文氣象雜占》(第 6 列 40)、《五星占·金星》(33、39)、銀雀山漢簡《陰陽時令、占候之類》(1740、1870、1920)、孔家坡漢簡《日書》。

㊷ 裘錫圭主編:《長沙馬王堆漢墓簡帛集成(伍)》,中華書局,2014 年,第 84 頁。

㊸ 韓自强:《阜陽漢簡〈周易〉研究》,上海古籍出版社,2004 年,第 80 頁。

㊹ 湖北省文物考古研究所等編:《隨州孔家坡漢墓簡牘》,第 180 頁。

㊺ 張存良、吳荭:《水泉子漢簡初識》,《文物》2009 年第 10 期。

㊻ 劉樂賢:《讀水泉子漢簡〈日書〉》,簡帛網,2009 年 12 月 11 日。

㊼ 白於藍:《簡帛古書通假字大系》,福建人民出版社,2017 年,第 1036 頁。

㊽ 單育辰:《占畢隨録之十二》,簡帛網,2010 年 3 月 15 日;王强:《孔家坡漢墓簡牘校

釋》,吉林大學碩士學位論文,2014 年,第 131 頁。

㊾ 楊華:《楚地水神研究》,載氏著《古禮新研》,商務印書館,2012 年,第 296 頁。

㊿ 陳偉主編:《秦簡牘合集·睡虎地秦簡》,第 445 頁。

(51) 劉樂賢:《睡虎地秦簡日書研究》,臺北文津出版社,1994 年,第 244 頁。

(52) 關於“水亡傷”,劉樂賢(《睡虎地秦簡日書研究》,第 244 頁)指出,整理小組讀“亡傷”爲“亡殤”,鄭剛釋此句爲“若嬰兒死去無傷,則取回救之”。此二説都不可靠。“水亡傷”,即“水罔象”,《莊子·達生》:“水有罔象。”《釋文》:“司馬本作無傷,云:狀如小兒,赤黑色,赤爪、大耳、長臂。一云水神名。”吴小强(《秦簡日書集釋》,嶽麓書院,2000 年,第 143 頁)釋義:“這是淹死在水裏的未成年人的鬼魂把人家的兒子取走了。”連名劭(《雲夢秦簡〈詰〉篇考述》,《考古學報》2002 年第 1 期)認爲“水亡傷”是“水神”。王子今(《睡虎地秦簡〈日書〉甲種疏證》,湖北教育出版社,2003 年,第 417—418 頁)贊同劉樂賢釋讀意見,並引文補充“看來,以爲‘罔象’是‘水神’,或‘水之怪’、‘水之精’,是一種普遍認識”。我們認爲,除了鄭剛意見不可取之外,其餘意見並非完全對立。“水亡傷”即“水亡殤”,意爲死於水的未成年人化爲的鬼,傳世文獻又寫作“罔象”,而且有了作爲鬼的形象(“狀如小兒”絶非偶然),古代“鬼”、“神”往往一體(如“旱魃”即是“旱鬼”又稱“旱神”),因此又稱之爲“水神”。關於“水亡殤”和“水罔象”的關係,可見劉釗《説“魅”》(《中國典籍與文化》2012 年第 4 期),該文論證跟我們有不同之處,可參看。同時該文也提到:“‘魅’雖然爲小兒鬼,但其加害的對象起初並無一定,應該是逐漸變爲只針對嬰兒的。這一變化,體現的應該是鬼找人‘以自代’,即找尋‘替死鬼’的觀念。”這可作爲“旱殤”作惡對象可能是“嬰兒”的論據。

(53) 北京大學出土文獻研究所編:《北京大學藏西漢竹書[壹]》,第 118 頁。

(54) 楊振紅、賈麗英:《北大藏漢簡〈蒼頡篇·顓項〉校釋與解讀》,《簡帛研究二〇一六(春夏卷)》,第 240—241 頁。

(55) 關於《蒼頡篇》可多句連讀,朱鳳瀚先生將其歸爲“陳述式”。詳見朱鳳瀚:《北大藏漢簡〈蒼頡篇〉的新啓示》,載北京大學出土文獻研究所:《北京大學藏西漢竹書[壹]》,第 175 頁。

五一廣場簡牘所見名物考釋(三)*

羅小華(長沙市文物考古研究所)

《長沙五一廣場東漢簡牘(叁)》和《長沙五一廣場東漢簡牘(肆)》已於 2019 年出版。[①]現在,我們想就這批材料中的布帛衣物進行探討。

一、布帛類

鮮支布。　　　　　　　　　(八九一　2010CWJ1③：264-45)

鮮支廿一匹。　　　　　　　(一一二五　2010CWJ1③：264-279)

白絹鮮支一匹,直錢五百五十。

　　　　　　　　　　　　　(一二八二　2010CWJ1③：265-28)

鮮支,在五一廣場東漢簡牘中已屬常見。小文亦有討論。[②] 2010CWJ1③：265-28 中的"白絹",當理解爲"鮮支"的定語。"白絹鮮支",相當於尹灣六號漢墓木牘 12 正中的"白鮮支"。[③]"白絹鮮支一匹,直錢五百五十"的記載,正可與 2010CWJ1③：202-13 中的"萅鮮支一匹,直錢六百"相比照。同樣是一匹,"萅鮮支"比"白絹鮮支"多五十錢,可能是包含了染色的費用。

絹絳卅五匹、絹青廿二匹、絹李練十四匹、絹白練五十匹……絹縹十五匹……絹青麦六匹三尺……

　　　　　　　　　　　　　(一一二五　2010CWJ1③：264-279)

絹絳和絹青,已見於 2010CWJ1③：261-88。[④]絹李練和絹白練,可與

---

　*　本文爲國家社會科學基金重大項目"五一廣場出土東漢簡牘的整理與研究"(15ZDB033)和"先秦兩漢訛字綜合整理與研究"(15ZDB095)階段性成果。

J1③：261-88 中的"絹練"相比照。我們曾認爲"練"指白色。[5]現在看來，五一廣場簡牘中的"絹練"，還可細分爲不同類別。"李"和"白"均當指顏色，二者之間應有差異。絹縹和絹青麦，可與 J1③：261-88 中的"縹"和"青麦"相比照。"縹"和"絹縹"，"青麦"和"絹青麦"之間的關係，則待考。

布三匹。　　　　　　　　　　（一〇五三　2010CWJ1③：264-207）
布二(？)匹。　　　　　　　　（一三七一　2010CWJ1③：265-117）
布各二束。　　　　　　　　　（九七六　2010CWJ1③：264-130）
細布。　　　　　　　　　　　（九〇一　2010CWJ1③：264—55）

《說文》巾部："布，枲織也。"[6]關於"布"的量詞，有"匹"和"束"。《漢書·食貨志下》："布帛廣二尺二寸爲幅，長四丈爲匹。"[7]《左傳》襄公十九年："賄荀偃束錦，加璧乘馬。"杜預注："五匹爲束。"[8]2010CWJ1③：264-80 中記有"繒或五匹或三四匹爲束"，正可與杜注相印證。

"細布"，亦見於傳世文獻。《後漢書·西域傳》："又有細布，或言水羊毳，野蠶繭所作也。"《南蠻西南夷列傳》"蘭干細布"。[9]

縑廿四。　　　　　　　　　　（九六六　2010CWJ1③：264-120）
黃縑八十三匹二丈一尺。（一一二五　2010CWJ1③：264-279）

《說文》系部："縑，并絲繒也。"[10]《釋名·釋采帛》："縑，兼也，其絲細緻，數兼於絹，染兼五色，細緻，不漏水也。"[11]J1③：261-88 中有"黃縑二束"，2010CWJ1③：222 中有"青縑"，可參。2010CWJ1③：264-120 中的"縑廿四"，未指明顏色，疑爲泛指。

綿三斤。　　　　　　　　　　（九六六　2010CWJ1③：264-120）

《玉篇》系部："綿，與緜同。"[12]《廣韻·仙韻》："緜，精曰緜，麤曰絮。"[13]《後漢書·東夷列傳》："知種麻，養蠶，作緜布。"[14]可見，綿當指絲綿。

維漢錦一端。　　　　　　　　（一一二五　2010CWJ1③：264-279）

《急就篇》卷二："綿綉緞純離雲爵。"顏師古注："綿，織綵爲文也。"曾仲珊按："'綿'，當作'錦'。"[15]《釋名·釋采帛》："錦，金也，作之用功重，其價如金。故其制字從帛與金也。"[16]"維漢"當爲"錦"的修飾語。不知"漢錦"是否指漢代錦？孫機先生總結説："漢代的錦一般是用經綫起花的平紋重經組織,而且它是用染成各種顏色的絲綫織成,所以色彩絢麗,是漢代絲織品的最高水平的代表。……西漢前期與西漢晚期至東漢的錦皆以經綫顯花,織造技術亦大致相同,但這兩個時期中錦的風格却不一樣,這主要是由於圖案設計與色彩搭配上的區別所造成的。"⑰

"端",量詞。《左傳》昭公二十六年"以幣錦二兩",杜預注："二丈爲一端,二端爲一兩,所謂匹也。"⑱

二、衣物類

冠。 （一一三二 2010CWJ1③:264-286）

黑幘。 （一四二〇 2010CWJ1③:265-166）

《説文》宀部："冠,絭也。所以絭髮,弁冕之總名也。"⑲《急就篇》卷三"冠幘簪簧結髮紐",顏師古注："冠者,冕之總名,備首飾也。"⑳

《説文》巾部："幘,髮有巾曰幘。"㉑《獨斷》卷下"幘者,古之卑賤執事不冠者之所服也……元帝額有壯髮,不欲使人見,始進幘服之,群臣皆隨焉"。㉒黑幘,指的是黑色的頭巾。頭巾,在古代被稱爲頭衣。《説文》冃部："冃,小兒蠻夷頭衣也。"㉓《後漢書·西南夷傳》："純與哀牢夷人約,邑豪歲輸布貫頭衣二領,鹽一斛,以爲常賦,夷俗安之。"㉔

故縹居諸。 （一一二二 木兩行 2010CWJ1③:264-276A）

"居諸",疑讀爲"襜褕"。《荀子·子道》："子路盛服見孔子,孔子曰:'由,是裾裾何也?'"杨倞注："裾裾,衣服盛貌。"郝懿行補注："裾裾,《説苑·雜言》篇作'襜襜','裾'與'襜'皆衣服之名,因其盛服,即以其名呼之。《韓詩外傳》三作'疏疏',《家語》又作'倨倨',則其義别。"㉕從"居"得聲之字,可與從"詹"得聲之字通,故"居"可讀爲"襜"。《史記·樗里子甘茂列傳》："樗里子者,名疾。"司馬貞《索隱》："《紀年》則謂之楮里疾也。"《淮南子·泰族》："斲木而爲舟。""斲",《太平御覽》卷七五三引作"刳"。㉖從"者"、"俞"得聲之字,均可與從"于"得聲之字相通,故"諸"可讀爲"褕"。孫機先生指出："與袍相近,但更加寬大的長衣名襜褕。它也是直裾的。《説文》衣部:'直裾謂之襜褕。'《急就篇》及《漢書·外戚恩澤侯表》、《雋不疑傳》顏注之説並同。《方言》卷四:'襜褕,江淮南楚謂之襜褕,自關而西謂之襜褕。'……襜褕在西漢時已經出現,但當時還不被認爲是正式的禮服。《史記·武安侯列傳》説田恬'衣襜褕入宮,不敬。'《索隱》:'謂非正朝衣,若婦人服也。'但到了東漢初,耿純'與從昆弟訢、宿、植共率宗族賓客二千餘人'奉迎劉秀時,'皆衣縑襜褕、絳衣'(《後漢書·耿純傳》及李注);可見這時對襜褕的看法已不同於西漢。後來張衡在《四愁詩》中説:'美人贈我貂襜褕。'更是把襜褕視爲一種時髦的服裝了。河南密縣打虎亭東漢畫像石中的人物,服裝特別寬大,或即襜褕。"[27]孫先生認爲"襜褕"是"直裾",而文獻中亦有認爲是"曲裾"的。《漢書·何並傳》"林卿迫窘,乃令奴冠其冠被其襜褕自代",顏師古注:"襜褕,曲裾襌衣也。"[28]

> 單衣。　　　　　　　　(一一二二　2010CWJ1③:264-276B)
>
> 布單衣一。　　　　　　(九六六　2010CWJ1③:264-120)
>
> 白布單衣。　　　　　　(一四二〇　2010CWJ1③:265-166)
>
> 黃衣。　　　　　　　　(一一三二　2010CWJ1③:264-286)

2010CWJ1③:261-102 中有"新布單衣",可參。[29]黃衣,僅指出了衣的顏色,而未指明衣的質地。

> 絳諸于。　　　　　　　(一七六八　2010CWJ1③:266-100)

諸于,亦見於尹灣二號漢墓出土木牘:"絀綺諸于一領,羽青諸于一領,繎鮮支單諸于一領。右諸于三領。"尹灣六號漢墓出土"君兄衣物疏":"早丸諸于一領,繎丸諸于一領。"[30]馬怡先生總結説:"'諸于'是一種漢代服裝的名稱,也作'諸衧'。……諸于在漢史中頗引人注意。……諸于在漢代的確是一種男女通用的服裝,尹灣漢墓簡牘爲此提供了證據。"[31]

> 黃鮮支帬。
>
> 　　　(一七六八+一三八〇　2010CWJ1③:266-100+265-126)
>
> 白鮮支帬。　　　　　　(一三八〇　2010CWJ1③:265-126)

J1③:261-102 記有"布複帬",可參。[32]

> 巨雲青緄。　　　　　　(一三八〇　2010CWJ1③:265-126)
>
> 綺。　　　　　　　　　(一一三二　2010CWJ1③:264-286)

J1③：222 記有“青緄”，J1③：261-102 記有“布複緄”。我們認爲：
“牘文之‘緄’……可能也是一種衣物，疑讀爲‘裩’。《類篇》衣部：‘禈，
或作裩。’《急就篇》卷二‘襜褕袷複襂袴禈’，顏師古注：‘合襠謂之禈，最
親身者也。’……布複緄，指布製褚綿之‘合襠’褲。”③③巨雲，疑指緄上有
某種雲紋。青，指緄的顏色。2010CWJ1③：264-286 中出現了“綺”。
“緄”與“綺”應該存在區别。孫機先生指出：“漢代的袴也有兩種：一種
是不合襠的。《説文》糸部：‘綺，脛衣也。’《廣雅·釋親》王念孫疏證：
‘凡對文則膝以上爲股，膝以下爲脛。’由此可知袴僅着於腿部，甚至只着
於膝以下的小腿部分。清宋綿初《釋服》卷二説：綺‘即今俗名套袴是
也。’《釋名·釋衣服》説：‘袴，跨也，兩股各跨别也。’正是此意。這種袴
的兩褈（或名襱、縮，即褲管）並不縫合，所以在漢簡中，袴的單位名‘兩’，
和履、絑（襪）相同，而與袍以領計、裙以腰計者不同。在漢畫像石所見男
子之袴，多掩於上衣之下，莫能明其結構。但四川宜賓翠屏村 7 號東漢墓
石棺上雕刻的百戲中有作倒立者，此人雖着袴，然而由於倒立以致上衣翻
垂，於是下體乃外露，可以反映出這種袴的特點。”③④可見，“緄”指“合襠”
褲，“綺”指開襠褲。

　　白紵（？）蔽（蔽）膝。　　　　（一三八〇　2010CWJ1③：265-126）

《方言》卷四：“蔽䣛，江淮之間謂之褘，或謂之袥。魏宋南楚之間謂
之大巾，自關東西謂之蔽䣛，齊魯之郊謂之袡。”③⑤《釋名·釋衣服》：“韍，
韠也。韠，蔽膝也，所以蔽膝前也。婦人蔽膝亦如之，齊人謂之巨巾，田家
婦女出，至田野，以覆其頭，故因以爲名也。又曰跪襜，跪時襜襜然張
也。”③⑥“紵（？）”③⑦，“白紵”，亦見於傳世文獻。《樂府詩集·晉〈白紵舞
歌〉詩序》：“其譽白紵曰：‘質如輕雲色如銀，製以爲袍餘作巾。袍以光軀
巾拂塵。’”③⑧

　　絑。　　　　　　　　　　　　（一一三二　2010CWJ1③：264-286）

《集韻·月韻》：“韤，《説文》：‘足衣也。’亦作絑。”③⑨《續漢書·輿服
志》：“五郊，衣幘綺絑各其色。”④⑩

　　履。　　　　　　　　　　　　（一一三二　2010CWJ1③：264-286）
　　木麓。　　　　　　　　　　　（一一二二　2010CWJ1③：264-276A）

《説文》履部:"履,足所依也。"④①《小爾雅·廣服》:"在足謂之履。"④②

䩺,簡牘中訛爲"菨",亦見於 2010CWJ1③：140"不知䩺所在";2010CWJ1③：201-18"韋䩺二兩";2010CWJ1③：261-137"絲䩺一梁"。我們已經有所討論。④③《説文》艸部:"䩺,艸履也。"④④《釋名·釋衣服》:"荆州人曰䩺,絲麻韋草,皆同名也。"④⑤從"木䩺"的記載看,"䩺"還可用"木"製作。

以上是我們對《長沙五一廣場東漢簡牘(叁)、(肆)》兩册中所見布帛衣物所作的一些探討。簡牘内容如實反映了東漢時期長沙地區的物質文化生活,具有很强的時代性和地域性。簡牘記載中,還會涉及哪些物品和價格? 我們拭目以待。

注 釋

① 長沙市文物考古研究所、清華大學出土文獻研究與保護中心、中國文化遺産研究院、湖南大學嶽麓書院編:《長沙五一廣場東漢簡牘(叁)(肆)》,中西書局,2019 年。

② 羅小華:《五一廣場簡牘所見名物考釋(一)》,《出土文獻》第十四輯,中西書局,2019 年,第 344—345 頁。

③ 連雲港市博物館、中國社會科學院簡帛研究中心、東海縣博物館、中國文物研究所:《尹灣漢墓簡牘》,中華書局,1997 年,第 129 頁。

④ 羅小華:《五一廣場簡牘所見名物考釋(一)》,《出土文獻》第十四輯,第 346 頁。

⑤ 同上。

⑥ 許慎撰,徐鉉校定:《説文解字》,中華書局影印本,1963 年,第 160 頁。

⑦ 班固撰,顔師古注:《漢書》,中華書局,1962 年,第 1149 頁。

⑧《十三經注疏》,中華書局影印本,1980 年,第 1968 頁。

⑨ 范曄撰,李賢等注:《後漢書》,中華書局,1965 年,第 2919、2849 頁。

⑩ 許慎撰,徐鉉校定:《説文解字》,第 273 頁。

⑪ 劉熙撰,畢沅疏證,王先謙補:《釋名疏證補》,中華書局,2008 年,第 149 頁。

⑫ 顧野王:《大廣益會玉篇》,中華書局,1987 年,第 126 頁。

⑬ 陳彭年等編:《宋本廣韻》,江蘇教育出版社,2008 年,第 39 頁。

⑭ 范曄撰,李賢等注:《後漢書》,第 2818 頁。

⑮ 史游:《急就篇》,嶽麓書社,1989 年,第 116 頁。

⑯ 劉熙撰,畢沅疏證,王先謙補:《釋名疏證補》,第 150 頁。

⑰ 孫機:《漢代物質文化資料圖説》,文物出版社,1991 年,第 61、64 頁。

⑱《十三經注疏》,第 2113 頁。

⑲ 許慎撰,徐鉉校定:《説文解字》,第 156 頁。

⑳ 史游:《急就篇》,第 206 頁。

㉑ 許慎撰,徐鉉校定:《説文解字》,第 158 頁。

㉒ 蔡邕:《獨斷》卷下,《四部叢刊三編子部》第 32 册,上海書店出版社,1985 年,第 11—12 頁。

㉓ 許慎撰,徐鉉校定:《説文解字》,第 156 頁。

㉔ 范曄撰,李賢等注:《後漢書》,第 2851 頁。

㉕ 王先謙撰,沈嘯寰、王星賢點校:《荀子集解》,中華書局,1988 年,第 532 頁。

㉖ 張儒、劉毓慶:《漢字通用聲素研究》,山西古籍出版社,2002 年,第 399 頁。

㉗ 孫機:《漢代物質文化資料圖説》,第 243 頁。

㉘ 班固撰,顔師古注:《漢書》,第 3266—3267 頁。

㉙ 羅小華:《五一廣場簡牘所見名物考釋(一)》,《出土文獻》第十四輯,第 349 頁。

㉚ 連雲港市博物館、中國社會科學院簡帛研究中心、東海縣博物館、中國文物研究所:《尹灣漢墓簡牘》,第 151、129 頁。

㉛ 馬怡:《"諸于"考》,《簡帛研究二〇〇二、二〇〇三》,廣西師範大學出版社,2005 年,第 275—276 頁。

㉜ 羅小華:《五一廣場簡牘所見名物考釋(一)》,《出土文獻》第十四輯,第 349 頁。

㉝ 同上文,第 347、349 頁。

㉞ 孫機:《漢代物質文化資料圖説》,第 237 頁。

㉟ 周祖謨:《方言校箋》,中華書局,1993 年,第 27 頁。

㊱ 劉熙撰,畢沅疏證,王先謙補:《釋名疏證補》,第 169 頁。

㊲ 楊小亮先生認爲此字"可能是'絎'的異體字"。

㊳ 郭茂倩編:《樂府詩集》,中華書局,1979 年,第 797—798 頁。

㊴ 丁度等編:《宋刻集韻》,中華書局,1989 年,第 195 頁;丁度等編:《集韻》,上海古籍出版社,1985 年,第 680—681 頁。

㊵ 司馬彪撰,劉昭注補:《續漢書志》,中華書局,1965 年,第 3664 頁。

㊶ 許慎撰,徐鉉校定:《説文解字》,第 175 頁。

㊷ 胡承珙撰,石雲孫校點:《小爾雅義證》,黄山書社,2011 年,第 111 頁。

㊸ 羅小華:《五一廣場簡牘所見名物考釋(一)》,《出土文獻》第十四輯,第 347—348 頁。

㊹ 許慎撰,徐鉉校定:《説文解字》,第 25 頁。

㊺ 劉熙撰,畢沅疏證,王先謙補:《釋名疏證補》,第 178 頁。

地名"鸞鳥"形音考

魏　丹(北京大學國際關係學院)

漢代武威郡下有"鸞鳥"縣,這一點在出土的漢代簡牘中也已得到證實,如《居延漢簡》中有"鸞鳥息衆里"和"鸞鳥大昌里"的記載:

　　葆　鸞鳥息衆里上造顔收年十二出入長六尺黑色丿　皆六月丁
巳出　不　　　　　　　　　　　　　　　　　　　　　　　(15.5)
　　葆　鸞鳥大昌里不更李惲年十六出入長七尺黑色乚　不

　　　　　　　　　　　　　　　　　(51.5+119.27+51.25)

根據公布的清晰的紅外照片,"鸞"字分別作""、""形。①《肩水金關漢簡(貳)》中則明確有"鸞鳥長印"的簡文,"鸞"字上端略殘,作""形。②參之文例"某某長印",可見整理者將此字釋爲"鸞"應是正確的。《懸泉漢簡釋粹》(以下簡稱"《釋粹》")中,也有"一枚詳細記載河西若干地區驛置道里的簡牘",③提到"綜鳥",相關簡文爲"倉松去綜鳥六十五里。綜鳥去小張掖六十里"。該木牘圖版曾在《懸泉漢簡研究》公布,④雖不甚清晰,但大致仍可辨識:左從"糸",右從"鳥",與《居延漢簡》中的字形差別較大。推想其較繁的字體可能是一個左右結構的字,比如"戀"字,省掉了"言"和"糸",就變成"綜"字。"漢簡中,一些筆畫繁多的字往往被省略了一個或數個組成部分",因而此"綜鳥"亦即武威郡下之"鸞鳥"。⑤"鸞"在經典中也作"欒"。如《禮記·明堂位》:"鸞車,有虞氏之路也。"鄭玄注:"鸞或爲欒。"⑥《山海經·西山經》"鸞雞"郭璞注:"鸞雞,鳥名,未詳也;或作欒。"郝懿行云:"鸞或作欒,古字假借,鸞雞疑即鸞也。"⑦"鳥"和"烏"形近易訛,文獻中習見。如《山海經·海內北經》:"西王母梯幾而帶勝杖,其南有三青鳥,爲西王母取食。在昆侖虛北。"郭璞

注:"又有三足鳥主給使。"袁珂校注:"郭注三足鳥,宋本、藏經本作三足烏。"⑧北周庾信《道士步虛詞十首》之二"赤鳳來銜璽,青烏入獻書"校勘記:"'烏',朱本作'鳥'。"⑨中華書局標點《漢書》時,以王先謙《漢書補注》爲底本,王氏云:

> 宋祁曰:烏,邵本作烏。段玉裁曰:宋有神烏縣,烏是也,見《輿地記》。先謙曰:《舊唐志》《元和志》皆作神鳥縣,段説未審。《後書·桓紀》注"鸞音雚",《段熲傳》注"鳥音爵",《舊唐志》:鸞鳥,讀曰鸛雀。唐於此置嘉麟縣,若作烏,不能讀爲爵也。《續志》《後漢》因。《一統志》:故城今武威縣南。《紀要》:永昌衛西南有鸞鳥山。⑩

但標點本以"景佑、殿本都作'烏'。段玉裁説作'烏'是",⑪遂將"鸞鳥"改爲"鸞烏"。從前引各簡文字形態來看,當以"鸞鳥"更接近真實情況。《釋粹》作者也已在注中指出段説及標點本之誤。

前引王先謙補注,涉及"鸞鳥"的音讀問題。最先對地名"鸞鳥"進行"破讀"的是唐人李賢,《後漢書·桓帝紀》"護羌校尉段熲追擊於鸞鳥,大破之",李賢注:"鸞鳥,縣名,屬武威郡,鸞音雚。"⑫《段熲傳》"熲復追擊於鸞鳥,大破之",李賢注:"鳥音爵,縣名,屬武威郡,故城在今涼州昌松縣北也。"《西羌傳》"賢追到鸞鳥,招引之",李賢注:"鸞鳥,縣名,屬武威郡,鳥音爵。"⑬後來各家因之,如《資治通鑑》卷五〇"賢追到鸞鳥"胡三省注"鳥音雀",⑭卷五六"段熲擊之於鸞鳥"注"鸞,音雚。鳥讀曰雀",⑮一直到王先謙所説"《舊唐志》鸞鳥讀曰鸛雀"。以上説明,作爲地名的"鸞鳥"讀爲"鸛雀"應是唐及以後的主流意見。

"鸞"可讀作"鸛"。"鸛"字本作"雚",是一種鳥。《玉篇》萑部:"雚,水鳥。今作鸛。"⑯《史記·匈奴列傳》"力士能毌弓","毌"字在《漢書·匈奴傳》作"彎"。《史記·陳涉世家》"士不能貫弓而報怨",《秦始皇本紀》《文選·過秦論》中"貫"字作"彎"。《爾雅·釋木》"灌木,叢木","灌"字《經典釋文》作"樌",云:"樌,字又作灌。"《鶡冠子·王鈇九》"使曈習者五家爲伍","曈"通"慣"。⑰"䜌",來紐元部字;"毌"、"雚",均爲見紐元部字。可見,從"䜌"、"雚"得聲之字,均可與從"毌"得聲之字相通。因此,"鸞"在《桓帝紀》中注爲"音雚",在《舊唐志》中"讀曰鸛",這是没有問題的。

但"鳥"讀爲"雀"或"爵"，[18]從聲音上似不太可能。"鳥"爲端紐幽部字，與同爲精紐藥部的"爵"、"雀"二字聲母相隔甚遠。但從李賢到王先謙都認爲"鳥"應讀爲"雀（爵）"，而文獻中也有"鳥"、"雀"異文的例子，如《墨子·非攻下》"赤鳥銜珪"孫詒讓《閒詁》引畢云："鳥，《太平御覽》引作'雀'。"[19]《文選·七發》"孔鳥鵙鵠"之"鳥"字，六臣注："五臣作雀。"[20]那麼"鳥"又是如何讀爲"雀"的呢？我們懷疑，或有兩種可能：

首先從字形上考慮。"雀"字甲骨文從小、從隹，小亦聲。小、少初爲一字，後從中分化出以小爲聲的少字。鳥、隹原本同字，形音義並近，後分化爲二，所以形聲字中的形旁從鳥或從隹往往可以互換，[21]如"鵲"字有或體作"䧿"，"雇"或體可作"鳸"。"雀"也有或體作"䲷"或"䲗"。《玉篇》鳥部："䲷，與雀同。"[22]也可作"䲗"，《集韻·藥韻》："雀，《説文》：'依人小鳥也。'或從鳥。"[23]桂馥《札樸》卷八載阮元所得銅瓦文曰"漢朝正殿筆䲗銅瓦"，"雀"即作"䲗"。[24]因此，《漢書·地理志》和西北簡中"鶯鳥"之"鳥"字可能是"雀"或體省減的結果："䲷"或"䲗"在傳抄過程中少了上部之"小"、"少"就成爲"鳥"，遂爲《漢書·地理志》和上引漢簡所本，而此字的讀音却爲《後漢書》李賢注等所保留。

其次是字義上的聯繫。《玉篇》鳥部："鳥，飛禽總名也。"[25]"雀"也可泛指小鳥。《文選·高唐賦》"衆雀嗷嗷"，李善注："雀，鳥之通稱。"因此，在非特指時，"鳥"和"雀"可以換用。如以"朱雀"釋"朱鳥"，《楚辭·惜誓》："飛朱鳥使先驅兮，駕太一之象輿。"王逸注："朱雀神鳥，爲我先導。"[26]又"朱鳥殿"即"朱雀殿"，《水經·渭水注》謂漢有"朱雀殿"，楊守敬按曰："《西京賦》作'朱鳥'。李善引《漢宮闕名》'有朱鳥殿'。《長安志》：'朱雀殿，一曰朱鳥殿。'"[27]南朝時，爲避齊明帝（蕭鸞）之諱，有將"鶯鳥"改爲"神鳥"或"神雀"的例子。《宋書·符瑞》"漢宣帝五鳳三年三月辛丑，神鳥集長樂宮東闕樹上"，校勘記云："'神鳥'《漢書·宣帝紀》作'鶯鳥'。蓋沈約爲齊明帝諱改。"[28]"漢章帝元和中，神鳥見郡國"，校勘記云："'神鳥'《後漢書·章帝紀》作'鶯鳥'。蓋沈約爲齊明帝諱改。"[29]《南齊書·始安貞王道生傳》："明帝建武元年……改華林鳳莊門爲望賢門，太極東堂畫鳳鳥，題爲神鳥，而改鶯鳥爲神雀。"[30]因已題鳳鳥爲神鳥，爲避免重複，故而將鶯鳥改爲神雀，之所以不稱"鶯雀"，大約也同上引《宋書》沈約改“鸞鳥”爲“神鳥”理由相當,是“爲齊明帝諱”而改。

上引各例都説明“鳥”和“雀”因詞義相近,在很多情況下都可换用,而具體到“鸞鳥”地名中“鳥”和“雀”的關係,或可類比於“同義换讀”。也就是説,漢時該縣名本當作“鸛雀”,“鸛”與“鸞”通,可寫作“鸞”;而“雀”、“鳥”詞義相當,可寫作“鳥”,但在這個地名中只能讀“雀”的音,而不能讀“鳥”的音,所以才有李善等注“鳥,音爵”即音“雀”。

綜上所述,對於“鳥”讀爲“雀”的路徑,我們僅提出一些可能,或是形近而混同,或是義近可“换讀”,又或是二者綜合作用的結果,實際情況可能還要更複雜一些。此外,考慮到“鸞鳥”在古人心目中一直都是“神鳥”,而“鸛雀”僅是一種普通的鳥,以及在史書和已見簡牘中,讀爲“鸛雀”的“鸞鳥”縣名無一例外地都被寫作“鸞鳥”的事實,我們也推想,“鸞鳥”之於“鸛雀”這種名實不符的現象,可能也與時人希冀的吉祥寓意相關,是其情感取向的自發選擇。

注　釋

① 見簡牘整理小組編:《居延漢簡(壹)》,“中研院”歷史語言研究所,2014 年,木簡編號分別爲“15.5”和“51.5+119.27+51.25”。
② 甘肅簡牘保護研究中心、甘肅省文物考古研究所、甘肅省博物館、中國文化遺産研究院古文獻研究室、中國社會科學院簡帛研究中心編:《肩水金關漢簡(貳)》,中西書局,2012 年,木簡編號爲 73EJT23∶175A。
③ 郝樹聲:《敦煌懸泉里程簡地理考述》,胡平生、張德芳編:《敦煌懸泉漢簡釋粹》,上海古籍出版社,2001 年,第 207 頁。
④ 郝樹聲、張德芳:《懸泉漢簡研究》,甘肅文化出版社,2009 年,第 107 頁。
⑤ 參胡平生、張德芳編:《敦煌懸泉漢簡釋粹》,第 56—57 頁。
⑥《十三經注疏》,中華書局影印本,1980 年,第 1490 頁中欄。
⑦ 袁珂:《山海經校注》,上海古籍出版社,1980 年,第 45 頁。
⑧ 同上書,第 306—307 頁。
⑨ 庾信撰,倪璠注,許逸民校點:《庾子山集注》,中華書局,1980 年,第 403 頁。
⑩ 王先謙:《漢書補注》,中華書局影印本,1983 年,第 797 頁。
⑪《漢書·地理志下》,中華書局,1996 年,第 1672 頁校勘記。
⑫《後漢書》,中華書局,1965 年,第 318 頁。

⑬ 同上書,第 2148、2892—2893 頁。

⑭ 司馬光撰,胡三省注:《資治通鑑》,中華書局,2012 年,第 1649 頁。

⑮ 同上書,第 1835 頁。

⑯ 顧野王:《大廣益會玉篇》,中華書局,1987 年,第 115 頁。

⑰ 張儒、劉毓慶:《漢字通用聲素研究》,山西古籍出版社,2002 年,第 717 頁。

⑱ "鳥",李賢"音爵",胡三省"讀曰雀","爵"和"雀"二字均爲精紐藥部字,音近可通。《説文》隹部也説"雀,讀與爵同"。傳世文獻及出土文獻中多見其例。

⑲ 孫詒讓撰,孫啓治點校:《墨子閒詁》,中華書局,2009 年,第 151 頁。

⑳ 蕭統撰,李善等注:《六臣注文選六十卷》卷三四,明萬曆二年崔孔昕刻六年徐成位重修本。

㉑ 關於"雀"、"鳥"二字發展演變的過程,可參看李學勤主編的《字源》相關部分(天津古籍出版社,2013 年)。

㉒ 顧野王:《大廣益會玉篇》,第 115 頁。

㉓ 丁度等編:《宋刻集韻》,中華書局,1989 年,第 206 頁。

㉔ 桂馥:《札樸》,商務印書館,1958 年,第 260 頁。

㉕ 顧野王:《大廣益會玉篇》,第 113 頁。

㉖ 洪興祖:《楚辭補注》,中華書局,1983 年,第 228 頁。

㉗ 酈道元注,楊守敬纂疏,熊會貞參疏:《水經注疏》,謝承仁主編:《楊守敬集》第三册,湖北人民出版社、湖北教育出版社,1997 年,第 1168 頁。

㉘ 《宋書》,中華書局,1974 年,第 823 頁。

㉙ 同上書,第 824 頁。

㉚ 《南齊書》,中華書局,1972 年,第 788 頁。

吳簡所見"小武陵鄉吏民簿Ⅱ"再研究[*]

——以《竹簡(柒)》爲中心

連先用(信陽師範學院歷史文化學院)

　　長沙走馬樓三國吳簡以數量龐大、内容豐富著稱,其中竹簡部分又有相當大的比例屬於吏民簿。[①]2011年,凌文超先生利用采集簡中的壹·圖1、壹·圖2、叁·圖2、叁·圖4等4幅揭剥圖,[②]以及盆號相同的有關散簡,初步復原出兩份鄉級吏民簿,將其分别命名爲"嘉禾四年小武陵鄉吏民人名妻子年紀簿"(以下簡稱"小武陵鄉吏民簿Ⅰ")和"小武陵、南鄉等吏民人名年紀口食簿"。在此基礎上,又通過考察兩份簿書在户計簡格式、户人簡和家庭簡注記項目等方面的差異性,指出它們是兩種具有不同功能的吏民簿。[③]這一研究,不僅提出了一系列具有啓發性的觀點,也進一步奠定了吳簡鄉級吏民簿復原與研究的基本範式,具有重要的意義。不過,當時可資利用的只有散亂、殘斷較爲嚴重的采集簡,相關論斷還需得到保存和研究條件更爲理想的發掘簡的驗證。

　　在《竹簡(柒)》中,以Ⅱc⑮(柒·3528—4065)爲主體的部分簡坨中也含有"小武陵、南鄉等吏民人名年紀口食簿"的有關里名,並且其中還有大量的户人和家庭成員與"小武陵鄉吏民簿Ⅰ"相對應。藉助這種關聯,鷲尾祐子先生進一步復原了"小武陵鄉吏民簿Ⅰ"中的若干成組家庭簡。[④]更爲重要的是,她還據書式推測Ⅱc⑮等坨發掘簡很可能與"小武陵、南鄉等吏民人名年紀口食簿"屬於同一簡册。[⑤]約略同時,李淵先生則將這些簡視作另外一份"小武陵、南鄉等吏民人名年紀口食簿",並對其

────────────

　　* 本文爲國家社科基金青年項目"新刊走馬樓吳簡名籍類簿書復原整理與研究"(19CZS016)的階段性成果。

進行了初步的整理。⑥

　　結合日益增多的吳簡資料來判斷,鷲尾氏的推測應當是符合實際的,但其間還有不少需要論證、分析之處。同時,我們還發現,這份分散在采集簡和發掘簡中的簿書事實上並不包含南鄉等其他鄉的簡,在標題簡無存的情況下,稱之爲"小武陵鄉吏民簿Ⅱ"較爲合適。此外,對於該簿的製作年份及其功用,以往也有不同的看法,我們認爲其完成時間爲嘉禾六年,係爲戶稅徵收而作。兹就以上管見考述於下,敬請學界批評指正。

一、小武陵鄉轄里與"小武陵鄉吏民簿Ⅱ"的定名

　　在對與小武陵鄉相關的各類戶口簿書進行整理與研究之前,必須首先確定該鄉由哪些里構成。在"小武陵鄉吏民簿Ⅰ"所對應的壹·圖1中,有標題簡"小武陵鄉 謹 列 嘉禾四年吏民人名妻子年紀簿"(壹·10153·1·3),⑦凌文超先生據此判斷該圖及與之同盆的壹·圖2屬於小武陵鄉,結論可信。壹·圖2中現存5個里,由內而外依次爲:吉陽里—高遷里—東陽里—平陽里—安陽里。不過,若進一步認爲此即小武陵鄉的全部屬里,⑧則存在不少問題。

　　首先,壹·圖2中明確屬於安陽里的簡僅有1枚:"安陽里戶人公乘烝頡年五十七。"(壹·10492·2·246)並且,此人符合納筭標準却沒有"筭一"之注記,⑨與所在簿書的整體風格相違。⑩同時,其位置處於揭剥圖的右下角,是闌入簡的可能性很大。換言之,小武陵鄉很可能並不包括安陽里。

　　其次,采集簡所見"小武陵、南鄉等吏民人名年紀口食簿"主體保存於叁·圖2和叁·圖4中,共包含6個里,各里編次可復原爲:宜陽里—宜都里—新成里—平陽里—東陽里—高遷里。⑪其中,平陽里、東陽里、高遷里亦見於"小武陵鄉吏民簿Ⅰ",而且相同里名下還有不少對應的簡文,⑫它們無疑屬於小武陵鄉。不過,宜陽里、宜都里、新成里却不見於"小武陵鄉吏民簿Ⅰ",而"嘉禾四年南鄉吏民戶數口食人名年紀簿"中則明確包含宜陽里。考慮到吳簡中多有二鄉連記之例,故將整份簿書命名爲"小武陵、南鄉等吏民人名年紀口食簿",在當時看來是較爲合理的。⑬但是,近年對發掘簡中有關吏民簿的復原、整理顯示,吳簡中的里與鄉並非都是唯一對應關係,南鄉轄有宜陽里,並不等於所有的宜陽里都一定屬

於南鄉。如都鄉中亦有宜陽里,但核對簡文,可以發現這 3 個宜陽里完全沒有重複的户人,顯然不能認爲它們都屬於南鄉。⑭

另一方面,越來越多的證據表明,吳簡中的二鄉組合是特定的,隸屬於同一個廷掾部。⑮其中,與小武陵鄉連記者均爲西鄉:

1. □集凡小武陵西二鄉新住限佃 客 卅四户口食卌一人故户中□
   （貳・35）

2. 小武陵西二鄉 領 □
   （叁・4173）

3. 小武陵西鄉領雜租米□一斛五斗六升八合 （陸・188・6・17）⑯

4. ・右小武陵西 鄉 領□□□ 民 九十 六 户 口二百卌 五
   （陸・3405・38・152）

5. 小武陵西鄉謹列料上 民 □户 數 簿
   （陸・3461・38・208）

6. 小武陵西二鄉謹列嘉禾四年粢租米已入未畢要簿
   （柒・3131・28・9）

因而,即便完整的簡册是由小武陵鄉和另外一鄉的吏民簿所共同組成,該鄉也只能是西鄉,而與南鄉無涉。

不過,從標題簡看,吳簡鄉級吏民簿均是以一個鄉爲單位編製和提交的,除前引"小武陵鄉吏民簿Ⅰ"標題簡外,又如:

7. 南鄉謹列嘉禾四年吏民户數(?)口食人名年紀簿 （壹・9088）

8. 廣成鄉謹列嘉禾六年吏民人名年紀口食爲簿 （貳・1798）

9. 樂 (?)⑰鄉謹列嘉禾四年人名年紀爲簿 □ （貳・7957）

10. 中 鄉 謹 列 嘉禾五年 所 領 吏民人名年紀爲簿 （柒・575）

迄今未見兩個鄉級吏民簿編在一起的情況。這樣看來,"小武陵、南鄉等吏民人名年紀口食簿"應該並不包括小武陵鄉以外的簡,而只是一份單純的小武陵鄉吏民簿。在標題簡缺失的情況下,暫可稱之爲"小武陵鄉吏民簿Ⅱ"。⑱同時,與"小武陵鄉吏民簿Ⅰ"相互補充,還可初步斷定小武陵鄉共轄有吉陽里、高遷里、東陽里、平陽里、新成里、宜都里、宜陽里等 7 個里。

二、對"小武陵鄉吏民簿Ⅱ"發掘部分的辨析

如前所述,鷲尾祐子先生推測發掘簡中以Ⅱc⑮爲主體的部分簡垞與

以往被稱爲"小武陵、南鄉等吏民人名年紀口食簿"的吏民簿屬於同一簿書。我們贊同此說,因而結合上面對該簿屬鄉的判斷將其稱爲"小武陵鄉吏民簿Ⅱ"發掘部分。該部分中,Ⅱc⑮含簡最多(538枚),且絶大多數都是户口簡,只有極個別例外。[19]與之對應的柒·圖32呈扇形(參見附圖一,插頁圖版拾),明顯是以一簡爲中心的"圓卷軸"狀簡册的一部分。[20]另外,在與之發掘位置相近的Ⅱb㊴(柒·2261—2391)、Ⅱc①(柒·2392—2423)、Ⅱc②(柒·2424—2445)、Ⅱc③(柒·2446—2470)、Ⅱc④(柒·2471—2518)、Ⅱc⑥(柒·2551—2682)、Ⅱc⑬(柒·3196—3228)中,根據形制、格式、内容等判斷,也有相當數量的簡與之屬於同一簡册。[21]

"小武陵鄉吏民簿Ⅱ"發掘部分所涉揭剥圖中,柒·圖32最大,保存情況也最佳,故有必要予以重點分析。該圖中的竹簡分爲上下兩部分,下部有字面朝上,厚達54層;上部有字面向下,僅13層,與下部的對應簡層構成有字面相對的簡册核心。扇形揭剥圖的夾角約120度,其中所保存的竹簡數應當約爲完整簡册的三分之一,據此估測,"小武陵鄉吏民簿Ⅱ"的用簡總量當在1600枚上下。前述采集簡和發掘簡中"小武陵鄉吏民簿Ⅱ"所涉各簡坨(含闌入簡)共含簡1082枚,尚不及完整簿書的三分之二,仍有相當數量的竹簡闕如。

根據户人簡等寫有里名的簡及相關成組簡判斷,柒·圖32中包含6個里,各里由内而外的次序爲:吉陽里—高遷里—庚陽里—新成里—宜都里—宜陽里。不過,對於"庚陽里"的釋文,整理者並不十分肯定,而多釋作"庚(?)"或"庚(?)"。[22]據圖版,"陽"前之字均十分模糊,難以辨識。依照現有簡文,"庚陽里"户人簡存在兩種不同的格式:

11. 庚(?)陽里户人公乘謝兒年六十四　　　(柒·3751·32·224)
12. 庚(?)陽里户人公乘烝竦年卅五屈兩足　　訾　五　十
　　　　　　　　　　　　　　　　　　　　　(柒·3863·32·336)

二者的主要區别在於有無"訾"之注記。同時,在編連上,第二種格式的簡絶大多數都處在第一種簡的外側(參見附圖一,插頁圖版拾)。由此看來,"庚陽里"所對應的很可能是兩個不同的里。

經過人名對比,還可發現二者分别與東陽里和平陽里存在對應關係,例如:

13. 庚(?)陽里户人公乘烝得年八十四　　　（柒·3868·32·341）

14. 東陽里户人公乘烝得年八十四　　　　　（壹·10271）

15. 庚(?)陽里户人公乘劉戰年五十八刑兩足　譽　五　十

　　　　　　　　　　　　　　　　　　　　（柒·3949·32·422）

16. 平陽里户人公乘劉戰年五十八刑兩足　　（壹·10475）

以上對應户人的姓名、年齡、身體狀况均相同。據此,兩種格式不同的庚陽里應分别釋作東陽里和平陽里。㉓

　　校訂以後,可知"小武陵鄉吏民簿Ⅱ"包含 7 個里。根據揭剥圖,各里由内而外的編次爲:吉陽里—高遷里—東陽里—平陽里—新成里—宜都里—宜陽里(參見附圖一,插頁圖版拾)。然而,這却與"小武陵鄉吏民簿Ⅱ"采集簡部分中各里的順序恰好相反。那麽,這是否説明發掘簡中以柒·圖 32 爲中心的"小武陵鄉吏民簿Ⅱ"發掘部分與之並非一簿,而是收卷起首端或各里編連先後順序相反的兩份"小武陵鄉吏民簿"呢?恐怕還不能這樣認爲,原因有以下幾點:

　　其一,測量圖版,"小武陵鄉吏民簿Ⅱ"采集部分的竹簡絶大多數長23.0—23.4 釐米,寬 0.8—1.2 釐米,與發掘部分相符。

　　其二,在格式方面,采集部分與發掘部分特徵一致。㉔具體而言,户計簡均爲"其○人男○人女",家庭成員簡絶大多數爲二人連記簡,且極少注筭。更值得注意的是里計簡,采集部分中保存着一組近乎連續排列的里計簡:

17. 　其一百卅八人男　　　　　　　　　（叁·4315·2·48）

18. 　其八十一人女　　　　　　　　　　（叁·4311·2·44）

19. 　　其一户給軍吏　下品　　　　　　（叁·4303·2·36）

20. 　　其五户□□民　下品　　　　　　（叁·4302·2·35）

21. 　　其七户□□女户不任調　下品之下（叁·4301·2·34）

22. 定領役民卅七户　　　　　　　　　　（叁·4300·2·33）

其中,男女口數從第一欄開始書寫,特殊民户與"不任調(役)"户之後均注户品而"(應)役民"之下不注。而發掘部分所見里計簡亦具有同樣的特徵(簡例詳後)。不過,采集部分里計簡中未見對"故户"與"新占民户"及其户品的統計,這應當是由相關竹簡缺失所造成的。

　　其三,"小武陵鄉吏民簿Ⅱ"的發掘部分與采集部分均與"小武陵鄉吏民簿Ⅰ"存在不少姓名、年齡基本對應的簡文,^㉕然而它們之間却絶無重複。這反證兩者當是互補的一份簿書,而非相同的兩份。事實上,采集部分與發掘部分確實也存在互補的簡文,鷲尾祐子先生即舉出:

23. 東陽里户人公乘彭當(?)年卅 　　　　　(柒·3777·32·250)

24. 　　　　妻大女汝年十八　當男弟諸年七歲 (参·4489·4·14)

據凌文超先生復原,簡24亦屬於東陽里,^㉖將二者的圖版放在一起,如合符契(參見附圖二)。由此看來,它們應當本屬一組。

綜合以上因素,可以肯定,采集部分與發掘部分應屬同一簡册。我們知道,各里由内而外次序相反的現象在"嘉禾六年都鄉吏民簿"與"嘉禾六年中鄉吏民簿"所涉的揭剥圖中同樣存在,其原因在於某些揭剥圖弄反了竹簡的有字面。^㉗由於柒·圖32呈扇形,並且還保留着有字面相對的簡册核心,出錯的可能性可以排除。因此,有字面弄反的應當是采集部分所對應的参·圖2和参·圖4。在將参·圖2及参·圖4中竹簡的有字面翻轉過來之後,其中各里的順序不僅與柒·圖32中相同,也與"小武陵鄉吏民簿Ⅰ"一致。據此可知,吏民簿中各里的編連遵循着一定的次序,而非隨意爲之。^㉘另外,簡17—22以往被認爲是新成里結計簡,^㉙但是,根據竹簡有字面調整以後的揭剥圖,它們應編在新成里之前、平陽里之後,爲平陽里結計簡。^㉚

由於柒·圖32中的竹簡所受擾動相對較小,在不加調整的情況下,即可找到不少揭剥號連續的成組家庭簡或其片段,如:

25. □陽里户人公乘□肬年卅苦腹心病　訾　五　十

　　　　　　　　　　　　　　　　　　(柒·3837·32·310)

26. 　　　　妻大女汝年廿五　子男 城 年四歲 (柒·3838·32·311)

27. 　　　　城女弟菀年五歲　菀女弟故(?)年三歲

　　　　　　　　　　　　　　　　　　(柒·3839·32·312)

28. 　　　·右肬家口食五人　其^{二人男}_{三人女}　(柒·3840·32·313)

29. 宜都里户人公乘吳侯(?)年卅二　訾　五　十

　　　　　　　　　　　　　　　　　　(柒·3952·32·425)

30. 　　　　侯妻大女思年廿　　　　(柒·3953·32·426)

31. ☑右侯家口食二人　其^{一人男}_{一人女}　(柒·3954·32·427)

以上諸簡出自揭剝圖下部,有字面朝上,依逆時針方向(從左向右)整齊排列,此應即其在"小武陵鄉吏民簿Ⅱ"中的原始編次。據此判斷,柒·圖32應爲頂視圖。[31]又,該圖中屬里明確的里總計簡只有:

> 32.　　右新成里魁謝三領吏民五十户父母妻子合二百一十七人
>
> (柒·4016·32·489)

在揭剝圖中,該簡處在新成里家庭簡的外側(參見附圖一,插頁圖版拾)。由於新成里家庭簡明確編在該簡之前(右),可知"小武陵鄉吏民簿Ⅱ"應當是有字面朝内,從首端向尾端收卷的。[32]

三、"小武陵鄉吏民簿Ⅱ"的製作年份

接下來需要考察的是"小武陵鄉吏民簿Ⅱ"的製作時間。在前面的論證中,我們舉出一些"小武陵鄉吏民簿Ⅱ"與"小武陵鄉吏民簿Ⅰ"姓名、年齡均相同的竹簡,這樣的例子還有很多(詳見表一)。因此,籠統地說,兩簿所反映的人口信息基本上是同一年(即嘉禾四年)的,但尚不能據此認爲"小武陵鄉吏民簿Ⅱ"也製作於嘉禾四年,因爲其中也有個別人口的年齡較"小武陵鄉吏民簿Ⅰ"中大一歲(見表一中年齡塗灰者)。[33]

表一　"小武陵鄉吏民簿"Ⅰ、Ⅱ對應家庭簡例(部分)[34]

"小武陵鄉吏民簿Ⅰ"	"小武陵鄉吏民簿Ⅱ"發掘部分
吉陽[35]里户人公乘張喬年卅筭一給縣吏(壹·10412) 喬妻大女健年廿五筭一(壹·10415) 喬兄□年卅[36]八筭一刑左足(壹·10400)	吉 陽 里户人公乘張喬年 卅 　給縣吏(柒·3555) 喬 妻大女集[37]年廿五　□男弟崗(?)年廿三給□吏(柒·3552) 喬 兄 格 (?)年卅八刑左足　姪子男城 年 五 歲 (柒·3558)
吉陽里户人公乘張惕(?)年廿八筭一給縣吏(壹·10182)	吉陽里户人公乘張惕年廿八　給縣吏(柒·3543)
吉陽里户人公乘張設年廿筭一(壹·10090)	吉陽里户人公乘張 設 年 廿 　□□□　☑(柒·3532)
吉陽里户人公乘□純年七十一盲右目(壹·10089)	吉陽里户人公乘 胡 純 年七十一盲右目　☑(柒·3530)

續　表

"小武陵鄉吏民簿Ⅰ"	"小武陵鄉吏民簿Ⅱ"發掘部分
吉 陽 里户人公乘□陵年廿五筭一（壹·10099） 陵母大女 椎㊳年卌三筭一（壹·10104）	吉陽里户人乘逢陵年……（柒·3535） 陵母大女椎年卌三　 陵 妻大女汝年十五（柒·2415）
吉陽里户人公乘勇顗年卌四筭一給州吏（壹·10139）	□陽里户人公乘勇 顗 （?）年卌□給州吏（柒·3573）
吉陽里户人公乘逢杲㊳年卅二筭一給郡吏（壹·10169）	吉 陽 里 户 人 公乘 逢 杲 年 卅 □　給郡吏（柒·3582）
吉陽里户人公乘鄧 角㊵年卅㊶一筭一（壹·9670）	吉陽里户人公乘□角年卅一（柒·3618）
吉陽里户人公乘區張年廿八筭一給州卒㊷（壹·10367） 張父□年七十五㊸（壹·10349） 張妻大女□年廿㊹九筭一（壹·10359）	□陽里户人公乘區張年廿八給州卒（柒·3607） 張（?）父叙年七十五　張妻大女妾（?）年廿九（柒·3606）
吉陽里户人公乘文啓年五十 四 筭一（壹·10370）	吉 陽里户人公乘文啓年 五 十 四 （柒·2420）
高 遷里户人公乘鄭宜年六十㊺（壹·10315）	高 遷里户人公乘鄭宜年六十　 訾 五 十 （柒·3693）
高遷里户人公乘聶首年七十五（壹·10449） 首妻大女姑年六十七（壹·10419） 首子女冷㊻年五歲（壹·10420）	高遷里户人公乘聶首年七十□　訾 五 十 （柒·3700） 妻大女姑年六十七　子女冷年六歲（柒·3692）
高遷里户人公乘蔡嬰年十七筭一給縣吏（壹·10401）	高 遷 里户人公乘蔡嬰年□八給縣吏　訾 五 十 （柒·2395）
東陽里户人公乘謝高年廿㊼六筭一盲左目（壹·10263） 高妻大女□卅一筭一（壹·10260） 高子男領（?）年五歲（壹·10249）	東 陽里户人公乘謝高年廿六盲左目（柒·3791） 妻大女妾年卅一　子男□年五歲（柒·3718）
東陽里户人公乘□贊年廿一筭一給縣卒（壹·10308） 贊寡嫂大女是㊸年廿二筭一（壹·10279） 是子男設年五歲（壹·10274） 贊男弟了㊹年十九筭一（壹·10273）	東 陽 里户人公乘□ 贊 年 廿二 給縣吏㊿（柒·3794） 贊嫂大女是年廿二　是子男設年六歲（柒·3795） 贊男弟了年 廿 　了妻大女倉年十六（柒·3793）
東陽里户人公乘李禿年廿六筭一㊶（壹·8632）	東 陽里户人公乘李禿年廿六（柒·3817）

續　表

"小武陵鄉吏民簿 I "	"小武陵鄉吏民簿 II "發掘部分
東陽里户人公乘爝得年八十四（壹・10271）	東 陽里户人公乘爝得年八十四（柒・3868）
車母大女阿年八十三52（壹・10466） 車妻大女然53年卅六筭一（壹・10471） 車子女□年三歲（壹・10468）	車母大女□年八十三　車妻大女 然 （?）年卅六（柒・3768） 車子女奶（?）年四歲　車季父公乘羅年八十三（柒・3784）
平陽里户人公乘劉戰年五十八刑兩足（壹・10475） 戰妻大女取年卅一筭一（壹・10485）	平 陽 里户人公乘劉戰年五十八刑兩足　筭　五十（柒・3949） 妻 大女取年卅一　外 姪子男唐襄（?）年七歲（柒・3951）

更爲重要的是，該簿所見吏民物故的時間均爲嘉禾五年或嘉禾六年：54

33. □陽里户人公乘黄宜年五十三　嘉禾五年九月十一日被病物故

（柒・3853・32・326）

34. 新成里户人公乘 文 栗 年七十二　五年十一月十九日物故　妻

大女思年六十□（柒・2465・20・20）

35. 新 成 里户人公乘 先 州年六十二　嘉禾五年十月廿五日被病

物故子女愳（?）年十（柒・3963・32・436）

36. 平陽里户人公乘黄監年五十　六年三月廿三日物故死　筭

五　十（參・4298・2・31）

核對圖版，以上簡文中的"物故"注記均未有二次書寫的痕迹。尤其是，新成里多采用三人連記模式，中欄一般情況下還要繼續登録其他家庭成員，因而也無日後補寫的空間。看來，物故信息在簿書製作時便已注入。既然如此，則"小武陵鄉吏民簿 II "必成於嘉禾六年三月廿三日以後。鷲尾祐子先生認爲，此簿抄寫於嘉禾六年的可能性很高。55考慮到吳簡的時間下限爲嘉禾六年，56那麽其完成和提交時間又必在此年結束以前，57我們認爲該簿製作的時間應該就是嘉禾六年，故亦可稱其爲"嘉禾六年小武陵鄉吏民簿"。

四、"小武陵鄉吏民簿Ⅱ"里計簡的格式復原

"小武陵鄉吏民簿Ⅱ"所反映的人口信息主體上是嘉禾四年的,但其完成和提交時間却是嘉禾六年,這就決定了其性質不可能是户籍,[58]而是應縣廷要求而製作、具有某種特定功能的簿書。那麽,該簿因何而作? 其功能是什麽? 又爲什麽會出現人口年齡與簿書提交年份不一的現象? 凌文超先生曾據采集部分指出,"小武陵鄉吏民簿Ⅱ"家庭簡不注重對"訾"、"筭"的準確記録與統計,發掘部分亦具有同樣特徵,因而首先可以肯定,該簿並非爲徵收"訾"、"筭"而作。[59]而要確定其具體功能,則需進一步考察各里末尾的結計簡。

以内容爲依據,"小武陵鄉吏民簿Ⅱ"中的里計簡大體上可分爲以下幾項:

(一) 總計簡,目前僅見:

32.　右新成里魁謝三領吏民五十户父母妻子合二百一十七人

　　　　　　　　　　　　　　　　　　　　(柒·4016·32·489)

37.　☑□領吏民卅□户……　　　(柒·3819·32·292)

(二) 男女口數統計簡,如:

38.　其八十四人女　　　(柒·3934·32·407)

39.　其一百卅五人男　　　(柒·3987·32·460)

(三) 特殊民户及其户品統計簡,如:

40.　·其一户郡吏　中品　　　(柒·3936·32·409)

41.　其六户給縣吏　其……户上品……户中品　　　(柒·3877·32·350)

42.　其四户限佃民　下品　　　(柒·3878·32·351)

(四) "不任調(役)"户及其户品統計簡,如:

43.　其十……户女户下品之下　　　(柒·3824·32·297)

44.　其十二户窮女户不任調……下品之下

　　　　　　　　　　　　　　　　　　　　(柒·3925·32·398)

(五) "應役民"户統計簡:

45.　定應役民廿三户　　　(柒·3665·32·138)

（六）“故户”、“新占民户”及其户品統計簡,⑥如：

46.　　　　其十七户故户　　其^{三户上品}_{四户中品}_{十户下品}　　（柒·4044·32·517）

47.　　　　其十七户新占民户　下品　　（柒·4045·32·518）

參照采集部分所見平陽里結計簡(簡 17—22)及吳簡吏民簿里計簡的一般排序,⑥可知上列結計簡中第(一)—(五)項應依次編連而下。第(六)項爲采集部分所無,以往所復原的里計簡中亦未見,這裏將其排在“應役民”户統計簡之後,原因有以下幾點：其一,吳簡中的里民一般由特殊民户、“不任調(役)”户和“應役民”户共同組成,⑥可“小武陵鄉吏民簿Ⅱ”里計簡中各色特殊民户和“不任調(役)”户統計簡中均有户品注記,惟獨“應役民”户統計簡中沒有。我們推測,“小武陵鄉吏民簿Ⅱ”中很可能也有對“應役民”户的户品注記,只不過沒有寫到同一枚竹簡上。而里計簡第(六)項對户品嚴加注記,正好可補“應役民”户户品統計之缺失。

其二,從初步整理結果來看,吉陽里、東陽里和宜陽里同時保存着“故户”與“新占民户”統計簡,⑥三里中兩類民户之和分別爲 25、30、34 户。在吳簡當中,里的規模一般爲 50 户或其上下,⑥可見里計簡當中“故户”與“新占民户”之和並非全里的總户數,也就不可能排列在里總計簡之後。另一方面,吳簡中各里的應役民户數一般都在 20 至 40 户之間,⑥例如：

48.　　·定應役民廿户　　　　　　　　　　（貳·2303）

49.　　定應事役廿四户　　　　　　　　　（捌·826·5·164）

50.　　定應役民卅户　☑　　　　　　　　（捌·3672·11·80）

51.　　定見役民卅四户　　　　　　　　　（柒·1214·9·13）

由此推知,“小武陵鄉吏民簿Ⅱ”中“故户”與“新占民户”之和當爲“應役民”户。

其三,從柒·圖 32 看,吉陽里結計簡中的“應役民”户與“故户”、“新占民户”恰好是按逆時針方向連續排列的(參見附圖一,插頁圖版拾)：

52.　　定應役民廿三户　　　　　　　　　（柒·3665·32·138）

53.　　　　其廿四户故户　　其^{二户上品}_{九户中品}_{十三户下品}　　（柒·3655·32·128）

54.　　　　其一户新占民　　　　　　　　（柒·3657·32·130）

這與圖中家庭簡的排列次序一致,當即其於簡册中的原始順序。簡 52 中的"三"圖版作"▉",隱約亦似"五"字。果如此,則此處"故戶"與"新占民戶"之和恰好就是"應役民"戶數,從而可證實前面的判斷。此外,前引簡 46、47 出自宜陽里,在揭剝圖中也是按逆時針方向連續排列(參見附圖一,插頁圖版拾),這又進一步説明"應役民"戶中的"故戶"統計簡編在"新占民戶"統計簡之前。至此,"小武陵鄉吏民簿Ⅱ"各里結計部分的基本格式可復原如下:

> 右○○里領吏民○○戶口食○○人
> 　其○○人男
> 　其○○人女
> 　　　其○戶○○　　戶品
> 　　　其○戶○○　　戶品
> 　　　……
> 　　　其○戶窮老尪羸不任調(役)　　戶品
> 　定應役民○○戶
> 　　　其○戶故戶　　戶品
> 　　　其○戶新占民戶　　戶品

五、"小武陵鄉吏民簿Ⅱ"與户税攤派

　　以往研究或據"小武陵鄉吏民簿Ⅱ"中有對"定應役民"的統計,認爲其與"嘉禾六年廣成鄉吏民簿"的性質一樣,係爲派役而作。[66]但這類簿書的里計簡基本格式爲:[67]

> 集凡/右○○里○○領吏民○○戶口食○○人
> 　其○人前後被病物故
> 定領見人三百七十六人　　其○○人男／○○人女
> 　其○戶○○
> 　其○戶○○
> 　　……
> 　其○戶尪羸窮老不任調／役
> 定領應／事役民○○戶
> 　　　　魁　○　○　主

兩相比較,"小武陵鄉吏民簿Ⅱ"的總計簡均以"右"開頭,沒有魁名,最後也沒有"魁○○主"。在統計項目上,"小武陵鄉吏民簿Ⅱ"各里總計簡下缺少"被病物故"人數與"定領見人"數,又在"應役民"户數統計簡下增加了對於"故户"和"新占民户"的統計。尤其是,對於各色民户均加注户品。⑱

已刊吳簡中,與"嘉禾六年廣成鄉吏民簿"性質相同的是"嘉禾六年都鄉吏民簿"、"嘉禾六年中鄉吏民簿"。三者屬鄉不同,且轄於兩個不同的廷掾部,其家庭簡體例亦有差別,但里計簡的項目類型與格式却比較一致。⑲也就是説,相同性質的鄉級吏民簿,其里計簡格式應當是基本相同的。"小武陵鄉吏民簿Ⅱ"與其他三鄉的里計簡差異明顯,意味着其性質與功能當有所不同,儘管其中也存在對"定應役民"的統計。

由復原結果可以看到,對各種民户均詳注户品,是"小武陵鄉吏民簿Ⅱ"里計簡的最大特色,這顯示户品應當是此簿所關心的重點。隨之而來的問題是,這類簿書爲什麼如此注重户品統計? 對應役民户的户品統計又爲何還要進一步區分"故户"與"新占民户"? 我們認爲,這主要與孫吳依品攤派户稅的制度有關。在吳簡中,有不少户稅是要根據户品的高下來確定實際繳納的多少的,目前所見有户品出錢、户品出布、户品出銅等,簡例如:

55. ☑☑☑謹以所領户出錢上中下品人名爲簿 　　　（貳·8256）

56. ☑領一萬四千九百卌獲(?)三品布⑳ 　　　（參·7058）

57. 言府三品調吏民出銅一萬四百斤事　七月廿七日兵曹掾番棟白

（柒·3164·29·12）

58. 兵曹言部吏壬☑☑☑户品限吏民上中下品出銅斤數要簿事

嘉禾四年七月廿一日書佐吕承封

（柒·2579·23·29）

以上竹簡雖均言"三品"或"上中下品",但實際操作中更爲複雜,受到多種因素的影響。如"不任調(役)"户的户品爲下品之下,在三品以外,原則上應無需再繳納一些賦稅,但這在實施中有時却不能落實。故吳簡中既見"三品布",又有"四品布",後者即將"下品之下"也視爲一個獨立的户等,並確定相應的徵收額度。㉑更爲重要的是,吳簡民户中還存在故户、新戶之別,其賦税負擔亦有所不同,是以戶品出錢在徵收中實際存在故戶上品、新戶上品、故戶中品、新戶中品、故戶下品、新戶下品六個等級。[72]"小武陵鄉吏民簿Ⅱ"中的"應役民"戶進一步區分爲"故戶"與"新占民"戶,應當也是因爲二者在户税負擔上有所不同。

　　據《續漢書·百官志》,鄉吏的主要職責之一便是"知民貧富,爲賦多少,平其差品"。這裏所説的品,很可能指的就是戶品。由此觀之,吳初的"依品徵税"之制,應當也是對漢制的延續,而"小武陵鄉吏民簿Ⅱ"的主要作用便在於爲相關賦税的徵收提供依據。至於它是爲哪種(或哪些)戶税的徵收而作,現在還不得而知。由於戶税的徵收單位是戶而非個人,短時間內各戶人口年齡甚至數量的增減對此基本没有什麽影響。再考慮到戶品本身也具有相對穩定性,"小武陵鄉吏民簿Ⅱ"中的人口采用兩年或一年以前的年齡信息,且不統計相關人口的物故情況,也就不足爲奇了。

　　附記:本文是在沈剛師的悉心指導下完成的,又蒙匿名審稿專家提出寶貴意見,謹在此一併致以誠摯的謝意!

附圖一 柒·圖 32 中各里內外次序示意圖

注：塗色部分爲寫有里名的簡及相關成組簡

圖例
吉陽里：
高遷里：
東陽里：
平陽里：
新成里：
宜都里：
宜陽里：

0 1 2 釐米

附圖二　簡 16、17 拼合圖

注　釋

① 吳簡竹簡部分現已出版 8 卷,分別爲走馬樓簡牘整理組編著:《長沙走馬樓三國吳
簡·竹簡(壹)(貳)(叄)(肆)(伍)(陸)(柒)(捌)》,文物出版社,2003、2007、
2008、2011、2018、2017、2013、2015 年。以下簡稱"《竹簡(壹)》"、"《竹簡
(貳)》"等。

② 圖見"《竹簡(壹)》"下册附録一,第 1115、1116 頁;"《竹簡(叄)》"下册附録一,第
909、910 頁。

③ 凌文超:《走馬樓吳簡采集簡"户籍簿"復原整理與研究——兼論吳簡"户籍簿"的
類型與功能》,原刊長沙簡牘博物館等編:《吳簡研究》第三輯,中華書局,2011 年;
後修訂爲氏著《走馬樓吳簡采集簿書整理與研究》第三章"户籍簿及其類型與功
能",廣西師範大學出版社,2015 年,第 96—153 頁。大約同時,張朵先生也對這幾
幅揭剥圖進行了相應的整理與研究,但總體上没有超出凌文,參見氏著《走馬樓吳
簡吏民籍的復原與研究》,北京師範大學碩士學位論文,2011 年。

④ 鷲尾祐子:《資料集:三世紀の長沙における吏民の世帶—走馬楼吳簡吏民簿の户
の復原—》,東京外國語大學アジア・アフリカ言語文化研究所,2017 年,第 9—
28 頁。

⑤ 同上書,第 92 頁。

⑥ 李淵:《走馬樓吳簡發掘簡"小武陵、南鄉等吏民人名年紀口食簿"復原的初步研
究》,陝西師範大學本科生畢業論文,2017 年。

⑦ 簡頂端原釋有"☑","謹列"原釋作"□",據凌文超先生意見改,參看氏著《走馬樓
吳簡采集簿書整理與研究》第三章"户籍簿及其類型與功能",第 101 頁,注①。

⑧ 凌文超:《走馬樓吳簡采集簿書整理與研究》第三章"户籍簿及其類型與功能",第
104 頁。

⑨ 吳簡中納筭的年齡區間爲 15—59 歲(參于振波:《"筭"與"事"——走馬樓户籍簡
所反映的算賦和徭役》,原刊《漢學研究》第 22 卷第 2 期,2004 年,修訂稿收入氏著
《走馬樓吳簡續探》,臺北文津出版社,2007 年,第 137 頁),但此區間内"給吏"、"疾
病"和注"復"者,亦無需納筭(凌文超:《走馬樓吳簡采集簿書整理與研究》第三章
"户籍簿及其類型與功能",第 141 頁)。烝頡 57 歲,且無任何可以復筭的注記,符
合納筭標準。

⑩ "小武陵鄉吏民簿Ⅰ"中,"筭"的注記相當嚴格,參凌文超:《走馬樓吳簡采集簿書
整理與研究》第三章"户籍簿及其類型與功能",第 133 頁。

⑪ 參上書,第 125—131 頁。

⑫ 同上書,第 133—135 頁。

⑬ 同上書,第 121—124 頁。

⑭ 參連先用:《吳簡所見臨湘"都鄉吏民簿"里計簡的初步復原與研究——兼論孫吳初期縣轄民户的徭役負擔與身份類型》,《簡帛研究二〇一七(秋冬卷)》,廣西師範大學出版社,2018 年,第 262 頁。

⑮ 安部聰一郎著,劉峰譯:《典田掾、勸農掾的職掌與鄉——對長沙吳簡中所見"户品出錢"簡的分析》,《簡帛研究二〇一五(秋冬卷)》,廣西師範大學出版社,2015 年,第 249—250 頁;徐暢:《走馬樓簡所見孫吳"鄉勸農掾"的再研究——對漢晉之際鄉級政權的再思考》,《文史》2016 年第 1 期,第 29—30、33—34、39—40 頁;凌文超:《走馬樓吳簡隱核州、軍吏父兄子弟簿整理與研究——兼論孫吳吏、民分籍及在籍人口》,紀念走馬樓三國吳簡發現二十周年長沙簡帛研究國際學術研討會論文,長沙,2016 年 8 月,第 90—91 頁(該文後刊於《中國史研究》2017 年第 2 期,但其中没有關於勸農掾的分析);凌文超:《新見"勸農掾料核軍吏父兄子弟木牘文書"補釋》,《中國中古史集刊》第三輯,商務印書館,2017 年,第 71—72 頁。

⑯ "陸·188·6·17"中的數字,依次指卷次、出版號、揭剥圖號、揭剥順序號,以下皆同。又,《竹簡》各卷釋文對簡文中的空格均進行了統一,即不論簡文原留空多少,釋文一律空兩格(或一格),這不利於反映簡文本身的格式。這裏借鑒侯旭東先生的做法(見氏著《長沙走馬樓吳簡〈竹簡(貳)〉"吏民人名年紀口食簿"復原的初步研究》,《近觀中古史——侯旭東自選集》,中西書局,2015 年,第 87 頁),對於不頂格而從第一欄開始書寫的(一般爲各類小計簡),低一格;對於從第二欄開始頂格書寫的(一般爲家庭成員簡、分項統計簡),低三格;對於從第三欄開始頂格書寫的,低六格;其他情況,酌情留空。

⑰ "樂(?)",原釋作"縣"。案,"縣鄉"在吳簡中未見其例。據圖版,"縣"字作"",亦似"樂"字,而樂鄉在吳簡中例證甚多,據改。

⑱ 新刊《竹簡(伍)》中亦見部分竹簡屬於"小武陵鄉吏民簿Ⅱ"(主要見於伍·6339—7130),包含吉陽里、高遷里、東陽里、平陽里、新成里、宜都里、宜陽里等全部小武陵鄉屬里(而無安陽里),並見總計簡"☑小武陵鄉領吏民☑百五十……口食二千☑百卅三人"(伍·6552·33·48),這些可以爲本文的有關判斷提供新的佐證。需要指出的是,"小武陵鄉吏民簿Ⅰ"總計簡"☑右小武陵鄉領四年吏民一百九十四户口九百五十一人收更口筭錢合☑☑一千三百卅四錢"(壹·4985)與"小武陵鄉吏民簿Ⅱ"總計簡所見小武陵鄉人户數量相較明顯偏少,這是以往認爲小武陵鄉只有 5 個里的重要原因。那麼,如何解釋這種矛盾呢?其實,"小武陵鄉吏民簿Ⅰ"僅爲徵收"更口筭錢"而製作,並不登載那些無需交錢的人户,因而其總計簡所統計的也只是小武陵鄉全部人户的一部分。對此,拙作《吳簡所見"更口筭錢簿"整理與研究》(待刊)已有詳細探討,兹不贅述。

⑲ 這些簡共有 7 枚,其中 4 枚爲户品出錢簡,分別爲:柒・3843・32・316、柒・3844・32・317、柒・3845・32・318、柒・3846・32・319;2 枚爲賬簿類簡:柒・4058・32・531、柒・4063・32・536;剩下一枚爲"頭死罪敢言之"(柒・3938・32・411),該簡是否包含在"小武陵鄉吏民簿Ⅱ"内,容再考慮。

⑳ 肖芸曉先生指出簡册存在多種收卷方式,其中,"卷軸型"又分爲"圓卷軸"和"扁卷軸"兩種,説見陳弘音、游逸飛:《簡牘形制與物質文化——古代中國研究青年學者研習會(四)報導》,簡帛網,2016 年 6 月 4 日。

㉑ 鷺尾祐子先生已經注意到此點,見氏著《資料集:三世紀の長沙における吏民の世帶—走馬楼吴簡吏民簿の户の復原—》,第 92 頁。

㉒ 惟一例外是"庚陽里户人公乘□□年廿三給軍吏"(柒・3823・32・296),但圖版也相當模糊,難以辨識。

㉓ 鷺尾祐子先生在復原中已作了部分校訂,見氏著《資料集:三世紀の長沙における吏民の世帶—走馬楼吴簡吏民簿の户の復原—》,第 13、22、92 頁。

㉔ 鷺尾祐子先生已指出這一點,但未作詳論,參見氏著《資料集:三世紀の長沙における吏民の世帶—走馬楼吴簡吏民簿の户の復原—》,第 92 頁。

㉕ 采集部分與"小武陵鄉吏民簿Ⅰ"的對應簡例,參見凌文超:《走馬樓吴簡采集簿書整理與研究》第三章"户籍簿及其類型與功能",第 133—135 頁;發掘部分與"小武陵鄉吏民簿Ⅰ"的對應簡例可參看下文及鷺尾祐子:《資料集:三世紀の長沙における吏民の世帶—走馬楼吴簡吏民簿の户の復原—》,第 13—28 頁。

㉖ 凌文超:《走馬樓吴簡采集簿書整理與研究》第三章"户籍簿及其類型與功能",第 130 頁。

㉗ 參連先用:《吴簡所見臨湘"都鄉吏民簿"里計簡的初步復原與研究——兼論孫吴初期縣轄民户的徭役負擔與身份類型》,《簡帛研究二〇一七(秋冬卷)》,第 246 頁,注⑥;連先用:《吴簡所見"嘉禾六年中鄉吏民簿"的初步整理與研究——兼論吴初臨湘侯國的廷掾與鄉政》,待刊。對於吴簡揭剥圖有字面弄反的現象,我們已另作《長沙走馬樓吴簡揭剥圖辨疑——以竹簡正背顛倒現象爲中心》一文(待刊),兹不贅述。

㉘ 凌文超先生此前已有這樣的推測,參看氏著《走馬樓吴簡采集簿書整理與研究》第二章"嘉禾四年南鄉户籍與孫吴户籍的確認",第 131—132 頁。

㉙ 凌文超:《走馬樓吴簡采集簿書整理與研究》第三章"户籍簿及其類型與功能",第 122—123 頁。

㉚ 簡 17、18 中男女口數相加爲 219 人,較簡 32 多出 2 人("小武陵鄉吏民簿Ⅱ"結計簡中没有"物故"統計項),亦能印證簡 17—22 並非新成里結計簡。

㉛ 吴簡揭剥圖的視圖判斷,遵循以下規律:由於簡册一般是從右至左書寫,有字面朝

内收卷,故在底視圖中,無論從首端收卷還是從尾端收卷,簡文都當按順時針方向閱讀;相應地,在頂視圖中,無論從哪一端收卷,簡文都當按逆時針方向閱讀。反過來,如果揭剥圖中的簡文需要按順時針方向閱讀,那該圖一定是底視圖;若簡文是按逆時針方向閱讀,則揭剥圖必然爲頂視圖。

㉜ 李淵先生已指出此點,但未列舉里計簡在家庭簡之外這一必要證據,見氏著《走馬樓吳簡發掘簡"小武陵、南鄉等吏民人名年紀口食簿"復原的初步研究》,陝西師範大學本科生畢業論文,2017 年,第 13 頁。

㉝ "小武陵鄉吏民簿Ⅱ"采集部分也存在這種情況,參見凌文超:《走馬樓吳簡采集簿書整理與研究》第三章"户籍簿及其類型與功能",第 134 頁。

㉞ 相關對應簡例,係結合既往整理復原結果及我們的進一步整理所得(對"小武陵鄉吏民簿Ⅱ"的整理結果及相關釋文校訂,限於篇幅,今從省),參凌文超:《走馬樓吳簡采集簿書整理與研究》第三章"户籍簿及其類型與功能",第 125—135 頁;鷲尾祐子:《資料集:三世紀の長沙における吏民の世帶—走馬楼吳簡吏民簿の户の復原—》,第 9—28、91—99 頁;李淵:《走馬樓吳簡發掘簡"小武陵、南鄉等吏民人名年紀口食簿"復原的初步研究》,陝西師範大學本科生畢業論文,2017 年,第 28—29 頁。

㉟ "吉陽"原釋作"高遷",據圖版及對應關係改。

㊱ "卅"原釋作"廿",據圖版及對應關係改。

㊲ 據對應關係,"大女集"與"大女健"當爲一人,但從圖版無法肯定,故存其異。

㊳ "椎"原釋作"胡",據圖版及對應關係改。

㊴ "杲"原釋作"□",據凌文超先生意見改,參見氏著《走馬樓吳簡采集簿書整理與研究》第三章"户籍簿及其類型與功能",第 98 頁。

㊵ "角"原釋作"□",據凌文超先生意見改,參見氏著《走馬樓吳簡采集簿書整理與研究》第三章"户籍簿及其類型與功能",第 99 頁。

㊶ "卅"原釋作"卌",據圖版及對應關係改。

㊷ "卒"原釋作"吏",據圖版及對應關係改。

㊸ 整理者注:"'年'上□右半殘缺,左半從'金'。"

㊹ "廿"原釋作"十",據對應關係改。

㊺ "六十"後原釋有"八"字,據圖版刪。

㊻ "冷"原釋作"泠",據圖版改。

㊼ "廿"原釋作"卅",據圖版及對應關係改。

㊽ "是"原釋作"見",據圖版及對應關係改,下簡同。並參鷲尾祐子:《資料集:三世紀の長沙における吏民の世帶—走馬楼吳簡吏民簿の户の復原—》,第 120 頁。

㊾ "了"原釋作"□",據圖版改。

㊿ 據對應關係,“縣吏”當作“縣卒”,然據圖版尚不能肯定,暫列此存疑。

(51) 該簡出自采集簡第 13 盆,凌文超先生整理中未收。不過,其於内容、形制、格式等方面的特徵均與“小武陵鄉吏民簿Ⅰ”相同,據補。

(52) 該組對應關係屬於東陽里。

(53) “然”,原釋作“炔”,據圖版及對應關係改。

(54) “小武陵鄉吏民簿Ⅱ”中有“宜 都 里户人公乘區上年七十二　腹(?)心病　嘉禾二年正月十四日被病物故　訾　五 十”(柒·3977·32·450),然而,查對圖版,“二年”之“二”字模糊不清,或當釋作“五”。

(55) 鷲尾祐子:《資料集:三世紀の長沙における吏民の世帶——走馬楼吳簡吏民簿の户の復原—》,第 93 頁。

(56) 參《竹簡》各卷附録中的“紀年索引”。

(57) 此前凌文超先生指出,“小武陵鄉吏民簿Ⅱ”中平陽里所見人口的年齡均是嘉禾四年的,簡 36 意味着該簿在嘉禾六年仍在使用(見氏著《走馬樓吳簡采集簿書整理與研究》第三章“户籍簿及其類型與功能”,第 132 頁)。這實際上没有注意到簡 36 所見物故注記並非後來補寫。

㊺ 李淵先生認爲該簿是“爲了編造賦役類户籍由里—鄉這一系統所提供的材料本”,見氏著《走馬樓吳簡發掘簡“小武陵、南鄉等吏民人名年紀口食簿”復原的初步研究》,陝西師範大學本科生畢業論文,2017 年,第 31 頁。

㊾ 參凌文超:《走馬樓吳簡采集簿書整理與研究》第三章“户籍簿及其類型與功能”,第 133、135 頁。

⑥ 需要説明的是,有 2 枚“新占民”統計簡没有户品注記:“其一户新占民”(柒·3657·32·130)、“其六户新占民”(柒·3810·32·283)。這或是由於漏寫,也有可能是因爲“新占民”户一般都是下品,故可省寫。

(61) 參連先用:《吳簡所見臨湘“都鄉吏民簿”里計簡的初步復原與研究——兼論孫吳初期縣轄民户的徭役負擔與身份類型》,《簡帛研究二〇一七(秋冬卷)》,第 239—314 頁。

(62) 同上。

(63) 有關竹簡隸屬各里的情況,可參考圖一,兹列其簡號如下:吉陽里“故户”(柒·3655·32·128);吉陽里“新占民户”(柒·3657·32·130);東陽里“故户”(柒·3826·32·299);東陽里“新占民户”(柒·3810·32·283);宜陽里“故户”(柒·4044·32·517);宜陽里“新占民户”(柒·4045·32·518)。

(64) 詳參連先用:《吳簡所見里的規模與吳初臨湘侯國的户籍整頓》,《中國農史》2019 年第 1 期,第 46—56 頁。

(65) 在此範圍以外的簡例目前僅見“定應役民十九户”(貳·1973)、“定領役民卅一户”

（柒·450·6·194）、"定領役民 冊 三户"（捌·620·4·139）。

⑥ 凌文超：《走馬樓吳簡采集簿書整理與研究》第三章"户籍簿及其類型與功能"，第
136—137 頁。

⑥ 參連先用：《吳簡所見臨湘"都鄉吏民簿"里計簡的初步復原與研究——兼論孫吳
初期縣轄民户的徭役負擔與身份類型》，《簡帛研究二〇一七（秋冬卷）》，第 269—
270 頁。

⑥ "嘉禾六年廣成鄉吏民簿"的特殊民户統計簡中時或亦注户品，但很不嚴格，參侯旭
東：《長沙走馬樓吳簡"嘉禾六年（廣成鄉）弦里吏民人名年紀口食簿"集成研究：
三世紀初江南鄉里管理一瞥》，原刊邢義田、劉增貴主編：《第四屆國際漢學會議論
文集：古代庶民社會》，"中研院"歷史語言研究所，2013 年；修訂稿收入氏著《近觀
中古史：侯旭東自選集》，第 126—127 頁。

⑥ 參連先用：《吳簡所見臨湘"都鄉吏民簿"里計簡的初步復原與研究——兼論孫吳
初期縣轄民户的徭役負擔與身份類型》，《簡帛研究二〇一七（秋冬卷）》，第 296 頁；
連先用：《吳簡所見"嘉禾六年中鄉吏民簿"的初步整理與研究——兼論吳初臨湘
侯國的廷掾與鄉政》，待刊。

⑦ " 布 "原釋作"□"，據凌文超意見改，參看氏著《走馬樓吳簡上中下品户數簿整理與
研究——兼論孫吳的户等制》，《中國經濟史研究》2016 年第 3 期，第 170 頁。

⑦ 凌文超：《走馬樓吳簡采集簿書整理與研究》第六章"庫布賬簿體系與孫吳户調"，
第 389 頁；譚翠：《走馬樓吳簡中的"四品布"》，陳建明主編：《湖南省博物館館刊》
第十輯，嶽麓書社，2014 年，第 301 頁。

⑦ 相關研究較多，可參凌文超《走馬樓吳簡三鄉产品出錢人名簿整理與研究——兼論
八億錢與波田的興建》，《文史》2017 年第 4 期，第 29—87 頁。

走馬樓吳簡所見"黃簿民"與"新占民"再探

——以嘉禾五年春平里相關籍簿的整理爲中心

崔啓龍（北京師範大學歷史學院）

吳簡中的"黃簿"一詞，最早見於宋少華 1998 年披露的一枚"舉私學"木牘中，其中有"操黃簿審實，不應爲私學"一句，由此開啓了學界此後對於"黃簿"持續、熱烈的討論。[①]時至今日，隨着吳簡材料的逐步披露，學界對於"黃簿"的性質和內容的研究已經有了較爲豐碩的成果。[②]然而遺憾的是，由於吳簡被積壓千年，散亂情況本就較爲嚴重，加之出土時又頗受擾動，致使我們在吳簡中無法見到一份相對完整的"黃簿"樣本。樣本的缺失，使學者們的討論缺乏一個必要的基礎，制約了研究的進一步深入。

近來，連先用在這方面率先做出了嘗試，其根據《竹簡（柒）》中的揭剝圖 42，復原出了富貴里戶口名簿中所載"黃簿民"部分和"新占民"部分的大致框架，並認爲"黃簿民"作爲一個獨立名詞，指當地戶籍中所固有的民戶，與"新占民"共同構成了一里之中的全部民戶。[③]連文將"黃簿民"與"新占民"的性質結合起來考慮，相互發明，爲我們探索吳簡中"黃簿"和"黃簿民"問題開闢了新思路。但也同樣存在令人遺憾之處，連文依據的揭剝圖柒·圖 42 所呈現的該坨千餘枚竹簡並非收卷狀態，明顯受到過較爲劇烈的擾動，且其中包括了 9 個里的戶人簡，富貴里的戶人簡則散布在一個較大的範圍，因此可供復原的條件不佳。作者雖大致復原出富貴里簡册的結構，但距離原貌仍有差距。

關於"新占民"的討論則較爲有限，目前看來，在已披露的吳簡中，涉及"新占民"的材料有兩種："隱核新占民簿"和"新占民口食簿"。前者已由凌文超作過整理研究，[④]後者則如上文所示，已由連先用論及。據論

者所言,所謂"隱核新占民簿"是指在嘉禾二年的一次大規模隱核新占民
行動中所衍生出的相關文書和名簿。這次行動是由駐在武昌的太常府統
一部署,核查範圍涉及轄下的蘄春、江夏、南郡、宜都、武陵、長沙、零陵、桂
陽等郡以及"東西部督都尉屯田",目的是爲了隱核"諸郡生子遠受居比
郡縣及方遠客人"。行動指令由太常府下達,即"丁卯書",經過郡、縣(侯
國)、鄉的逐級抄送傳達,又形成了一系列内容相似的下行文書。該項行
動由掌管鄉部的勸農掾指揮歲伍具體落實,最終隱核出的民户,再製成名
籍逐級上呈,最後彙總至太常府,由此完成整個行政程序。凌文超認爲,
此次隱核新占民行動與在其稍後開展的全國範圍"舉私學"行動有着密
切聯繫,並指出"舉私學"行動的實質是孫吳朝廷削弱地方豪帥的措施,
而之前的"隱核新占民"行動實際上則是以太常潘濬爲代表的地方豪帥
對孫吳朝廷的變相抵制行爲。凌文較爲完整地勾畫出了嘉禾二年這次隱
核新占民行動的程序,爲我們接下來的討論提供了可循之路。連先用所
復原的富貴里户籍簿,將"黄簿民"和"新占民"對舉,發現二者分別與"户
品出錢簡"中的"故户"和"新户"有密切聯繫,並由此指出"這種分張比
較普遍地存在於臨湘侯國所轄的鄉里之中"。此外,連文認爲較之於"黄
簿民","新占民"在賦役方面並未享受優惠,反倒要在"户品出錢"時付出
更多。由於材料所限,連文雖未能指出"黄簿民"和"新占民"在籍簿中的
具體差異,但其所復原籍簿的格式與本文所復原的春平里户籍類文書較
爲相似,因此具有相當重要的借鑒意義。比較凌、連二氏所依據的材料,
雖然性質不盡相同,但内容却均有登載"新占民"的籍簿。前者是勸農掾
在隱核"諸郡生子遠受居比郡縣及方遠客人"後專門製成的名簿,作爲文
書的附件一併上呈;後者則是作爲編入户籍簿中的一部分,但暫時無法斷
定具體格式。至於二者在格式上存在何等差異,暫時不得而知。

在《長沙走馬樓吳簡竹簡(陸)》(以下簡稱"《竹簡(陸)》")揭剥圖
15中,我們發現了相對完整的"嘉禾五年春平里黄簿民户數口食人名簿"
和"嘉禾五年春平里新占民户數口食簿"。兩份簡册前後編連,應同屬於
"嘉禾五年春平里吏民人名年紀口食簿"(暫定),且揭剥圖呈明顯收卷狀
態,具備較好的復原條件。因此,本文擬以此揭剥圖爲研究對象,在對簡
册進行初步復原的基礎上,討論"黄簿民"、"新占民"以及孫吳流民管理
等相關問題。

一、《竹簡(陸)》揭剥圖 15 的整理與復原

揭剥圖 15 描繪的是此坨簡在平置狀態下,從側面(即竹簡頂端或底端)觀察後的逐層叠壓的狀態(見圖一)。該坨竹簡呈較爲明顯的收卷狀態,可分爲上下兩部分,上半部分均是有字面朝下,下半部分與之相反。由於整理者在整理成坨竹簡時,往往采取分層揭剥的方式,所以我們按整理者所給出的每層從左到右依次排列的數組,可將該坨竹簡分爲 30 層,以文字面相對的簡之間爲分界綫(如簡 132 與 134 之間、133 與 135 之間),以上爲 1—13 層,以下爲-1—-17 層。分層情況如下表所示。

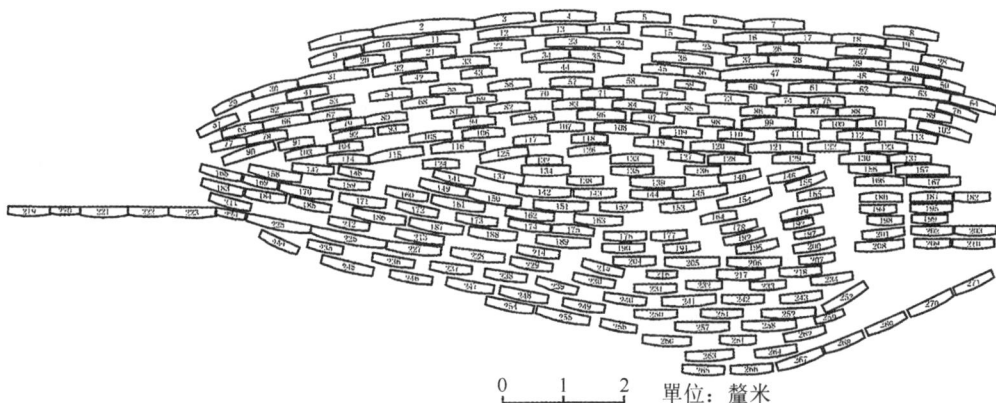

圖一 陸·揭剥圖 15

表一 《竹簡(陸)》揭剥圖 15 簡册分層情況表

層位號	揭剥圖號	層位號	揭剥圖號
13	1—8	3	114—123
12	9—19	2	124—131
11	20—28	1	132—133
10	29—40	-1	134—136
9	41—50	-2	137—140
8	51—64	-3	141—146
7	65—76	-4	147—157
6	77—89	-5	158—167
5	90—102	-6	168—182
4	103—113	-7	183—199

續　表

層位號	揭剝圖號	層位號	揭剝圖號
-8	200—203	-13	244—253
-9	204—210	-14	254—259
-10	211—218	-15	260—262
-11	219—234	-16	263—264
-12	235—243	-17	265—271

（一）"黃簿民"與"新占民"的分立與籍簿格式復原

在第 3 層和第 9 層,我們分別發現了兩枚標題簡:

1. 春平里魁 唐升謹列所主黃 簿 口户 數 口食人名簿

（陸·1498·122）

2. 魁唐升謹列所主新占……口食 簿 （陸·1420·44）

參考連先用的研究,簡 1 中的缺字似應補作"民"字。在第 8 層和第
-15層,也發現了相應的結計簡:

3. 口口春平里魁口勉所領吏口 （陸·1431·55）

4. 口宋魁唐升所主春平里新占民合廿户口食七十八人

（陸·1638·262）

説明在該坨簡中,應至少包括春平里"嘉禾五年春平里黃簿民户數口食
人名簿"（後文簡稱"黃簿民口食簿"）和"嘉禾五年春平里新占民户數口
食簿"（後文簡稱"新占民口食簿"）兩種籍簿。在該坨簡的最外層,即第
13 層可見三枚里結計簡:

5. 　其二户郡縣卒 下 品 （陸·1377·1）

6. 　其八十四人⑤筭　中 （陸·1380·4）

7. 　其口户 縣 吏口 品 （陸·1381·5）

可知簡册的收卷方式應爲有字面朝上,自右（起始端）向左（末端）收卷。
在兩枚標題簡附近的區域,又可分別發現兩種著録格式迥異的户人簡。
一種格式較爲簡約,户主前不注里名而徑稱"大男",且一簡有時連記兩

人甚至三人,如以下幾枚:

8. 大男周成年七十二　⬚踵⬚右足　　　　　　（陸·1402·26）

9. 大男劉澤年卅三　澤妻⬚大⬚女⬚汝年卅九　　（陸·1391·15）

10. ⬚大⬚男李息年卅六　息妻大女□年廿八　息□□□年□歲

（陸·1407·31）

另一種戶主前注里名和戶主身份,嚴格按照一人一簡原則著録,如以下幾枚:

11. 春平里縣吏鄧應年卅四筭一　　　　　　　　（陸·1527·151）

12. 春平里男子五京年六十四風病　　　　　　　（陸·1518·142）

13. 春平里佃帥□舉年六十五　　　　　　　　　（陸·1510·134）

如果我們繼續搜集兩類格式不同的户人簡,便會發現二者在揭剥圖中的位置均相對集中:第一種類型的户人簡共有 15 枚,分布在 9—13 層、-12——17 層這個區間;第二種類型的户人簡共有 21 枚,分布在 9 層——14層,但其中-12 層——14 層只有兩枚,故主要分布區域還是集中在 9 層——11 層這個區間。因此,第 9 層和第-11、-12 層之間可算是兩條分割區間的分界綫。前文所舉兩組標題簡和結計簡,應當是兩份籍簿各自的開端、結尾的重要標識。其中“黃簿民口食簿”的結計簡位於第 8 層,而“新占民口食簿”的標題簡在第 9 層,這與兩種類型户人簡分布區間的界限大致吻合。由此推之,第一種户人簡對應的應是“新占民户數口食簿”,而另一種則應是“黃簿民口食簿”。可見里魁在製作簡册中,是先將“黃簿民”集中編連於前,而“新占民”繼踵其後,二者共同構成了一里民户的總和。

根據第-12 層出現的小計簡:

14. 其十二户口食五十一人本鄉民　⬚展轉部界⬚誦……

（陸·1618·242）

15. 凡十二户口食五十一人本鄉民各貧窮展轉部界誦債爲業(?)不任調役　　　　　　　　　　　　　　　（陸·1619·243）

可知在“黃簿民口食簿”內部,又有“實際在鄉民户”與“不在鄉民户”的區別,後者應集中編連在“黃簿民口食簿”的後半部分,具體論述請參見後文(第三節)。由此,再參之以連先用復原的富貴里“黃簿民”與“新占民”籍簿的格式,我們便可復原出春平里户口籍簿的大致結構:

春平里魁唐升謹列所主黃簿民戶數口食人名簿

（"黃簿民"標題簡）

　　春平里男子/縣吏/佃帥等身份○○　年○○　疾病

（實際在鄉之"黃簿民"）

　　……

　　春平里男子○○　年○○　疾病

（"誦債爲業"之"黃簿民"）

　　……

　　凡○○戶口食○○人本鄉民各貧窮展轉部界誦債爲業不任

調役　　　　　　　　（"誦債爲業"之"黃簿民"結計簡）

春平里魁唐升所領吏民○○戶　　　　（"黃簿民"結計簡）

魁唐升謹列所主新占民戶數口食人名簿　（"新占民"標題簡）

　　大男○○　年○○　○妻大女○年○○　○子男/子女○

年○○　　　　　　　　　　　　　　　　　（"新占民"）

　　右一戶口食○人本○○縣界民以過嘉禾○年移來部界佃種

過年十二月廿一日占上戶牒　　　　（"新占民"小計簡）

　　……

□宋魁唐升所主春平里新占民合○○戶口食○○人

（"新占民"結計簡）

　　其○○人男

　　其○○人女

　　其一戶口食○人○○縣民移來部界今已上戶

（"新占民"分計簡）

　　……

集凡春平里魁唐升領吏民○○戶口食○○人　（春平里結計簡）

　　其○○戶縣吏　○品

　　其○○戶郡縣卒　○品

　　……

　　定應役民○○戶

　　其○○人筭　中　　　　　　　　（春平里分計簡）⑥

　　然而,當我們開始具體復原家庭簡中的成員排列時却遇到了困難。據研究,一般用簡册書寫的户籍類文書爲了防止竹簡散亂,在著録户主以外的家庭成員時,"通常需要在其前面標注户主名+與户主的稱謂;而當家庭内存在與户主有同樣稱謂關係的複數人口時,就要注明這些複數人口之間的上下關係",⑦如以下一組家庭簡:

16.　平陽里户人公乘烝平年卅二筭一腫兩足　　　　　　（壹·10480）
17.　　平母大女妾年七十　　　　　　　　　　　　　　（壹·10479）
18.　　平妻大女取年廿八筭一　　　　　　　　　　　　（壹·10481）
19.　　平子男各年七歲　　　　　　　　　　　　　　　（壹·10488）
20.　　各男弟右年四歲　　　　　　　　　　　　　　　（壹·10482）
21.　　凡口五事　筭二事　訾五十　　　　　　　　　　（壹·10489）

但在本文復原的春平里籍簿中,無論是"新占民口食簿"還是"黄簿民口食簿",除少量成員簡外,其餘大部分載有户主妻子和子女的竹簡,往往不標注户主名+與户主的稱謂,如:

22.　　妻思年卅五筭一　　　　　　　　　　　　　（陸·1541·165）
23.　　子男承年八歲　　　　　　　　　　　　　　（陸·1399·149）
24.　　子女勤年九歲　　　　　　　　　　　　　　（陸·1529·153）

這樣的著録特點讓我們只能從個別載有户主名的家庭成員簡入手,復原出儘可能多的成組家庭簡。此外,在《竹簡(柒)》《竹簡(捌)》⑧中也有不少春平里户人的信息可資參考,復原部分家庭内部成員關係。籍簿的復原情况如表二、三所示,如與《竹簡(柒)》《竹簡(捌)》中的户主有對應關係者,隨文出注説明。⑨

表二　"黄簿民口食簿"所載户人及其家庭成員

層位號	簡　　　文
9	春平里 男 陳禿年卅五踵兩足(陸·1426·50)
7	春平里男子區布年五十四　　筭風病(陸·1443·67)
7	·布寡嫂奴年五十九筭一(陸·1450·74)
6	布男 姪 □年十五筭一(陸·1455·79)

續　表

層位號	簡　　　　　文
7 7	春平里男子朱百年七十八（陸·1449·73） ·右百家口食四人（陸·1451·75）
6 5 5	春平里男陳坑年卅三踵兩足（陸·1464·88） 坑男弟兒年廿二踵右足（陸·1468·92） 右坑家口食五人（陸·1471·95）
5	春平里男子□□年七十四（陸·1472·96）
4	春平里男子陳之年六十四（陸·1479·103）⑩
4 5	春平里男子五雙年五十七　　第一（陸·1488·112） 右雙家口食四人（陸·1478·102）
3	春平里佃吏劉□年廿六（陸·1499·123）⑪
-1 -4 -7	春平里佃帥□舉年六十五（陸·1510·134） 舉小妻姑年六十三（陸·1531·155） 右舉家口食八人（陸·1463·187）
-2 -2 1 1	□母眲年卅九踵兩足（陸·1513·137） 眲女弟取年十二（陸·1514·138） 取男弟善年六歲（陸·1509·133） 善女弟桂年五歲（陸·1508·132）⑫
-3 -6	春平里男子五貴年六十四踵兩足（陸·1517·141） 右貴家口食□人（陸·1546·170）⑬
-3 4	春平里男子五京年六十四風病（陸·1518·142） 京男姪湘年六歲（陸·1508·108）
-3 -3 -3	春平里男子□楞年廿三筭一（陸·1519·143） 楞男姪好年七歲（陸·1522·146） 右楞家口食八人（陸·1520·144）⑭
-5 -6 -11 -7	子男毛年廿三筭一荆右手（陸·1535·159） 毛妻妾年廿五筭一（陸·1556·180） 毛子男桌年三歲（陸·1600·224） 毛男弟丁年十三（陸·1562·186）⑮
-5 -5	子男孔年廿四音病（陸·1539·163） 孔妻眞年卅一筭一（陸·1538·162）⑯

層位號	簡　　文
-4	春平里縣吏鄧應年卅四第一(陸·1529·151)
-1	應小妻姑年卅二第一(陸·1514·136)
-2	應男弟□年廿三踵兩足腹心(陸·1518·140)
5	右應家口食六人(陸·1579·101)
-5	春平里男子黃義年卅□　第一(陸·1543·167)
7	義男弟買年七歲(陸·1447·71)
5	義男弟□年七歲(陸·1475·99)⑰
-6	春平里男子蔡□年卅□第一(陸·1543·172)
-6	春平里男子□義年七十三　刓右足(陸·1550·179)
-6	澤妻姑年廿五第一(陸·1549·178)
-7	澤子女兒年六歲(陸·1555·184)
-7	澤男弟閏年七歲(陸·1569·198)⑱
-6	春平里男唐所年五十六第一(陸·1552·181) 案:"男"下脱"子"字。⑲
-7	春平里男子五徐年八十□(陸·1566·195)
-11	春平里男子李客年六十一　□病□□(陸·1598·222)
-12	右客家口食五人(陸·1613·237)
-14	春平里男子聶享年六十二　聾耳(陸·1632·256)
-14	春平里男子五静年五十第一(陸·1634·258)
	春平里户人公乘郡吏況習年廿六(捌·6123)
-11	習兄炭年卅三□右足(陸·1609·233)
-11	炭妻鼠年卅筭一(陸·1610·234)
-7	右習家口食十二人(陸·1556·185)⑳
5	升從兄鄧大年六十二(陸·1474·98)
8	右升家口食六人(陸·1428·52)㉑
-11	□平里□□生年卅三筭一(陸·1589·213)

表三 "新占民戶數口食簿"所載戶人及其家庭成員

層位號	簡　　　　　文
13	大男鄭大年六十九……(陸·1383·7)
12	右大家口食一人(陸·1392·16)
12	大男周則年卅六(陸·1387·11)
10	右則家口食五人(陸·1411·35)㉒
12	大男劉澤年卅三　澤妻大女汝年卅九(陸·1391·15)
11	大男五斗年十六(陸·1401·25)
11	大男周成年七十二　踵右足(陸·1402·26)
11	右成家口食三人(陸·1396·20)㉓
10	大男區通年卅八盲左目　苦腹心病(陸·1394·29)
8	通妻客年卅二(陸·1438·62)
8	通母紫年六十八(陸·1439·63)
10	大男李息年卅六　息妻大女□年廿八　息□□□年□歲(陸·1407·31)
10	右息家口食□人(陸·1415·39)
10	大男李葦年卅　葦妻大女□年……　□子男□年二歲(陸·1414·38)
9	大男□□年五十七(陸·1425·49)
-11	大男黃皮年五十　皮子女訾年十二　訾男弟□年四歲(陸·1601·225)
-11	大男問皮年卅六(陸·1606·230)
8	皮妻汝年廿一(陸·1430·54)
8	子男畝年四歲(陸·1436·60)
-7	皮男弟健年七歲(陸·1576·189)
8	右皮家口食四人(陸·1432·56)㉔
-13	大男五兵年五十二　盲右目(陸·1625·249)
-13	右兵家口食五人(陸·1622·246)㉕
-13	大男趙衆年卅一　踵右足(陸·1629·253)
-14	大男□□年七十二苦風病(陸·1633·257)
-17	大男謝牛年卅二(陸·1643·267)
-6	☑潘有年廿二(陸·1551·175)
8	有母妾年六十□踵兩足(陸·1433·57)
8	有妻大女卑年廿一(陸·1437·61)
5	有男姪者年八歲(陸·1466·90)
8	右有家口食四人(陸·1434·58)㉖

（二）籍簿相關問題考證

闌入簡分析

我們發現該坨竹簡中有疑似闌入簡混入,如:

25. 典田掾黄欽嘉禾五年主高□（遷）里魁□□榮簿

（陸・1378・2）

26. 民監有年卅四踵兩足　　　　　　　　（陸・1381・5）

27. 　　魁黄强白　　　　　　　　　　　　（陸・1412・36）

28. 　……里魁唐升白　　　　　　　　（陸・1413・1413・37）

29. □□蔡忠嘉禾五……　　　　　　　　（陸・1423・47）

30. □□無大小皆占上過年十二月……以列上户牒

（陸・1607・231）

簡 25 與 29 的形制偏大。其中簡 29 中的"蔡忠"在吴簡中出現多次,他在嘉禾二年以來一直擔任諸鄉勸農掾和"縣吏"的職位。[27]據學者研究,"勸農掾"的稱號嘉禾五年前後逐漸過渡爲"典田掾",[28]再結合簡 25 的内容來看,蔡忠在嘉禾五年很可能是"典田掾",但其所掌鄉名不得而知。簡 25 中的高遷里,據研究應是小武陵鄉轄下,[29]故典田掾黄欽在嘉禾五年應主小武陵鄉。但黄欽在吴簡中出現次數稀少,以至於在研究諸鄉勸農掾的文章中,"黄欽"一欄的資料顯示缺失。[30]我們發現,與黄欽名字相仿、且同爲鄉吏的黄欣則在吴簡中出現次數較多,並在嘉禾四年八月也曾做過主掌小武陵鄉的勸農掾。據研究,在從"勸農掾"到"典田掾"轉換的過程中,所主掌的鄉名未發生變化,如嘉禾四年、五年爲廣成鄉勸農掾的區光,在嘉禾五年底及六年直接成爲廣成鄉典田掾,黄欣的經歷或許與此相類,故"黄欽"或爲"黄欣"之誤。總之,簡 25 與 29 均爲其他鄉轄下之里的籍簿中散出,爲闌入簡無疑。簡 27 與 28 則爲里魁上啓文書中的部分片斷,其中唐升爲春平里里魁,但黄强其人無考。從兩枚簡出現的層位以及附近所見的"榮簿"簡來看,其位置原應是文書的結尾部分。[31]"榮簿"簡所在的籍簿,從形式上看是作爲里魁上呈典田掾文書中的一部分。此中出現的"……里魁唐升白"的字樣,應是春平里里魁製作的上呈文書中的結尾部分。簡 30 從内容上看是一枚涉及"新占民"事務的文書簡,應與本文復原的籍簿關係密切。簡 26 爲一枚户人簡,觀其格式與本文復原的春平里口食簿差異較大,反倒與《竹簡(陸)》揭剥圖 12 所呈現的平樂里籍簿的户人簡相似。據研究,此種以職業身份開頭且不注里名的户人簡,多見於廣成鄉籍簿,故此枚户人簡極可能是從廣成鄉轄下某里的籍簿中散出。㉜綜上可知,此六枚簡均非在春平里籍簿中,但其中簡 28、30 與籍簿的關係較爲密切,原應是與籍簿編連在一起的相關文書中的一部分,不應被視作闌入簡。關於兩枚簡的性質與意義,我們擬放在第二節進行討論,此不贅述。

籍簿的製作時間

關於這份春平里籍簿的具體製作時間,尚無材料可以直接説明,只能從“新占民户數口食簿”中的三枚小計簡中推測:

31. 右一户口食三人湘西縣民以嘉禾二年 移 采 部 界 佃 種 過年十二 月 廿一日 占 上户牒　　　　　　　　　　（陸·1386·10）
32. 右一户口食四人本羅縣界民以過嘉禾三年 移 來 部 界 佃 種 過 年十二月廿一日 占 =上户牒　　　　　　　　（陸·1424·48）
33. 右一户口食四人劉陽縣民以 嘉 禾 三年 中 移來部界佃 種 過年十二月廿一日 占 上户牒　　　　　　　　　　（陸·1635·259）

這三户“新占民”徙居時間各異,但却都在“過年十二月廿一日”占上户籍。所謂“過年”,根據學者考證應是指“去年”之意,㉝那麽籍簿製作應是“過年”的下一年。因此我們只要能確定“過年”的具體年份,便可知曉籍簿的製作年份。鑒於吳簡中有明確紀年的户籍類簡册均爲嘉禾四年至嘉禾六年(235—237 年)間所製,因此本文復原的籍簿或也製作於此三年中的某一年。首先,我們可以排除製於“嘉禾四年”的可能性,根據簡 32、33 可知,“過年”與嘉禾三年明顯不是指同一年,至少也應是嘉禾四年。如是嘉禾四年,那麽製作年就應是下一年,即嘉禾五年。由此,就只剩下嘉禾五年和嘉禾六年兩種可能。

從“新占民”小計簡看,孫吳官府隱核“新占民”並不是每年有之,而是不定期進行。本文復原的“新占民户數口食簿”即是反映了嘉禾三年之後的某一年所進行的隱核工作。連先用曾將“新占民”和“黃簿民”的分張與"户品出錢"簡中的"新户"和"故户"聯繫起來考慮,認爲其中存在密切聯繫。凌文超則認爲"户品出錢"行動是爲了給嘉禾五年修治"陂塘田"積攢資金。由此,我們似乎可以認爲隱核"新占民"是爲了"户品出錢"行動的順利進行,而"户品出錢"又是爲修治"陂塘田"提供資金。那麼隱核"新占民"行動一定在修治"陂塘田"之前不久。如果推論成立,那麼我們也可以排除"嘉禾六年"的可能性,本文復原的春平里籍簿則應製於嘉禾五年。

關於春平里民户總數的考察

在該坨竹簡中,並未發現總計春平里人數的里結計簡。按吴簡中里結計簡反映各里的户數,一般以 50 户上下爲多。然而我們在《竹簡（捌）》中發現了一枚從其他籍簿中散出的春平里結計簡,却顯示春平里的總户數遠超此數:

34. 集凡春平里領吏民一百□□户口食三百六十三人　　（捌·463）
35. 　　定應役民廿一户　　　　　　　　　　　　　　（捌·464）

由於結計簡所屬簡册信息缺失,因此無法確知這是何年的統計數據。從《竹簡（捌）》所載其他春平里户人的年齡來看,結計簡的數據反映的大概也應是嘉禾五年或嘉禾六年的情况:[34]

36. 春平里户人公乘伍貴年□十四　　　踵　足　　（捌·159）
37. 春平里男子五貴年六十四踵兩足　　　　　　　（陸·1517·141）
38. 春平里户人公乘弘撈年廿三筭一　　　　　　　（捌·793）
39. 春平里男子□撈年廿三筭一　　　　　　　　　（陸·1519·143）

假設此枚里計簡所在籍簿與本文所復原的籍簿同年而製,那麼結合二者的結計簡可知,嘉禾五年春平里共有民户 100 餘户共 363 人,其中"新占民"20 户共 78 人,"黄簿民"則至少 80 户共 285 人。那麼製作"黄簿民户數口食人名簿"所需竹簡的總數爲 80 枚以上的户計簡+285 枚家庭簡+15 枚左右的結計簡=380 枚。但我們通過觀察揭剥圖可知,"黄簿民户數口食人名簿"被周邊的"新占民户數口食人名簿"所包裹,其所處的第 9 層至 12 層之間現存竹簡 184 枚,即便是該坨竹簡有散佚和缺損,似乎也無法容納一倍以上、多達 380 枚的竹簡。故我們懷疑《竹簡（捌）》中的春平里結計簡反映的很可能並不是嘉禾五年的情況。

此外,該枚里結計簡所載數據本身的真實性也頗值得懷疑。如果釋文無誤,那麼春平里在這一年共有民戶 100 餘戶共 363 人,平均每戶口數最高不過 3.63 人。這樣的數據比之於學者統計走馬樓吳簡整體的每戶人口規模(5.16 人／戶)明顯偏低。[35]在本文復原的嘉禾五年春平里籍簿中,可識別戶內口食數的戶計簡共有 26 枚,載有 137 人,平均每戶5.26 人,也要高於里結計簡中的每戶人口規模。即使結計簡反映的是嘉禾六年的新情況,春平里的每戶人口規模也不大可能在一年之間變化如此劇烈。另外,結計簡 35 中的"應役民"數量明顯偏少。如果春平里確有民戶一百餘戶,那麼其中"應役民"則只有區區 21 戶,其餘至少有 80 戶是由於各種原因不能服役的民戶,這樣的比例似乎有些不可思議。綜上,我們認爲這枚里結計簡的人口數據極有可能存在問題,不能真實反映嘉禾五年春平里的人口規模。至於實際情況究竟爲何,似乎只能等到更多相關材料公布才能作出回答。

春平里的行政歸屬

春平里隸屬於何鄉? 該坨簡中無直接的材料可以證明。木牘肆·4523①:

都鄉勸農掾郭宋叩頭死罪白:被曹敕,條列鄉界方遠 核 居民占上戶籍

分 錄別言。案文書,輒部歲伍五京(京)、廖 鼠、毛 常 等隱核所部,今京(京)關言:州吏姚達、

誠裕、大男趙式等三戶口食十三人 居 在部界。謹列人名口食年紀右別爲簿如牒。謹

列言。宋誠惶誠恐,叩頭死罪死罪。

詣户曹

十二月十八日白[36]

據凌文超考證,該枚木牘反映了嘉禾二年隱核新占民的實況。[37]都鄉勸農掾郭宋指揮歲伍五京(京)、廖鼠、毛常等人隱核所部,由於歲伍一般由本鄉鄉民擔任,故可知五京(京)等人應是都鄉鄉民。"五京(京)"又見於

本文復原的"黃簿民口食簿",可知其是春平里的"黃簿民":

40. 春平里男子五京年六十四風病　　　　　　　　（陸·1518·142）

41. 　　京男姪湘年六歲　　　　　　　　　　　　（陸·1484·108）

因此,春平里很有可能是都鄉轄下。此外,在"新占民"結計簡中,也可以發現蛛絲馬迹:

42. 　　□宋魁唐升所主春平里新占民合廿戶口食七十八人

　　　　　　　　　　　　　　　　　　　　　（陸·1638·262）

"魁唐升"之前的兩字中有一字缺釋,另一字爲"宋",似是人名。查曾擔任過典田掾和勸農掾的官吏名單,發現有"郭宋"其人。據考訂,郭宋分別在嘉禾二年底和嘉禾四年六至八月這兩個時間段擔任過都鄉勸農掾。[38]在嘉禾五年"勸農掾"轉成"典田掾"的過程中,郭宋可能如同上文所述廣成鄉勸農掾區光、小武陵鄉勸農掾黃欣的情況一樣,從都鄉"勸農掾"直接轉爲了都鄉"典田掾"。基於以上兩方面因素,我們認爲春平里是都鄉轄下之里。

二、"新占民口食簿"所反映出的孫吳"新占民"境遇

如上文所舉,在"新占民口食簿"中我們可以見到以"右"字開頭的小計簡:

31. 右一戶口食三人湘西縣民以嘉禾二年 移 采 部 界 佃 種過年十二 月 廿一日 占 上戶牒　　　　　　　　（陸·1386·10）

32. 右一戶口食四人本羅縣界民以過嘉禾三年 移 來 部 界 佃 種 過年十二月廿一日 占 上戶牒　　　　　　（陸·1424·48）

33. 右一戶口食四人劉陽縣民以 嘉 禾 三年 中 移來部界佃 種 過年十二月廿一日 占 上戶牒　　　　　　（陸·1635·259）

此外,我們在該坨簡中還發現了與之相關的以"其"字開頭的結計簡:

43. 　　其一戶口食四人 劉 陽 縣 民移來部界 已 占 上戶

　　　　　　　　　　　　　　　　　　　　　（陸·1603·227）

44. 　　其一戶口食三人湘西縣民移來部界今已上戶

　　　　　　　　　　　　　　　　　　　　　（陸·1604·228）

45.　　其一戶口食四人本羅界民移來部界已占上戶

（陸·1605·229）

前者在揭剥圖中較爲分散,根據"右一戶口食×人"的表述,應是編連在每戶"新占民"之後,起到具體介紹民戶落籍情況的作用。但這又並不是戶計簡,根據復原出的"新占民"家庭,"新占民"的戶計簡與"黃簿民"的別無二致,如以下幾例:

46. 大男鄭大年六十九　　……　　　　　　　　　（陸·1383·7）

47.　　右大家口食一人　　　　　　　　　　　　　（陸·1392·16）

48. 大男周成年七十二　　踵 右 足　　　　　　　（陸·1402·26）

49.　　右成家口食三人　　　　　　　　　　　　　（陸·1396·20）

50. 春平里男子朱百年七十 八　　　　　　　　　　（陸·1449·73）

51.　　·右百家口食四人　　　　　　　　　　　　　（陸·1451·75）

52. 春平里男子 五 雙年五十 七 　　筭一　　　　（陸·1488·112）

53.　　右雙家口食四人　　　　　　　　　　　　　（陸·1478·102）

可知,這些小計簡應是編在戶計簡之後。與小計簡不同,以"其"字開頭的三枚簡則在揭剥圖中緊密相連,或可推知在簡册中也應是被編在一起。在這三枚簡的左側,還可發現一枚形制較大的簡:

54. □ 掾 □□嘉禾□年……啓　　　　　　　　　（陸·1602·226）

該簡文字漫漶不清,但僅從可識别的寥寥數字來看,與有"榮簿"字樣的簡 25 大致相仿。雖然簡 54 以"啓"字結尾,但其在籍簿中的作用和位置應與"榮簿"簡相似,均在整個籍簿之末。而在此之前編連的很有可能就是"其"字開頭的里結計簡。這與本文復原的簡 54 與簡 43、44、45 之間的位置關係較爲吻合。由此或可推知,這四枚簡在簡册中很有可能相互編連,處於"新占民戶數口食簿"之末的位置。巧合的是,這三枚結計簡所載的民戶與以上三枚小計簡似乎可以一一對應。此外,我們還在"新占民戶數口食簿"標題簡附近的位置也發現了三枚"其"字開頭的竹簡:

55. 其……　　　　　　　　　　　　　　　　　　（陸·1417·41）

56. 其……　　　　　　　　　　　　　　　　　　（陸·1418·42）

57. 其……　　　　　　　　　　　　　　　　　　（陸·1419·43）

2. 魁唐升謹列所主新占……口食 簿　　　　　　（陸·1420·44）

但除"其"字之外，其他文字均缺釋，性質應與上文所舉的結計簡一致，均爲總計新占民落户落籍情况。然而這三枚缺釋的結計簡，爲何會出現在標題簡附近呢？通過觀察揭剥圖可知，這四枚竹簡雖在同一層連號排列，但相互間的罅隙較大，原本很可能並非編連在一起，或是後期擾動所致。

根據小計簡和結計簡所記三户"新占民"的信息，可知其原籍分别爲湘西、羅、劉陽三縣。羅縣本爲漢代長沙舊縣，《漢書·地理志》和《續漢書·郡國志》中均有其名，[39]《三國志》中則未見，據本文復原的竹簡信息來看，孫吳因之不改。劉陽縣爲吳新置縣，屬長沙郡，縣名首見於《三國志·吴書·周瑜傳》："權拜瑜偏將軍，領南郡太守。以下雋、漢昌、劉陽、州陵爲奉邑，屯據江陵。"[40]按《三國志·吴書·吴主傳》，周瑜任南郡太守在建安十四年（209年），[41]可知劉陽設縣應不晚於此時。周瑜死後若干年，孫權稱帝，潘濬受封劉陽侯，《三國志·吴書·潘濬傳》云"權稱尊號，拜爲少府，進封劉陽侯"，[42]劉陽縣由此成爲其奉邑。湘西縣的情况較爲複雜，需要稍作辨析。湘西之名，不見於兩漢文獻，《宋書·州郡志》曰"湘西令，吴立"，[43]故應爲孫吳新設縣。至於立縣時間，史書並無明載，《水經·湘水注》云："魏甘露二年，吴孫亮分長沙西部立（衡陽郡），治湘南。太守何承天徙治湘西矣。"[44]只清楚湘西縣在甘露二年（257年）後轄於新設的衡陽郡。陳健梅推測湘西縣與衡陽郡一起設立。[45]但從本文復原的"新占民户數口食簿"來看，至少在嘉禾四年（235年）就已立湘西縣，而此時衡陽郡尚未設立。《三國志·吴書·三嗣主傳》言"以長沙東部爲湘東郡，西部爲衡陽郡"，[46]故衡陽郡領地原本爲長沙郡之西部，那麽湘西縣在嘉禾四年時便應屬長沙郡無疑。因此，這三户新占民的原籍均是長沙郡屬縣。

關於"新占民"遷來臨湘侯國的目的，小計簡中稱是"移來部界佃種"。"佃"在走馬樓吴簡中的含義，學界尚存爭議。吴榮曾認爲，古代從開荒到耕治熟田均可稱之爲"佃"，但同時也承認走馬樓吴簡中的"佃田"是指民户租種"公田"的行爲。[47]侯旭東則認爲"佃"本應作耕作田地解，而作"租佃"解最早要到宋元時期才能成立，因此《田家莂》中的"佃田×町××畝"並不能説明該人從官府租佃了土地。[48]沈剛在侯文的基礎上繼續申論。⑲但王素還是堅持"佃"應指"租佃"之意。㊿此外,支持"租佃"說的還有陳榮傑。㉛就本文所涉及的材料看,兩種說法均有可能。兩漢時期,民衆舉家至他鄉耕種,無非是采取墾荒和租種兩種形式謀生。但較之前者,後者似乎更爲普遍。這是由流民實際的經濟狀況決定的。從吳簡中所反映的情況看,移就他鄉耕種的民戶往往爲貧民,關於"新占民"的户品統計也可以説明這一點:

58. ☑户下品之下新占㉜　　　　　　　　　　　（壹·4198）

59. ·右七户下品之下新占　　　　　　　　　　（柒·275）

60. ·其十户下品之下新占　　　　　　　　　　（柒·372）

61. 右一户下品之下新占　　　　　　　　　　　（柒·398）

62. 其十三户新占民户下品　　　　　　　　　　（柒·3910）

63. 其十七户新占民户下品㉝　　　　　　　　　（柒·4045）

可見,"新占民"的户品往往是"下品"、"下品之下",是編户民中最爲貧窮的那部分人。而自行開墾的成本又相對較高,《後漢書·章帝紀》載建初八年(83年)詔書曰:"其令郡國募人無田欲徙他界就肥饒者,恣聽之,到在所,賜給公田,爲雇耕傭,賃種餉,貰與田器,勿收租五歲。"㉞可見,墾荒不僅需要準備口糧、種糧和農器,開墾後一段時期内土地的糧食産量也不會太高。這樣的成本往往使流徙中的民衆無法承擔。因此,租種土地常成爲他們的選擇。《三國志·吳書·步騭傳》記載了步騭早年租種的經歷:

> 單身窮困,與廣陵衛旌同年相善,俱以種瓜自給,晝勤四體,夜誦經傳。會稽焦征羌,郡之豪族,人客放縱。騭與旌求食其地,懼爲所侵,乃共脩刺奉瓜,以獻征羌。征羌方在内卧,駐之移時,旌欲委去,騭止之曰:"本所以來,畏其彊也;而今舍去,欲以爲高,祇結怨耳。"㉟

步騭之所以能够忍辱負重,租種豪族土地,也應是由於其"單身窮困"無奈所致。此外,也有流民租種國家土地。在兩漢時期皇帝頒行的詔書中,也時時可見"假民公田"的指示。如《漢書·宣帝紀》載,地節三年(前67年)詔曰:"池籞未御幸者,假與貧民。"㊱《漢書·元帝紀》載,初元元年(前48年)詔曰:"其令郡國被災害甚者毋出租賦。江海陂湖園池屬少府者以假貧民,勿租賦。"⑤⑦"假民公田"是政府將公田租給貧民耕種,作爲朝廷優待流徙貧民的一項惠政。⑤⑧然而,僅憑"移來部界佃種"一句,我們似乎無法遽斷這些"新占民"究竟是"墾種"還是"租種",只能從其普遍的經濟狀況作一大概推測。

籍簿中出現了"新占民"與"黃簿民"的並立,那是否意味着二者在賦役負擔上存在區別呢? 張榮强認爲官府爲了吸引流民落籍,因此給予"新附戶"不出算賦、不給徭役的優惠條件。⑤⑨連先用則根據其所復原的富貴里簡册,從"算賦"、"徭役"、"戶品出錢"三方面分別考察後,認爲"新占民"並沒有受到優待。⑥⓪如連文所述,富貴里戶人簡所在的Ⅱ區 c 段第 25 坨包含有 1000 餘枚竹簡,涉及 6 個里,數量龐大。此外,"新占民"和"黃簿民"在戶人簡書寫格式上基本相同。因此在判定具體"新占民"民戶信息時,作者只能依據在揭剝圖中劃定的大致範圍判斷。而本文復原春平里簡册中的"新占民"和"黃簿民",不僅在揭剝圖中位置較爲明確,其書寫格式也判然有別,二者比較容易區分。這就爲進一步探討"黃簿民"、"新占民"在賦役方面的異同提供了可能。

首先,關於算賦的問題,連文通過比對"黃簿民"、"新占民"的著録格式,發現二者格式並無差別,凡是符合納算條件的人均著録了"筭一"的注記,由此得出結論。但根據春平里兩份籍簿,可以發現二者在注筭方面存在顯著差異:在"黃簿民口食簿"中,無論是戶人簡還是家庭成員簡,只要是年齡在 15—60 歲之間、體格健康的民衆,一律注有"筭一"的標記;⑥①而"新占民口食簿"則不然,戶人簡和家庭成員簡一律不注筭。此外,還有一個現象值得注意,"新占民口食簿"記録了民衆的疾病狀況,如:

64. 大男周成年七十二　　踵右足　　　　　　　　（陸·1402·26）

65. 大男區通年卅八盲左目　苦腹心病　　　　　　（陸·1405·29）

66. 大男趙衆年卅一踵右足　　　　　　　　　　　（陸·1629·253）

67. 大男五兵年五十二　　　盲右目　　　　　　　（陸·1625·249）

68. 大男□□年七十二苦風病　　　　　　　　　　（陸·1633·257）

按照兩漢"八月算民"的造籍程序,官府在每年八月對民戶進行案比,根據民衆的年齡和身體狀況來確定是否承擔賦役。故官府對於民衆的身體狀況極爲重視,尤其是對"免老"、"罷癃"等具有特定身份的民衆甚至需要縣令親自案驗。[62]因此,以上材料説明,"新占民"雖是在年末臨時入籍,但在官府隱核、著籍"新占民"時,同樣對其進行了嚴格的"案比",注定了部分"新占民"的傷殘情況。這在簡册中也有反映,在揭剥圖外圍,即整個簡册的結尾位置,我們可以發現統計"筭"數的結計簡及"中"字勾校符號,即上文所示簡6:

6. 其八十四人筭　　中　　　　　　　　　　　　　　（陸·1380·4）

可見統計里内筭數應是該簡册的一項重要功能,"中"字勾校符號則説明春平里的筭數是經過校計後的結果。[63]由此可知,只要是標注"筭一"的居民,都會納入到筭數總計中,也意味着需要繳納算賦。反之,則不必納入筭數總計。"新占民"整體不注筭,似乎表明其本身就不必繳納算賦。

關於"新占民"是否服徭役的問題。連文認爲"新占民"也需服徭役,所依據的核心史料是一條分計簡:

69. 其二户口食四人新民應 役 户　　　　　　　　（貳·241）

這或是對某里中"新民應役户"的一項統計。然而經過核對圖版,我們發現其中"役"字的釋讀似乎存在可商之處,兹擷取吳簡中數例"役"字字形以供對比。

貳·241　　　壹·1327　　　貳·660　　　叁·4300　　　肆·1792　　　肆·885

簡69（貳·241）中的"役"字雖然筆畫較爲模糊,但左側部分相對清晰,尤其是左上部分的"口"形較爲明顯。而觀之吳簡中其他"役"字字形,可以發現左側部首均寫作"亻"或"彳",抑或草寫作"丨",没有含有"口"字部首的字例。基於此,我們認爲簡69中被釋作"役"的字與其他字形差别較大,似應存疑,有待更清晰的圖版公布後進一步辨認。

此外,在對"不任調役"的各類民户的統計簡中,按"不任(調)役"字樣的標注與否,大概可分爲兩種不同書寫格式。第一種注有"不任(調)役"字樣,如:

70. ☑其卅四户各窮老及刑踵女户下品之下不任調役　（叁·6327）

71. 其十三户刑踵貧窮老孤寡不任役　　　　　　　　（捌·490）

72. 其一户窮老女户不任役　下品之下　　　　　　（捌·3620）

第二種則不注"不任(調)役"字樣,如:

73. 其十六户老頓窮獨女户下品　　　　　　　　　（貳·634）

74. 其五户尫羸老頓貧窮女户　　　　　　　　　　（貳·1705）

75. 其十……户女户下品之下　　　　　　　　　　（柒·3824）

這兩種統計簡中,除"不任(調)役"的標注外,關於户品的標注也不固定,有些標注"下品之下"(簡70、72、75),有些標注"下品"(簡73),有些則省去户品(簡71、74)。雖然格式各異,但可以明確的是,此類民户作爲官府固定的救濟對象,其是否加注"不任(調)役"或是否標注户品,都不妨礙其實際享受蠲免賦役的待遇。^{⑥④}而對於"新占民"而言,在已公布的吳簡中,我們並未發現注有"不任(調)役"字樣的統計簡,但其中一些標注"下品"、"下品之下"的户品。連先用曾對該種統計簡作過搜集,共 11 例,謹轉引如下:

76. ☑户下品之下新占　　　　　　　　　　　　　（壹·4198）

77. 　　　其廿户新占民户☑　　　　　　　　　　（貳·3186）

78. ☑　其十七户新占民户☑　　　　　　　　　　（貳·3198）

79. ☑占民卅九户　☑　　　　　　　　　　　　　（貳·3209）

80. 　·右七户下品之下新占　　　　　　　　　（柒·275·6·19）

81. 　·其十户下品之下新占　　　　　　　　（柒·372·6·116）

82. 右一户下品之下新占　　　　　　　　　　（柒·398·6·142）

83. 　　其一户新占民　　　　　　　　　（柒·3657·32·130）

84. 　　其六户新占民　　　　　　　　　（柒·3810·32·283）

85. 　　其十三户新占民户下品　　　　　　（柒·3910·32·383）

86. 　　其十七户新占民户下品　　　　　　（柒·4045·32·518）

其中,簡 76、80、81、82 標注"下品之下",簡 85、86 標注"下品",簡 77、79 因殘斷不知其後是否標注,簡 83、84 沒有標注户品信息。這種情況與上舉第二種統計簡十分相似。如果我們將"新占民"也看作是官府固定的救濟對象,那麼統計簡中不注"不任(調)役"似乎也就能理解了。事實上,兩漢以來官府對於新占籍的流民一直是予以政策上的優待,這從皇帝

詔書中可見一斑,如西漢宣帝曾下詔"流民還歸者,假公田,貸種食,且勿
算事",顏師古注曰:"不出算賦及給徭役。"⑥再如東漢和帝詔流民曰:
"又欲就賤還歸者,復一歲田租、更賦。"⑥⑥均屬此類政策。

　　關於"户品出錢"簡的性質,學界認識不一。凌文超認爲其與"八億
錢"有關,是孫吳官府在嘉禾五年爲了"修治陂塘"而按户品臨時徵收的
款項。其中,"新户"總體上出資要多過"故户"。凌文推測這一現象是因
爲"陂田的修復涉及田地的分配問題。當地故户擁有的田地自然要多於
剛來的新户,新户要取得田地,或者要獲取與故户相同數量的田畝,無疑
需要繳納更多的户品出錢,這可能就是新户繳納户品出錢的數量要普遍
多於故户的原因"。⑥⑦連先用則依據張榮強的觀點,認爲"户品出錢"屬於
臨湘縣署替臨湘侯代徵的"衣食租稅",而"新户"出資多過"故户",是由
於"新占民"在占籍前可能規避了賦稅項目,編入户籍後需要對臨湘侯有
所補償。⑥⑧根據上文討論的内容,我們或許可以提出一種新的解釋。兩漢
時期,官府爲了吸引流民落籍,相繼出臺一系列優待政策,其中包括蠲免
賦役等基本優待條件。時至三國,人口資源對於割據政權的重要性劇增,
吸納、控制流民成爲各政權的當務之急。從上文所述"新占民"蠲免賦役
的情況看,孫吳官府還是延續了兩漢時期常規的優待政策。然而,"新占
民"的數量畢竟頗多,財政拮据的孫吳官府爲了有效盤剥這一群體,臨時
采取了常規政策之外"户品出錢"的辦法,其中"新户"出資多,或許是因
爲其本身不必繳納賦役的緣故。

　　綜上,"新占民"由於經濟地位較爲低下,從而享受蠲免賦役的待遇。
但孫吳官府的"户品出錢"行動,則不分"新户"、"故户",一律繳納財物,
其中對"新户"的徵收標準更高,屬於一種蠲免賦役後的變相盤剥。

　　關於這份籍簿製作的目的,我們認爲這與當時的行政需要有關。據
凌文超所復原的嘉禾二年隱核新占民行動的程序可知,隱核行動是由鄉
勸農掾指揮歲伍在年底進行核查,並將核查出的新占民落籍在鄉,故"過
年十二月二十一日"、"占上"的應是"鄉户牒"。本文復原的這份籍簿,應
當是里魁向勸農掾(典田掾)、最終向縣廷户曹上呈的一份確認文件,表
明被隱核出的新占民已按要求落籍該里,所以在"新占民户數口食簿"
中,才會逐户詳細登記"新占民"的來歷、目的以及落籍時間以備查核。
在吳簡中,我們可以發現這樣的例證,如下牘:

中鄉勸農掾五蕊叩頭死罪白：被曹勑，列處男子龍攀是正户民
與不，分別言。案文書，攀本鄉民，過年占上户牒，謹列言。蕊誠
惶誠恐，叩頭死罪死罪。

詣功曹
十一月十二日庚戌白⑥⑨

此枚木牘應是中鄉勸農掾五蕊向臨湘縣功曹上呈的文書，從文書内容可知，此前功曹曾向中鄉勸農掾五蕊詢問該鄉男子龍攀是否爲正户民，五蕊在查核了文書以後，回禀功曹龍攀確是在去年"占上户牒"。這枚木牘向我們透露了兩個信息。第一，負責鄉政的勸農掾手中掌握着某種可以識別正户民的文書，牘中言"案文書"而非所謂"操黄簿審實"，⑦⑩表明這種文書可能並非"黄簿"；第二，在這種文書中可能還保存有新占民占籍的具體信息，一如本文復原的"新占民口食簿"中每户後小計簡（簡 31—33）所示，值得注意的是"過年占上户牒"的表述也與小計簡中完全一致，這似乎表明五蕊所案之"文書"可能就是本文復原的這類籍簿。

因此，"新占民"在籍簿中的凸顯，實際上是出於官方的特殊需要。所以在下一輪正常的造籍活動時，上一年度"新占民"與"黄簿民"之間的分張就會自動消失，比如出現在"新占民口食簿"中的周成、伍兵、潘有、問皮四户，在《竹簡（柒）》《竹簡（捌）》中所載的春平里籍簿中也有出現，但其户人簡的著録格式已與同里其他户人没有區別，並且注記了訾筭情況：

87. 春平里户人公乘周成年七十六踵足 …… （柒·1705）
88. 　右成家口食三人　訾　五　十 （柒·1714）
【注】"右"上有墨筆點記
89. 春平里户人公乘問皮年卅八筭一　妻□年十□筭一（柒·4772）
90. 　子男畝（?）年四歲　皮男弟連年七歲 （柒·4754）
91. 　右皮家口食四人　筭□　訾　五　十 （柒·4756）
【注】"右"上有墨筆點記
92. 春平里户人公乘五兵年五十二　□病 （柒·6119）
93. 　右兵家口食四人　訾　五　十 （柒·6124）
94. 春平里户人公乘潘有年廿二筭一　有□□年六十六（柒·4713）

95.　　妻□年廿三筭一　有男姪□年八歲　　　　　　　（柒·4719）

由此看來,孫吳對於"新占民"在算賦上的優惠政策可能有着爲期一年的時間限制。

三、"誦賈"民小考

在-12層中,我們還發現了兩枚小計簡:

96.　其十二户口食五十一人本鄉民　展轉部界誦……
　　　　　　　　　　　　　　　　　　　　（陸·1618·242）

97.　凡十二户口食五十一人本鄉民各貧窮展轉部界誦債爲業(?)不
　　任調役　　　　　　　　　　　　　　　　　　（陸·1619·243）

由於吳簡中户籍類文書大都是里魁製作,後以鄉爲單位進行彙總編製,[71]故"本鄉民"應是指春平里屬鄉下轄的民户,此處指的是春平里内的民户。在小計簡中又提到了這些"本鄉民"因爲貧窮而"展轉部界誦債爲業",其中"展轉"應爲游移盤桓、流轉遷徙之意,如《後漢書·段熲傳》云:"熲遂窮追,展轉山谷間,自春及秋無日不戰。""部界"一詞亦見於上舉木牘肆·4523①:"輒部歲伍五京(京)、廖鼠、毛常等隱核所部,今京(京)關言:州吏姚達、誠裕、大男趙式等三户口食十三人居在部界。"[72]都鄉勸農掾郭宋所自言之"部界"應即是"曹敕"中的"鄉界",意爲"鄉部之界"。那麽"展轉部界"一語則可有兩解:在本鄉"部界"内"展轉"或是在各鄉"部界"間"展轉"。但如果僅是在鄉内展轉,並未流出本鄉,那前文强調"本鄉民"似乎就意義不大,故應從後一種説法,即這些"本鄉民"是在本鄉之外展轉謀生,但户籍並未隨之流轉,依然是注在春平里下。由此我們還可推知一點,就是這些"本鄉民"流徙的範圍應當不會超出臨湘侯國(縣)界。據凌文超研究的嘉禾二年隱核新占民的行動,其隱核對象是"諸郡生子遠受居比郡縣及方遠客人",即凡是遷居到鄰近郡、縣的民户一律在當地落籍。而本文將要復原的簡册所反映的嘉禾四年的隱核行動,應當也貫徹了這一原則:在"新占民户數口食簿"中記録民户的原籍,就是長沙郡下轄除臨湘外的其餘各縣。試想,這些"本鄉民"如果越出縣界徙居他縣,那麽在此次隱核行動中一定會被强制在現居地落籍,在原籍的籍簿上也不再會有由於特殊原因而"不任調役"的記録了。因此,這些民衆依然算是"黃簿民"的範疇。

關於這些民衆的生計,簡文中記作"誦債爲業"。"誦"或應是"庸"或"傭"字的別寫,[73]義爲"受雇爲人勞動"。"庸債"一詞,也見於長沙五一廣場東漢簡,其中有木兩行 CWJ1③：325-4-37：

> □便因緣。都、解止通舍數日。債代南山鄉正,隨佐區盱在鄉。到九年九月中

> 復還。解、通以庸債、販賣爲事。通同産兄育給事府,今年五月十日受遣將徒[74]

其中"庸債、販賣爲事"與"誦債爲業"含義相近。注釋者將"庸債"解爲"以庸償債",並舉了《太平御覽》注引謝承《後漢書》的例子："黃昌,夏多蚊,貧無幬,傭債爲作幬。"[75]但此處仍有難通之處,木兩行中"解"、"通"二人是以"庸債、販賣"爲業謀生,但"以庸償債"是一種以勞力償還債務的方式,大都發生在迫不得已之時,明顯不是一種主動謀生的手段。而在謝承《後漢書》中,黃昌因當地多蚊而需要蚊帳,卻因貧窮無錢購買,後來"傭債爲作幬",然而文中並未言黃昌舉債於人,此處何來"以庸償債"呢?看來,關於此問題需要從其他角度再作考慮。

在唐代及其以前的傳世文獻中,"傭債"或"庸債"出現頻次並不多。"傭債"見於日本足利學校藏宋刊明州本和《四部叢刊》影宋本《六臣注文選》卷三九《爲蕭揚州薦士表》中"既筆耕爲養,亦傭書成學"一句下的注文。[76]"庸債"一詞,除了上舉《太平御覽》外,僅見於《華陽國志》的某些刻本中。在《華陽國志·大同志》中,原句作"但往初至,隨穀庸債",任乃强對此句進行校注時言："錢、劉、李、《函》本誤作債,元豐、廖、及浙補作賃。"[77]這爲我們提示了一個新的思路。

陸·1619·243 　　 CWJ1③：325-4-37

圖二　走馬樓吳簡和五一廣場東漢簡中的所謂"債"字

在"鈔本時代",[78]"債"、"賃"二字的書寫字形十分相似,如在睡虎地秦墓竹簡《爲吏之道》"不賃(任)其人"一句中,"賃"字被寫作 ;[79]再如《張遷碑》中"賃師孫興,刊石立表"一句中,"賃"字也被寫作了 ,幾與

"債"字無異。[80]據《字源》對於"賃"字字形的梳理,可知在楷書出現以前,人們在書寫時習慣將"賃"字上方的單人旁寫在左側,[81]如下圖:

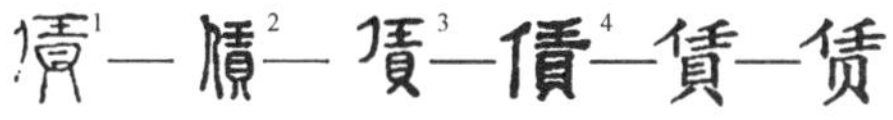

圖三

即使在此後的某些刻本中,依然延續了此前的書寫習慣,如在四庫本《大唐新語》卷四《持法》中"傭賃自資"一句,"賃"字寫爲 債。[82]當我們再檢索"傭賃"、"庸賃"或"賃傭"時,發現這些詞在漢唐文獻中的出現頻率頗高:

> 《史記·儒林列傳》:"(兒寬)及時時間行傭賃,以給衣食。"[83]
> 《東觀漢記·江革傳》:"客東海下邳傭賃,以養父母。"[84]
> 《後漢書·陳寵傳》引謝承《後漢書》:"家貧母老,周流傭賃。"[85]
> 《華陽國志·先賢士女總論贊》:"鬻力傭賃,得碧珠,以求父。"[86]
> 《史記·范睢列傳》:"范睢曰:'臣爲人庸賃。'"[87]
> 《三國志·韓暨傳》:"暨陽不以爲言,庸賃積資,陰結死士。"[88]
> 《史記·欒布列傳》:"窮困賃傭于齊,爲酒人保。"[89]

"庸"、"傭"、"賃"三字,字義本較爲接近,《説文》貝部云:"賃,庸也。"[90]故無論是"傭賃"、"庸賃"還是"賃傭",其性質均爲偏義複詞,可解爲"受雇於人"。因此我們推測,無論是本文復原簡冊中的"誦債",還是五一廣場東漢簡中的"庸債",其中的"債"字均應釋作"賃"字。這些貧民很有可能是在本鄉失去土地而輾轉他鄉,以出賣勞力謀生。石洋曾對兩漢三國時期的民間雇傭現象作過考察,發現戰國至漢武帝時期,有"傭作"經歷的皆非當地居民,"未離鄉里的貧困編户無一靠此謀生"。而漢宣帝之後,當地編户民甚至是士人群體開始加入到"傭作"的行列中,"傭作"也從被人鄙視的"賤業",逐漸轉變爲一種尋常的謀生手段。到了漢末三國時期,由於社會動蕩,社會對於"傭"的需求量急劇減少,富户大族往往傾向於使用奴婢來進行生產,並且在走馬樓吳簡户籍類簡中,某些民户名下記有奴婢,推測當時的一般民户也存在蓄奴現象。[91]誠然,除了石洋文中所舉的例證,我們在吳簡中也確實可以見到數量較多的記有生口(奴婢)買賣的竹簡,證明在當時無論官、私,均有蓄奴。[92]但據本文復原的簡册可知,在一里中就有 12 户從事"庸賃"的貧民,這樣的數量不能説不多。因此,我們認爲在三國時期的臨湘地區,雇傭市場並未隨着奴隸生産方式的逐漸抬頭而被壓縮殆盡,"傭作"仍是貧民謀生的一個重要選擇。

那麽這些在籍而不在鄉的民户在簡册中居於什麽位置呢? 由於這些民户在"黄簿民口食簿"中並無特殊注記,以至於無法斷定究竟哪些户人屬於這一範疇。此外,我們也未在該坨簡中發現類似於"右十二户本鄉民各貧窮展轉部界誦債爲業不任調役"的分計簡,無法判斷此類民户是否編連在一起。目前唯一能知道的綫索,即是兩枚相關的結計簡出現在第-12 層,也就是"黄簿民"和"新占民"的分界綫附近。可以推測,這些民衆因"貧窮"、"展轉鄉界"而"不任調役",經濟地位低下,因此里魁在編製簡册時,極有可能是將其集中編連在"黄簿民口食簿"的最後。看來在這份春平里的籍簿中,除了"黄簿民"和"新占民"之間的分立,在"黄簿民"内部也還有"實際在鄉人口"和"不在鄉人口"的區别。當然,這種區别最終還是包含在"任役"和"不任役"這兩種大統計範疇中。

四、走馬樓吴簡所見孫吴兩次隱核新占民行動探析

(一)兩次隱核行動的時間斷限

從上節復原的"嘉禾五年春平里新占民户數口食簿"可以看出,春平里在嘉禾五年新登録了 20 户"新占民"。目前僅存的數枚"新占民"小計簡和結計簡透露出了更多的相關信息:

31. 右一户口食三人湘西縣民以嘉禾二年 移 采 部 界 佃 種過年十二 月 廿一日 占 上户牒　　　　　　　　　　　(陸·1386·10)

32. 右一户口食四人本羅縣界民以過嘉禾三年 移 來 部 界 佃 種 過年十二月廿一日 占 上户牒　　　　　　　　　　(陸·1424·48)

33. 右一户口食四人劉陽縣民以 嘉 禾 三年 中 移來部界佃 種 過年十二月廿一日 占 上户牒　　　　　　　　　　(陸·1635·259)

43.　　其一户口食四人 劉 陽 縣 民移來部界 已 占 上户

　　　　　　　　　　　　　　　　　　　　　　(陸·1603·227)

44.　　其一戶口食三人湘西縣民移來部界今已上戶

（陸・1604・228）

45.　　其一戶口食四人本羅界民移來部界已占上戶

（陸・1605・229）

值得注意的是，這些"新占民"雖然來源不一、進入臨湘縣界的時間也有先後之別，但却同在嘉禾四年"十二月廿一日"這一天占上戶籍。按兩漢以來的造籍制度，官府均是在八月案戶比民，即使在非造籍月中發生的戶籍變動，也要等到八月才能反映到官方戶籍上。[93]可見，這些春平里的"新占民"顯然不是經由常規造籍程序入籍，更像是在一次隱核行動後由官方強制登入戶籍。對於此種猜測，我們也能在該坨簡中找到旁證：

30.　□□無大小皆占上過年十二月……以列上戶牒　（陸・231）

從內容上看，這應是一枚零散的文書簡，大概記載了官方要在去年十二月將某些民衆統一占上戶籍的要求。從三枚小計簡所記載的新占民移來時間可以看出，臨湘官府針對外來"新占民"的隱核行動並非年年進行。以簡31所載信息爲例，該民戶在嘉禾二年就徙來臨湘，但直到嘉禾四年底才被隱核出從而落籍，其間至少經歷了嘉禾三年、嘉禾四年兩輪造籍。其餘兩戶新占民則是嘉禾三年徙入，直到次年年底才占上戶籍。凌文超曾對"隱核新占民簿"進行過整理研究，認爲在嘉禾二年年底曾有過一次大範圍的隱核新占民行動，其大致觀點在本文初即有介紹，此不贅述。令人不解的是，簡31所載的民戶就是在嘉禾二年徙入，爲何沒有在當年的隱核行動中被檢出？我們注意到，前舉都鄉勸農掾郭宋上呈臨湘戶曹的木牘文書肆・4523①的落款日期是"十二月十八日"。文書中報告了檢核成果，並製作了名籍，這也就意味着十二月十八日是整個隱核行動的截止日期，那麼在此之後徙來的民衆則不在隱核之列。因此，我們推測簡31所載的民戶很可能是嘉禾二年十二月十八日後徙來臨湘，抑或是當時的"漏網之魚"。這樣，兩次隱核行動的時間點就可以對接起來，也就是説在嘉禾二年底和嘉禾四年底這兩次隱核行動之間，孫吳官府很可能再也沒有過類似的行動。至於孫吳的檢核活動是否是兩年一次定期舉行，似乎還無法遽斷。

（二）嘉禾四年隱核行動的範圍

由於嘉禾四年年底隱核行動所遺留下的文書稀少,故無法推知此次行動的波及範圍。但可以肯定的是,隱核行動絶不僅限於一鄉一里。從上節對於闌入簡的分析來看,這坨竹簡除了都鄉春平里外,還涉及里魁名爲黃强的另外一里,且兩名里魁的"白"文書黏連在一起,顯示二者關係緊密:

27. 魁黃 强 白 　　　　　　　　　　　　　　（陸·1413·36）
28. ……里魁唐升白 　　　　　　　　　　　　（陸·1423·37）

黃强所屬何里已不可考,但由此可知此次隱核工作不限於春平里一里。此外,闌入簡中還有兩枚涉及黃欣、蔡忠兩位鄉典田掾（勸農掾）的"榮簿"簡,黃欣在嘉禾五年或爲小武陵鄉典田掾,蔡忠所掌之鄉則失考。該坨竹簡中出現其他鄉轄下之里的籍簿,説明這些簡册在埋藏時位置相鄰,可能屬於同一批行政文書。如果此推論成立,則可説明兩枚"榮簿"簡所對應的鄉也在這次的隱核範圍内。其實,從行政邏輯上推理也應是如此:各鄉典田掾（勸農掾）均是接受縣廷各曹的指令然後行事,故縣廷户曹在發布類似於隱核新占民這類任務時,不大可能僅針對一鄉,否則隱核的意義就不能彰顯。臨湘侯國(縣)的情況如此,長沙郡下其他各縣是否也在隱核範圍呢? 答案應該是肯定的。上文已述,孫吳官府針對外地徙民的隱核不包括在每年常規的案比造籍活動中,而是以下達專門行政命令的形式不定期發起。假設嘉禾四年底的隱核行動是臨湘侯國單獨下令進行,便會存在一系列問題。比如遷徙民的落籍和却籍問題。除去從江北遷來的"方遠客",那些從孫吳境内他縣遷徙來的民户在被隱核前很可能還在本鄉保留着原有户籍,如果被要求在臨湘當地落籍,根據漢代以來的程序,臨湘侯國應發文知會原籍地官府進行却籍。[94]因此,隱核行動一定會牽動其他縣的官府,從而觸動其利益所在。漢代以來,民户的增減一直是衡量地方行政長官政績的關鍵指標之一。[95]臨湘侯國如若單方面强制遷徙民落籍,就必然會傷害到原籍地官府的利益。所以,隱核的命令也不大可能是臨湘侯國單方面發出,而更有可能是上級政府的統一指示。同理,郡與郡之間的關係也是如此。我們可以由此推斷,嘉禾四年的這次隱核新占民命令的發布方,應該是高於郡級官府的機構。結合當時的歷史背景,有可能是彼時"掌荆州及豫章三郡事"的武昌宫方面。綜上,我們可以認爲嘉禾四年底隱核行動的範圍與嘉禾二年底的大致相同,均是武昌宫轄下諸郡。

(三)嘉禾四年隱核行動的對象

令人遺憾的是,簡30中"無大小"之前的文字缺釋,使我們無從知曉這次隱核行動的具體對象。但從這次實際占籍的民户原籍來看,均爲除臨湘侯國以外的長沙郡轄下屬縣。在《竹簡(肆)》的一些文書零簡中,此類民户常與他者聯稱作"諸郡生子受居比郡縣者及方遠客人"。需要指出的是,以往學者在研究時,一般將這類民户視作兩個群體,即"諸郡生子受居比郡縣者"和"方遠客人"。"方遠客人"尚容易理解,應是指從吳國境外流入的流民。諸如見於吳簡中原籍爲陳留、汝南、南陽等地的州吏。凌文超和連先用對此都有過搜集,[96]故僅摘取以下數例:

98. 州吏陳留董靖   (叁·1798)

99. 私學汝南陳苗年廿   狀苗白衣居長沙縣□☑   (肆·3982)

100. 州吏南陽陳胄   (叁·255)

但對於前者,則存在爭議。凌文超認爲是指孫吳境内那些在鄰郡生子,並未上户籍的兒童,並特別强調這些移民的移動範圍是郡與郡之間,並不包括那些在郡内移動的民户。[97]連先用則認爲"新占民"以家爲登録單位,故有可能是"那些在相鄰郡縣居住並生子的外來人口,全家都要落籍當地"。根據我們復原春平里"新占民口食簿"來看,以上兩種説法均有可商之處。首先是關於"受居比郡縣者"的定義。凌文超通過考察臨湘縣内着籍鄰郡的州吏群體和"新客"陳頊的争訟文書,認爲"受居比郡縣"更多强調的是"受居比郡",至於在長沙郡内部各縣之間流動的民户,則不在隱核範圍。但據太常府發布的"丁卯書":

101. ☑大常府丁卯書曰:諸郡生子遠受居比郡縣者及方遠客人

    (肆·4483)

102. ☑蘄春、江夏、南郡、宜都大守承書從事亟各攝□□

    (肆·4487)

103. ☐部武陵、長☐、零陵、桂陽東西部行督都尉屯田☐☐☐

（肆·4454）

可知太常府是將指令下發給各郡，由各郡再向下傳達，故文書以"諸郡"二字起始。但最終執行任務的是縣廷及其派出的勸農掾或典田掾，所以文書又強調了隱核對象是"受居比郡縣者"。若如凌文所言，則文書中直言"受居比郡者"即可，衍一"縣"字反倒會在執行階段增加不必要的麻煩。此外，從本文復原的"新占民戶數口食簿"來看，保留有遷徙信息的三戶"新占民"均是來源於臨湘以外長沙郡轄下各縣，這進一步證明了"受居比郡縣者"包含郡內各縣間內部遷徙民戶的事實。其次是如何理解"諸郡生子受居比郡縣者"。春平里"新占民戶數口食簿"以戶爲單位進行統計，證明了隱核行動並非僅關注在相鄰郡縣誕生的兒童。但又是否如連文所言，是以新生兒所在家庭爲統計對象呢？我們認爲可能並非如此。從邏輯上講，官府在隱核"受居比郡縣者"時，一定會調查遷徙民戶家中所有成員，這其中必然包括新生兒的情況，因此似乎並沒有必要在文書中將新生兒單獨提出，徑直言"諸郡受居比郡縣者"即可。此外，據"新占民口食簿"中鄭大一戶的情況：

104. 大男鄭大年六十九……　　　　　　　　　（陸·1383·7）

105. 　右大家口食一人　　　　　　　　　　　（陸·1392·16）

可知鄭大一戶內只有戶主一人，無妻無子，更無新生兒，但依然作爲被隱核出的"新占民"而列於籍簿。這似乎説明"諸郡生子"和"受居比郡縣者"之間可能並無關係，而是兩類分別需要隱核的對象。所謂"諸郡生子"不僅限於針對"新占民"，而可能指的是包括"黄簿民"和"新占民"在內所有民戶內的新生兒。而"受居比郡縣者"則是指附近郡、縣寄居在本縣的流徙民戶。綜上，我們認爲"諸郡生子受居比郡縣者及方遠客人"很可能指的是"諸郡生子"、"受居比郡縣者"和"方遠客人"三種群體。

有證據表明，官府在隱核三類群體時，很可能是采取分類統計的辦法。其中，"方遠客人"常被視作一個單獨統計項，並不與前兩者一併統計。前文所舉木牘肆·4523①最能説明問題，木牘中勸農掾郭宋在文書開頭抄錄了戶曹的敕令，云：

都鄉勸農掾郭宋叩頭死罪白:被曹敕,條列鄉界方遠 核 居民占
上戶籍

最終結果是隱核出了"州吏姚達、誠裕、大男趙式等三戶口食十三人"。
此次隱核出的民戶如此之少,凌文超認爲此次行動成效有限,説明臨湘縣
廷並没有認真執行太常府的命令。這似乎是將"方遠客人"與"新占民"
的概念混爲一談了。據木牘文書可知,户曹敕令在此處僅僅針對的是
"方遠客人",並不包含"諸郡生子"和"受居比郡縣者",否則隱核出的
"新占民"絶不僅僅只有 3 户。在一些零散的文書簡中,也可見"方遠客
人"常常單獨出現,如:

106. ▨▨▨ 罪 白, 被曹敕, 條 列 所 部 方遠 授 居 民姓名口
（肆·4435）

107. ▨列部界有方遠 授 居 民,條列家口食年紀爲簿言▨
（肆·4458）

108. ▨▨條列鄉界方遠授居民占上戶牒分別▨ （肆·4474）

109. ▨▨受居方遠應占著戶籍,督條列 人 姓名 （肆·4492）

"諸郡生子"和"受居比郡縣者"一併出現的簡例較少,但也可找到一例:

110. ▨▨生子受居比郡縣者,□今□□ 録 著户籍與衆▨
（肆·4460）[38]

至於此中原因,我們推測這可能跟"方遠客人"的特殊身份有關。前文已
述,所謂"方遠客人"很大程度上是指那些從曹魏境内遷徙而來的民户。
而"諸郡生子"和"受居比郡縣者"則與之不同,他們原本就是孫吳境内的
居民。雖然對於臨湘侯國(縣)來説,二者都是"新占民",但相比之下,前
者的身份在魏、吳對峙的時代背景下顯得更爲敏感,故孫吳官府需要對其
專門統計。

小　結

本文通過復原"嘉禾五年春平里黃簿民户數口食人名簿"和"嘉禾五
年春平里新占民户數口食簿",確認了走馬樓吳簡中某些里的户籍類簡
册中存在"黃簿民"和"新占民"的分張,二者共同構成了一里之中全部民

户的總和。就春平里的籍簿而言,"黄簿民口食簿"編製在前,"新占民口食簿"繼踵其後。兩者著録民户的格式有顯著差異:前者在著録户主時,姓名前注里名和户主身份,且嚴格按照一人一簡原則著録;後者户主前不注里名而徑稱"大男"、"大女",且一簡有時連記兩人甚至三人。基於這樣的特點,本文嘗試復原出了春平里户口籍簿的大致結構。

在確認了"黄簿民"和"新占民"各自所包含的民户後,本文對"新占民"所承擔的賦役情況作了考察,得出的結論是:"新占民"大多數都是背井離鄉,生活資料、生産資料都極爲匱乏,經濟狀況不足以應付官府賦役,故其可以享受不納算賦、不服徭役的優惠政策。然而這樣的優惠政策"新占民"們似乎只能享受一年,在下一輪造籍中,上一年度的"新占民"就會變爲"黄簿民",需要正常繳納算賦並承擔賦役。此外,孫吳官府爲了有效盤剥爲數不少的"新占民",臨時采取了常規政策之外"户品出錢"的辦法,其中"新户"出資多,或許是因爲其本身不必繳納賦役的緣故。

在"黄簿民"中,又包含"庸賃民",他們是兩漢常見的"庸賃"群體。這一群體原本大都由在本鄉失去土地的流民構成,東漢時期逐漸成爲一種尋常的謀生手段,編户民也參與其中。有學者認爲漢末三國由於戰亂頻繁,雇傭市場急劇萎縮。但就臨湘侯國的小環境來看,雇傭仍然具有較大的市場,在春平里一里中就有 12 户"庸賃民"外出務工。但其外出範圍應該不出縣界,故而依舊保留着原籍,並沒有在"隱核"行動中落籍他鄉。

根據"嘉禾五年春平里新占民户數口食簿"提供的綫索,我們認爲繼嘉禾二年之後,孫吳又在嘉禾四年進行了一次"隱核"行動,目標是"隱核"出"受居比郡縣者"、"方遠客人"和"諸郡生子"三類人群。總而言之,這是武昌宮對轄下諸郡新增人口進行的一次普查。

附記:本文在撰寫、修改過程中,先後得到張榮强師和王素、汪桂海、張銘心、徐暢、高智敏等諸位先生以及匿名審稿專家的指點幫助,在此謹致謝忱!

注 釋

① 宋少華:《大音希聲——淺談對長沙走馬樓三國吳簡的初步認識》,《中國書法》

1998 年第 1 期,第 8 頁。

② 關於走馬樓吳簡中"黃簿"的研究史,連先用作過梳理和評議,詳見連先用:《試論吳簡所見的"黃簿民"與"新占民"》,《文史》2017 年第 4 期。

③ 連先用:《試論吳簡所見的"黃簿民"與"新占民"》,《文史》2017 年第 4 期。

④ 凌文超:《走馬樓吳簡隱核新占民簿整理與研究——兼論孫吳户籍的基本體例》,《田餘慶先生九十華誕頌壽論文集》,中華書局,2014 年,第 174—201 頁。

⑤ 此字原釋作"八",核對圖版後改釋作"人"。

⑥ 其中斜體字表示該行内容實際並未在該坨竹簡中出現,而是參考連先用所復原富貴里户口名簿的基本框架補充。

⑦ 張榮强:《中國古代書寫載體的演變與基層統治重心的上移》,《武漢大學學報(哲學社會科學版)》,2019 第 3 期。以下烝平一家的户籍簡也是引自此文。

⑧《竹簡(捌)》中有"春平里"户人簡若干,通過對照圖版,可知即是"春平里"。故下文引用時,皆直接作"春平里",不再一一出注説明。

⑨ 關於走馬樓吳簡中户籍類簡册的整理、復原工作,學界已經積累了比較豐富的經驗,如侯旭東對"廣成鄉嘉禾六年吏民人名年紀口食簿"中的"廣成里"部分的復原(《長沙走馬樓吳簡〈竹簡(貳)〉"吏民人名年紀口食簿"復原的初步研究》,《中華文史論叢》2009 年第 1 期),凌文超對"嘉禾四年小武陵鄉吏民人民妻子年紀簿"、"小武陵、南鄉等吏民人民年紀口食簿"等的復原(《考信於簿——走馬樓吳簡采集簿書復原整理與研究》,北京大學博士學位論文,2011 年),以及上揭連先用的復原工作等。因此,本文所進行的復原和整理,從思路及方法上借鑒了以上學者的研究成果。

⑩《竹簡(柒)》中亦見"陳之":

　　春平里户人公乘陳之年六十四　　　　　　　　　　　(柒·6101)
　　　右之家口食四人　訾　五　十　　　　　　　　　　(柒·6098)

⑪《竹簡(柒)》中有"佃吏劉琓":

　　春平里户人公乘佃吏劉琓年廿一　　　　　　　　　　(柒·1709)

⑫ 此户户人簡缺失,但 4 枚成員簡均在揭剥圖核心位置,故應是"黃簿民口食簿"中的民户。

⑬《竹簡(捌)》中亦有"伍貴":

　　春平里户人公乘伍貴年□十四　　踵 足　　　　　　(捌·159)

⑭《竹簡(捌)》中有"弘撈":

　　春平里户人公乘弘撈年廿三筭一　　　　　　　　　　(捌·793)

⑮ 此户户人簡缺失,但4枚成員簡均在上文劃定的"黄簿民"區域,且有2人注筭,應是"黄簿民口食簿"中的民户。

⑯ 此户户人簡缺失,但2枚成員簡均在上文劃定的"黄簿民"區域,且有1人注筭,應是"黄簿民口食簿"中的民户。

⑰ "黄義"家兩枚成員簡與户主簡在揭剥圖中距離較遠,另還有簡陸·179載有户人"□義",故此兩枚簡存疑,暫置於此。

⑱ 此户户人簡缺失,但3枚成員簡均在上文劃定的"黄簿民"區域,且有1人注筭,應是"黄簿民口食簿"中的民户。

⑲《竹簡(柒)》中有"唐秋",與"唐所"年齡相同,疑爲一人:

　　　春平里户人公乘唐秋年五十六　　從兄鄧年六十二　　　　　　(柒·181)

⑳ 此户户人簡缺失,僅知户主名"習",《竹簡(捌)》中有户人簡"郡吏況習"或即是此人,故暫補之。

㉑ 此户户人簡缺失,只知户主名"升",或爲里魁唐升。

㉒《竹簡(柒)》中有"周郎(?)",與"周則"年齡相同,疑爲一人:

　　　春平里户人公乘周郎(?)年卅六筭一　　　　　　　　　　　　(柒·1714)

㉓《竹簡(柒)》中有"周成":

　　　春平里户人公乘周成年七十六踵足　……　　　　　　　　　　(柒·1705)
　　　　右成家口食三人　貲　五　十　　　　　　　　　　　　　　(柒·1714)
　　　【注】"右"上有墨筆點記

㉔《竹簡(柒)》中亦有"問皮":

　　　春平里户人公乘問皮年卅八筭一　妻□年十□筭一　　　　　　(柒·4772)
　　　　子男畝(?)年四歲　皮男弟連年七歲　　　　　　　　　　　(柒·4754)
　　　　右皮家口食四人　筭□　貲　五　十　　　　　　　　　　　(柒·4756)
　　　【注】"右"上有墨筆點記

㉕《竹簡(柒)》中有"五兵":

　　　春平里户人公乘五兵年五十二　□病　　　　　　　　　　　　(柒·6119)
　　　　右兵家口食四人　貲　五　十　　　　　　　　　　　　　　(柒·6124)

㉖ 按,"潘有"户人簡由於殘斷,身份信息不可知,但根據潘有與其妻"卑"不注筭的情況推斷,其家可能爲"新占民"。《竹簡(柒)》中亦有"潘有":

　　　春平里户人公乘潘有年廿二筭一　有□□年六十六　　　　　　(柒·4713)
　　　　妻□年廿三筭一　有男姪□年八歲　　　　　　　　　　　　(柒·4719)

㉗ 徐暢:《走馬樓簡所見孫吳"鄉勸農掾"的再研究——對漢晉之際鄉級政權的再思考》,《文史》2016 年第 1 期。

㉘ 安部聰一郎:《典田掾、勸農掾的職掌與鄉——對長沙吳簡中所見"户品出錢"簡的分析》,《簡帛研究二〇一五(秋冬卷)》,廣西師範大學出版社,2015 年,第 250—255 頁;徐暢:《走馬樓簡所見孫吳"鄉勸農掾"的再研究——對漢晉之際鄉級政權的再思考》,《文史》2016 年第 1 期。

㉙ 凌文超:《走馬樓吳簡采集簿書整理與研究》第三章"户籍簿及其類型與功能",廣西師範大學出版社,2015 年,第 96—153 頁。

㉚ 同上書。

㉛ 關於"榮簿"簡性質的探析,詳見拙文《走馬樓吳簡户籍類文書相關問題研究》第一章第二節"'榮簿'臆解"部分,北京師範大學碩士學位論文,2018 年。

㉜ 同上文。

㉝ 胡平生:《長沙走馬樓三國孫吳簡牘三文書考證》,《文物》1999 年第 5 期。

㉞ 在走馬樓吳簡中,兩份籍簿中即使有户人姓名、年歲相同的案例,也不能就此確證兩份籍簿爲同年所製。故《竹簡(捌)》中所載的春平里籍簿也有可能是下一年,即嘉禾六年所製。

㉟ 于振波:《走馬樓吳簡續探》卷二"吳簡所見户的結構小議",臺北文津出版社,2007 年,第 35 頁。

㊱ 該枚木牘的釋文較早由凌文超在《走馬樓吳簡隱核新占民簿整理與研究——兼論孫吳户籍的基本體例》一文中作過綴合、校訂,此後徐暢又在凌文基礎上作出補正,故此處釋文以徐暢訂正後的版本爲準。見徐暢:《走馬樓吳簡竹木牘的刊布及相關研究述評》,《魏晉南北朝隋唐史資料》第三十一輯,上海古籍出版社,2015 年,第 25—74 頁。

㊲ 凌文超:《走馬樓吳簡隱核新占民簿整理與研究——兼論孫吳户籍的基本體例》,《田餘慶先生九十華誕頌壽論文集》,第 174—201 頁。

㊳ 徐暢:《走馬樓簡所見孫吳"鄉勸農掾"的再研究——對漢晉之際鄉級政權的再思考》,《文史》2016 年第 1 期。

㊴ 分別見於《漢書·地理志下》,中華書局,1962 年,第 1639 頁;《後漢書·郡國志》,中華書局,1965 年,第 3485 頁。

㊵《三國志·吳書·周瑜傳》,中華書局,1964 年,第 1264 頁。

㊶《三國志·吳書·吳主傳》,第 1118 頁。

㊷《三國志·吳書·潘濬傳》,第 1397 頁。

㊸《宋書·州郡志三》,中華書局,1974 年,第 1130 頁。

㊹ 酈道元著,楊守敬、熊會貞疏:《水經注疏》,江蘇古籍出版社,1989 年,第 3140 頁。

㊺ 陳健梅:《孫吴政區地理研究》第二章第八節“衡陽郡”,嶽麓書社,2008 年,第 195—196 頁。

㊻《三國志·吴書·三嗣主傳》,第 1153 頁。

㊼ 吴榮曾:《孫吴佃田初探》,《長沙三國吴簡暨百年來簡帛發現與研究國際學術研討會論文集》,中華書局,2005 年,第 64—71 頁。

㊽ 侯旭東:《走馬樓竹簡的限米與田畝記録——從“田”的類型與納“米”類型的關係説起》,長沙簡牘博物館、北京吴簡研討班編:《吴簡研究》第二輯,崇文書局,2006 年,第 178—189 頁。

㊾ 沈剛:《走馬樓三國吴簡所見“叛走”簡臆義》,《江漢考古》2009 年第 1 期。

㊿ 王素:《長沙吴簡中的佃客與衣食客——兼談西晉户調式中的“南朝化”問題》,《中華文史論叢》2011 年第 1 期。

(51) 陳榮傑:《走馬樓吴簡佃田、賦税詞語研究》第二章“吴簡佃田詞語研究”,人民出版社,2016 年,第 45—71 頁。

(52)“占”原釋作“户”,連先用依圖版改,今從之。

(53)“新占民户”原釋作“新占民五户”,連先用依圖版改,今從之。

(54)《後漢書·章帝紀》,第 145 頁。

(55)《三國志·吴書·步騭傳》,第 1236 頁。

(56)《漢書·宣帝紀》,第 249 頁。

(57)《漢書·元帝紀》,第 279 頁。

(58) 高敏:《論漢代“假民公田”制的兩種類型》,《求索》1985 年第 1 期。

(59) 張榮强:《吴簡中的“户品”問題》,原刊《吴簡研究》第一輯,崇文書局,2004 年;修訂稿收入氏著《漢唐籍帳制度研究》,商務印書館,2010 年,第 168—169 頁。

(60) 連先用:《試論吴簡所見的“黄簿民”與“新占民”》,《文史》2017 年第 4 期;張榮强的意見,參見《吴簡中的“户品”問題》一文。

(61) 關於吴簡所反映算賦徵收的年齡範圍,可參于振波《“筭”與“事”》,原刊《漢學研究》第 22 卷第 2 期,2004 年;修訂稿收入氏著《走馬樓吴簡續探》,臺北文津出版社,2007 年,第 137 頁。在上文我們依據“黄簿民”、“新占民”户人簡的分布位置,大致劃定了二者在揭剥圖中的範圍。其中在“黄簿民”所分布的 9 層至-11 層中,絶大部分没有被復原的家庭簡也是嚴格按照此原則注筭。

(62) 詳見張榮强:《長沙東牌樓東漢“户籍簡”補説》,《中國史研究》2008 年第 4 期;後收於氏著《漢唐籍帳制度研究》,第 67—88 頁。

(63) 關於吴簡中“中”字校計符號,有不少學者已作過專題研究。參汪力工:《關於吴簡注記中的“中”字》,《故宫博物院院刊》2004 年第 5 期;張榮强:《走馬樓户籍簡的“中”字注記》,《中國歷史文物》2009 年第 5 期;伊藤敏雄:《長沙吴簡中の朱痕·

朱筆·"中"字について》,《長沙吳簡研究報告 2009 年度特刊》,2010 年,第 87—94 頁;《長沙吳簡中の朱痕·朱筆·"中"字について(その2)》,《長沙吳簡研究報告 2010 年度特刊》,2011 年,第 11—17 頁;邢義田:《漢至三國公文書中的簽署》,《文史》2012 年第 3 期;凌文超:《走馬樓吳簡中的簽署、省校和勾畫符號舉隅》,《中華文史論叢》2017 年第 1 期。

⑭ 張榮強:《再論孫吳簡中的户籍文書——以結計簡爲中心的討論》,《北京師範大學學報(社會科學版)》2014 年第 5 期。

⑮ 《漢書·宣帝紀》,第 249 頁。

⑯ 《後漢書·和帝紀》,第 178 頁。

⑰ 凌文超:《走馬樓吳簡三鄉户品出錢人名簿整理與研究——兼論八億錢與波田的興建》,《文史》2017 年第 4 期。

⑱ 連先用:《試論吳簡所見的"黃簿民"與"新占民"》,《文史》2017 年第 4 期;張榮强的意見,參見《吳簡中的"户品"問題》一文。

⑲ 該枚木牘尚未在已刊諸卷《竹簡》中正式公布,圖版見《三國吳中鄉勸農掾五白爲列處男子龍攀是正户事》,《中國書法》2014 年第 10 期;錄文參徐暢:《走馬樓吳簡竹木牘的刊布及相關研究述評》,《魏晉南北朝隋唐史資料》第三十一輯,第 25—74 頁。

⑳ "操黃簿審實"一語,見於木牘 J22-2695,即"南鄉勸農掾番瑜發遣私學番倚事",此牘最早由宋少華在《大音希聲——淺談對長沙走馬樓三國吳簡的初步認識》一文中公布,後被學界關注、討論,具體情況詳見徐暢《走馬樓吳簡竹木牘的刊布及相關研究述評》一文。

㉑ 侯旭東:《長沙走馬樓吳簡"嘉禾六年(廣成鄉)弦里吏民人名年紀口食簿"集成研究:三世紀初江南鄉里官吏一瞥》,《近觀中古史——侯旭東自選集》,中西書局,2015 年。

㉒ 錄文引自徐暢《走馬樓吳簡竹木牘的刊布及相關研究述評》。

㉓ 關於"庸"和"誦"通假的語例,可參《嶽麓書院藏秦簡》中《爲吏治官及黔首》簡86/0072,其中有"風庸爲首"一句,整理者引《周禮·春官·瞽蒙》鄭玄注,認爲"風庸"即是"諷誦"。可見,秦漢時"庸"、"誦"二字互通,可以混而用之。詳參陳松長主編:《嶽麓書院藏秦簡(壹一叁)釋文修訂本》,上海辭書出版社,2018 年,第 37 頁。

㉔ 長沙市文物考古研究所等編:《長沙五一廣場東漢簡牘選釋》,中西書局,2015 年,第 168—169 頁。

㉕ 《太平御覽》卷六九九《服用部第一·幨》,第 3122 頁上欄,"債"字寫作債。

㉖ 在日本足利學校藏宋刊明州本《文選》中,"債"字寫作債,見《日本足利學校藏宋刊明州本六臣注文選》,人民文學出版社,2008 年,第 592 頁上欄。在《四部叢刊》涵芬

樓影宋本《六臣注文選》中,"債"字寫作債,見《四部叢刊初編》第 1913 册《六臣注文選二十》。

⑦ 常璩撰,任乃强注解:《華陽國志校補圖注》,上海古籍出版社,1987 年,第 454 頁。

⑦ 此處"鈔本時代"是借用古代文學研究中的概念,"鈔本"指唐代以前以人力抄寫而成的文本存在形態。關於"鈔本時代"定義的討論,見孫少華:《鈔本時代的文本抄寫、流傳與文學寫作觀念》,《華中師範大學學報(人文社會科學版)》2015 年第 5 期。

⑦ 睡虎地秦墓竹簡整理小組編:《睡虎地秦墓竹簡》,文物出版社,1990 年,圖版第 81 頁。

⑧ 《張遷碑》圖版見徐玉立編:《漢碑全集》,河南美術出版社,2006 年,第 1813 頁。

⑧ 約齋編著:《字源》,上海書店出版社,1986 年,第 578 頁。

⑧ 劉肅:《大唐新語》卷四《持法》,影印文淵閣《四庫全書》本,第 341 册,第 326 頁下欄。

⑧ 《史記·儒林列傳》,第 3125 頁。

⑧ 劉珍等撰,吳樹平校注:《東觀漢記校注》,中華書局,2008 年,第 666 頁。

⑧ 《後漢書·陳寵傳》,第 1557 頁。

⑧ 常璩撰,任乃强注解:《華陽國志校補圖注》,第 537 頁。

⑧ 《史記·范雎列傳》,第 2413 頁。

⑧ 《三國志·韓暨傳》,第 677 頁。

⑧ 《史記·欒布列傳》,第 2733 頁。

⑨ 許慎撰,段玉裁注:《説文解字注》,上海古籍出版社,1988 年,第 1127 頁。

⑨ 石洋:《兩漢三國時期"傭"群體的歷史演變——以民間雇傭爲中心》,《中國史研究》2014 年第 3 期。

⑨ 關於吳簡中"生口"問題的討論,詳見熊曲:《論長沙走馬樓吳簡中"生口"及相關問題》,《出土文獻研究》第十二輯,中西書局,2014 年,第 327—339 頁;凌文超:《走馬樓吳簡中所見的生口買賣——兼談魏晉封建論之奴客相混》,《史學集刊》2014 年第 4 期;沈剛:《長沙走馬樓三國吳簡所見"生口"買賣問題補論》,《煙臺大學學報(哲學社會科學版)》2016 年第 2 期。

⑨ 《二年律令·户律》:"所分田宅,不爲户,得有之,至八月書户……民欲别爲户者,皆以八月户時,非户時勿許。"見張家山二四七號漢墓竹簡整理小組:《張家山漢墓竹簡〔二四七號墓〕(釋文修訂本)》,文物出版社,2006 年,第 54—56 頁。相關解析見張榮强:《"前秦建元籍"與漢唐間籍帳制度的變化》,《歷史研究》2009 年第 3 期;後收於氏著《漢唐籍帳制度研究》,第 222—266 頁。

⑨ 《長沙五一廣場東漢簡牘》中竹簡 CWJ1③:265-13:

等實核流民王忠,户一、口四,出付益陽。合、均未言☑

此枚竹簡内容的含義尚有可討論的餘地,我們不妨將其看作臨湘縣實核從益陽縣遷來的流民王忠一家的情況後,發文知會益陽縣廷將其却籍。

⑤ 如《漢書·宣帝紀》及《王成傳》中所載,王成在任膠東相期間努力招徠流民,使"流民自占八萬餘口",從而得到了宣帝的表彰。

⑥ 詳見凌文超:《走馬樓吳簡舉私學簿整理與研究——兼論孫吳的占募》,《文史》2014 年第 2 期;連先用:《試論吳簡所見的"黃簿民"與"新占民"》,《文史》2017 年第 4 期。

⑦ 凌文超:《走馬樓吳簡隱核新占民簿整理與研究——兼論孫吳户籍的基本體例》,《田餘慶先生九十華誕頌壽論文集》,第 174—201 頁。該節中凌文超之觀點均引自此文,以下不再出注。

⑧ 以上涉及"方遠客人"的文書簡簡文,凌文超在《走馬樓吳簡隱核新占民簿整理與研究——兼論孫吳户籍的基本體例》一文中皆有校訂,故轉引之。

吐魯番出土高昌與唐初麴仕悦文書考釋

吕媛媛(旅順博物館)

旅順博物館藏新疆出土漢文文獻中有一件供養人寫經題記與日本國華社 1915 年出版的《西域考古圖譜》中刊布的題爲《唐西州司馬麴某〈大智度論〉跋斷片》能夠綴合,綴合後的供養人名爲"麴仕悦"。在吐魯番出土的文書中,還發現了很多與"麴仕悦"相關聯的文書殘片,如《高昌延壽四年(627 年)閏四月威遠將軍麴仕悦奏記田畝作人文書》《唐永徽五年至六年(654—655 年)安西都護府案卷爲安門等事》,2004 年吐魯番巴達木 107 號墓地出土的"唐牒殘片"等,本文通過這些文書來考釋麴仕悦其人的官職,進而管窺麴氏高昌末期至唐西州時期的中級官制。

2016 年 9 月,日本横濱國際 2016 秋季五周年拍賣會宣傳網頁上,預告將拍賣一批來自大穀光瑞探險隊收集的敦煌寫經、國華佛典和敦煌壁畫,這些寫經絶大部分爲《西域考古圖譜》[①]中刊布的失傳已久的寫經和寫經殘片,特别是其中一件《唐西州司馬麴某〈大智度論〉跋斷片》,[②]早在 2002—2005 年旅順博物館與日本龍谷大學合作開展的"旅順博物館藏新疆出土漢文佛經殘片整理研究"課題項目中,研究人員就發現了此件殘片與旅順博物館藏編號爲 LM20-1467-31-01 殘片可以綴合,綴合後完整的題記爲"西州司馬麴仕悦供養",所寫佛經爲《大智度論》卷第廿一,綴合後的組圖在《旅順博物館藏新疆出土漢文佛經選粹》[③]上首次公布。

除了這兩件外,在吐魯番文書中,有"麴仕悦"這個名字的文書,還有《高昌延壽四年(627 年)閏四月威遠將軍麴仕悦奏記田畝作人文書》(72TM155∶58/1-2)、[④]《高昌延壽四年(627 年)威遠將軍麴仕悦記田畝作人文書》(69TAM138∶15/1-5);[⑤]另外,吐魯番文物局 2006 年新徵集的《唐永徽五年至六年(654—655 年)安西都護府案卷爲安門等事》

（2006TZJI：198a 等）、⑥2004 年吐魯番巴達木 107 號墓地出土的"唐牒殘片"（2004TBM107：3-1）、⑦日本龍谷大學圖書館藏《役制（兵役）關係文書》（Ot.1378V）都有"仕悦"二字，我們暫且把這些文書統一稱爲"麴仕悦文書"，除了 LM20-1467-31-01+《唐西州司馬麴某〈大智度論〉跋斷片》爲佛教文書，其他皆爲涉及兵役、田畝等的官府公文文書。另外還有《高昌諸臣條列得破被氈、破褐囊、絶便索、絶胡麻索頭數奏一》（72TM155：29），⑧石墨林先生在《若干部吐魯番出土文書之間互見的人名地名索引》一文中，⑨將此殘片也列爲與麴仕悦有關聯的文書，因爲此件文書第 12 行有"威遠將軍臣麴"，第 17 行有"行門下事威遠將軍臣麴"，且與 72TM155：58/1-2 出土於同一墓穴，故而被視爲有關聯的文書。根據孟憲實先生等學者的研究，"威遠將軍臣麴"和"行門下事威遠將軍臣麴"爲同一人，都是麴仕悦。⑩此外，《高昌延壽十七年（640 年）屯田下交河郡南平郡及永安等縣符爲遣麴文玉等勘青苗事》（73TM519：19/2-1）⑪中有"威遠將軍門下校郎麴□□"，聯繫文書的時間（延壽十七年庚子歲四月九日）和隸屬門下系統來判斷，此人也極有可能是麴仕悦。

一

吐魯番出土麴仕悦文書録文如下：

LM20-1467-31-01+《唐西州司馬麴某〈大智度論〉跋斷片》
    1   大智度論卷第廿一
    2
    3
    4
    5
    6
    7   西州司馬麴仕悦供養
72TM155：58/1
    （前缺）
    1 □□歲潤四月五日田畝[   ]貳人合貳人
    2   ]軍臣麴仕悦 印

（後缺）

72TM155：58/2

（前缺）

1 　　　　　　]八日田畝作人[　　]熹兒貳人合貳人

2 　　　　　　　威□□軍臣麹仕悦　□

（後缺）

69TAM138：15/1、15/5

（前缺）

1]丁亥歲四月十一日□□畝作人趙善海壹

2]人伍日作車牛壹□□日作

3 　　　　　　□□將軍麹仕悦印

（後缺）

69TAM138：15/2

（前缺）

1]□亥歲四月廿六日田畝作人趙善海貳人合貳人作

2 　　　　　　　威遠將軍麹　仕悦

（後缺）

69TAM138：15/3

（前缺）

1]丁亥歲四月卅日[　　]海車[

2]日作合半日作[

（後缺）

69TAM138：15/4

（前缺）

1]日田畝作人趙善海壹人[

（後缺）

2006TZJI：198a

（前略）

17 　　　史□□[

18 依判誌仕悦示[

（後略）

2004TBM107：3-1

　　　（前缺）

1　　]仕悦示

2　　]廿三日

3　　]録事麴儁受

4　　　]亮付户（一）

5　　　]廿五日

　　　（後缺）

Ot.1378V

　　　（前缺）

1　]□□□　　　　十五□[

2　]□□諮仕悦□[

3　　　]□十□[

　　　（後缺）

72TM155：29

　　　（前略）

10　　　　　　]一氈一索伍次康門阤挂入未得氈一麴紹目入

11　　　　　　]鷹揚　將　軍　臣　麴　　　　　　宣

12　　　]得　　威　遠　將　軍　臣　麴　　　　　傳

13　　　　　]□　昌　令　臣　　　嚴　　　　　宣

14　　　　　]酒　泉　令　臣　　　陰　　　　　宣

15　　　　　]門　下　校　郎　臣　司　空　　　　傳

16　]氈破褐囊絶便索絶胡麻索頭數列別如右記識奏諾奉　　行

17　　　　　　]行門下事威遠將軍臣麴

18　　　　　]門　下　校　郎　臣　司　空

19　　　]行門下事殿中將軍臣　高

20　　　　]通　事　令　史　臣　辛

21　　　　]通　事　令　史　臣　史

　　　（後缺）

通過這些出土的吐魯番文書，不僅可以了解麴仕悦其人，還能夠管窺其所處時代,補苴史籍記載不足。關於麴氏高昌國,史書上寥寥數言,現在更多地是通過考古發現來了解其歷史。關於麴仕悦其人,上述文書中給出的信息如"某某將軍麴仕悦"、"威遠將軍麴仕悦"、"仕悦"、"西州司馬麴仕悦";還有《高昌諸臣條列得破被氈、破褐囊、絶便索、絶胡麻索頭數奏一》(72TM155:29)提到了"威遠將軍臣麴"、"行門下事威遠將軍臣麴"。另外,結合前輩們的研究,我們大致了解到麴仕悦是麴氏高昌的王族,生活在麴氏高昌晚期至唐西州時期,曾做過麴氏高昌國的威遠將軍、行門下事,唐西州的司馬等官職。本文將根據他生活的兩個政治時代,探討一下此人的信息。

二

麴氏高昌國主要是由高昌當地的漢族人建立的政權,世代向中原王朝朝貢,與中原王朝保持着政治隸屬關係,在政治、文化等方面受當時的中原王朝特別是北魏的影響非常深。關於麴氏高昌國的官制,《周書·高昌傳》記載如下:

> 官有令尹一人,比中夏相國;次有公二人,皆其王子也,一爲交河公,一爲田地公;次有左右衛;次有八長史,曰吏部、祠部、庫部、倉部、主客、禮部、民部、兵部等長史也;[12]次有建武、威遠、陵江、殿中、伏波等將軍;次有八司馬,長史之副也;次有侍郎、校書郎、主簿、從事,階位相次,分掌諸事;次有省事,專掌導引。其大事決之于王,小事則世子及二公隨狀斷決。平章録記,事訖即除。籍書之外,無久掌文桉。官人雖有列位,並無曹府,唯每旦集於牙門評議衆事。諸城各有户曹、水曹、田曹。每城遣司馬、侍郎相監檢校,名爲城令。[13]

《北史·西域傳》以及《隋書·高昌傳》也有類似的記載。根據這些史籍關於麴氏高昌國官制的記載,首先可以明確的是其官制是模仿中原王朝,其次高昌國設置"威遠"等將軍,與建武、陵江、殿中、伏波等將軍一樣,地位在八長史之下、八司馬之上。《通典》卷六三:"鷹揚、折衝、輕車、揚烈、威遠、寧遠、武威、材官、伏波、淩江諸將軍,銀章,青綬。"[14]可見,麴氏高昌國的"威遠將軍"等稱號,確實源自於中原王朝。

在麴氏高昌國延昌十五年(575年)的《麴斌造寺碑》碑陰刻文中,刻有麴氏高昌國各級官吏的名稱,能夠借此了解麴氏高昌國的官制。在此碑文中出現了三處"威遠將軍",即"長史威遠將軍領都事官麴"、"長史威遠將軍領 倉 部事馬"、"長史威遠將軍領祀部事陰",這三位不同姓氏的將軍各自領有不同的職事,分別爲麴姓的都官長史、馬姓的倉部長史、陰姓的祀部長史。可見這些將軍還兼領八部的長史。

　　荒川正晴先生在《關於麴氏高昌國的官制》中論述"將軍"的屬性時曾提及,將軍是一種等級身份,在長史的上一級設左右衛(將軍),在下一級(司馬的上一級)設建武、威遠、陵江、殿中等各將軍,或許有一種可能,即這些將軍也只是憑借將軍的身份,與司馬、侍郎同樣,執掌各部及部門之下的事務。[15]也就是説,這些將軍稱號並非是具有具體職務的官職,只是一種等級身份,這些將軍中有的憑借這種身份領有其他具體的實際職務。

　　侯燦先生也認爲,麴氏高昌國所設的將軍,只是戎號,是虛銜官。他在《麴氏高昌王國官制研究》一文中,根據《麴斌造寺碑》碑陰所書內容爲高昌王以下的中央至地方縣一級的行政官職、將軍戎號和縣一級的戍衛兵將官職,又結合其他吐魯番出土文獻資料,最終按戎號出現的等級和位序尊卑把將軍分爲八個等級,根據他的分類,威遠將軍與折衝將軍、廣武將軍、虎威將軍、陵江將軍、建武將軍、伏波將軍、□漠將軍、平遠將軍、鷹陽(揚)將軍、虎賁將軍處於第四等級,爲中級戎官稱號。[16]

　　由此可見,麴氏高昌國的威遠將軍等將軍的官職屬性爲虛職官。《周書》《北史》等正史中關於高昌國官職的記載是不系統不全面的,將職事官與散官等虛職官歸爲一類記載。中國古代的官職結構主要可分爲兩類:一類爲承擔具體實際職能的職事官,另一類則是主要用於安排官僚品階的虛職官,即散官。散官由文武散官構成,分別以"大夫"、"郎"和"將軍"、"校尉"等爲名。麴氏高昌國的建武、威遠、陵江、殿中、伏波等將軍,也應爲散官,這些人實際上還有其他實職。麴氏高昌國的將軍兼領職事官的例子除了前文《麴斌造寺碑》外,在吐魯番文書中也經常能見到不同戎號的"將軍"加上"領"或者"兼"某某職事的寫法,即"某某將軍領某某事"、"某某將軍兼某某事",如《麴建鼂寫經題記》(Ch 1192[TⅡ1513])中的"(建)威將軍、領宿衛事麴建鼂";《高昌延壽元年(624年)六月劑遠行馬價錢勅符》(Ot.1310、Ot.1466)中的"甯遠將軍吏部郎中兼兵部事麴";

《高昌延壽九年（632年）屯田殘奏》（72TAM155：30）中有"虎賁將軍中兵校郎兼屯田事臣高"、"鷹揚將軍兼屯田事臣麴"；⑰《高昌延昌二十七年（587年）兵部條例買馬用錢頭數奏行文書》（66TAM48：28、32）中的"平遠將軍領兵部事麴歡"。⑱日本學者本間寬之認爲，"領~事"是執掌某機構事務，相當於該部的長史；"兼~事"表示兼任某機構事務。⑲

在麴氏高昌國，關於威遠將軍的品級，前文提到侯燦先生將其列爲第四等級，一般屬於高昌國中級官吏。高昌國依照中原王朝政治制度，也會參考中原王朝制度定職官的品級。《魏書·官氏志》載北魏太和中定官制，"……輕車將軍、威遠將軍，虎威將軍……第五品上"；⑳北魏太和二十三年（499年）復次《職令》，"……輕車將軍、威遠將軍、開府掾屬、虎威將軍……從第五品"。㉑北魏時期的威遠將軍，其品級爲五品，也屬於中級官員品級。所以，麴氏高昌國的威遠將軍的具體品級我們雖然不得而知，但可以確定的是其的確屬於中級官吏。

三

至於威遠將軍麴仕悦的實際職務，由兩組《高昌延壽四年（627年）威遠將軍麴仕悦奏記田畝作人文書》無法直接得知。這兩組文書反映的是麴仕悦奏記田畝作人的服役人數和天數等情況。所謂"田畝作人"，關尾史郎先生認爲是官府向主人徵發的在國家所有的"屯田"或"官田"上服役耕作的依附人口；田畝作人文書是官府向"作人"主人頒發的證實"作人"完成了規定的徭役並交由其保管的記録憑證。㉒這兩組文書均印有"奏聞奉信"印，"現從已知的延壽文書資料看，'奏聞奉信'之印使用很廣泛，上行、下行甚至帳簿和寫經，凡是經高昌王批准的，都鈐有此印。'奏聞奉信'之印也許如中原一樣並不親由高昌王掌管，而是由門下等機關負責，但畢竟體現的是高昌王的意志，在完善文書制度的同時，加強高昌王的突出地位和作用"。㉓這兩組田畝作人文書皆由麴仕悦所記，並鈐有可能由門下機構掌管的"奏聞奉信"之印，説明麴仕悦當時可能爲門下機構的官員。

前文提到《高昌諸臣條列得破被氈、破褐囊、絶便索、絶胡麻索頭數奏一》（72TM155：29）文書中的"威遠將軍臣麴"、"行門下事威遠將軍臣麴"指的是麴仕悦，該文書是標準的上奏文書，文書中的"門下校郎臣司空”、“行門下事殿中將軍臣高”皆爲門下機構官員,此外,“鷹揚將軍臣麴”、“囗昌令臣嚴”、“酒泉令臣陰”、“通事令史臣辛”、“通事令史臣史”亦爲門下機構官員或門下差遣職。㉔

《高昌延壽十七年(640 年)屯田下交河郡南平郡及永安等縣符爲遣麴文玉等勘青苗事》(73TAM519：19/2-1),内容爲高昌國中央屯田部簽發的派麴文玉等去交河等郡檢查農作物情況的符文,該文書鈐有四處“奏聞奉信”朱印,署名爲“威遠將軍門下校郎麴”,也應爲門下簽署下達。該文書出土於貞觀十六年(642 年)張隆悦妻麴氏墓,表明此文書是642 年之前的,與麴仕悦生活的時代相符,故推測此位威遠將軍可能也是麴仕悦。據此可判斷,麴仕悦曾做過高昌國門下機構的門下校郎之類的官職。

關於麴氏高昌國的門下機構,其地位和職責類似於中原王朝的門下省。在隋唐時期,門下省主要負責審查詔令、簽署章奏等。其長官被稱爲侍中,或被稱爲納言、左相、黄門監,皆因時而異,其下有黄門侍郎、給事中、散騎常侍、諫議大夫、起居郎等官。而麴氏高昌國的門下機構主要也是審核文檔、通傳敕令,是直接對高昌王負責的秘書機構,政府的上奏文書、下行文書都需經過門下機構審核簽署。政府各執行部門上奏給高昌王的文書都需要提前送門下機構審查,門下機構審查完畢後署上負責官員、經手官員等的姓名,退回執行機構,執行機構再署上日期及各級官員的姓名,送門下轉呈高昌王。高昌王自上而下發布給各部門的令文,由門下機構負責擬好,署上門下官員的姓名和日期,再交給相關部門官員署名後正式下達。㉕門下機構的官員有門下校郎、行門下事等。“行門下事”,孟憲實先生在總結高昌延壽時期奏行文書的新特點時認爲其是高昌延壽時期才出現的新官職。如《高昌延壽九年(632 年)屯田殘奏》(72TAM155：30)中有“行門下事侍郎臣高”,“過去雖有門下校郎這樣的官職,但總不如‘行門下事’這種差遣職更能説明門下這一重要機構”。㉖與門下校郎相比,行門下事屬於代理或臨時差遣的性質。日本學者本間寬之也認爲“行~事”是“試用”的意思。如《高昌重光四年(623 年)二月輔國將軍領宿衛事麴某殘啓》(67TAM364：01)㉗中“行中兵校郎事麴”就是高昌王族的麴某臨時做中兵校郎職。㉘

根據麴仕悦相關文書基本上可以推斷出,麴仕悦在麴氏高昌末期是中級官吏,主要在門下機構任門下校郎、行門下事等官職,負責審查、簽署高昌國的上奏和下行公文。

四

根據麴仕悦《大智度論》寫經尾題得知其在唐西州時曾官至"西州司馬"。貞觀十四年(640年),唐滅麴氏高昌國後,在當地設置了與內地一樣的州縣行政機構加以統治。設西州,轄交河、天山、柳中、蒲昌、高昌五縣,並設安西都護府,派軍隊鎮守,形成了西州刺史主管民政、安西都護主管軍事的軍政結合管理體系。顯慶三年(658年),唐滅西突厥後,移安西都護府於龜兹,舊安西復爲西州,並設都督府,麴智湛爲都督。對於歸降唐朝的高昌王室成員等統治階層官員,采取籠絡的處置方式,這些人中,一部分被遷往內地安置,一部分仍被安置在高昌故地,如高昌王麴文泰的兒子麴智湛,就被任命爲西州都督府都督。而像麴仕悦這些麴氏高昌國的中下級官員可能大部分是被就地安置,委以一些閑職。

在唐代,不論是顯慶三年前的西州州府、安西都護府還是之後的西州都督府,其刺史、都護和都督作爲最高長官,都要配置上佐、判司和錄事參軍事等各級官吏充任僚佐。其中,上佐包括別駕、長史、司馬,一般各設一人。司馬爲上佐之一,作爲長官的副職,與別駕、長史一道,協助長官治州府事務,統領府僚,主要負責兵員配置、軍府裝備、專知倉庫、判勾官和處理仗身錢等事務。[29]根據《舊唐書·職官志》《新唐書·百官志》等的記載,州司馬,上州1人,從五品下;中州1人,六品上;下州1人,從六品下。[30]都護府司馬,大都護府1人,正五品上;上都護府1人,正五品上。[31]都督府司馬,大都督府2人,從四品下;中都督府1人,正五品下;下都督府1人,從五品上。[32]關於麴仕悦的"西州司馬",從名稱上來看,可能是作爲西州州政府司馬,但在《新獲吐魯番出土文獻》"唐牒殘片"(2004TBM107:3-1)條的題解中,認爲麴仕悦"爲安西都護府上佐"。[33]雷聞先生在分析《唐永徽五年至六年(654—655年)安西都護府案卷爲安門等事》(2006TZJI:198a等共14件)時說,"依照唐代公文書的格式,第18行'依判,諮。仕悦示'當爲安西都護府通判官即上佐的判文"。他還認爲此件文書中在通判官(長史或司馬)位置上批示的"仕悦"與"西州司馬麴仕悦"當爲同一人,因此,他提出,"西州司馬麴仕悦"寫經題記"若同

樣出自永徽時期,則或許可爲陳國燦先生關於此時安西都護府與西州合
署辦公之説㉞提供一新證"。㉟也就是説,麴仕悦在顯慶三年之前,可能既
擔任安西都護府的司馬,又擔任西州州府司馬。

另外,根據李方先生等的研究證實,顯慶三年之後,安西都護府移於
龜兹,在西州設置都督府,西州州府並未取締,西州州府和都督府同時存
在,並且合署辦公,所署官員也應互相兼任對應職務,長官及上佐等官員
既擔任都督府職,同時又任州府的相應職務。㊱因此,假如顯慶三年之後,
麴仕悦仍任西州司馬,那麼實際上他也同時行使西州都督府司馬的職責。

安西都護府、西州都督府的司馬品級一般不會超過五品。前文分析
麴仕悦在麴氏高昌國時被授予相當於中原五品左右的威遠將軍,在門下
機構任門下校郎、行門下事之類的僚屬之職,在仕唐以後,他被委任爲相
應品級的西州司馬,這也是合情合理的。

綜上所述,麴仕悦是麴氏高昌的王族,生活於麴氏高昌晚期至唐西州
時期,在麴氏高昌國時期被授予威遠將軍,具體職事爲門下校郎、行門下
事等,爲中級官吏,在唐西州時期被委任與麴氏高昌國品級相符、工作性
質大致相同的州府司馬等官職。

注　釋

① 香川默識:《西域考古圖譜》,東京國華社,1915 年。
② "中國書畫 739 敦煌寫經三"組圖左下角第一張圖片,又見於《西域考古圖譜》下卷
佛典附録(4)-2《唐西州司馬麴某〈大智度論〉跋斷片》(吐峪溝)。
③ 旅順博物館、龍谷大學:《旅順博物館藏新疆出土漢文佛經選粹》,京都法藏館,
2006 年,第 209 頁。
④ 照片見中國文物研究所等編,唐長孺主編:《吐魯番出土文書》圖文對照本第一册,
文物出版社,1992 年,第 425 頁;録文見國家文物局古文獻研究室等編:《吐魯番出
土文書》録文本第三册,文物出版社,1981 年,第 278—279 頁。
⑤ 照片見《吐魯番出土文書》圖文對照本第一册,第 444—445 頁;録文見《吐魯番出土
文書》録文本第三册,第 304—306 頁。
⑥ 圖片、録文見榮新江、李肖、孟憲實:《新獲吐魯番出土文獻》,中華書局,2008 年,第
305 頁。
⑦ 圖片、録文見《新獲吐魯番出土文獻》,第 56 頁。

⑧ 照片見《吐魯番出土文書》圖文對照本第一册,第 429 頁;録文見《吐魯番出土文書》録文本第三册,第 286—288 頁。

⑨ 石墨林:《若干部吐魯番出土文書之間互見的人名地名索引》,武漢大學中國三至九世紀研究所:《魏晉南北朝隋唐史資料》第二十八輯,2012 年,第 335 頁。

⑩ 孟憲實:《漢唐文化與高昌歷史》,齊魯書社,2004 年,第 165 頁。

⑪ 照片見《吐魯番出土文書》圖文對照本第二册,第 71 頁;録文見《吐魯番出土文書》録文本第四册,第 124—125 頁。

⑫ 經考古發現和文書研究,麴氏高昌國中央設有吏、庫、倉、民、兵、祀、都官、主客、屯田等曹,没有祠部和禮部。

⑬ 《周書》卷五〇《異域下》,中華書局,1971 年,第 914—915 頁。

⑭ 《通典》卷六三《嘉禮八》,中華書局,1988 年,第 1756 頁。

⑮ 荒川正晴:《麴氏高昌國の官制について》,早稻田大學史學會:《史觀》,第 109 册,1983 年,第 34 頁。

⑯ 侯燦:《麴氏高昌王國官制研究》,《高昌樓蘭研究論集》,新疆人民出版社,1990 年,第 47—48 頁。

⑰ 照片見《吐魯番出土文書》圖文對照本第一册,第 427 頁;録文見《吐魯番出土文書》録文本第三册,第 282 頁。

⑱ 照片見《吐魯番出土文書》圖文對照本第一册,第 339 頁;録文見《吐魯番出土文書》録文本第三册,第 75 頁。

⑲ 本間寬之:《麴氏高昌國的將軍號和兼官》,《吐魯番學研究》(第二屆吐魯番學國際學術研討會論文集),上海辭書出版社,2006 年,第 175—177 頁。

⑳ 《魏書》卷一一三《官氏志》,中華書局,1974 年,第 2984—2985 頁。

㉑ 同上書,第 2998 頁。

㉒ 關尾史郎著,侯世新譯:《論"作人"》,《西域研究》1995 年第 1 期,第 53 頁。

㉓ 孟憲實:《漢唐文化與高昌歷史》,第 311 頁。

㉔ 同上書,第 164 頁。

㉕ 王素:《麴氏高昌中央行政體制考論》,《文物》1989 年第 11 期,第 44 頁。

㉖ 孟憲實:《漢唐文化與高昌歷史》,第 162 頁。

㉗ 照片見《吐魯番出土文書》圖文對照本第一册,第 389 頁;録文見《吐魯番出土文書》録文本第三册,第 197 頁。

㉘ 本間寬之:《麴氏高昌國的將軍號和兼官》,《吐魯番學研究》(第二屆吐魯番學國際學術研討會論文集),第 178 頁。

㉙ 李方:《唐西州行政體制考論》,黑龍江教育出版社,2002 年,第 86—95 頁。

㉚ 《舊唐書》卷四四《職官三》,中華書局,1975 年,第 1918 頁;《新唐書》卷四九《百官

志四下》,中華書局,1975 年,第 1317—1318 頁。《新唐書》關於州司馬品階的記載與《舊唐書》稍有差異,分別爲上州司馬從五品下、中州無記載,下州司馬爲從六品上。

㉛《舊唐書》卷四四《職官三》,第 1922 頁。《新唐書》卷四九《百官志四下》關於都護府司馬品階則皆爲正五品下。

㉜《舊唐書》卷四四《職官三》,第 1916—1917 頁。《新唐書》卷四九《百官志四下》關於下都督府司馬品階則爲從五品下。

㉝ 榮新江、李肖、孟憲實:《新獲吐魯番出土文獻》,第 56 頁。

㉞ 陳國燦:《吐魯番出土漢文文書與唐史研究》,《隋唐史論集》,香港大學亞洲研究中心,1993 年,第 295—296 頁。

㉟ 雷聞:《關文與唐代地方政府内部的行政運作——以新獲吐魯番文書爲中心》,《中華文史論叢》2007 年第 4 期,第 133—134 頁。

㊱ 李方:《唐西州官僚政治制度研究》,第 2 頁。

敦煌寫本"慶皇猷"齋文與唐代"元正朝賀"

趙玉平(中國社會科學院文學研究所)

　　"慶皇猷"齋文是唐代敦煌寫本佛教齋文範本合集《齋琬文》中的一類。①"齋琬文"又稱"歎佛文",爲佛教齋會所用齋文概稱。在數量衆多的敦煌佛教齋文文獻中,直接命名爲"齋琬文"或"歎佛文"的僅有幾件,更多的則是自名爲齋文、願文、齋願文等。敦煌本《齋琬文》散見於P.2940、P.2104V、Φ342V、P.2547、P.2178V 等文獻。根據現存部分,可知其全本共收録常用佛教齋文範本十類八十餘種。②其内容涵蓋佛教信衆生活的各個方面,上至佛陀紀念日贊佛、爲皇帝慶賀、官員任官慶賀,下到百姓生活中的各類祈願,甚至牲畜生死都有與之相應的齋文,是備受關注的重要文獻。③

　　《文苑英華》將"歎佛文"歸於"歎文"類,屬"翰林制詔"範疇。④唐憲宗時,將翰林學士與中書舍人分立爲内、外兩制。⑤《册府元龜》載:"元和初……祠饗道釋之文……皆學士院主之,餘則中書舍人主之。"⑥可見唐代憲宗朝後,朝廷設齋所用齋文,應屬翰林學士所撰"内制"文書。至宋代,朝廷佛教齋文仍屬"内制"文書,且名目更爲規範化。宋代《楊文公談苑》"學士草文"條云:"學士之職,所草文辭,名目浸廣。拜免公王將相妃主曰制,賜恩宥曰赦書、曰德音,處分公事曰勅,榜文號令曰御札……道醮曰青詞,釋門曰齋文,教坊宴會曰白語,土木興建曰上梁文,宣勞錫賜曰口宣。"⑦

　　可見,齋文是研究唐代官方祭祀應用文學的寶貴實例,也是認知當時社會佛教生活形態的難得史料。然傳世文獻中相關内容多已逸失。幸二十世紀初,莫高窟石室開啓,寶藏重光,唐代齋文研究遂爲可能。

一、"慶皇猷"齋文

"慶皇猷"齋文是《齋琬文》所載十類佛教齋文範本中的第二類,列於"讚佛德"(在佛陀誕生、出家、行道和涅槃紀念日所用的齋文)之後,"序臨官"(在各級官吏就職時贊頌其政績及禮佛功德所用的齋文)之前,包括"鼎祚遐隆"、"嘉祥薦祉"、"四夷奉命"、"五穀豐登"四種齋文範本。此處的"猷"作"韜略"義,"皇猷"指"皇帝的治國韜略"。⑧"慶皇猷"即專爲讚頌皇帝治國韜略所作的佛教慶賀齋文,四條篇目爲慶賀的四個緣由。其中,"鼎祚遐隆"即賀皇帝壽,"嘉祥薦祉"即賀祥瑞,"四夷奉命"即賀四夷來朝,"五穀豐登"即賀豐收。現依 P.3940 和 Φ342V 釋錄如下。⑨

(一)鼎祚遐隆

竊以法蓋遙臨,承帝雲而演慶;慈舟廣運,浮聖海而通祥。藻七淨於珠旒,果隆珠帳;發三明於金鏡,道暢金輪。遐開不二之門,潛匡得一之化。崇基所以嶽鎮,景祚所以天長。

伏惟皇帝陛下,澤掩四空,德敷千界。仁深被物,遐通有頂之區;積惠澄襟,普照無邊之域。滌熏風於庶品,沐甘露於群生;基餘劫石之基,祚迭恒沙之祚。丹墀協慶,紫極延祥。就日騰暉,與星虹而等耀;皇雲流彩,共樞電而同鮮。寶運遐隆,琁儀永泰。於是傾埏疊愓,馨宇馳歡,率土懷生,咸思薦壽。

某等忝居黎首,同獻丹誠;仰讚皇猷,式陳清供。惟願凝流演福,與四時而並臻;端宸通祥,應萬物而彌顯。三靈普潤,六氣常和;玉燭然而慧炬明,金鏡懸而法輪滿。

唐代,每逢元正、冬至和千秋節群臣都要爲皇帝賀壽。《大唐開元禮》載有群臣元正及冬至賀壽語:"某官臣某等稽首言:'元正首祚(冬至云"天正長至"),臣等不勝大慶,謹上千萬歲壽。'"⑩千秋節稱:"千秋令節,臣等不勝大慶,謹上千萬歲壽。"⑪唐代賀皇帝壽有專用慶賀文書,如劉禹錫《爲京兆李尹降誕日進衣狀》云:"右伏以水德方清,真龍下降。天長地久,瞻北極而常尊;獻壽稱觴,配南山而永固。臣地居宗屬,職忝尹京。慶荷之誠,倍萬常品。"⑫民間也有"稱觴舉壽"的習俗。唐代韓鄂

《歲華紀麗》卷一《元日》"稱崔寔之觴"條載："崔寔《月令》云：'元日進酒降神畢，室家尊卑次列於几之前。各上椒酒於家長，稱觴舉壽，欣欣如也。'"⑬

（二）嘉祥薦祉

竊以道格圓穹，天無秘寶；慧覃方磚，地不潛珍。故使録錯摘英，式表雙瞳之德；玄珪効祉，爰標三漏之功。莫不列穀金編，流芳王（玉）篆。

聖上風高驥帝，化軼馳王。動植沾恩，飛沉賴慶。故使昭彰瑞牒，書殫東墦之豪；郁藹祥圖，紀盡南山之竹。斯乃素麟踐野，挺一角以呈祥；丹鳳棲同（桐），楊九色而表瑞。甘露凝珠而綴葉，慶雲瑩玉而霏柯；連理則合幹分枝，嘉和（禾）則殊苗共穎。百（白）狼躑躅，驚皓質於翻霜；赤雀紛綸，奮朱毛而皎日。河清一代，湛碧浪而浮榮；芝草千莖，擢紫英而絢彩。莫不祥符萬古，福應一人；永契璿儀，長階寶曆。

某等忝齊圓（元）首，仰載（戴）皇猷；擊壤馳歡，何酬聖澤。敢陳清供，式慶嘉祥。薦輕露於福原，獻纖塵於壽嶽。惟願集木徵於宇宙，藻佳氣於環瀛。契福資宸，共圓穹而等祚；通祥青陸，與輪月而同高。花萼興徭，隆於棣屏；⑭肅維成德，永茂於禮輝。

文中羅列十種五對祥瑞，即素麟—丹鳳，甘露—慶雲，連理—嘉禾，白狼—赤雀，河清—芝草。據《唐六典》所載，其中素麟、丹鳳、慶雲、河清屬於大瑞；白狼、赤雀、甘露屬於上瑞；嘉禾、芝草、連理屬於下瑞。大瑞專報，一事一慶；上瑞、下瑞由禮部員外郎於年終時"具表以聞，有司告廟，百僚詣闕奉賀"。⑮唐代亦有黃門侍郎元正奏祥瑞之例，"凡元日大陳設於太極殿……黃門侍郎奏祥瑞"。⑯可見，"嘉祥薦祉"齋文應爲年終或元正設齋時所用。

（三）四夷奉命⑰

竊以道圓真俗，三界所以歸誠；澤被華夷，四海於焉効歟。莫不瞻風鷲嶺，驟建影於慈門；望日長安，轉葵心於帝里。故使無邊蠢類，咸尊善逝之恩;有截黎元,共載(戴)皇王之澤。巍巍蕩蕩,周難得而言焉!我皇玉鏡澄暉,普照三千之城;金輪按軌,傍周百億文(之)區,會兩儀之宅心,朝萬國之歡命。

於是東夷則遥襄卉服,浮碧浪於雲奔;西戎乃趣草鄉,[18]越蔥岩而霧集。南蠻革俗,踐危路以馳誠;北狄歸心,委穹廬而抗策。莫不殊方魁首,形叠影而朝宗;異城道君,各重驛而來貢。豈直梯山納讚,航海輸賖。仰龍闕以梟飛,瞻鳳樓而准趣。[19]皇上垂衣供化,無得而稱焉!

某預在陶均,咸思薦福。龍居甯運,祥應節而彌新;鳳宸臨朝,慶乘時而必獲。芥城雖極,羅圖之作益昌;恒沙可窮,鼎祚之榮逾遠。福被搖山震德,崇美譽以日新;揀屏穠暉,叠嘉慶而攸委。

四夷來朝無疑是國力强盛的最好表現。唐代“四夷奉命”的盛况被後人讚曰:“唐之德大矣!際天所覆,悉臣而屬之;薄海内外,無不州縣,遂尊天子曰‘天可汗’。三王以來,未有以過之。至荒區君長,待唐璽纛乃能國,一爲不賓,隨輒夷縛。故蠻琛夷寶,踵相逮於廷。”[20]《通典》稱:“大唐貞觀以後,聲教遠被,自古未通者重譯而至,又多於梁、隋焉。”[21]其入朝目的,主要有朝貢、朝見、和親、求請、祝賀、互市、修好、謝罪、謝恩、奏事等十種。[22]唐制,四夷入朝,皆須依專屬路綫沿館驛而行,其路途行期可控。“四夷奉命”齋文中有“祥應節而彌新”一説,四夷“應節”來朝,此“節”當爲元正或千秋節。

(四)五穀豐登[23]

粤若恒星掩曜,震旦溢毫相之光;就日凝暉,乾元登首出之象。是知法王利見,動地而化十方;睿後升聞,則天而寧方國。然則三分受命,啓肇因播稷之功;十號居尊,終資淨土之業。

於是無邊刹土,共遵常樂之緣;有截環瀛,咸依仁壽之城。巍巍妙覺,津梁之聖垺難思;蕩聖皇,[24]覆載之神侔罕測者矣。我君得一馭辰,通三握紀。包舜海而育物,蘊光日以承天。宣玉鏡以昌暉,穆金輪而寶化。仁沾寓縣,時新鳳曆之初;道格乾坤,景絢鶉居之始。春土夏長,運停毒而無私;雲行雨施,物財成而不測。金渾啓候,玉燭調時;家給千箱之儲,國富九年之福。俗比結繩之代,人歡擊壤之歌。

預在含靈,咸遵獻壽。

　　某等寓形宇宙,庇影高深,敢薦芳緣,仰訓鳴走,功得(德)如上。惟願保壽與二儀均壽,震光共七曜齊光,海晏河清,時和歲稔。皇嗣虞弦飛韻,聲掩長松之風;震域騰暉,景焕重輪之月。

文中"時新鳳曆之初"點明了此齋會的設齋時間。鳳曆即年曆,㉕"鳳曆之初"即新年伊始。"新鳳曆"意指改元,其期循例也在正月。"五穀豐登"齋文除了對佛法和皇猷的贊美,更多的是表現對來年豐收的祈求。元正"祈穀"之俗由來已久。《禮記·月令》載:"天子乃以元日祈穀於上帝。"㉖唐代韓鄂《歲華紀麗》卷一《元日》"獻羔令節祈穀嘉辰"條載:"《月令》:'天子獻羔開冰,先薦寢廟,又元日祈穀於上帝。'"㉗唐代皇帝多以正月上辛日"祈穀",《大唐開元禮》專有"皇帝正月上辛祈穀於圜丘"的禮儀規範,㉘可見對"祈穀"之禮的重視,而"五穀豐登"的慶賀齋文兼帶祈求來年豐收的願望,無疑與正月"祈穀"相得益彰。

綜上,敦煌寫本"慶皇猷"齋文爲"元正"等重要節日專爲贊頌皇帝德行所作的佛教慶賀齋文,內容涉及賀皇帝壽、賀祥瑞、賀四夷來朝、賀豐收四事,皆爲唐代朝廷重要的慶賀禮儀。四項慶賀齋會的舉行,形成定制齋文範本並傳抄流布於各州,是唐代佛教儀式成爲官方禮制、佛教齋會成爲法定禮儀形式的生動例證,是官方禮制佛教化的一個縮影。

二、"元正朝賀"與"慶皇猷"

"慶皇猷"所列四種齋文,皆有一特定句式:"鼎祚遐隆"中爲"某等忝居黎首,同獻丹誠……";"嘉祥薦祉"中爲"某等忝齊元首,仰戴皇猷……";"四夷奉命"中爲"某預在陶均,咸思薦福……";"五穀豐登"中爲"某等寓形宇宙,庇影高深……"。此特定句式,雖在其他敦煌佛教齋文中所未見,却是唐代大臣上達皇帝賀表和賀狀中的常用句式。如權德輿《中書門下賀雪表》云:"臣等忝列侍臣,倍百欣賀。無任慶抃,踴躍之至。謹奉表陳賀以聞。臣某等誠歡誠喜,頓首頓首。謹言。"㉙

"慶皇猷"齋文中"某等忝居黎首,同獻丹誠……"類句式完全仿照賀表和賀狀而成,是以大臣身份爲皇帝所作的慶賀齋文。四種齋文,其慶賀名目皆合五禮之規。㉚"鼎祚遐隆"、"嘉祥薦祉"、"四夷奉命"、"五穀豐登"四種齋文範本,其内容也與唐代"元正朝賀"之禮相吻合。

"元正朝賀"又稱"賀正",是形成於西漢時期的重要國家禮儀制度。《通典》言:"漢高帝十月定秦,遂爲歲首。七年,長樂宫成,制諸侯群臣朝賀儀。"[31]宋人高承也據此認爲"元日慶賀始於漢高祖也"。[32]漢高祖時,"元正朝賀"已有"上壽"之儀,至東漢時,又添"百蠻朝貢"之儀。[33]唐太宗時,"元正朝賀"出現了"四夷大小君長争遣使入獻見,道路不絶,每元正朝賀,常數百千人"的"四夷奉命"盛況。[34]唐玄宗天寶六載(747年)十二月,曾下敕規範賀正使朝貢時間,敕曰:"自今以後,應賀正使,並取元日,隨京官例,序立便見。通事舍人奏知其表,直送四方館,元日仗下,後一時同進。"[35]《舊唐書》載:"凡冬至,大陳設如元正之儀。其異者,無諸州表奏祥瑞、貢獻。"[36]可見,"表奏祥瑞"、"表奏貢獻"也是"元正朝賀"的重要内容。

"元正朝賀"禮,當如《唐六典》所載:

> 凡元日大陳設於太極殿,(原注:今大明宫於含元殿,在都則於乾元殿。)皇帝衮冕臨軒,展宫縣之樂,陳歷代寶玉、輿輅,備黄麾仗。二王后及百官、朝集使、皇親、諸親並朝服陪位。皇太子獻壽,次上公獻壽,次中書令奏諸州表,黄門侍郎奏祥瑞,户部尚書奏諸州貢獻,禮部尚書奏諸蕃貢獻,太史令奏雲物,侍中奏禮畢。然後,中書令又與供奉官獻壽。時,殿上皆呼萬歲。(原注:按:舊儀缺供奉官獻壽禮,但位次立,禮畢,竟無拜賀。開元二十五年,臣林甫謹草其儀,奏而行之。)大會之日,陳設亦如之。[37]

可見,"元正朝賀"主要活動有四項:一、獻壽:皇太子、上公分別獻壽;二、奏諸州表貢:中書令奏諸州表、户部尚書奏諸州貢獻;三、奏祥瑞:黄門侍郎奏祥瑞、太史令奏雲物;四、奏諸蕃貢獻:禮部尚書奏諸蕃貢獻。此中,獻壽即"鼎祚遐隆",諸州表貢即"五穀豐登",祥瑞即"嘉祥薦祉",諸蕃貢獻即"四夷奉命"。皇太子、上公、中書令、户部尚書、黄門侍郎、太史令、禮部尚書等,應皆以各自定式賀文表奏。敦煌寫本"慶皇猷"佛教齋文所依原本,可能即來源於此。

值得注意的是,奉敕設齋可能也是"元正朝賀"的一種形式。唐代法藏《華嚴經傳記》載:"永昌元年(689年)正月七日夜,敕僧等於玄武北門建立華嚴高座八會道場,闡揚方廣妙典。八日,僧尼衆等數千餘人共設齋會。"㊳宋代志磐《佛祖統紀》載:"顯慶元年(656年)正月,立代王弘爲皇太子,勅爲建僧齋五千員於慈恩寺。"㊴正月本爲佛教三長齋月(正月、五月、九月)之一,正月奉敕設慶賀齋會,無疑便將佛教正月齋會提升爲國家慶典了。因寺院正月奉敕設齋且所聚僧尼衆多,自然需要在齋會儀式中大量使用"慶皇猷"這種源於"元正朝賀"文書的齋文。

"慶皇猷"齋文的流布對各地舉行佛教正月慶賀齋會也産生了重要的示範性影響。敦煌文獻中存有多篇唐代正月慶賀齋文,如S.2832《元日》、P.2547《齋琬文·元日》、P.3085《河西節度使太傅啓願文》、P.2255《設壇發願文》等,都是敦煌地區佛教元正慶賀齋會所用齋文,其中P.3085《河西節度使太傅啓願文》更有模仿"慶皇猷"之意,只不過祝願的對象由"皇帝"變成了"節度使"。

餘　論

敦煌寫本"慶皇猷"齋文所依原本可能源自朝廷"元正朝賀"禮所用定式賀文,是唐代官方禮制佛教化、佛教齋文禮制化的一個縮影。佛教作爲外來宗教,本土化既是其成爲大衆信仰的途徑,也是其對中國傳統文化産生深刻影響的方式。齋會文化作爲漢傳佛教有別於早期佛教及其他佛教派別的一種宗教世俗化特徵,在更深維度上,也體現了佛教文化與中國士大夫階層傳統禮制文化間的頻繁互動。

注　釋

① 郝春文先生指出,敦煌遺書中的齋文及其樣式,按其性質可分爲齋儀和齋文文本兩大類。齋儀與書儀性質相同,是供起草齋文參考用的文書;齋文文本是僧人在各類齋會上宣讀的文書,它既有實用性,又保存了齋儀的一些特點。參見郝春文:《敦煌寫本齋文及其樣式的分類與定名》,《北京師範學院學報》1990年第3期,第91—97頁轉第20頁。

② 十類分别爲:一、歡佛德:王宮誕質、踰城出家、轉妙法輪、示歸寂滅;二、慶皇猷:鼎祚遐隆、嘉祥薦祉、四夷奉命、五穀豐登;三、序臨官:刺史、長史、司馬、六曹、縣令、縣丞、主簿、縣尉、折衝;四、隅受職:文、武;五、酬慶願:僧尼、道士、女官;

六、報行道：役使：東、西、南、北，征討：東、西、南、北；七、悼亡靈：僧尼、法師、律
師、禪師、俗人、考妣、男、婦、女；八、述功德：造綉像、織成、鐫石、彩畫、雕檀、金銅、
造幡、造經、造堂；九、賽祈讚：祈雨、賽雨、賽雪、滿月、生日、散學、闕字、藏鈎、散
講、三長、平安、邑義、脱難、患差、受戒、賽入宅；十、佑諸畜：放生、贖生、馬死、牛
死、駝死、驢死、羊死、犬死、猪死。參見國際敦煌學項目（IDP）圖版。

③ 主要研究情況參見陳祚龍：《新校重訂〈齋琬文〉》，《敦煌學海探珠》卷下，臺灣商務
印書館，1979 年，第 322—332 頁；梅弘理著，耿昇譯：《根據 P.2547 號寫本對〈齋琬
文〉的復原和斷代》，《敦煌研究》1990 年第 2 期，第 50—55 頁轉第 39 頁；張廣達：
《"歎佛"與"歎齋"——關於敦煌文書中的〈齋琬文〉的幾個問題》，《慶祝鄧廣銘教
授九十華誕論文集》，河北教育出版社，1997 年，第 60—73 頁；王書慶：《敦煌文獻
中的〈齋琬文〉》，《敦煌研究》1997 年第 1 期，第 141—147 頁；王三慶：《敦煌佛教齋
願文本研究》，新文豐出版公司，2009 年，第 45—126 頁；趙鑫曄：《敦煌願文〈齋琬
文一卷并序〉典故考釋》，《中國古代文學文獻學國際學術研討會論文集》，鳳凰出版
社，2006 年，第 234—243 頁；張慕華：《敦煌寫本〈齋琬文〉的文體實質及編纂體
例》，《暨南學報（哲學社會科學版）》2015 年第 12 期，第 30—37 頁。

④ 《翰林制詔》"歎文"類下收錄歎佛文 1 篇（《爲太平公主五郎病癒設齋歎佛文》），歎
道文 8 篇。參見李昉等編：《文苑英華》卷四七二《翰林制詔》，中華書局，1966 年，
第 2413—2415 頁。

⑤ 參見吳麗娛：《唐禮摭遺——中古書儀研究》，商務印書館，2002 年，第 109、110 頁。

⑥ 王欽若等：《册府元龜》卷五五〇《詞臣部》總序，鳳凰出版社，2006 年，第 6296 頁。

⑦ 楊億：《楊文公談苑》，上海古籍出版社，1993 年，第 7 頁。

⑧ 《爾雅·釋詁》："猷，謀也。"邢昺疏："猷者，以道而謀……猷、猶音義同。"《漢語大
詞典》"皇猷"條："帝王的謀略或教化。"參見郭璞注，邢昺疏：《爾雅注疏·釋詁》，
李學勤主編：《十三經注疏》，北京大學出版社，1999 年，第 14、15 頁；羅竹風主編：
《漢語大詞典》（第 8 卷），漢語大詞典出版社，1991 年，第 264 頁。

⑨ P.2940《齋琬文》存有"鼎祚遐隆"和"嘉祥薦祉"兩篇文本内容、"四夷奉命"題目及
"竊以"兩字。Φ342V《齋琬文》存有"四夷奉命"和"五稼豐登"兩篇文本内容。
P.2940 參見國際敦煌學項目（IDP）圖版。Φ342V 參見俄羅斯科學院東方研究所聖
彼德堡分所、俄羅斯科學出版社東方文學部、上海古籍出版社編：《俄羅斯科學院東
方研究所聖彼德堡分所藏敦煌文獻》第 5 册，上海古籍出版社，1992 年，第 255、
256 頁。

⑩ 蕭嵩等：《大唐開元禮》卷九七《嘉禮·皇帝元正冬至受群臣朝賀》，民族出版社，
2000 年，第 455 頁。

⑪ 蕭嵩等：《大唐開元禮》卷九七《嘉禮·皇帝千秋節御樓受群臣朝賀》，第 456 頁。

⑫ 劉禹錫：《劉禹錫集》卷一七《狀》，上海人民出版社，1975 年，第 147 頁。

⑬ 韓鄂：《歲華紀麗》卷一《元日》，中華書局，1985 年，第 12 頁。

⑭ 據文意，"隆"字前或後有一字脱文。

⑮ 李林甫等：《唐六典》卷四《尚書禮部》，中華書局，1992 年，第 115 頁。

⑯ 同上書，第 113 頁。

⑰ Φ342V《齋琬文》卷首題目爲"皇帝四夷奉命"，P.2940《齋琬文一卷并序》目録及正文題目均無"皇帝"二字。

⑱ 據文意，"趣"字前或後有一字脱文。

⑲ "鳳樓"原作"鳳樹樓"，據文意，"樹"字係衍文，當删。

⑳ 《新唐書》卷二一九《北狄傳》，中華書局，1975 年，第 6183 頁。

㉑ 杜佑：《通典》卷一八八《邊防四·海南序略》，中華書局，1988 年，第 5088 頁。

㉒ 參見李大龍、李淵：《使者與唐王朝邊疆民族管理體制》，《民族研究》2000 年第 1 期，第 66—75 頁。

㉓ P.2940 中題目爲"五穀豐登"，Φ342V 中題目爲"五稼豐登"。

㉔ 據文意，"蕩"後疑脱一"蕩"字。

㉕ 《左傳》昭公十七年載："我高祖少皞摯之立也，鳳鳥適至，故紀於鳥，爲鳥師而鳥名：鳳鳥氏，曆正也。"參見趙生群：《春秋左傳新注》，陝西人民出版社，2008 年，第 842 頁。

㉖ 孫希旦：《禮記集解》卷一五《月令一》，中華書局，1989 年，第 415 頁。

㉗ 韓鄂：《歲華紀麗》卷一《元日》，第 14 頁。

㉘ 蕭嵩等：《大唐開元禮》卷六《吉禮·皇帝正月上辛祈穀於圜丘》，第 50—57 頁。

㉙ 董誥等編：《全唐文》卷四八四權德輿《中書門下賀雪表》，中華書局，1983 年，第 4946 頁。

㉚ 吳麗娛先生認爲，賀表必須事出有"因"，大致是於國家有利的大事發生後都需要賀皇帝，但是從五禮出發，大都有一定的規律，所以可説是服從禮儀需要，而不能看作是隨意的。參見吳麗娛：《敦煌書儀與禮法》，甘肅教育出版社，2013 年，第 380、381 頁。

㉛ 杜佑：《通典》卷七〇《禮典三〇·嘉禮一五》，第 1927 頁。

㉜ 高承：《事物紀原》卷一《天地生植部·賀正》，中華書局，1989 年，第 10 頁。

㉝ 杜佑：《通典》卷七〇《禮典三〇·嘉禮一五》，第 1927、1928 頁。

㉞ 司馬光：《資治通鑑》卷一九八"唐太宗貞觀二十二年"條，中華書局，1956 年，第 6253 頁。

㉟ 杜佑：《通典》卷七〇《禮典三〇·嘉禮一五》，第 1937 頁。

㊱ 《舊唐書》卷四三《職官志二》，中華書局，1975 年，第 1829 頁。

㊲《唐六典》卷四《尚書禮部》,第113頁。

㊳ 法藏:《華嚴經傳記》卷三,《大正新修大藏經》第51册,新文豐出版公司,1983年,第164頁。

㊴ 志磐撰,釋道法校:《佛祖統紀校注》卷四〇《法運通塞志》,上海古籍出版社,2012年,第921頁。

新出元華光墓誌與元媛柔墓誌所見元魏宗女的婚姻和信仰[*]

傅清音（西安碑林博物館）

　　近年西安南郊少陵原出土了三方周隋時期的比丘尼墓誌，這三方墓誌分別爲北周天和五年（570年）《雍州等覺寺比丘尼僧華墓誌》、隋開皇二年（582年）《魏彭城郡公主尼元之墓誌》與隋開皇二年（582年）《比丘尼元之墓誌》。前兩方墓誌誌主係同一人，即元華光，後一方墓誌誌主爲元媛柔，二者爲姑侄關係。元華光乃北魏昭成皇帝五世孫，嫁於琅邪郡公司馬裔，後因夫亡而出家，北周天和五年（570年）卒，葬於萬年縣鴻固鄉吉遷里，隋開皇二年（582年）改葬於杜陵原。元媛柔是元華光弟元季海與北魏重臣李沖之女李稚華所生的第二女。關於元華光其夫情況，王素《大唐西市博物館新藏北朝墓誌疏證》一文分析北周保定四年（564年）《李稚華墓誌》"馮翊王昆季早亡，唯姊一人，適司馬琅耶公，早寡歸居。妃敬以姑禮，恪勤婦事，年衰踰篤"中的"司馬琅耶公"應指賀拔勝，[①]概因賀拔勝在北魏孝武帝時曾進爵琅邪郡公。[②]今據《元華光墓誌》知馮翊王即元季海，其姊爲元華光，司馬琅耶公指的是河内司馬裔。《北史》和《周書》均有《司馬裔傳》，[③]另庾信撰有《周大將軍司馬裔神道碑》與《周大將軍琅邪定公司馬裔墓誌銘》，[④]然兩相比勘發現，《北史·司馬裔傳》和《周書·司馬裔傳》均載司馬裔之妻元氏因司馬裔投效宇文泰而榮封襄城郡公主，《周大將軍司馬裔神道碑》稱司馬裔與妻元氏合葬於武功縣三畤原，這與元華光墓誌稱元華光封彭城郡公主、先葬萬年縣鴻固鄉

---

　　* 本文係國家社會科學基金重點項目"新出隋代墓誌銘整理與研究"（14AZS004）階段性成果。

後改葬杜陵原等事頗有不合,原因何在? 本文在收集、考訂相關史料的基礎上,試圖闡釋墓誌與傳世文獻相互矛盾的原因,期冀對於了解元魏宗女的婚姻和信仰等情況有所補益。

爲討論方便,謹先將三方墓誌文字與基本要素梳理記錄如下:

1. 北周比丘尼拓跋華光墓誌(圖一)。誌石拓本高41、寬42釐米,未見墓誌蓋。誌文十六行,滿行十六字,正書,有方界格。誌文爲:

雍州等覺寺比丘尼僧華墓誌

尼俗姓拓跋氏,字華光,魏　照成皇帝 五 世之孫,曾祖諱遵,左右二丞相、常山王, 祖 諱素連,大將軍、鎮都大將、内外二 都 坐 大 官、常山康王,司朔燕相四州刺 史 諱 淑 第三女,司空公、鄀冀二州刺史 顥 之 妹, 司 空公、尚書令、司州牧、馮翊簡穆王季海姊,適瑯瑯郡公、河内司馬裔,魏大統元 年 □　詔授彭城郡公主,夫喪後,以泡沫□恒,遂入道焉。以大　周天和五年歲次 庚 寅三月乙酉朔廿八日壬子終于道場, 四 月甲寅朔葬於京兆郡萬年縣鴻固 鄉 吉 遷里,

圖一

春秋八十有一。

　　長子市奴,瑯琊郡公。

　　次子法僧。

　　次子康買。次子季禮。

2. 隋比丘尼元華光墓誌(圖二)。誌蓋盝頂,拓本高 14.5、寬 19 釐米。誌蓋斷裂,蓋題"魏彭城郡公主墓誌銘"九字(圖三),三行,行三字,陽文篆書,有方界格。誌石拓本高 19、寬 23.5 釐米。誌文十四行,行字數不等,正書,有竪界格。誌文爲:

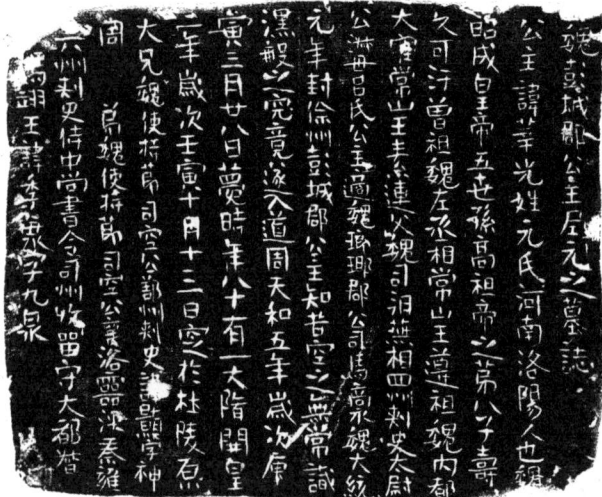

圖二　　　　　　　　　　　　　　　　圖三

魏彭城郡公主尼元之墓誌

　　公主諱華光,姓元氏,河南洛陽人也。魏昭成皇帝五世孫,高祖帝之第八子壽久可汗,曾祖魏左丞相、常山王遵,祖魏内都大官、常山王素連,父魏司朔燕相四州刺史、太尉公淑,母吕氏。公主適魏瑯琊郡公司馬裔,魏大統元年封徐州彭城郡公主,知苦空之無常,識涅般之究竟,遂入道。周天和五年歲次庚寅三月廿八日薨,時年八十有一,大隋開皇二年歲次壬寅十月十三日窆於杜陵原。大兄,魏使持節、司空公、鄯州刺史諱顥字神周;　　　弟,魏使持節、司空公、襄洛靈涇秦雍六州刺史、侍中、尚書令、司州牧、留守大都督、□馮翊王諱季海字九泉。

3. 隋比丘尼元媛柔墓誌（圖四）。誌蓋盝頂，拓本高 21.5、寬 20 釐米。蓋題"魏馮翊王女之墓誌銘"九字（圖五），三行，行三字，陽文篆書，有方界格。誌石拓本高 26.5、寬 27 釐米。誌文十六行，行字數不等，有竪界格。誌文爲：

圖四

圖五

魏司空公尚書令馮翊簡穆王第二女比丘尼元之墓誌

　　尼諱媛柔，字惠柔，姓元，河南洛陽人也。魏照成皇帝六世孫，高祖諱遵，魏左右丞相、常山王；曾祖諱素連，魏大將軍、內外二都大官、常山王，謚曰康；祖，魏肆朔燕相四州刺史、太尉公，謚曰靜，夫人呂氏；父諱 季 海，字九泉，魏使持節、侍中、兼司徒公、尚書左僕射、襄洛靈涇秦雍六州刺史、領軍將軍、司州牧、司空公、尚書令、留守大都督、馮翊王，薨贈本官，謚曰簡穆，母隴西李氏，尋拜爲妃，父諱沖，字思順，魏司空公、尚書僕射、清淵公，謚曰文穆，母滎陽鄭氏。尼兄弟二人，姊妹有三，身居第二。父母嬌憐，偏蒙過庭之及，長而自悟，洞於無爲之理。年十四，童子出家，知苦空而勵己，惜寸影而要心。千章遄耳，似易水餘瓶，静思三昧，六塵俱服。恭上接下，並嘆其能，精誠辯博，咸稱其德。珠沉九湘，金藏山下，春芳始茂，便隨秋葉，臨終益悟,冀望花生。傷無主祭,長辭追恨。以大隋開皇二年歲次壬寅十月六日遘疾,七日大漸於伽藍,春秋五十有三,以其月十三日窆於杜陵原。

兄,大將軍、勳隴洛衛四州刺史、大御正、少司馬、平涼公孝才;弟,儀同三司、甘州刺史、烏水公孝約;姊,適司空公、燕國公于寔;妹,適太師、申國公李穆。

一、元華光、元媛柔的家族世系

元華光和元媛柔係北魏昭成皇帝什翼犍後裔。《元和姓纂》卷四《元氏》:"[河南洛陽縣]後魏書官氏志曰,拓拔氏改爲元氏。自云黃帝子昌意之後,居北土,代爲鮮卑君長。……昌意三十九代,至昭成帝什翼犍,始號代王,都雲中。道武改號魏,即尊號。孝文帝都洛陽,改爲元氏。十一代、十五帝、一百六十一年,爲後周所滅。獻明帝生寔、壽鳩、紇根、翰、力真、闕婆。常山王壽鳩生遵。遵生素達。素達生羽鄰、忠、倍斤、尉、貨敦、菩薩、淑。……淑生季海、振。季海,馮翊王、司空。振六代孫光嫌,考功郎中、給事中。"⑤ 其中,"獻明帝生寔、壽鳩、紇根、翰、力真、闕婆",應是誤以獻明帝爲昭成皇帝什翼犍。昭成皇帝什翼犍太子寔在建國三十四年(371年)因與叛臣長孫斤格擋傷脅而薨,後追諡爲獻明皇帝。⑥ 而《古今姓氏書辯證》卷七《元氏》對什翼犍諸子的記載則有所不同:"初,什翼犍七子:一曰寔君,二曰翰,三曰闕婆,四曰壽鳩,五曰紇根,六曰力真,七曰窟咄。道武皇帝,窟咄子也,生明元皇帝嗣。"⑦ 其中,"道武皇帝,窟咄子也,生明元皇帝嗣"有誤,道武皇帝拓跋珪係昭成皇帝什翼犍嫡孫、獻明帝之子,而非窟咄之子。

元華光高祖"壽久",《元和姓纂》《古今姓氏書辯證》和《新唐書·宰相世系表》稱"壽鳩",北魏永平四年(511年)元華光伯父元德孫《元侔墓誌》⑧ 記爲"受久",概爲音譯,乃同一人。元華光曾祖遵,《元侔墓誌》稱其高祖遵字爲"勃兜",北周天和六年(571年)元華光侄子《元世緒墓誌》⑨ 則稱其高祖遵字"伏六兜",北魏正光五年(524年)元華光伯父陪斤子《元昭墓誌》⑩ 又稱其曾祖爲"兜"。元華光祖素連,《元和姓纂》稱"素達",《魏書·昭成子孫傳》和《北史·魏諸宗室·昭成子孫傳》稱"素",⑪

《元昭墓誌》稱祖"連",《元伻墓誌》和《元世緒墓誌》皆稱曾祖"素連"。"素"、"連"皆應爲"素連"之簡,而"素達"則爲"素連"之訛。素連官職"内外二都□□官"中漫漶的二字應爲"坐大"。元華光父元淑(447—507年)墓誌言其字買仁,爲素連第廿五子,夫人趙郡吕氏,[12]《北史·昭成子孫傳》記其卒於平城鎮將任,謚曰静,有七子。[13]據元華光墓誌知元淑其中二子爲元顥、元季海,據前述《元和姓纂》所記,知另一子爲元振,從《元世緒墓誌》和東魏天平三年(536年)元華光姪女《魏孟氏命婦元夫人墓誌》[14]知元淑還有一子爲元世緒父元凝,一子爲元氏父元祐。《元淑墓誌》"都督□□□□□□□二道諸軍事"一句有缺字,不過從《元世緒墓誌》知元淑爲"禦夷、懷荒三鎮二道諸軍事",根據北魏六鎮的地理位置,另一鎮疑爲"柔玄",則此處所缺字蓋爲"都督柔玄懷荒禦夷三鎮二道諸軍事"。元淑正始四年(507年)十月薨,夫人吕氏正始五年(508年)三月薨,父親和母親在半年之内相繼過世,那時候的元華光年方十八,按照魏晉南北朝時期早婚早育的時代特點,[15]此時的她可能已經出嫁了。

　　元媛柔係元華光弟元季海第二女。史傳載季海字元泉,謚"穆",[16]而《隋元華光墓誌》和《隋元媛柔墓誌》皆稱季海字九泉,謚"簡穆"。元季海所歷官職,在元華光和元媛柔墓誌中所記甚詳,另據北魏正光五年(524年)元季海妻李稚華的姐姐《李媛華墓誌》,可知正光五年(524年)時元季海的官職是太尉參軍事。[17]正史記載元季海經歷較少,惟大統三年(537年),馮翊王元季海以行臺身份與獨孤信復洛;大統四年(538年),東魏侯景等率衆圍洛,元季海、獨孤信和怡峯等據守金墉城,後元季海等以衆少拔還。元亨在西魏大統末年襲爵馮翊王,授拜之日悲不自勝,可推元季海逝世時間至遲在大統末。[18]

　　元媛柔母李稚華,係北魏名臣司空文穆公李沖之女,《元媛柔墓誌》記載元季海二子爲元孝才和元孝約。《隋書·元亨傳》載元季海子元亨,字德良,一名孝才,其母《李稚華墓誌》稱"息德良,平涼公",[19]《元媛柔墓誌》稱元孝才爲大將軍、勳隴洛衛四州刺史、大御正、少司馬、平涼公,可與史書記載互爲補充。元孝約,其母《李稚華墓誌》稱"息義儉",隋開皇五年(585年)《元儉墓誌》言元儉字孝約,[20]從古代士人名字命名的一般規律推斷,[21]"德良"、"義儉"或爲另名,"孝才"、"孝約"爲字,史書或誤以元亨的另名爲字。

二、與世家貴族聯姻以延續政治生命

元華光嫁於河内瑯琊郡公司馬裔。《元和姓纂》卷二《司馬氏》: "[河内温縣]蒯聵元孫卬爲趙將,封武信君。項羽封卬爲殷王,漢以其地 爲河内郡,子孫家焉。孫楷,漢武都太守。孫鈞,後漢征西將軍。曾孫防, 京兆尹,生郎、懿、孚、馗。(馗)七代孫楚之,後魏封琅琊王。……楚之曾 孫裔。裔曾孫元祚,唐庫部郎中,生希奭、希象。"㉒司馬裔(507—571),曾 祖司馬楚之,祖司馬金龍,父司馬悦。自司馬楚之以東晉宗室身份避劉裕 誅夷司馬氏之難,於北魏明元帝泰常七年(422 年)歸魏,其後,其子司馬 金龍、孫司馬悦等皆效力北魏。司馬悦爲司馬金龍與隴西王源賀女欽文 姬辰所生,在北魏宣武帝尚爲太子時任太子左衛率,是宣武帝的親信,曾 與鎮南將軍元英攻克蕭梁的義陽,立下赫赫戰功。後爲豫州刺史,永平元 年(508 年)爲豫州城人白早生所殺。㉓司馬悦子息多與拓跋貴族、皇室聯 姻,女司馬顯姿爲北魏宣武帝第一貴嬪,㉔子司馬朏尚宣武帝妹華陽公 主。㉕司馬氏與元氏家族的聯姻屢見不鮮。因此,這位司馬裔與元華光的 婚姻看似順理成章。

《司馬裔墓誌》載其卒於北周天和六年(571 年),享年六十五,則當 生於北魏正始四年(507 年)。元華光卒於北周天和五年(570 年),享年 八十一,則應生於北魏太和十四年(490 年)。元華光比司馬裔年長十七 歲,二人年齡相差懸殊,而且《司馬裔神道碑》稱司馬裔夫人爲"襄城公 主,魏獻帝之曾孫趙穆王之季女",這與元華光的身份不符。大統十五年 (549 年),宇文泰授司馬裔爲帥都督,並拜其妻元氏爲襄城郡公主。碑文 記建德元年(572 年)司馬裔和這位"襄城公主"合葬於武功三時原,子司 馬侃勒此豐碑,應不會在母親的封爵上失誤。若按此推理,則司馬裔可能 娶有兩位元夫人,以她們都爲元魏宗室的身份來看,或爲司馬裔前後所 配。在北魏分東西後,一直跟隨司馬裔的是那一位榮封襄城公主的元夫 人,司馬侃爲二人所生。元華光墓誌記其四子分別爲市奴、法僧、康買和 季禮。市奴,瑯琊郡公。《北史·司馬楚之附司馬裔傳》記司馬裔嗣子爲 司馬侃,侃子運,且司馬侃自少年起,便與其父戎馬生涯,如父子共同參與 了保定四年(564 年)隨楊摽出軹關伐齊的戰役。《周書·司馬裔傳》載 司馬裔子爲司馬侃,據墓誌應爲司馬侃。《元和姓纂》記司馬裔曾孫元

祚。㉖《唐司馬銓墓誌》稱其曾祖運,隋封琅邪公;祖玄祚,隋琅邪公,唐琅
邪縣開國男。㉗《元和姓纂》中元祚疑似爲玄祚之訛。司馬裔一脈在後世
史傳中流傳下來的是司馬侃一支,而元華光所生四子則史傳無載。但是,
《北周拓跋華光墓誌》稱“夫喪後”、“遂入道焉”,《李稚華墓誌》稱“馮翊
王昆季早亡,唯姊一人,適司馬琅耶公,早寡歸居。妃敬以姑禮,恪勤婦
事,年衰踰篤”。兩方墓誌,一載元華光夫喪後遂入道,一稱元華光早寡
歸居,而司馬裔卒於北周天和六年(571 年),在元華光卒後一年,那麼,這
種矛盾之處,原因何在? 也許我們可以從分析這位司馬裔的生平經歷,及
他與元華光的人生交集入手,對其緣由有所了解。

北魏孝武帝西行入關,在組成西魏的政治勢力中,一是北鎮勢力,二
是關隴河南河東土著勢力,三是追隨魏帝者和關東人士,司馬裔作爲土著
勢力、東西魏交戰時來附者中的代表,在西魏政權中有一定的地位,後來
多次參與了宇文泰陣營對陣東魏的鏖戰。㉘《司馬裔神道碑》稱其“在朝四
十一年,身經一百餘戰”,《司馬裔墓誌》稱其“在戎四十二年,身經六十九
戰”。大統元年(535 年),西魏文帝元寶炬即位,釐定官職並封賞,元華光
作爲元氏宗室後裔,如果身處關中的話應該會在此時受封,據此推測元華
光並沒有隨司馬裔一起入魏。東西魏分裂政局混亂,元氏宗室遭受重創,
孝武帝爲宇文泰鴆殺,王權急促更迭帶來的動蕩讓人猝不及防,在這種情
況下敵對勢力之間音訊不達,因此元華光或者以爲司馬裔已經亡故了。
實際上司馬裔投效西魏後,“大統三年,大軍復弘農,乃於溫城送款歸西
魏”,“大統八年,入朝”,“十五年,領户千室先至”,㉙大統十五年前後,宇
文泰對中央直轄軍有過重新編組,司馬裔就在此時領有一定兵權,對此元
華光不應該毫不知情。《李稚華墓誌》和《北周元華光墓誌》都提到了司
馬裔封爵琅邪郡公,關於司馬裔的封爵,《周書·司馬裔傳》和《北史·司
馬楚之附司馬裔傳》稱“進爵琅邪縣伯”,後者記其在北周保定四年
(564 年)進爵爲公,㉚可見墓誌的撰寫者對司馬裔的實況是了解的。隋
元華光墓誌,則不提因夫亡入道,而稱“知苦空之無常,識涅槃之究竟”,
言明這是一種個人了悟後的抉擇。那麼,“夫喪亡”和“早寡歸居”之説或
許就是對另一種情實的隱晦表達。

前文所述,都是建立在元華光嫁給的是司馬悦的兒子司馬裔的基礎
之上的,在這種設定下,我們努力去彌合各種矛盾,但是依然顯得有些牽

强。於是,我們設想同時有另一位司馬裔的存在,他的封爵也是琅邪郡公,但是年齡和元華光相配,如此的話,一切都會顯得更爲合理。不可思議的是,歷史上真的有這樣一個司馬裔存在。《魏書·司馬楚之傳》載司馬金龍和源賀女欽文姬辰的長子是司馬延宗,司馬延宗子司馬裔,在北魏宣武帝時襲爵琅琊郡公,[31]如果元華光嫁給的是這位司馬裔,他們的年齡符合常理。另外,在《隋元華光墓誌》中稱元華光夫爲魏瑯琊郡公,而前述司馬裔在北周保定四年才進爵爲琅琊郡公,這種矛盾在司馬延宗子司馬裔這裏就不存在時間上的問題了。因此,我們以爲元華光所嫁的是司馬延宗子司馬裔,雖然堂兄弟同名的現象在歷史上並不常見。

元媛柔的姐夫于寔是西魏八柱國之一于謹之子,《隋元媛柔墓誌》稱于寔爲"司空公、燕國公",《李稚華墓誌》稱其爲"大將軍延壽公"。于寔在北周孝閔帝踐祚時授民部中大夫,進爵延壽郡公,又進位大將軍。天和五年(570年)襲爵燕國公,隋開皇元年(581年)薨,贈司空,于寔子于顗。[32]唐永徽元年(650年)《于哲墓誌》記誌主爲于謹曾孫、于寔孫、于顗子。[33]《北史·列女傳》記韓覬妻于氏係于寔女。[34]元媛柔的妹夫李穆和于寔一樣,都效力於宇文泰,參與了東西魏之間的沙苑、河橋等重大戰役。李穆於大統四年(538年)河橋之戰中有獻馬救主之功,進驃騎大將軍、開府儀同三司、侍中,備受榮寵。又爲隋代北周有推舉之功,上十三環金帶於隋文帝,官至太師。[35]《隋元媛柔墓誌》稱李穆爲"太師、申國公",《李稚華墓誌》稱其爲"柱國安武公",李穆於北周世宗即位時拜安武郡公,保定三年(563年),遷柱國大將軍。天和二年(567年),進封申國公,大象二年(580年),加太傅,隋文帝時拜爲太師。

作爲北魏宗室的素連之子元淑一支,其子元季海娶北魏第一等門閥李沖之女;第三女元華光嫁北魏顯貴河内司馬裔。元季海另二女分適八柱國于謹子于寔和宇文泰腹心李穆;季海子元儉前夫人枹罕念氏係魏太師、金城公念賢之女,繼室博陵崔氏之父爲周司徒公、隋大將軍、安國公崔猷,[36]此種聯姻對於延續元氏在政權更迭時期的政治生命頗有助益。[37]

三、浮生若夢伴青燈

元華光早寡回歸本家,李稚華以姑禮侍奉她,元季海隨孝武帝入關後,李稚華在洛陽,元華光很有可能是和她一起進入長安的。元季海隨遷關中時,李稚華與子元亨等皆爲高歡禁錮。李氏陰托李長壽,潛行至長安,受到宇文泰的禮遇,此事發生的時間不晚於大統元年(535年)。李長壽在魏孝武西遷後率義士力拒東魏,孝武帝授其潁川郡守,遷廣州刺史,隨後因東魏侯景率兵攻城而遇害,大統元年(535年)受追贈。㊳元季海昆季皆早卒,李稚華攜其子亨至長安時,有孤侄數人相隨。入關並受封的元華光在飽經顛沛後選擇了入道,在雍州等覺寺出家爲尼。彼時興盛的佛教正好能撫慰心靈,遂成其庇護之所。

《李稚華墓誌》未提及元華光出家之事,而誌文中明確提到李稚華次女出家事。她們出家的寺廟與本生家庭有微妙的地緣關係,元華光出家後可能並不一直在寺中生活,或是往返於離寺院不遠的李稚華家中相互照應。此類情況在其他比丘尼身上也出現過,甚至很難判定這些比丘尼在出家後真正居住在寺院,或者一直就住在世俗家中。㊴元華光和元媛柔的墓誌中沒有關於她們在寺院生活情況的隻言片語,身爲姑姑的元華光虔心奉教對元媛柔選擇皈依亦勢必有着一定的影響。北周建德三年(574年),武帝罷佛、道二教,除寺院、毀經像,令沙門、道士還俗,元媛柔或亦受到波及。

元華光最終卒於寺院,葬地在京兆郡萬年縣鴻固鄉吉遷里。萬年縣本漢舊縣,屬馮翊郡,北周明帝二年(558年)在長安城中始置萬年縣。㊵萬年縣轄有七鄉,其中洪固鄉在萬年縣南十五里,管村四十八,治胄貴里。㊶洪固鄉即鴻固鄉,鄉名從北魏沿用至唐,而隸屬的縣名時有改變,北魏時屬山北縣,至北周明帝二年(558年)鄉境歸屬萬年縣,隋代屬大興縣,唐代復歸萬年縣。㊷李稚華薨於稠貴里舍,推測此稠貴即疇貴、胄貴,則其地亦屬洪固鄉,與吉遷里應相去不遠。隋開皇二年(582年),元華光改葬並重刻墓誌,並與侄女元媛柔同窆於杜陵原。元季海夫人李稚華於北周保定四年(564年)葬於小陵原。杜陵原即鴻固原,亦即小陵原,又即唐以後之少陵原。㊸元華光和元媛柔的葬地與李稚華的葬地應相距不遠。元華光與元媛柔姑侄二人雖皆出家,但從生前爲尼到卒後葬事都與本家關係密切。

歷史的劇烈變革,給元魏宗女元華光帶來的無疑是一場災難,但是對司馬悦的兒子司馬裔來說,或者亦是一場機遇,他與他的曾祖司馬楚之不無相同之處,那就是他們在改朝換代的特殊時期成就了自己建功立業的抱負。《司馬裔墓誌》稱司馬裔爲“詔葬”,其於天和六年(571年)正月卒,而至建德元年(572年)八月詔葬並立碑,且撰寫碑文者爲與北周皇族關係密切的庾信,㊹雖碑文末稱司馬裔嗣子司馬侃勒此豐碑,然應與北周武帝宇文邕的授意有關。此年三月正好發生了宇文邕誅殺權臣宇文護事件,其後宇文邕大赦天下、行使任免,集攏人心並鞏固統治,於此時所詔立的司馬裔碑應有官方意義。另外,司馬裔爲何葬於武功,碑文稱“吁嗟滕公來居此里”,以滕公葬地的典故將其歸爲天意。天和元年(566年),北周築武功、岐陽、斜谷等城,以置軍人。其後武帝宇文邕分別於天和元年十一月、天和二年二月行幸武功;天和三年十一月,行幸岐陽,十二月,至自岐陽;建德元年十二月,行幸斜谷。㊺可見宇文邕對武功等新城的重視。天和六年司馬裔卒於長安,結束了戎馬一生,或在宇文邕授意下將其葬於置軍的武功新城並立碑以爲表率。

結　語

公元534年那場翻覆的歷史波瀾,生離死別僅僅是滄海一粟。對於元華光來説,動蕩的塵世或許讓她更深刻地體認了亂世沉浮,因此選擇在佛光普照中覓得身心的庇護和寧静。我們曾一度認爲她嫁給的是司馬悦的兒子司馬裔,這個渴望建功立業的司馬裔雖一生在邊地任職,並未成爲權力核心成員,仍不舍征戰生涯。㊻然而或許正是因爲他忠誠皇室、汗馬功勞的身份逝後得以詔葬並立碑,因此他成爲了活躍在公衆視野中的司馬裔,以至於讓我們忽略了另一位更符合元華光丈夫身份的司馬裔。而元華光則緣此回歸本家,或者將這種虔誠的信仰並潛移默化了自己的侄女元媛柔,後者與同嫁顯貴的姐妹自此殊途,永伴青燈。

注　釋

① 王素:《大唐西市博物館新藏北朝墓誌疏證》,《故宮學刊》2014年第1期。
②《北史》卷四九《賀拔允附賀拔勝傳》,中華書局,2003年,第1798頁。
③《北史》卷二九《司馬楚之附司馬裔傳》,第1045頁;《周書》卷三六《司馬裔傳》,中華書局,2003年,第645頁。
④ 庾信撰,倪璠批注,許逸民校點:《庾子山集注》卷一三《周大將軍司馬裔神道碑》和

卷一五《周大將軍瑯邪定公司馬裔墓誌銘》,中華書局,1980 年,第 787—811、962—969 頁。下文凡引用該墓誌和神道碑者不再出注。

⑤ 林寶撰,岑仲勉校記:《元和姓纂附四校記》卷四《元氏》,中華書局,1994 年,第 399—400、412 頁。

⑥《北史》卷一《昭成帝紀》,第 9 頁。

⑦ 鄧名世撰,王力平點校:《古今姓氏書辯證》卷七《元氏》,江西人民出版社,2006 年,第 103 頁。

⑧ 毛遠明:《漢魏六朝碑刻校注》,綫裝書局,2008 年,第四册第 173—175 頁。

⑨ 胡戟、榮新江主編:《大唐西市博物館藏墓誌》,北京大學出版社,2012 年,上册第 16—17 頁。

⑩ 毛遠明:《漢魏六朝碑刻校注》,第五册第 253—256 頁。

⑪《魏書》卷一五《昭成子孫傳》,中華書局,1974 年,第 375 頁;《北史》卷一五《昭成子孫傳》,第 566 頁。

⑫ 羅新、葉煒:《新出魏晉南北朝墓誌疏證》,中華書局,2016 年,第 60—62 頁;王銀田:《元淑墓誌考釋——附北魏高琨墓誌小考》,《文物》1989 年第 8 期。

⑬《北史》卷一五《昭成子孫傳》,第 573 頁。

⑭ 趙文成、趙君平編:《秦晉豫新出墓誌蒐佚續編》,國家圖書館出版社,2015 年,第一册第 90 頁。

⑮ 參見張承宗、陳群:《中國婦女通史·魏晉南北朝卷》,杭州出版社,2010 年,第 471 頁。

⑯《北史》卷一五《昭成子孫傳》,第 573 頁。

⑰ 毛遠明:《漢魏六朝碑刻校注》,第五册第 279—281 頁。

⑱《隋書》卷五四《元亨傳》,中華書局,1973 年,第 1365 頁。

⑲ 胡戟、榮新江主編:《大唐西市博物館藏墓誌》,上册第 10—11 頁。

⑳ 趙君平、趙文成編:《河洛墓刻拾零》,北京圖書館出版社,2007 年,第 48 頁。

㉑ 蕭遙天:《中國人名研究》,新世界出版社,2007 年,第 63—67 頁。

㉒ 林寶撰,岑仲勉校記:《元和姓纂附四校記》卷二《司馬氏》,第 111—114 頁。

㉓ 參見《魏書》卷三七《司馬楚之傳》,第 859 頁;趙超:《漢魏南北朝墓誌彙編》,天津古籍出版社,2008 年,第 35、57—58 頁。

㉔ 洛陽市文物局編:《洛陽出土北魏墓誌選編》,科學出版社,2001 年,第 55 頁。

㉕《魏書》卷三七《司馬楚之傳》,第 859 頁。

㉖ 林寶撰,岑仲勉校記:《元和姓纂附四校記》卷二《司馬氏》,第 114 頁。

㉗ 周紹良:《唐代墓誌彙編》,上海古籍出版社,1992 年,下册第 1387 頁。

㉘ 吕春盛:《關隴集團的權力結構演變——西魏北周政治史研究》,稻鄉出版社,2002 年,第 38—40 頁。

㉙《北史》卷二九《司馬楚之附司馬裔傳》,第 1045 頁。

㉚《周書》卷三六《司馬裔傳》,第 646 頁;《北史》卷二九《司馬楚之附司馬裔傳》,第 1045 頁。

㉛《魏書》卷三七《司馬楚之傳》,第 857 頁。

㉜《周書》卷一五《于謹附于寔傳》,第 250—251 頁。

㉝ 趙力光主編:《西安碑林博物館新藏墓誌續編》,陝西師範大學出版總社有限公司, 2014 年,第 74—78 頁。

㉞《北史》卷九一《烈女傳》,第 3009 頁。

㉟《周書》卷三〇《李穆傳》,第 527—529 頁;《隋書》卷三七《李穆傳》,第 1115—1119 頁。

㊱ 王其祎、王慶衛:《〈隋代墓誌銘匯考〉補》,《碑林集刊(十三)》,陝西人民美術出版 社,2007 年,第 191—192 頁。

㊲ 長部悦弘:《元氏研究——北朝隋唐時代における鮮卑族の文人士大夫化の一軌 迹》,《中國中世の文物》,京都大學人文科學研究所,1993 年,第 415—451 頁。

㊳《周書》卷四三《李延孫傳》,第 773 頁。

㊴ 張梅雅:《同行解脱之道: 南北朝至唐朝比丘尼與家族之關係》,《文獻》2012 年第 3 期。

㊵ 李吉甫撰,賀次君點校:《元和郡縣圖志》,中華書局,1983 年,第 3 頁。

㊶ 宋敏求、李好文撰,辛德勇、郎潔點校:《長安志》,三秦出版社,2013 年,第 356— 357 頁。

㊷ 樂史撰,王文楚等點校:《太平寰宇記》,中華書局,2007 年,第 521 頁。

㊸ 周曉薇、王其祎:《新見隋代〈尚衣奉御尹彦卿墓誌〉研讀——兼説"小陵原"與"少 陵原"的名稱沿革》,《考古與文物》2011 年第 4 期。

㊹ 劉林魁:《庾信與北周宗教變革》,《西北大學學報(哲學社會科學版)》2016 年第 5 期。

㊺《周書》卷五《武帝紀上》,第 73、75、76、81 頁。

㊻ 室山留美子:《漢族及其埋葬地的選擇》,《日本中國史研究年刊(2007 年度)》,上 海古籍出版社,2009 年,第 238 頁。

《李潛墓誌》發覆

聞 惟　唐 雯(復旦大學漢唐文獻工作室)

　　新近出版的《洛陽流散唐代墓誌彙編》刊有《李潛墓誌》一方,李潛其人於傳統史籍事迹闕落,僅《唐摭言》載其會昌三年(843年)登進士第。此方墓誌的出土,補充了關涉其生平行事的重要材料,並爲研究會昌年間舉子的生態面貌提供了又一例證。墓誌長、寬各65釐米,共36行,滿行36字,正書,誌蓋題"唐故江夏李府君墓誌"。[①]謹移録誌文如下:

　　唐故西川觀察推官監察御史裏行江夏李君墓誌銘并序

右補闕張道符述∟

　　陰陽之變,不一其形。降而形人,則孟軻、楊雄、顏氏之子,其得於變之和者也。君復得於是,生∟吾唐爲李氏第二子,諱潛,字德隱。父諱正卿,綿州牧。綿州父諱翹,爲真評事,贈少常。評事∟父諱邕,理北海郡有能聲,當時言語,魯弟子無能到墙仞者,而又好義,不睥玉帛,故君子多之,∟迄今不名,寔曰北海。北海父諱善,秘書郎、弘文館學士。弘文父曰元哲,沂州別駕。別駕世祖∟廣武君左車,在趙説趙王,趙王不能用,故敗。廣武九代孫就,有崇庸于漢中興主,封高陽侯,爲∟會稽太守。其先派于趙郡,會稽與趙郡三祖昆弟指武昌江山相謂曰:"邯鄲豈有是乎?"深慕之,∟遂徙家於此。就七代孫通,通孫顗,顗子翼,皆嗣封江夏公,故望歸江夏焉。於戲! 洪流自遥,盤根∟益茂。故江夏之盛,與甲門望族連姻迭冕,輝赫不讓。君河南元氏出也。越州掾鈇,實其外祖。∟君孩氏蔍,鞠於外祖母崔,將齔,復失崔。故綿州更娶于范陽盧頊之女,盧撫君,君事盧,∟六姻不能以前後別。洎長,乃以孝聞。昭肅皇帝二年,黜春官於郴江,朝庭難是∟

柄，以我師門相國王公在長慶中用公鑒取士，能柅澆競，遂自太常加僕射，再視貢籍。有∟奇文濬學者，爭跳出進士科。故君果在會昌癸亥選中。君嘗著《師門盛事述》，爲文人所稱。∟君既耀雄名，綵服疊慶。晝溪夜峽，歸侍巴西，時人榮之。俄罹不天，面柴心血，幾不終制。∟今天子元年，隨檄脱褐於淮南相國李公幕。無幾，復丁范陽郡君憂。茹毒之痛，至是加∟焉。雖衣裳外除，而毀瘵成痼。逾年，掌奏兖海，得秘省校書。既罷，歸京師。屬舊知以大諫專獻納∟使，固以判官表君尉畿華原。今西蜀司徒白公旋以弓招爲觀察推官，得御史裏行。無∟何，道途增風霜之癘，猶力奉良畫，②數月舁肩而返。以蜀禄償秦醫者，僅二周星，此足以觀德於∟賓主之閒矣。竟以大中九年春建寅月五日終于長安新昌里第。娶滎陽鄭氏，父鄭州牧，縠名也。∟生男子一、女一，繈抱于喪，三女庶育。暮春，夫人提二稚，護寧歸櫬于河南府河南縣金谷鄉北邙∟原。以其年五月十三日祔先塋，禮也。大丈夫入地，無愧能幾？君之文學，明於大手筆王公∟矣；君之信義，表於宗族寮友矣；君之識用，發於相國二府矣。而壽止四十六，位不過假∟御史，天可問乎？神可説耶？抑又平生以敬恭爲重，至於親友懽戚問訊之禮，雖沉綿猶不忍疎∟脱。綿州公嘗理別業於荊渚，君之群從入門，衣食遞主，不知親疎之別。若人也，得非忘∟己而弘義者哉，何殲奪之速也？初爲學，先府君奇之，乃親授三百篇、左氏、戴氏書。文竅旁∟開，義府中啓。故遺訓曰："汝必大其門，無忘理故宅於鄭，蓋大王父弘文學士注《文選》之所。又∟天寶中，大父北海公有懿德大節，尋續於文矣，汝無忘建豐碑。"及君斂手足，一一不墜∟先府君命。綿州公嘗遺愛汜水，有生祠堂。君既孤，力新之，識者稱其孝。君之族兄吏∟部郎中稹，以是期君必永且顯。一旦相失，號悲語曰："而今吾知福善無取證矣。"他日，條白∟君平昔之實，以墓石見託。顧道符與君策名同籍，澹然情契，日以深澈，且盡得其行事，宜何∟辭焉？會晨昏不寧，近雖已閒，尚不得詣公室與吊慶之事，豈暇成文，稱揚休美，退而翰墨私∟懇，往復三讓。吏部郎即日又請曰："其如理命在。"顧無以應，乃衘辛提筆，誌而銘之：∟

　　今昔相傳，不死爲仙。白日市朝，其誰是焉？噫！君之生，否泰何偏？嘻！君之殁，名義空全。東洛故墟，∟北邙荒阡。封差馬鬣，

崗亘牛眠。玉埋黃壤,珠没窮泉。日沉月落,一寐千年。∟

從外甥鄉貢進士裴梗書∟

一、遠紹先祖與郡望攀附

誌主李潛,字德隱,據其卒於大中九年(855 年),時年四十六逆推之,當生於憲宗元和五年(810 年)。父名正卿,終綿州刺史。正卿父翹,官至大理評事,贈太常少卿。翹父邕,有才名,擅碑頌文字,天寶初官北海太守,卒贈秘書監,兩《唐書》有傳。邕父善,秘書郎,弘文館學士,有《文選注》六十卷傳世,士林稱美。善父元哲。

近年來,李氏此支出土墓誌甚夥,可藉以研究其家族狀況。除本文所討論的李潛外,李正卿、李翹、李邕、李翹兄李岐、李邕族弟李睦等人墓誌已先後發現,③陳尚君《〈新唐書·宰相世系表〉訂補二則》④及趙超《新唐書宰相世系表集校》⑤已據前出石刻對《宰相世系表》載録李氏此支譜系的相關訛誤詳加訂正。《李潛墓誌》記述李元哲以降世系與李岐、李翹、李正卿等人墓誌相一致,故不贅,其間差歧唯二。一在李翹贈官,《李翹墓誌》全題《唐故大理評事贈左贊善大夫江夏李府君(翹)墓誌銘并叙》,李正卿、李潛墓誌則云李翹卒贈太常少卿。檢《唐六典》,太子左贊善大

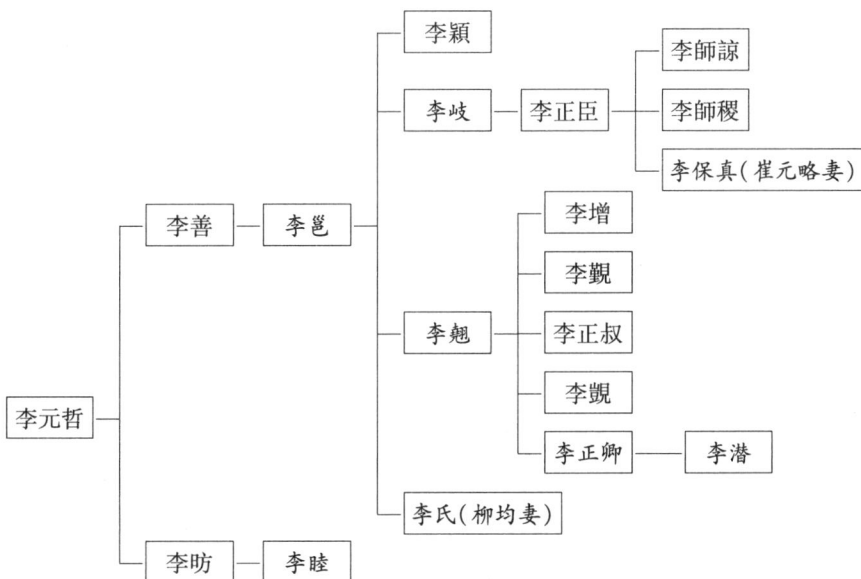

圖一　本文涉及江夏李氏諸人親緣關係圖⑥

夫正五品上,太常少卿正四品上,其間記載歧出,或爲再次加贈所致。二在李元哲仕宦,李睦、李翹墓誌云其曾任括州括蒼縣令,李岐、李潛墓誌則云官沂州別駕。括蒼位於浙東,別名麗水,上縣,括蒼令從六品上;沂州屬河南道,中州,別駕正五品下。按《李翹墓誌》作於元和九年(814 年),《李岐墓誌》作於貞元六年(790 年),沂州別駕是否爲李元哲贈官,尚難證定。

《李潛墓誌》題爲“江夏李君”,《新唐書·宰相世系表》載其譜系:“江夏李氏:漢酒泉太守護次子昭,昭少子就,後漢會稽太守、高陽侯,徙居江夏平春。六世孫式,字景則,東晉侍中。生嶷。嶷生尚,字茂仲。生矩,字茂約,江州刺史。生充,字弘度,中書侍郎。生顒,郡舉孝廉,七世孫元哲。”⑦按此條訛誤甚巨,陳尚君先生前揭文已據傳統文獻詳加辨證,指出重、尚、矩、嶷均爲李秉之子,重子式,矩子充,李式係李充從兄。⑧《李潛墓誌》云“就七代孫通”,然李就仕於東漢,李通仕於曹魏,云“七代孫”似不妥;墓誌又云“通孫顒”,益發與史傳所載相抵牾。蓋因墓誌所叙族源多本於誌主家狀、譜牒,對三代以上先祖的追溯普遍存在攀附僞冒與層累構建等現象,不足以作爲校訂史籍的充足依憑,但可據以分析潛藏在譜系建構背後的文化含義。《李潛墓誌》叙李氏此支源出趙郡,世祖廣武君左車,其餘諸如《李邕墓誌》稱“本趙人也”,《李睦墓誌》“其先趙人也”,《李岐墓誌》“廣武君左車之後,趙人也”,《李翹墓誌》“本趙郡人也”,《李正卿墓誌》“公實趙人”云云,可見江夏李氏一以貫之的身份標榜。李氏諸人墓誌均言江夏支由趙郡支分化形成,但對其徙居情況的記載卻頗爲紛雜。《李潛墓誌》如是稱:“其先派于趙郡,會稽與趙郡三祖昆弟指武昌江山相謂曰:‘邯鄲豈有是乎?’深慕之,遂徙家於此。”是將後漢會稽太守李就視爲江夏始祖,與前引《宰相世系表》並《李岐墓誌》略同。《李潛墓誌》此説雖詳,但亦令人疑惑,東漢時江夏平春位處江北,距武昌尚遠,李氏先祖既慕武昌風貌,又何以徙家江夏?而《李正卿墓誌》雖未言及李就,僅略云“其先食菜武昌,子孫因家焉”,亦應出自同一叙述體系。與此相異的是,《李邕墓誌》云:“烈祖恪,隨晉南遷,食邑于江,數百年矣。”《李睦墓誌》同樣述及李恪:“遠祖恪,永嘉之末,避世南徙,封江夏王,後因爲郡人焉。”按李恪其人史籍無徵,據西晉末年南渡視之,或與李式、李充同時。又《李保真墓誌》謂“遠祖通,曹魏時著節忠義,立功淮汝,封侯江夏,食户四百,其後族望遂歸江夏焉",別爲一説。要之,諸人墓誌所載江夏李氏的地域流動,大致有"因宦徙居"與"避亂南渡"兩種,且總體呈現出墓誌撰作越晚,其追索先世時代越早的特徵,顯是努力延長家族譜系的又一例證。張葳指出,碑誌所見"三祖"是正宗趙郡李氏身份體現的方式,江夏李氏與趙郡存在某種關聯,但與北朝高門趙郡李氏實際非爲一支。⑨檢討李潛以前江夏諸人的仕宦經歷,遠不能與趙郡顯支相提並論,⑩由此而觀上述李氏墓誌,其攀附郡望與自我建構的心態昭然若揭。

此外,值得注意的是,墓誌所見江夏李氏墳塋均在洛陽,如李潛歸葬於"河南府河南縣金谷鄉北邙原",李正卿"河南縣金谷原",李睦"洛陽西原",李岐"河南縣金谷鄉之北原",蓋指一處。江夏李氏與東都洛陽發生聯繫,或肇自李善晚年於此地教授《文選》。《舊唐書·李邕傳》:"(善)會赦還,因寓居汴鄭之間,以講《文選》爲業。"⑪據《李正卿墓誌》與《李潛墓誌》所述,李善當年於此地營建的住宅,至晚唐時尚有修繕,且已作爲家學淵源的重要象徵。

二、江夏李氏與甲門望族的聯姻網絡

遠紹先世之後,《李潛墓誌》云:"君河南元氏出也。越州掾鈇,實其外祖。君孩氏薨,鞠於外祖母崔,將齔,復失崔。故綿州更娶于范陽盧項之女。"《李正卿墓誌》亦云:"公先娶河南元夫人,生男子潛,……元夫人早卒,今夫人盧氏,以公貴,封范陽郡君。"李正卿卒於會昌四年(844年)四月,⑫是年十二月,李潛復作《尊勝經幢後記》,以示哀敬,文中云:"潛生薄祐。在襁褓,先妣元夫人棄世,外祖母崔夫人憐而育之,命甚微而能活。年七歲,外祖母又殁,乳嫗提挈,方獲侍先君於本家。繼盧夫人憫其幼孝,撫愛如已生。"⑬三文所述大同小異,可據以考索李潛幼年的家庭情狀。

《李正卿墓誌》云:"元和初,天雨嘉穀,公因獻賦,既美且諷,制授松滋令。秩滿,遷汜水令。"又《李翹墓誌》作於元和九年(814年),末署"嗣子奉承郎前守江陵府松滋縣令賜緋魚袋正卿撰",⑭則是時正卿已罷秩,在守選期。⑮據唐人官六品以下四考爲滿推算,元和五年(810年)李潛出生時,其父當在松滋任上。李潛之母河南元氏,元氏父鈇,越州掾。元鈇其人無考,按州刺史以降,自別駕至參軍事皆可稱掾屬,疑其職位並不顯。

《李潛墓誌》云其母“君孩氏薨”，則元氏夫人産後數月即卒，前揭《尊勝經幢後記》有“由荆州啓先姒以至（河南）”云云，是謂元氏卒後權厝於松滋附近，推測李潛外祖家很可能即居於松滋。饒有意味的是，據元和五年（810年）李正卿年已四十，且《李潛墓誌》自云“生吾唐爲李氏第二子”視之，正卿家中應有姬妾，李潛生母早卒後由外祖母崔氏撫養，正體現了唐代出嫁婦女與本家的親密關係。[16]正卿長年仕宦在外，對於幼子的照拂必然力有不逮，故選擇將其留在松滋。家族親友之間互相照應支援，亦是唐代宦游家庭賴以維繫的常見方式。[17]

李潛年七歲時，外祖母去世，其父續娶范陽盧氏夫人。據《李正卿墓誌》，正卿曾官汜水令，“會徵師伐蔡人，縣直大衝，役費繁弊，公用仁術，邑人戴之，表立生祠，逮今存焉。推笮使程异時自東還，憲宗問守宰善政，异以公爲首對，由是拜成都令”。[18]“徵師伐蔡人”即指唐廷進討吳元濟一事，始於元和十年（815年）。[19]程异，時爲鹽鐵轉運副使，即墓誌所云推笮使，“時淮西用兵，國用不足，异使江表以調征賦，且諷有土者以饒羡入貢，至則不剥下，不浚財，經費以贏，人頗便之”，[20]後於元和十二年（817年）代王播爲鹽鐵使，[21]薦李正卿當在此時。由墓誌“邑人戴之，表立生祠”觀之，正卿在汜水任上已秩滿，例當守選，而程异因正卿有善政而薦之於朝，使其免於守選，直接擢升爲成都令。唐後期使職差遣盛行，財政使亦有考察官吏、薦舉人才的義務，稱“使薦”。[22]據時間推算，正卿婚盧氏亦約在初任成都令時。盧氏父名頊，貞元五年（789年）中進士第一，[23]曾官洺州刺史，[24]終澤州刺史。[25]以上可見李、盧聯姻的大致背景。

除李正卿婚河南元氏、范陽盧氏外，江夏李氏一支婚姻可查考者另有李邕婚太原温氏，李睦婚南陽張氏，李岐婚琅邪王氏，李翹婚太原王氏，李潛婚滎陽鄭氏，李邕之女嫁河東柳均，李岐孫女保真嫁博陵崔元略，誠如《李潛墓誌》所言“江夏之盛，與甲門望族連姻迭冕，輝赫不讓”。隋唐以降，士人婚姻多重門閥，山東舊族的社會地位尤爲超然，其後雖然受到科舉取士的衝擊，至晚唐猶有文宗“我家二百年天子，顧不及崔、盧耶”的慨嘆。[26]除五姓七望外，其餘高門著族也是争相聯姻的對象，通婚仍然是士族群體彰顯身份的有效手段。江夏李氏作爲攀附趙郡李氏的旁支，聲望難稱顯赫，與甲門望族的婚姻聯繫有益於其門第提高與子弟仕進。這種婚姻網絡與科舉制下的座主門生等關係纏繞在一起，發揮着錯綜複雜的作用。

三、會昌三年貢舉事

　　李潛《尊勝經幢後記》回憶年幼時其父教授《詩》《禮》,諄諄告誡:
"吾冀爾異日能□策名進士,古人揚名顯親,爾知之乎!"《李潛墓誌》亦
云:"有奇文濬學者,争跳出進士科。"科舉及第作爲士人躋身臺閣的主要
途徑之一,對提高與傳襲家族門第的意義自不待言。安史之亂以降,常科
明經的地位漸低於進士,文學取士成爲主流,"故太平君子唯門調户選,
徵文射策,以取禄位,此行己立身之美者也"。[27]李潛於會昌三年(843
年)登進士第,是年主司爲王起,試《風不鳴條詩》,同年及第者還有盧肇、
丁稜、黄頗、姚鵠、高退之、孟球、劉耕、裴翻等,一榜共二十二人。[28]

　　王起,字舉之,出身太原王氏,以淹雅博洽聞名,有"文宗"美譽,生平
具參兩《唐書》本傳。會昌三年是王起第三次知貢舉,是時年已八十四,
官太常卿、檢校左僕射,[29]其尊崇地位在唐開元二十四年(736年)以降例
由禮部侍郎知貢舉的背景下顯得頗爲罕見。《李潛墓誌》云潛曾撰《師門
盛事述》,當指王起門下英才衆多。王起初涉選舉事,在穆宗長慶元年
(821年)。《舊唐書》本傳載:"其年,錢徽掌貢士,爲朝臣請託,人以爲
濫。詔起與同職白居易覆試,覆落者多。……先是,貢舉猥濫,勢門子弟,
交相酬酢,寒門俊造,十棄六七。及元稹、李紳在翰林,深怒其事,故有覆
試之科。"[30]此即著名的長慶科場案。蓋西川節度段文昌、翰林學士李紳
託舉子楊渾之、周漢賓於徽,務求及第,及放榜,楊、周落第,而李宗閔婿蘇
巢、楊汝士弟殷士則在選中。段文昌不忿,奏言錢徽所放進士"皆子弟藝
薄"。穆宗向元稹、李紳詢問此事,二人亦以錢徽選人失當,故而穆宗令
王起、白居易重試及第舉子,覆落十人。錢徽、李宗閔、楊汝士因遭貶
黜。[31]錢徽外貶江州刺史後,王起代其爲禮部侍郎,掌選兩年。《李潛墓
誌》云"我師門相國王公在長慶中用公鑒取士,能柅澆競",澆競,浮薄也,
意謂王起長慶年間主貢時重視實才,選人精審。

　　會昌二年(842年),禮部侍郎柳璟"坐其子招賄,貶信州司馬,終郴州
刺史",[32]即《李潛墓誌》所云"昭肅皇帝二年,黜春官於郴江",因此,時已
官位顯赫的王起在二十餘年後重掌貢舉。長慶元年覆試案後,科舉中的
權貴子弟與孤寒庶士問題漸漸受到當權者注意,[33]貴戚登科,多招物議。
王起主貢即以采擿孤進著稱,甚至"凡有親戚在朝者,不得應舉"。[34]考《李

正卿墓誌》，正卿罷淄州刺史後，居於滎陽故宅，"卒歲，拜綿州刺史。……未幾，寢疾而歿"。據正卿卒於會昌四年四月推算，會昌二年冬李潛由州府解送京兆時，其父當已罷淄州刺史任。而李氏宗親雖不至於無一人在朝，也可表明江夏李氏此支地位不顯。

會昌三年貢舉事在唐代科舉史上光耀奪目，除主司王起的煊赫聲望外，更是由於放榜後的大型唱和活動深爲縉紳儒林所稱揚。《唐摭言》卷三記述，華州刺史周墀本爲長慶二年（822 年）王起門下進士，此時以七律詩一首寄賀，王起答和，俟後一榜進士二十二人皆和之，其中李潛詩云"文學宗師心稱平，無私三用佐貞明。恩波舊是仙舟客，德宇新添月桂名。蘭署崇資金印重，蓮峰高唱玉音清。羽毛方荷生成力，難繼鸞凰上漢聲"。㉟岳娟娟《唐代唱和詩研究》分析指出，由衆人詩作的尾韻與句式邏輯視之，舉子們的和詩當是直接和周墀而非王起，且多以頌美主司文德、表達自身感激之情立意，措辭偏於拘謹，思想内容與藝術成就也較爲有限。㊱但概而言之，此次唱和詩事件展現了會昌三年的科場盛景，亦爲後世探索晚唐時期座主門生的交游情狀提供了例證。

進士及第後，李潛去往綿州，同年姚鵠作詩以贈："朱樓對翠微，紅斾出重扉。此地千人望，寥天一鶴歸。雪封山崦白，鳥拂棧梁飛。誰比趨庭戀，驪珠耀綵衣。"㊲又姚鵠有《送石貫歸湖州》《送劉耕歸舒州》《送黃頗歸袁州》等詩，皆爲此時送別同年而作。㊳唐制，舉子常科登第後例行守選，進士多爲三年，故而諸人在此期間有歸鄉、漫游、棲隱等各種選擇。㊴據《李正卿墓誌》，是時正卿在綿州刺史任上，故而李潛歸侍綿州，然而次年四月正卿即病卒。待二十七月的丁憂期滿，李潛受聘入幕，開始了自己轉徙藩鎮的仕宦生涯。

四、轉徙藩鎮

李潛丁憂結束時，其三年守選期已滿，本可赴吏部冬集注擬授官，但仍接受使府徵辟，大約是因幕府之職無需守選，加以薪酬優厚，實爲晚唐士子的普遍選擇。㊵《李潛墓誌》云："今天子元年，隨橄脱褐於淮南相國李公幕。無幾，復丁范陽郡君憂。"李公即李讓夷。《新唐書·李讓夷傳》載："宣宗立，進司空、門下侍郎，爲大行山陵使。未復土，拜淮南節度使。以疾願還，卒于道，贈司徒。"㊶《宰相表》繫讓夷出鎮淮南於會昌六年

(846 年)七月。㊷李讓夷卒於宣宗大中元年(847 年),由崔鄲繼任淮南節度。㊸《李潛墓誌》不云"府除"、"既罷",則李潛再次丁憂當在大中元年李讓夷卒世以前。

李潛丁繼母憂亦需十三月。此後,"逾年,掌奏兗海,得秘省校書"。元和十四年(819 年)憲宗討平李師道後,析淄青鎮爲三道,於兗、海、沂、密四州別置觀察使。大中四年(850 年),蕭俶出刺兗州,㊹由李潛此後轉官迅速的情況來看(詳下),受聘於兗海觀察使府應當在大中四年以前,其時節帥不可考,疑爲裴某。㊺墓誌云"掌奏",指掌書記,而秘書省校書郎爲方鎮僚佐例帶朝銜。

原府主罷任後,李潛隨之去職,回到長安。墓誌云"屬舊知以大諫專獻納使,固以判官表君尉畿華原","大諫"即諫議大夫之美稱,㊻"獻納使"即匭使。《新唐書·百官志》:"天寶九載,玄宗以'匭'聲近'鬼',改理匭使爲獻納使,至德元年復舊。……建中二年,以御史中丞爲理匭使,諫議大夫一人爲知匭使。"㊼但文獻亦見諫議大夫充理匭使的事例,《唐會要》卷五五即載有長慶年間"理匭使、諫議大夫李渤"。㊽匭使下設判官,可由匭使自擇,譬如《唐會要》同卷"長慶四年七月"條云:"給事中韓賞、中書舍人楊綰同充理匭使。其時,二人奏大理評事盧翰充判官。"㊾要之,李潛是由時任諫議大夫的"舊知"舉薦,由匭使判官擔任華原尉。此舊知爲何人,實不可考。大中初年諫議大夫見諸史籍者僅李福、孫景商二人,未知孰是。㊿

繼官華原尉後,"今西蜀司徒白公旋以弓招爲觀察推官,得御史裏行",白公即白敏中。據《通鑑》記述:"(大中六年)夏,四月,甲辰,以邠寧節度使白敏中爲西川節度使。"(51)《文苑英華》卷四五六保存有蔣伸撰《授白敏中西川節度使制》。(52)李潛在西川觀察使府擔任推官,同時帶監察御史憲銜。筆者頗疑白敏中此舉與科場情誼有關,蓋因敏中長慶二年(822 年)進士擢第,(53)亦爲王起座下門生;又敏中從父兄白居易與王起同於貞元十九年(803 年)中科目選,(54)二人交情甚篤,至暮年白氏猶贈以"故交海内只三人"、"百年膠漆初心在"之句。(55)要之,李潛受到延攬並非毫無緣由。

"觀察推官、監察御史裏行"是李潛的終官,據墓誌,不久後李潛因得疾不治,於大中九年(855 年)卒世。縱觀李潛的仕宦情況,實在難稱顯達,多次遷轉於方鎮間的經歷尚不足以使其進身臺閣,誠如誌文所言"壽止四十六,位不過假御史"。值得注意的是,傳統概念中的黨爭歸屬,在《李潛墓誌》中並未體現得涇渭分明,李讓夷與李德裕交好,[56]白敏中則爲牛黨新貴,但這種政治分歧對李潛所受提攜似乎並無妨礙。先前學界一般認爲,藩鎮幕僚出於與府主的人身依附關係,天然地捲入黨爭。如杜牧之弟杜顗,"李丞相德裕出爲鎮海軍節度使,辟君試協律郎,爲巡官。……丞相奇章公僧孺請君入幕府,君謝曰:'李公在困,未願副知己。'……李爲淮南節度使,復請爲試評事,兼監察、觀察支使",[57]是對李黨忠貞不二的體現,誌文對此也充滿褒揚之情。李潛先後受聘於李讓夷與白敏中幕,是否有其他隱情,或僅僅出於二人對李潛實際才能的優賞,不可確知。唐後期基層官員是否因上級的政治立場而具有清晰而嚴格的黨派劃分,也是一個值得重新思考的問題。

五、會昌三年及第士人之一瞥

《李潛墓誌》撰者張道符亦爲會昌三年(834年)進士,時官右補闕,《通鑑》載其大中八年(854年)在諫官任上,[58]與誌文所述相合。又丁居晦《重修承旨學士壁記》云其官至翰林學士:"咸通元年十一月二十五日,自户部郎中賜緋充。二年二月六日,加司封郎中、知制誥,依前充。四月二十一日卒官,至五月二日,贈中書舍人。"[59]惜乎其餘事迹史籍無徵。

除李潛、張道符外,會昌三年同榜衆人中生平可查考者,以盧肇、樊驤、姚鵠三人爲最詳。盧肇爲袁州宜春人,家世清苦,應舉前曾向王起干謁(《上王僕射書》),後果然拔得狀頭。筮仕之初曾入盧商、裴休、盧簡求幕,後入京,又出典地方,官終吉州刺史。[60]樊驤爲河南人,據其出土墓誌叙述,"家素清貧,衣食殆窘",釋褐華州參軍,轉河南府參軍,終倉部郎中。[61]姚鵠爲蜀人,早歲蹉跎,多年未得一第,會昌三年後數度入幕,曾官台州刺史。[62]此外,僅知黄頗爲盧肇同鄉,"富於産",[63]但據其籍貫宜春視之,當非高門著姓。

綜上可知,會昌三年一榜進士確實多出身寒素,在缺乏家族依傍的情況下,其仕宦經歷頗折射出一定相似性。囿於文獻闕落,我們無法對衆人的生平行迹作出更細緻的探索,但藉助石刻材料的記叙片段,仍得以一窺舉子之間及舉子與主司之間的交遊面貌。《李潛墓誌》云,李潛族兄䅶托墓石之事於張道符，"顧道符與君策名同籍，澹然情契，日以深澈，且盡得其行事"，二人友誼可見一斑。又前揭《樊驤墓誌》云，樊驤初仕華州參軍，"秩滿潛迹，格合復選。……公又徑入褒中，以謁座主王公。公知其意，待之愈重，名稱日高。俟他年集調，乃授河南府參軍"，觀誌文所述，樊驤轉官河南，當是出於王起的禮遇與獎掖，表明會昌三年的座主門生關係在多年後依舊綿延。唐代中後期寒門俊造的仕宦流動與人際網絡始終是學界討論的熱點話題，而墓誌中展現出的會昌三年及第舉子的生態面貌，或許能爲這一話題提供新的訊息。

注　釋

① 毛陽光、余扶危主編：《洛陽流散唐代墓誌彙編》，國家圖書館出版社，2013 年，第 612 頁。墓誌拓片另刊趙文成、趙君平：《秦晉豫新出墓誌蒐佚續編》，國家圖書館出版社，2015 年，第 1223 頁。録文參前書，第 613 頁，筆者據拓本對録文有所訂正。胡可先《新出石刻與唐代文學家族研究》第十章"洛陽出土唐代李邕家族墓誌考論"（北京大學出版社，2017 午，第 624—661 頁）對此方墓誌已有簡要討論。

② "晝"，疑爲"畫"之訛。

③ 《李正卿墓誌》，録文參周紹良主編：《唐代墓誌彙編》（以下簡稱"《彙編》"）會昌040，上海古籍出版社，1992 年，第 2240 頁；《李翹墓誌》，《彙編》元和 072，第 1998—1999 頁；《李邕墓誌》，《彙編》大曆 009，第 1766 頁；《李岐墓誌》，《彙編》貞元 033，第 1860—1861 頁；《李睦墓誌》，《彙編》大曆 008，第 1765 頁。下文引及上述諸人墓誌皆本於《彙編》，除個別異文外，不再重複出注。

④ 收入氏著《貞石詮唐》，復旦大學出版社，2016 年，第 157—168 頁。

⑤ 趙超：《新唐書宰相世系表集校》卷二，中華書局，1998 年，第 258—262 頁。

⑥ 此圖僅爲方便閱讀繪製，李睦以下暫略，圖中以楷體標出者表示該人已有墓誌出土。其中，李保真墓誌拓片及録文參洛陽市第二文物工作隊：《唐崔元略夫婦合葬墓》，《文物》2005 年第 2 期。又《柳均妻李氏墓誌》，録文參《全唐文補遺》第四輯，三秦出版社，1997 年，第 71 頁；《柳均墓誌》，《彙編》貞元 116，第 1922—1923 頁。

⑦ 《新唐書》卷七二上《宰相世系表》，中華書局，1975 年，第 2596 頁。

⑧ 陳尚君：《〈新唐書·宰相世系表〉訂補二則》，《貞石詮唐》，第 157—168 頁。

⑨ 張葳：《趙郡李氏"三祖"小考》，《魏晉南北朝隋唐史資料》第二十二輯，上海古籍出版社，2005 年，第 50—68 頁。

⑩ 如趙郡西祖支李吉甫、李德裕，東祖支李絳，南祖支李藩、李紳等，皆曾拜相。

⑪《舊唐書》卷一九〇中《李邕傳》,中華書局,1975 年,第 5039 頁。

⑫《李正卿墓誌》:"有唐會昌四年四月十一日,左綿守李公歿於位。"

⑬《唐文續拾》卷五,中華書局,1983 年,第 11233 頁。

⑭按李翹卒於大曆十一年(776 年),元和九年(814 年)方歸葬洛陽,李正卿所撰實爲改葬墓誌。

⑮唐制,六品以下考滿罷秩的旨授官須等守選期滿後方可參加吏部冬集,重新注擬授官,具體守選年限視官品高下及前任考課等第而定。詳參王勛成:《唐代銓選與文學》第四章"六品以下官員守選",中華書局,2001 年,第 102—137 頁。

⑯詳參陳弱水:《隱蔽的光景——唐代的婦女文化與家庭生活》卷上"隋唐五代的婦女與本家",廣西師範大學出版社,2009 年,第 3—162 頁。

⑰參胡雲薇:《千里宦游成底事,每年風景是他鄉——試論唐代的宦游與家庭》,《臺大歷史學報》第 41 期,2008 年,第 65—106 頁。

⑱《彙編》此句録文稍有舛謬,"縣"誤作"髮","异"誤作"異",據拓片(刊《隋唐五代墓誌匯編·洛陽卷》第十三冊,天津古籍出版社,1991 年,第 195 頁)訂正。

⑲元和年間淮西用兵的具體經過,可參《舊唐書》卷一三三《李愬傳》、卷一四五《吳元濟傳》等。

⑳《舊唐書》卷一三五《程异傳》,第 3738 頁。

㉑《舊唐書》卷一五《憲宗紀》,第 459 頁。

㉒詳參寧欣:《唐代選官研究》,臺北文津出版社,1995 年,第 73—75 頁。

㉓徐松:《登科記考》卷一二,中華書局,1984 年,第 451 頁。又盧頊貞元六年(790 年)爲其妻隴西李氏諱初所撰墓誌,自署"前鄉貢進士",是時當在守選期。《李初墓誌》拓片刊趙君平、趙文成:《河洛墓刻拾零》,北京圖書館出版社,2007 年,第 463 頁。

㉔《宋本冊府元龜》卷一六五《帝王部·招懷》:"(貞元)十一年九月,昭義軍節度掌書記、試秘書郎盧頊爲洺州別駕、知州事,賜緋魚袋,賞有功也。"(中華書局,1989 年,第 373 頁)又《文苑英華》卷八一五盧頊《唐禱聰明山記》,末署"元和四年七月九日記"。《寶刻叢編》卷六載録此文,云"唐洺州刺史盧頊撰"。

㉕盧頊元和七年(812 年)撰《劍南東川節度推官殿中侍御史內供奉盧公(璠)夫人崔氏(元二)墓誌銘并序》,《彙編》元和 053,第 1986 頁。誌文呼盧璠爲仲兄,自署結銜"朝請大夫使持節澤州諸軍事守澤州刺史賜紫金魚袋"。盧璠墓誌亦已出土,參《彙編》元和 131,第 2042—2043 頁。按《新唐書》卷七三上《宰相世系表》:"(盧)頊,澤州刺史。"是其終官。

㉖《新唐書》卷一七二《杜中立傳》,第 5206 頁。對晚唐山東士族圈内婚的考察,可參毛漢光:《晚唐五姓著房之婚姻關係》,《臺大歷史學報》第 15 期,1990 年,第 135—

157 頁。

㉗《通典》卷一五《選舉三·歷代制下》,中華書局,1988 年,第 358 頁。關於唐代明經科地位的變化情況,詳參吳宗國:《唐代科舉制度研究》第八章第二節,北京大學出版社,2010 年,第 168—187 頁。

㉘王定保撰,姜漢椿校注:《唐摭言校注》卷三,上海社會科學院出版社,2003 年,第 65—68 頁。

㉙《舊唐書》卷一六四《王起傳》:"武宗即位,……尋檢校左僕射、東都留守,判東都尚書省事。會昌元年,徵拜吏部尚書,判太常卿事。"(第 4280 頁)

㉚《舊唐書》卷一六四《王起傳》,第 4278 頁。

㉛《舊唐書》卷一六八《錢徽傳》,第 4383—4384 頁。

㉜《新唐書》卷一三二《柳璟傳》,第 4537 頁。按《舊唐書》卷一四七本傳云柳璟"再司貢籍,時號得人",不載坐累左遷事,或因《舊唐書》編修時列傳部分多承自門生故吏所撰行狀所致。

㉝王德權對中唐以降"孤寒"概念有過詳盡探討。概而言之,唐代政治體系運作下的孤寒,泛指公卿子弟以外無父祖資源可供依憑者,包括中下層官僚及庶族子弟,詳參王德權:《爲士之道——中唐士人的自省風氣》第三章"孤寒與子弟——制度與政治結構層次的探討",臺北政大出版社,2019 年,第 151—209 頁。

㉞范攄撰,唐雯校箋:《雲溪友議校箋》卷下,中華書局,2017 年,第 138 頁。

㉟王定保撰,姜漢椿校注:《唐摭言校注》卷三,第 65—68 頁。

㊱岳娟娟:《唐代唱和詩研究》,復旦大學出版社,2014 年,第 125—132 頁。

㊲《文苑英華》卷二八四,中華書局,1966 年,第 1447 頁。按姚鵠詩題作《送李潛歸錦州覲省》,"錦"當爲"綿"之誤。

㊳《文苑英華》卷二八一,第 1427 頁。

㊴詳參王勛成:《唐代銓選與文學》第二章"及第舉子守選",第 46—80 頁。按常科登第者的守選制始於何時尚存爭議,但"進士三選"大抵適用於中晚唐時期的銓選狀況。

㊵關於方鎮使府辟署制度的興起、發展與影響,前賢已有較多研究,如石雲濤:《唐代幕府制度研究》,中國社會科學出版社,2003 年;張國剛:《唐代藩鎮研究》第十一章,中國人民大學出版社,2010 年,第 132—144 頁;劉後濱:《唐代選官政務研究》第四章,社會科學文獻出版社,2016 年,第 73—95 頁,等。

㊶《新唐書》卷一八一《李讓夷傳》,第 5351 頁。

㊷《新唐書》卷六三《宰相表》:"(會昌六年)七月,讓夷檢校司空、同平章事、淮南節度使。"按《舊唐書》卷一八下《宣宗本紀》:"(會昌六年)七月,以兵部尚書李讓夷爲劍南東川節度使。""劍南東川節度使"大誤。據李讓夷孫李凝墓誌,"祖諱讓夷,武宗

朝宰相,出領淮南節度使、檢校司空,薨於鎮,贈司徒”(張峻撰:《唐故鄉貢進士趙郡李府君(凝)墓誌銘并序》,拓片刊《秦晉豫新出墓誌蒐佚續編》,第1261頁),故新書爲是。

㊸《新唐書》卷一六三《崔鄲傳》僅云“宣宗初,以檢校尚書右僕射同平章事,節度淮南,卒于軍”,據崔鄲墓誌,實在大中元年,參毛陽光:《唐崔鄲墓誌考釋》,《四川文物》2011年第4期,第68—74頁。

㊹《舊唐書》卷一七二《蕭俶傳》:“(大中)四年,檢校户部尚書、兗州刺史、兗沂海節度使。”(第4480頁)

㊺參郁賢皓:《唐刺史考全編》“河南道兗州”條,安徽大學出版社,2000年,第1015頁。

㊻《容齋隨筆》卷一五“官稱别名”條,中華書局,2005年,第817頁。

㊼《新唐書》卷四七《百官志》,第1207頁。

㊽《唐會要》卷五五,上海古籍出版社,2006年,第1124頁。

㊾同上。

㊿貞元四年(788年)以後,左諫議大夫四人,隸門下省;右諫議大夫四人,隸中書省。《通鑑》卷二四九:“(大中五年春正月)乃以右諫議大夫李福爲夏綏節度使。……夏,四月,以左諫議大夫孫景商爲左庶子,充邠寧行軍司馬。”(中華書局,1956年,第8045—8046頁)李福何時官諫議大夫不可考。又《孫景商墓誌》:“今上即位,徵爲刑部、兵部郎中,遷諫議大夫。居數月,疏四五上,皆政之失而除授之乖忝者。”(《彙編》大中120,第2345頁)則孫景商遷諫議大夫在大中初應無誤。

(51)《通鑑》卷二四九,第8050頁。《舊唐書》卷一六六《白敏中傳》記述敏中出鎮邠寧、西川兩事頗有訛誤:“(大中)五年,罷相,檢校司空,出爲邠州刺史、邠寧節度、招撫党項都制置等使。七年,進位特進、成都尹、劍南西川節度副大使、知節度等事。十一年二月,檢校司徒、平章事、江陵尹、荆南節度使。”(下劃綫爲筆者所加,下同。)似是謂白敏中節度西川在大中七年,大中十一年方檢校司徒。按《舊唐書》卷一八下《宣宗紀》:“(大中五年五月)守司空、門下侍郎、太原郡開國伯、食邑一千户白敏中檢校司徒、同平章事、邠州刺史,充邠寧節度觀察、東面招討党項等使。”《册府元龜》卷三二二略同,繫於五年四月。又《新唐書》卷六三《宰相表》:“(大中五年)十月,敏中守司空、同中書門下平章事、兼邠寧慶等州節度使。……(六年)四月甲辰,敏中檢校司徒、平章事、西川節度使。”《唐大詔令集》卷五三《白敏中邠寧節度平章事制》,末署“大中五年十月”,與《宰相表》同。又《白敏中墓誌》:“……遂拜司空兼門下侍郎、平章事,充招討都統、邠寧節度使,治寧州。……換檢校司徒、平章事,充西川節度使。”(《全唐文補遺》第三輯,三秦出版社,1996年,第245—246頁)故其職官變遷當以《宰相表》爲是。又據《李潛墓誌》,李潛卒於大中九年夏曆正月,距得疾已有兩年,則白敏中節度西川當在大中六年,《舊唐書》本傳誤。

(52)《文苑英華》卷四五六,第2319頁。

(53)《皇甫氏(煒)夫人(白氏)墓銘并序》:"夫人姓白氏,其先代太原人也。……父敏中,即今相國節制荆門司徒公也。……長慶二年登進士甲科。"(《全唐文補遺》第七輯,三秦出版社,2000年,第134頁。)

(54) 元稹《酬哥舒大少府寄同年科第》原注:"宏詞吕二炅、王十一起,拔萃白二十二居易,平判李十一復禮、吕四穎、哥舒大恒、崔十八玄亮、逮不肖,八人皆奉榮養。"冀勤點校:《元稹集》卷一六,中華書局,1982年,第180—181頁。則王起所中爲博學宏詞科,白居易所中爲書判拔萃科。

(55) 白居易:《予與山南王僕射(起)淮南李僕射(紳)事歷五朝踰三紀海内年輩今唯三人榮路雖殊交情不替聊題長句寄舉之公垂二相公》,《白居易詩集校注》卷三七,中華書局,2006年,第2822頁。白居易又曾爲王起父王恕作過墓誌,參《白居易文集校注》卷五《唐揚州倉曹參軍王府君(恕)墓誌銘并序》,中華書局,2010年,第235—237頁。

(56)《舊唐書》卷一七六《李讓夷傳》:"(讓夷)深爲李珏、楊嗣復所惡,終文宗世官不達。及德裕秉政,驟加拔擢,……"(第4566頁)則李讓夷屬李黨甚明。

(57)《唐故淮南支使試大理評事兼監察御史杜君(顗)墓誌銘》,《杜牧集繫年校注》,中華書局,2008年,第751—752頁。

(58)《通鑑》卷二四九:"(大中八年)二月,中書門下奏,拾遺、補闕缺員,請更增補。上曰:'諫官要在舉職,不必人多,如張道符、牛叢、趙璘輩數人,使朕日聞所不聞足矣。'"(第8053—8054頁)

(59) 丁居晦:《重修承旨學士壁記》,《翰苑群書》卷六,《知不足齋叢書》本。

(60) 詳參李劍國:《唐五代志怪傳奇叙録·逸史三卷》,中華書局,2017年,第866—877頁;周勛初:《唐人筆記小説考索·盧肇考》,江蘇古籍出版社,1996年,第151—158頁;牛慶國:《晚唐作家盧肇行迹仕履摭考》,《古籍整理研究學刊》2018年第6期,第85—89頁,等。

(61) 庾崇撰:《有唐朝散大夫尚書倉部郎中柱國賜緋魚袋樊公(驤)墓誌銘并序》,拓片刊《河洛墓刻拾零》,第629頁。

(62) 詳參傅璇琮主編:《唐才子傳校箋》卷七,中華書局,1990年,第三册第324—328頁;中華書局,2002年,第五册第371—373頁。

(63) 王定保撰,姜漢椿校注:《唐摭言校注》卷三,第76頁。

《青川郝家坪戰國墓木牘考古發現與研究》評介

陳文豪(彰化師範大學歷史學研究所)

　　1975 年 12 月,湖北省雲夢縣睡虎地第 11 號墓出土 1155 枚秦代竹簡及殘片 80 枚,就秦史研究而言,是一項革命性的發現。迄今,出土秦代簡牘凡十二批,除睡虎地秦簡外,分別爲:四川省青川縣郝家坪秦牘、甘肅省天水市放馬灘秦簡、湖北省江陵縣岳山秦牘、湖北省雲夢縣龍崗秦簡、湖北省江陵縣楊家山秦簡、①湖北省江陵縣王家臺秦簡、湖北省荆州市周家臺秦簡、湖南省龍山縣里耶秦簡、湖南大學嶽麓書院藏秦簡、北京大學藏秦簡牘、湖南省益陽市兔子山秦簡。

　　上述十二批秦簡,内容有法律文書、醫方、葉書、質日、算數書、日書及數術類典籍、簿籍、遣册等,數量也不一。青川木牘只有二枚,其中一枚文字無法辨識,和其他數量衆多的秦簡相比,似乎無足輕重,實則不然。

　　就簡帛學術史而言,青川木牘是四川省首次發現簡牘,同時在睡虎地秦簡之後面世,爲第二次出土秦簡;其次,青川木牘内容《爲田律》,涉及田畝、土地制度,字數雖少,對相關問題的探討却提供了新材料與思考空間,從日後發表的有關青川木牘研究論文中,以研究田律、土地制度居多,更能看出其價值。

　　現今,數量多、内容豐富的秦簡,如放馬灘秦簡、周家臺秦簡、嶽麓書院藏秦簡、里耶秦簡、北京大學藏秦簡、益陽市兔子山九號井秦簡等不斷出土,學術研究風向也受引導,青川木牘研究風氣稍歇,但還是有相關論文陸續發表,同時研究視野更加開拓,涵蓋考古、歷史、古文字、書法等領域。

　　在青川木牘出土 40 周年前夕,青川縣文物管理所在相關單位支持下,不惜巨資,耗時二年,編輯出版《青川郝家坪戰國墓木牘考古發現與研究》(巴蜀書社,2018 年。爲行文順暢,下文或以本書稱之)一書,個人閱讀後認爲具有重大學術意義與價值,因此特別爲文加以介紹。

首先,《青川郝家坪戰國墓木牘考古發現與研究》一書有二項意義,分別爲:

一、階段性學術研究史的總結。孔子曾云:"三十而立,四十而不惑,五十而知天命。"道出人生學習成長三個階段的歷程,其實不僅在人生,任何事物,只要滿十都值得關注。就簡帛文獻出土而言,睡虎地秦簡出土 30 周年,中共雲夢縣委宣傳部、雲夢秦漢文化研究會合作出版過《雲夢睡虎地秦竹簡出土三十周年紀念文集》(内部發行,2005 年);郭店楚簡出土 10 周年,荊門郭店楚簡研究(國際)中心編過《古墓新知——紀念郭店楚簡出土十周年論文專輯》(香港國際炎黃文化出版社,2003 年)。這兩本論文集也具有總結學術研究史的意義,值得討論的是兩本論文集收錄論文並非該段時間内所有相關論文,是經過篩選,不若《青川郝家坪戰國墓木牘考古發現與研究》收錄論文之齊全;其次,這兩本論文集一爲内部發行,一在香港出版,其影響力顯然較小。此外,也有一些以學術會議形式進行紀念者,例如長沙舉行紀念走馬樓三國吳簡發現二十周年長沙簡帛研究國際學術研討會並出版論文集(長沙簡牘博物館編:《長沙簡帛研究國際學術研討會論文集》,中西書局,2017 年),不過學術會議與會學者發表論文,以新撰寫者或符合會議某一主題論文爲主,無法達到學術研究史總結的功能。因此《青川郝家坪戰國墓木牘考古發現與研究》的出版意義重大。

二、蓄積能量,再開新局。如前述,在某些内容及數量較多的秦簡出土後,由於有新發展、討論空間,故吸引較多學者重視,致對青川秦牘關注力度逐漸下降。《青川郝家坪戰國墓木牘考古發現與研究》彙集了目前所見多數相關研究論文,研究者可據此逐一檢視前人研究爭論重點與分歧(限於篇幅這些爭論不詳述,讀者可自行參閱本書),在此基礎上進一步探討,甚至寫出研究綜述等更有價值的論文,爲青川木牘研究再創新局面。

《青川郝家坪戰國墓木牘考古發現與研究》的編輯出版除具有上述二項意義外,還有二項學術價值:

一、收集較全面,涵蓋面廣。《青川郝家坪戰國墓木牘考古發現與研究》於 2018 年出版,後記云"編纂經歷二年",因此 2016 年前發表於期刊、輯刊、論文集、網站的論文大體上均已收録。全書共收集 62 篇論文，除中國本土學者論文，尚有 3 篇日本學者論文及 1 篇譯作，同時李蓉與黃家祥合撰《青川戰國墓研究》爲首次發表。就内容而言，收録論文不全以研究青川木牘爲主，還收録青川郝家坪戰國墓群發掘簡報、墓主和埋葬年代等相關研究論文，有助於認識青川木牘時代背景，進一步深化研究。

二、方便學者引用。《青川郝家坪戰國墓木牘考古發現與研究》將散見於各種期刊、輯刊、論文集、網站中的 62 篇論文彙集在一起，並一一注明出處，方便學者引用及進行核對，功在學界。

在有限時間内編輯一部論文集，不免會出現一些失誤，這些失誤主要出現在編輯體例及學術信息方面。例如：

一、第 169—186 頁，收入羅開玉的《青川秦牘〈爲田律〉研究》和《青川秦牘〈爲田律〉再研究》2 篇論文，並均注明轉載自《簡牘學研究》第二輯。按：《青川秦牘〈爲田律〉研究》確實原載於《簡牘學研究》第二輯，《青川秦牘〈爲田律〉再研究》則原載《四川文物》1992 年第 3 期（總第 43 期），第 21—25 頁。又，羅開玉除此二文外，尚撰有《青川秦牘〈爲田律〉所規定的"爲田"制》（原載《考古》1988 年第 8 期，第 728—731 頁，見本書第 187—192 頁）一文。《青川秦牘〈爲田律〉研究》係就《青川秦牘〈爲田律〉再研究》《青川秦牘〈爲田律〉所規定的"爲田"制》各取一部分改寫合組而成，[②]編者爲呈現學術研究及存真，將之收入無可厚非。

二、第 33 頁，《四川青川縣郝家坪戰國墓葬群 2010 年發掘簡報》，出處誤載爲"四川省博物館、青川文化館《青川縣出土秦更修田律木牘——四川青川縣戰國墓發掘簡報》，《文物》1982 年第 1 期"。按：此係將"2010 年發掘簡報"第一個注脚誤植爲出處，原文載《四川文物》2016 年第 3 期（總第 187 期），第 5—20 頁。

三、尚有少數論文未收録。《青川郝家坪戰國墓木牘考古發現與研究》雖稱收録論文係經過遴選（見書衣刊印提要），經比對個人編輯目録，凡是刊登在期刊、輯刊或網站上的論文大體均已收入，但遺落了一小部分 2016 年以前發表的論文。例如韓祖倫：《青川木牘秦〈爲田律〉新探》，《秦文化論叢》第十四輯，三秦出版社，2007 年，第 49—59 頁；太田幸男：《阡陌三考》，見池田温編：《中國禮法と日本律令制》，東京東方書店，1994 年，第 5—26 頁；太田幸男：《阡陌制論》，《中國古代國家形成史論》,東京汲古書院,2007 年,第 245—272 頁,其中第三節爲專論青川木牘《田律》。

四、編輯體例未統一。以出處而言,有列出期刊名及期數者,如第 1 頁:《文物》1992 年第 1 期;有列出期刊名、期數及頁數者,如第 344 頁:《中國史研究》1991 年第 3 期,第 3—11 頁;有些只有期刊名及年數,未列出期數,如第 260 頁:《農業考古》1987 年(按:應爲 1987 年第 3 期);又某些論文所載非原始出處,如李學勤《竹簡秦漢律與〈周禮〉》一文,注明轉載自《當代學者自選文庫·李學勤卷》,安徽教育出版社,1999 年,第 383—391 頁。按:本文最早刊登於《中國法律史國際學術討論會論文集》,陝西人民出版社,1989 年,第 147—156 頁。雖説收入個人論文集,作者多數會進行修改,選擇後出者,應較爲妥當,但若能將所有出處詳注,有助於了解學術史發展脈絡。

最後有二點建議:

一、建議有機會編一個研究論著目録,將相關論文原始出處、再次轉載或收入論文集者詳細列出,將有助了解青川木牘學術研究史發展脈絡。

二、有機會再編輯一本續編,將未收入論文及 2016 年後陸續發表者一併收入。後者目前所知至少有藏知非:《簡牘所見秦和漢初田畝制度的幾個問題——以阡陌封埒的演變爲核心》,《人文雜誌》2016 年第 12 期,第 80—86 頁;廣瀬薰雄:《青川郝家坪秦墓木牘補論》,《簡牘學研究》第七輯,甘肅人民出版社,2018 年,第 183—199 頁。

青川縣位處四川北部偏遠地區,在 2008 年"5.12"特大地震中,屬於重災區,在財政困難極大的情況下,主管單位仍高度重視這一"小小木片"帶來的重大影響,撥付經費支持《青川郝家坪戰國墓木牘考古發現與研究》的出版,我們必須致以最高敬意,同時也應感謝青川縣文物管理所李蓉所長率領編輯團隊的辛勞付出,並期許"青川名片,歷史津梁"更爲落實。

注　釋

① 陳振裕《湖北秦漢簡牘概述》一文中主張楊家山簡應爲西漢簡,見艾蘭、邢文主編:《新出簡帛研究》,文物出版社,2004 年,第 56 頁。感謝魯家亮先生提供此訊息。

② 這一點蒙胡平生先生提示,敬表感謝。

《青川郝家坪戰國墓木牘考古發現與研究》評議

胡平生（中國文化遺産研究院）

李　蓉（青川縣文物管理所）

　　1979 年至 1980 年間，四川省博物館和青川縣文化館在青川縣郝家坪發掘了一批戰國墓，在 M50 中發現兩枚木牘，一枚已殘損，字迹漫漶不可辨識。一枚正背文字大致清楚，内容是秦武王二年（前 309 年），秦王"命丞相戊（茂）、内史匽民、臂更脩《爲田律》"。這枚木牘引起了學術界的廣泛關注和充分重視。經過近 30 年的研究和討論後，青川縣文物管理所李蓉所長在四川省文物考古研究院高大倫、黄家祥，四川大學歷史文化學院考古學系白彬等先生的支持下，動議編纂了《青川郝家坪戰國墓木牘考古發現與研究》（以下簡稱"《發現研究》"）一書，並於 2018 年 11 月由巴蜀書社出版。這是郝家坪戰國墓及青川木牘發現與研究的總結與回顧，是研究成果的薈萃與集成，具有非常重要的學術價值。2019 年 7 月，胡平生在參加成都中醫藥大學舉辦的出土醫學文獻國際研討會後來到青川縣，在李蓉的帶領下，參觀了全國重點文物保護單位郝家坪戰國墓地和青川縣博物館。二人邊看邊談，圍繞着《發現研究》一書，談編撰，談收獲，談得失，交換了信息，交流了見解，達成許多共識。今將參觀討論的内容撰成此文，既是對此書的編纂出版表示祝賀，也是想通過對此書的評議，談談對青川木牘今後研究的一些看法。

一、編纂收獲，一點"苛責"

　　《發現研究》收錄有幾篇重要的論文。一篇是陳偉、高大倫合撰的《郝家坪秦墓木牘》[①]（以下簡稱"《秦牘》"），此文對青川秦牘的出土情况、牘文釋讀有迄今最全面而翔實的介紹、總結和評述。在文字方面，該文指出了 16 號木牘正、反兩面都有"章手"二字,從而判定墓主可能就叫"章"。《秦牘》對 16 號木牘背面文字的釋讀,與最初的報告相比有不少改進,木牘背面原以爲是日期的干支字,應當是人名。由於利用了紅外綫設備,原來無法辨識的 17 號木牘,也讀出了數十百字,且意義大致可以知道。其内容令人想起了江陵鳳凰山十號墓木牘,很可能將引起學者對秦漢備工制度作進一步研究的興趣。

《秦牘》一文對秦武王二年"更脩爲田律"律文采用彙注彙校的形式加上自己的識斷,達到了研究的新高度。作者列舉並斟酌諸家之説,爲希望了解研究情況的讀者,提供了很大的便利。不過,是否令每位研究者"稱心",則見仁見智,另作別論。如以下幾點:

1. "丞相戊(茂)、内史匽氏臂"。作者認爲圖版"氏"字清晰無誤,但又指出"丞相單稱名而内史姓氏俱全並在姓後加一'氏'字,在秦文書中似未曾見"。可見釋爲"匽氏臂"是不妥的。胡平生原釋内史爲二人,即"匽民、臂"。二人説,即無論"匽"後一字如何釋讀,"内史"後都應當是兩個人名,此説得到許多學者的支持,大概是比較可信的。

2. "更脩爲《田律》"。作者采納了黄盛璋的意見,認爲後世只有《田律》而絶不見《爲田律》,故仍定此律爲《田律》。[②]然而,法律條文的名稱與内容是不斷變化的,前代有某律名律文,後世律名律文發生了變化,或將前代曾有的律名律文加以併合變更,故並不能證明後世未見的律名律文,前代不能有。睡虎地秦簡《秦律十八種》中《均工》《工人程》《工律》《内史雜》《尉雜》《屬邦》以及《秦律雜抄》中的《除弟子律》《敦表律》《公車司馬獵律》《中勞律》《游士律》,都未見於後世。睡虎地秦簡整理小組説,"這表明秦律的種類非常繁多",實在是非常正確的。李學勤先生指出,"爲田"的意思是制田。[③]胡平生説"爲田"即《史記·秦本紀》《商君列傳》所記秦孝公十二年商鞅"爲田開阡陌"、"爲田開阡陌封疆"之"爲田","爲"的意思是造、作、治。[④]因此,我們認爲此律稱之爲《爲田律》没有問題。當然,我們不排除"爲田"的内容,至漢代有併入《田律》的可能。

3. "利津□鮮草"。"津"下一字釋讀,衆説紛紜,《秦牘》選擇寫爲"□"而加注的方式,以爲此字可能釋"隧"之異體。惟"津隧"搭配,仍嫌不辭。"鮮草"二字舊説及句讀甚多,《秦牘》認爲與"津隧"並舉,"亦指交通設施","鮮"讀爲"棧";"草"讀爲"造",即造浮橋。但"棧造"、"津隧"之語,皆不見於典籍,可知此説證據不足,十分可疑。

除《秦牘》外,其他幾篇重要文章是: 李蓉、黄家祥合著的《青川戰國墓研究》(以下簡稱"《戰國墓》")⑤、《四川青川縣郝家坪戰國墓群M50 發掘簡報》(以下簡稱"《M50 簡報》")⑥和《四川青川縣郝家坪戰國墓葬群 2010 年發掘簡報》(以下簡稱"《2010 簡報》")⑦。《M50 簡報》和《2010 簡報》分別介紹了 1979—1980 年及 2010 年對郝家坪進行的兩次考古發掘的情况,《戰國墓》是研究綜述。最重要的研究成果是,通過對發掘的數十座墓葬出土器物的排類,認識到青川戰國墓地墓葬上限不超過戰國中期,應屬戰國中期偏後;其下限相當於秦統一即公元前 221 年前後。全部墓葬可分爲五期,一期相當於戰國中後期,二、三、四期相當於戰國晚期,五期相當於秦。《戰國墓》還討論了青川墓葬中楚文化的影響,指出墓葬中均施以白膏泥,棺或有槨、有邊箱,有的還用樺樹皮覆槨,具有明顯的楚墓特徵,而與中原流行的土坑墓、空心磚墓及偏洞式秦人墓有明顯區别。弄清了這一特點,對今後進一步探討郝家坪墓葬與墓主族屬是非常重要的。

《發現研究》一書的編纂,使我們有機會對青川秦牘的發現研究作一個全面的總結,確實是碩果累累,收獲甚豐。而此書也爲秦漢史與簡牘學學界提供了一個反省秦牘研究缺失的上好機會。如果對整理者和研究者"苛責"的話,30 年青川戰國墓葬及秦牘研究存在哪些問題呢?

作爲發掘者和最初的整理者,四川省文物考古專家們對發掘的數十百座墓葬進行了細緻深入的分析研究,遺憾的是,《戰國墓》及兩《簡報》似都没有對秦楚之爭時期青川當地的歷史沿革作一基本的判斷。這一工作,反倒是由日本學者間瀨收芳先生在《四川省青川戰國墓的研究》(高大倫譯)一文中做了。他在文中指出,"青川戰國墓不是秦或三晉式,而是楚習俗的墓葬,埋葬者中也有秦或三晉、巴蜀、西北邊境諸民族混雜一起的可能性";"青川戰國墓葬群就是由各地出生的人組成的集團。這些籍貫不同的人所組成的集團,墓葬却又是統一的楚式,其中自有奧秘"。間瀨認爲,"公元前 278 年楚都郢陷落後,舊楚統治者中一部分人被遷往青川(剛氏道),到這個地方後,加上秦人和其他地方的遷徙者形成了新的集團"。⑧他的意見,固然充斥着揣測、臆想與不確定性,但難能可貴地對考古材料的族屬性質進行了分析,給出了一個意見。四川省文物考古研究院的研究者們,根據《M50 簡報》《2010 簡報》及《戰國墓》三文,應該説完全可以作出更準確的推論與判斷,却遺憾地未能更上層樓。《史記·秦本紀》記載,秦惠文王後元九年(前 316 年)"司馬錯伐蜀,滅之";十三年(前 312 年)"又攻楚漢中,取地六百里,置漢中郡"。古代青川之地,最初當爲楚地,居民爲楚人。間瀨之諸族混雜説並無證據,他所説的楚郢都陷落的時間也在郝家坪楚人墓葬之後,因此不可采信。青川周邊地區應在秦軍攻占漢中前後即被秦人兼併,但此地的行政歸屬至今仍不能確定。

二、秦牘研究尚待解決的疑難問題

秦牘研究還有若干尚待解決的問題,歸結起來,大抵有以下幾點。

(一) 秦牘文字考釋。僅有一百二十餘字的秦牘正面文字,還是有幾個難字,雖經諸家考證,但衆説紛紜,迄今不能得到滿意的釋解,各種意見未獲學界一致認同。主要是兩個字:

1. "内史匽"下一字,圖版作" ",林進忠文摹本作" "。⑨

整理者闕釋;李昭和釋爲"取";于豪亮釋爲"民",李學勤、胡平生從之;徐中舒、伍士謙釋爲"吏";黄文傑釋爲"氏";陳偉、高大倫認爲紅外圖版爲"氏"字無誤。⑩

2. "利津"下一字,圖版作" ",林進忠文摹本作" "。

此字于豪亮釋爲"梁",李學勤從之;李昭和釋爲"深";陳世輝、湯餘惠釋爲"澗";黄盛璋釋爲"隘";胡平生、韓自强釋爲"沱";李零釋爲"衍";禤健聰釋爲"淵";劉洪濤讀爲"關";何有祖釋爲"隥"等等。⑪釋讀的意見,現在比較一致的認識是上半部分左右從阜,下方從水,而上部中央筆畫不清成爲歧見的根源。

兩個字雖然不多,但涉及牘文内容的解釋,還是非常重要的,究竟能否取得比較一致的見解,且看今後的發展。

(二) 秦牘《爲田律》最重要的内容是它對當時的田畝制度的規劃,其所記陌道、阡道、封、埒、畛、畝、頃等制,文字十分簡略:

　　田廣一步,袤八則爲畛。畝二畛,一百(陌)道。百畝爲頃,一千(阡)道,道廣三步。封,高四尺,大稱其高。捋(埒),高尺,下厚二尺。

但至今學術界拿不出一張大家都認可的田畝阡陌圖。以《發現研究》文集所收各家繪製之圖就有十多種。這些在胡平生根據阜陽漢簡"卅步爲則"的資料解釋"亥八則"之前的示意圖,由於基本數據的錯誤,皆可忽略不計。而按照畝長二百四十步設計的示意圖,仍各説各話,莫衷一是。胡平生自己也起草過至少三種構擬圖,終因不能滿意而廢棄。

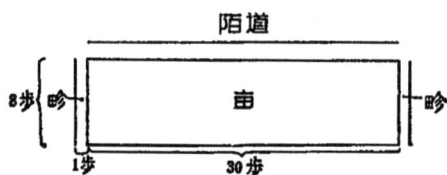

圖一　李學勤"畛畝圖"之一[12]

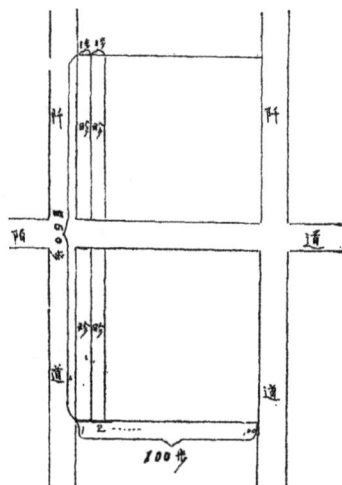

圖二　張金光"畛·畝·頃·阡·陌示意圖"[13]

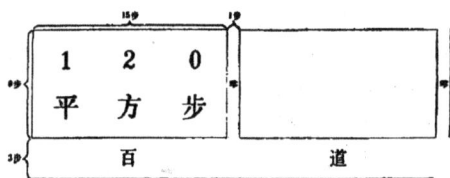

秦畝圖

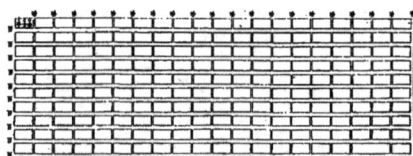

千百圖

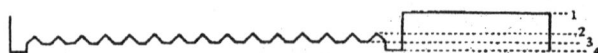

封埒圖

1. 道廣三步,封高四尺六　2. 埒高尺,下厚二尺　3. 埒間廣尺深尺謂之畖　4. 田邊倍之,廣二尺深二尺謂之遂

圖三　田宜超、劉釗"畛畝圖"[14]

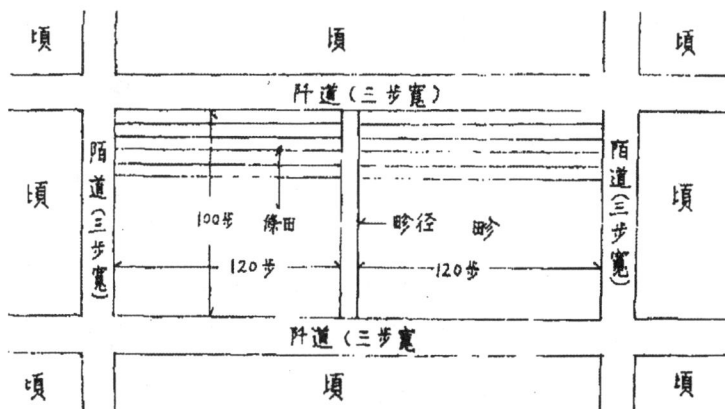

圖四　祝中熹"畛域阡陌示意圖"[15]

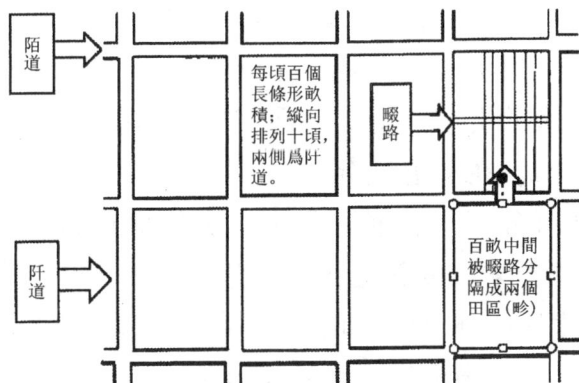

圖五　南玉泉"田畝規制示意圖"[16]

圖六　李零"示意圖"[17]

圖七　李根蟠"農田布局圖"[18]

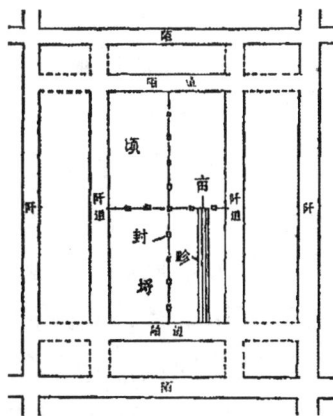

圖八　袁林"農田規劃圖"[19]

　　雖然有這麼多學者製作出如此之多的示意圖，但能夠獲得大家贊同的、能夠圓滿地表示出“田廣一步，袤八則爲畛；畛二畛，一百（陌）道；百畝爲頃，一千（阡）道，道廣三步”的全部條件的圖，迄今仍未見到。今後如能專門開個會，大家坐在一起研討，商議出一個大家都能接受的方案，或許是個辦法。

　　（三）秦牘書法問題。青川秦牘文字之書體，一般認爲是“古隸”。《發現研究》收録的幾篇研究書法的文章，如李昭和《古隸小議》、裴丹丹《秦隸的造型研究——以〈青川木牘〉爲例》、尹顯德《小篆産生以前的隸書墨迹——介紹青川戰國木牘兼談“初有隸書”問題》，都討論了青川秦牘的隸書書寫特點。尹文歸納的秦牘的書體特點爲：1. 減省盤屈。2. 化繁爲簡。3. 圓者使方。4. 變金文的狹長形爲正方形或扁形。5. 用筆有輕重徐疾痕迹，某些橫畫，已具有“蠶頭燕尾”的初型；某些捺筆，已有重按輕挑、以斜取勢的“波勢”。亦言之有理。

　　但是，臺灣學者林進忠《青川木牘的秦篆形體析論》一文與諸家的意見不同，他明確提出“青川木牘的文字實應正名爲‘秦篆’，它正是秦文字毛筆書法的真實形象”。他認爲，在出土的秦人筆書墨迹中，並無“秦篆”與“秦隸”兩種不同字體“通行分用”（兩種字體並行分別使用）的事實，青川木牘文字字體應正名爲“秦篆”，漢隸是由秦篆逐漸演變形成。戰國秦篆中含有極少數隸化、草化的痕迹，是戰國晚期秦篆本來就如此的事實呈現，它們固然可以證明隸書與草書産生淵源久遠，但如果因其通篇文字中有極少數隸化、草化字便稱其爲“秦隸”或“秦草”，是對“字體”區分的不正確論點。林文較長且鬆散，一些表述可能是書法用語而不甚合文字學規範，但他提出的觀點值得注意。

　　對於一些學者提出的秦始皇“書同文字”實際上是用隸書統一文字的意見，胡平生去年在長春古文字研究會年會提交的論文《里耶秦簡篆書論》指出，秦篆書寫雖然確實繁難與不便，但仍不足以成爲日常通用的障礙。在秦始皇頒令“書同文字”之後，小篆定於一尊，普天之下的國人都必須使用秦篆，不論存在怎樣的麻煩，人民（特別是基層小吏）日常書寫廣泛應用的仍然還是篆書。這種篆書，與李斯所書刻石所使用的“經典”小篆當然有別，以其草率隨意的風格，或可借用學界已在使用的名稱，稱之爲“草篆”（學界對“草篆”有各種定義解說，本文只將篆書作草率隨意寫法者稱爲"草篆")。在里耶秦簡中,值得注意的現象是篆隸雜糅,講字體演變的學者用來説明篆隸演化的進程,寫篆體字采用了隸書字的寫法;或者説是寫隸書字采用了篆書字的寫法。如果我們據此來評議書手,可以説他們同時熟練掌握篆體字與隸體字的書寫。如果我們據此評説簡文的篆體字與隸體字本身,則應該説在公文書中用篆體字書寫與用隸體字書寫,並無差別,兩種書體没有界限。

能不能按照這一見解來評價青川秦牘書體呢? 我們認爲是可以的。希望今後能有更多的討論青川秦牘書體的成果出現。

三、書寫青川秦牘研究的新篇章

通過參觀郝家坪戰國墓地遺址,對出土青川木牘的戰國墓葬坑、墓群周邊人文歷史及自然環境、郝家坪戰國墓群考古發掘過程進行調查了解,引發了我們對進一步深入研究郝家坪戰國墓群的極大興趣。

2013年,青川郝家坪戰國墓群已由國務院公布爲第七批全國重點文物保護單位。我們一邊調研一邊議論,認爲郝家坪戰國墓群位於雙墳梁山腰,山勢平緩,山下是喬莊河,流水潺潺,墓地依山傍水,"風水"不錯。這麽大的墓地,周邊理應有鄉邑城池聚落,因此今後應該加強對附近居民聚落的勘探調查,弄清這裏行政上當年到底歸哪裏管。秦牘背面文字記"除道"之事,説明這裏有一條道路,而且還是一條比較重要的道路,需要組織民工維修養護。這條道路究竟在哪裏,其走向如何,也是一個很有意思的問題。據蜀道專家高大倫教授説,青川郝家坪一帶,確實有道路通往北方甘肅、陝西一帶,惟對附近的居民點過去没有留意調查勘探,今後確實應當予以特別的關注。實際上此地與出土放馬灘秦簡的甘肅天水的距離並不很遠,同屬白龍江流域,似乎應該將這兩地的文化歷史聯繫起來考慮,進行綜合研究。放馬灘秦簡出土了幾塊木板地圖,繪製了當時的地形、河流、交通樞紐等。歷史地理學家們已指出,地圖繪的是嘉陵江、白龍江上游,可以再覆核一下,看看究竟是否與青川這一帶有關聯。相信通過對青川秦牘及相關問題的綜合研究,一定會獲得新的學術成果。

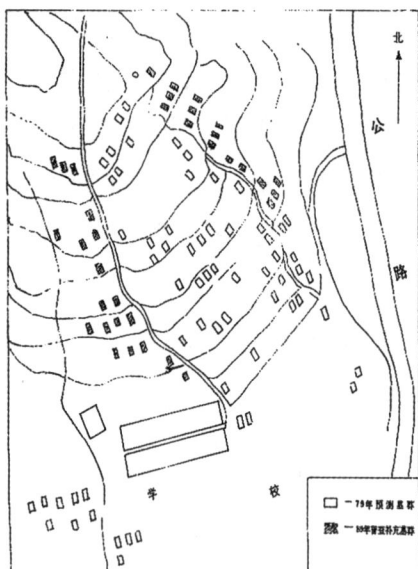 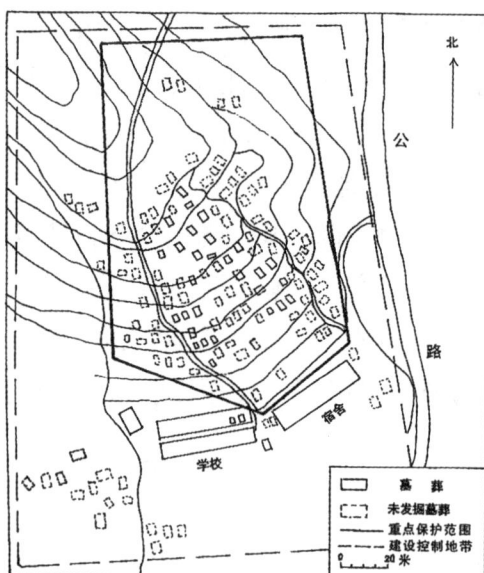

圖九　青川郝家坪戰國墓群　　　　　圖十　青川郝家坪戰國墓群保護
　　　　現存墓葬示意圖　　　　　　　　　　範圍建設控制地帶圖

注　釋

① 陳偉、高大倫：《郝家坪秦墓木牘》，陳偉主編：《秦簡牘合集（貳）》，武漢大學出版社，2014 年，第 185—209 頁。（見青川縣文物管理所：《青川郝家坪戰國墓木牘的發現與研究》，巴蜀書社，2018 年，第 54—62 頁。以下簡稱“《發現研究》”）

② 黃盛璋：《青川秦牘〈田律〉爭議問題總議》，《農業考古》1987 年第 2 期，第 128—138 頁。（見《發現研究》，第 260—269 頁）按：《發現研究》所録黃文並不完整，缺少文末最後一小段。

③ 李學勤：《青川郝家坪木牘研究》，《文物》1982 年第 10 期，第 68—72 頁。（見《發現研究》，第 62—74 頁）

④ 胡平生：《青川秦墓木牘“爲田律”所反映的田畝制度》，《文史》第十九輯，中華書局，1983 年，第 216—221 頁。（見《發現研究》，第 132—135 頁）

⑤ 李蓉、黃家祥：《青川戰國墓研究》，《發現研究》，第 123—129 頁。

⑥ 四川省文物考古研究院、青川縣文物管理所：《四川青川縣郝家坪戰國墓群 M50 發掘簡報》，《四川文物》2014 年第 3 期，第 13—19 頁。（見《發現研究》，第 25—32 頁）

⑦ 四川省文物考古研究院、青川縣文物管理所：《四川青川縣郝家坪戰國墓葬群 2010 年發掘簡報》，《四川文物》2016 年第 3 期，第 5—20 頁。（見《發現研究》，第 33—53 頁）

⑧ 間瀨收芳著，高大倫譯：《四川省青川戰國墓的研究》，《南方民族考古》1991 年第

3 期,第 149—157 頁。(見《發現研究》,第 33—53 頁)

⑨ 林進忠:《青川木牘的秦篆形體析論》,《藝術學報》1997 年 12 月,第 17—39 頁。(見《發現研究》,第 382—401 頁)以下所引林氏觀點或材料皆出於此文,不再出注。

⑩ 以上諸家釋讀意見,分別見李昭和:《青川出土木牘文字簡考》,《文物》1982 年第 1 期;于豪亮:《釋青川秦墓木牘》,《文物》1982 年第 1 期;李學勤:《青川郝家坪木牘研究》,《文物》1982 年第 10 期;胡平生:《青川秦墓木牘"爲田律"所反映的田畝制度》,《文史》第十九輯,1983 年;陳偉、高大倫:《郝家坪秦墓木牘》,陳偉主編:《秦簡牘合集(貳)》,第 192 頁。

⑪ 以上諸家釋讀意見,分別見于豪亮:《釋青川秦墓木牘》,《文物》1982 年第 1 期;李學勤:《青川郝家坪木牘研究》,《文物》1982 年第 10 期;李昭和:《青川出土木牘文字簡考》,《文物》1982 年第 1 期;陳世輝、湯餘惠:《古文字學概要》,吉林大學出版社,1988 年,第 254 頁;黃盛璋:《青川新出秦田律木牘及其相關問題》,《文物》1982 年第 9 期;胡平生、韓自強:《解讀青川秦墓木牘的一把鑰匙》,《文史》第二十六輯,中華書局,1986 年;李零:《論秦田阡陌制度的復原及其形成綫索》,《李零自選集》,廣西師範大學出版社,1998 年;禤健聰:《上博簡(三)小札》,簡帛研究網,2004 年 5 月 2 日;劉洪濤:《釋青川木牘〈田律〉的"利津關"》,簡帛網,2008 年 3 月 29 日;何有祖:《釋張家山漢簡〈二年律令·田律〉"利津隧"——從秦牘、楚簡"澗"字說起》,簡帛網,2011 年 11 月 17 日。

⑫ 見李學勤:《青川郝家坪木牘研究》,《文物》1982 年第 10 期,第 71 頁。(又見《發現研究》,第 73 頁)

⑬ 見張金光:《論青川秦牘中的"爲田"制度》,《文史哲》1985 年第 6 期,第 13 頁。(又見《發現研究》,第 197 頁)

⑭ 見田宜超、劉釗:《秦田律考釋》,《考古》1983 年第 6 期,第 546—547 頁。(又見《發現研究》,第 86—87 頁)

⑮ 見祝中熹:《青川秦牘田制考辨》,《簡帛研究》第二輯,法律出版社,1996 年,第 79 頁。(又見《發現研究》,第 101 頁)

⑯ 見南玉泉:《青川秦牘〈爲田律〉釋義及戰國秦土地性質檢討》,《中國古代法律文獻研究》第九輯,社會科學文獻出版社,2016 年。(又見《發現研究》,第 211 頁)

⑰ 見李零:《論秦田阡陌制度的復原及其形成綫索——郝家坪秦牘〈爲田律〉研究評述》,《中華文史論叢》1987 年第 1 期。(又見《發現研究》,第 239 頁)

⑱ 見李根蟠:《簡論青川秦牘〈爲田律〉》,《農史研究》第十輯,農業出版社,1991 年。(又見《發現研究》,第 256 頁)

⑲ 見袁林:《秦〈爲田律〉農田規劃制度再釋》,《歷史研究》1992 年第 4 期,第 122 頁。(又見《發現研究》,第 337 頁)

《出土文獻研究》稿約

　　《出土文獻研究》創刊於 1985 年文物局古文獻研究室時期，是國内第一種以出土文獻爲主要研究對象的專業集刊。近年來逐漸以古文字、簡帛研究爲重點。現由中國文化遺産研究院主編，誠邀海内外學者不吝賜稿。

　　本刊以繁體中文出版，來稿請以繁體字排出，尾注形式，篇幅以 1 萬字左右爲宜，一般不超過 2 萬字。文後請附作者單位、通訊地址、郵編、電話及電子郵件等信息。電子版請提供 word 及 PDF 兩種格式。如使用特殊字體，請另附字體文件。圖版精度不低於 300 dpi。已公開發表（包括網絡發表）的稿件，請勿投稿。本刊采用專家匿名評審制度，收稿後兩月内若無稿件刊用信息，請作者自行處理。

紙質版和電子版請分別寄至：
北京市朝陽區北四環東路高原街 2 號
中國文化遺産研究院《出土文獻研究》編輯部
郵編：100029
郵箱：ctwxyj@ yeah.net

《出土文獻研究》編輯部

圖書在版編目（CIP）數據

出土文獻研究. 第十八輯／中國文化遺產研究院編
. — 上海：中西書局，2019.12
　ISBN 978 - 7 - 5475 - 1664 - 5

　Ⅰ. ①出… Ⅱ. ①中… Ⅲ. ①出土文物—文獻—研究
—中國 Ⅳ. ①K877.04

中國版本圖書館 CIP 數據核字（2019）第 278107 號

出土文獻研究（第十八輯）
中國文化遺産研究院　編

責任編輯　徐　衍　龍騰遠
裝幀設計　梁業禮

出版發行　上海世紀出版集團
　　　　　中西書局（www.zxpress.com.cn）
地　　址　上海市陝西北路 457 號（邮編 200040）
印　　刷　上海肖華印務有限公司
開　　本　787×1092 毫米　1/16
印　　張　28.5
字　　數　438 000
版　　次　2019 年 12 月第 1 版　2019 年 12 月第 1 次印刷
書　　號　ISBN 978 - 7 - 5475 - 1664 - 5／K·327
定　　價　138.00 元

本書如有質量問題，請與承印廠聯繫。電話：021 - 66012351